LES
LIVRES A CLEF

PAR

FERNAND DRUJON

Cet ouvrage forme deux volumes de 35o et 368 pages in-8 raisin, imprimés à deux colonnes.

TIRAGE UNIQUE A 650 EXEMPLAIRES NUMÉROTÉS

(Cet ouvrage ne sera pas réimprimé)

TIRAGE SUR PAPIER DU JAPON

Dix exemplaires inscrits de A à J. . . . .   **150 fr.**

TIRAGE SUR PAPIER DE CHINE

Dix exemplaires inscrits de K à T. . . . .   **150 fr.**

TIRAGE SUR PAPIER WHATMAN

Trente exemplaires numérotés de I à XXX. . . . . .   **90 fr.**

TIRAGE SUR PAPIER VERGÉ DE HOLLANDE

Six cents exemplaires numérotés de 1 à 6oo. . . . . .   **40 fr.**

Imp. D. Dumoulin et Cᵒ, à Paris.

LES LIVRES A CLEF

LES
Livres à Clef

ÉTUDE DE BIBLIOGRAPHIE

CRITIQUE ET ANALYTIQUE

POUR SERVIR A L'HISTOIRE LITTÉRAIRE

PAR

FERNAND DRUJON

TOME SECOND

PARIS

ÉDOUARD ROUVEYRE, ÉDITEUR

45, RUE JACOB, 45

1888

Les Livres à Clef

NABAB (LE), MŒURS PARISIENNES, par *Alphonse Daudet*. — Paris, Charpentier, 1878, in-12. Très souvent réimprimé depuis.

Personne n'ignore que, dans cette très .intéressante étude, comme dans plusieurs romans du même auteur, sont peints des personnages contemporains. « Le Nabab » est certainement de tous les ouvrages de M. Alphonse Daudet, celui sur lequel s'est le plus exercée la sagacité des faiseurs de clefs. On trouve, dans l' « Intermédiaire » du 10 août 1881, sous la signature *Ch. L.*, de Nîmes, un très bon article sur ce roman.

L'auteur convient qu'on ne peut s'empêcher de reconnaître dans le *Duc de Mora*, le duc de Morny, dans *Felicia Ruys*, Mᵐᵉ Sarah Bernhardt, dans *Jansoulet*, M. Bravais, banquier bien connu, qui s'est enrichi par ses rapports commerciaux avec le vice-roi d'Egypte, Méhémet-Ali. Mais il se garde bien de mettre aucun nom sur les autres personnages tels que le Dʳ *Jenkins, Amy Férat, Hémerlingue, Monpavon, Paul Géry, Lemerquier*, etc., etc. On ne saurait qu'approuver cette réserve ; M. Alphonse Daudet, en effet, a dû composer ces personnages d'après plusieurs modèles, et il pourrait être téméraire d'appliquer à une seule individualité des traits empruntés à divers types. La plupart des clefs qui ont couru, au sujet du « Nabab, » sont plus ou moins vraisemblables ; j'en ai vu deux, pour ma part, dont les indications, très différentes entre elles, paraissaient cependant pouvoir être aussi bien acceptées les unes que les autres. Je ne donnerai ici ni l'une ni l'autre de ces clefs, d'abord parce que je ne saurais vraiment en choisir une comme étant la plus exacte, puis par ce sentiment de discrétion que prescrivent les convenances à l'égard de personnages vivants.

NABOB (THE). A comedy, by *Samuel Foote*, acted at the Hay-Market, 1772. Printed in 1778, London, in-8.

Satire virulente, mais assurément excessive contre la « Compagnie des Indes, » dont les procédés sont sévèrement critiqués. On y trouve plusieurs caractères pris sur le vif. Le personnage de *Sir Matthew Mite* fait allusion à un homme parti de la médiocre condition de marchand de fromages pour arriver à la plus grande fortune. Cette pièce fut très bien accueillie, probablement parce qu'on y reconnaissait des portraits dont les originaux seraient bien difficiles à retrouver aujourd'hui. « (Biographia Dramatica, » t. II, p. 249.)

NABUCCO, Tragedia. — Londra, J. Murray, 1819, in-8.

Nouvelle édition : Londra, 1830, in-16, avec la clef des noms.

Cette tragédie est de *Jean-Baptiste Niccolini*, né à Florence, le 31 octobre 1785, mort le 20 septembre 1861. C'est une pièce remplie d'allusions continuelles à Napoléon Ier (*Nabucco*) et aux principaux membres de sa famille. Le prince Pierre Bonaparte a traduit « Nabucco » en vers français (1861, in-4).

NAIN (LE) JAUNE ou Journal des Arts, des Sciences et de la Littérature. — Paris, imp. de Faim, 43 numéros, du 15 décembre 1814 au 15 juillet 1815, formant 2 vol. in-8 avec titres et curieuses caricatures coloriées. Très rarement bien complet.

LE NAIN JAUNE RÉFUGIÉ, par une société d'Anti-Éteignoirs. — Bruxelles, mars-novembre 1816, 42 numéros formant 2 vol. in-8, orné de caricatures. Plus rare encore que le précédent.

Ce journal, sur lequel il faut consulter l'excellent article de *M. Hatin*, dans sa « Bibliographie de la Presse » (pp. 320-322), fut composé en collaboration par *Etienne, Cauchois-Lemaire, Merle, Jouy* et autres.

Comme les *Cancans*, dont il est parlé plus haut, il est rempli d'allusions méchantes contre les plus hauts personnages de l'époque, dont les noms sont anagrammatisés ou déguisés. — Ce fut ce journal qui inventa le fameux « Ordre des chevaliers de l'Eteignoir. » Cet ordre, qui comptait beaucoup de membres, comme on pense, eut un succès fou ; ce fut à qui déchiffrerait les malicieuses énigmes des auteurs qui avaient caché les vrais noms sous des anagrammes ou sous une traduction en latin macaronique. Voici les noms de quelques-uns de ces pauvres *Chevaliers de l'Eteignoir*, ainsi que de « *l'Ordre de la Girouette*, » dont il est aussi question dans cette feuille satirique :

Le R. P. Lobau, — de Bonald ;
Ignace Chouxber, — Berchoux ;
Carolus Letellacre, — Ch. Lacretelle;
Nestor Radus, — Suard ;
Roc-Druemal, — Dureau de la Malle ;
Cha-Abbas Telefẓ, — l'abbé de Féletz ;
Sulpicius Syfrainous, — M. de Frayssinous;
Micaldo, — Michaud, de la « Quotidienne ; »
Le prince de Bienauvent, — M. de Talleyrand ;
Horatius Ruda, — Daru, traducteur d'Horace ;
Noega Zaremut, — Rémusat ;

Volubilis de Guers, — le comte de Ségur ;

Rusticus Cepmanon, — Campenon ;

Curvissimus Faciuntasinos, — M. de Fontanes ;

Errabundus Rubermons, — M. de Rougemont ;

Catacombophiles Tire-linceul, — M. de Treneuil, poëte élégiaque ;

Ajoutons que *La Nonne sanglante,* c'est la Quotidienne. Il y a beaucoup de méchancetés très curieuses encore maintenant dans ce journal satirique.

NAIN (LE) VERT ou MÉLANGES DE POLITIQUE. « Espérance. » A Paris, chez Chanson, 1815, 2 vol. in-8 de 288 et XIV-284 pp. — Le tome second porte pour titre : LE NAIN VERT ET LE GÉANT VERT ou mélanges de politique et de littérature. — « Rien que la vérité et toute la vérité. »

Ce journal, assez pâle imitation du « Nain jaune, » parut du 15 juin au 5 octobre 1815. Il ne prit le nom de « Géant Vert » qu'au vingt-deuxième numéro.

Comme dans le « Nain jaune, » on trouve dans cette feuille un grand nombre de noms déguisés, initialisés, ou simplement anagrammatisés : ils sont d'ailleurs assez faciles à reconnaître : ainsi, *B.ll..are* ou *B..em.re,* c'est Bellemare ; — *M. le prince de B.* (Bénévent), c'est M. de Talleyrand ;— *C.r..t,* Carnot ; — *le grand-duc C.. n.,* Constantin ; — *Colinus brevis,* Caulaincourt ;—*Dégénérando,* de Gérando ; —*Gnan-Gnan,* de Rochefort ; — *L'Hermite de la Guiane,* ou *J...y,* Jouy ; — *Jacobinule,* Lucien Bonaparte ; — *Larcot-Reyor,* Royer-Collard ; *La.de.Co.,* de la Condamine ; — *La...te,* Lafitte ; *Nilrem,* Merlin ; — *N..y,* Ney ; — *Parsegrand - Maison - Val,* Parseval-Grandmaison ; — *Rinaldus ab Sanctis Angelis,* Renault de Saint-Jean-d'Angely ; — *B..l.y,* Bouilly ; — *M.R D.S. J.D.,* encore Renault de Saint-Jean-d'Angely ; — *le comte B..... d'A...,* Benoît d'Azy ; — *Narcot,* Carnot ; — *Moutonnet,* Mouton-Duvernet ; — *le Comte de Sc...,* Schouwaloff ; — *Charles Bonhommin,* Boniface ; etc., etc.

Ce journal, toujours à l'imitation du « Nain jaune » qui avait donné ses amusantes séances de l' « Ordre des Chevaliers de l'Eteignoir, » inventa l' « Ordre des Lanternes et des Réverbères ; » on voit figurer parmi les dignitaires de cette prétendue association *Compensator-Zaza,* autrement dit Azaïs ; — *Braillard de Modulard,* ou Baour-Lormian ;— *Jacobi Filius Constans de Rebecca,* ou Benjamin Constant de Rebecq ; *Stéphanaxa,* Etienne ; *Fabulator Arnaldi de Minturne,* Arnault ; — *Six m'ont dit oui, Six m'ont dit non,* Sismonde Sismondi ; *Gnan-Gnan,* de Rochefort ; — *L'hermite Joujou,* Jouy ; etc., etc. — Il faudrait plusieurs colonnes pour donner une clef complète de ces deux volumes qui offrent aujourd'hui peu d'intérêt.

NAISSANCE DE CLINQUANT ET DE SA FILLE MÉROPE, conte allégorique et critique. — (Paris), 1744, in-12.

Le titre seul de cet opuscule de *Godart-d'Aucour* suffit à faire connaître que c'est une satire dirigée contre Voltaire (*Clinquant*). Ce n'est point d'ailleurs la seule attaque dont la tragédie de « Mérope » a été l'objet ; on peut compter plus de 20 factums composés à l'occasion de cette pièce.

NARU, FILS DE CHINKI...

Voir : Chinki, histoire cochinchinoise.

NATILICA, CONTE INDIEN OU CRITIQUE DE CATILINA. — S. l. n. d., in-4, 4 pp. et : Amsterdam, 1749, in-12 de 18 pp.

Cet écrit satirique est de *Desforges,* clerc de procureur, qui déjà, l'année précédente, avait publié une « Lettre critique sur la tragédie de Sémiramis » de Voltaire (1748, in-8) et qui, en 1738, avait donné une comédie en un acte et en vers, « Le Rival secrétaire » (par D***, Paris, Dupuis, in-8). Dans le court article que lui consacre la « Biographie Michaud »(XI, p.171), on apprend quelle terrible disgrâce encourut ce malheureux, pour avoir protesté, dans des vers indignés, contre l'arrestation du Prétendant, en 1749. Il mourut en 1768. Dans le conte de *Natilica* (Catilina), tous les noms propres sont anagrammatisés : ainsi, *Inebami,* c'est Bien - Aimé (Louis XV) ; — *Lovatire,* c'est Voltaire ; — *Rebnocill,* c'est Crébillon.

Le « Catilina » de Crébillon donna lieu à plusieurs autres satires parmi lesquelles on peut encore citer ici : *Factum pour la nombreuse famille de Rapterre : contre le nommé Giolo Ticalani.* » S. l. n. d., in-8. La clef est aisée à faire : la famille de *Rapterre,* c'est le Parterre ; *Giolot,* c'est Prosper *Jolyot* de Crébillon, et *Ticalani,* c'est Catilina.

NÉGOCIATIONS DIPLOMATIQUES ET POLITIQUES DU PRÉSIDENT JEANNIN (publiées par les soins de son petit-fils, l'abbé *de Castille*). — Paris, 1656, in-folio, 1659, jouxte la copie (Hollande), 2 vol. in-12, 1695. — Amsterdam, 4 vol. in-12. Réimprimés encore en 1819, à Paris, avec les œuvres mêlées de l'auteur, 3 vol. in-8, portrait.

Le titre de cette dernière édition indique Jeannin comme « ambassadeur et ministre d'Etat sous François Ier, Henri IV et Louis XIII ; » de fait, le président, né en 1540, n'avait que sept ans à l'époque de la mort de François Ier. Il est mort, à Paris, le 31 octobre 1622. — Jeannin prit part, au commencement du XVIIe siècle, aux négociations les plus importantes, et il se servait dans ses dépêches d'un chiffre qui les rendrait fort peu intelligibles pour le commun des lecteurs. Fort heureusement, on en a depuis imprimé la clef, sans laquelle il serait à peu près impossible d'en saisir le sens. Qu'on en juge par le spécimen suivant, que je transcris ici d'après les « Curiosités philologiques, géographiques et ethnologiques » (pages 112, 113) ; c'est un fragment d'une correspondance du roi Henri IV et de Villeroy, son ministre, avec le président Jeannin, ambassadeur de France près les États de Hollande :

« Je vous prie d'y penser, estant certain que si la Buglose voulait nous croire, que nous la rendrions jouissante bientost d'un repos très assuré, et n'auroit cause de redouter les coups de pieds de la Jument ; mais elle est trop craintive et engagée au Poulain pour franchir ce saut. Néanmoins il faut penser à tout ; car certes je n'espère pas que le Mary de l'Estalon change de propos, car il s'est trop engagé au sujet de cette souveraineté. L'on dit que le Sycomore doit prendre garde aux pieds et aux mains de Winnood, comme celuy qui entretient une entière et fidèle correspondance avec le Charme, et qui sçait les secrets du grand trésorier d'Angleterre qui conduit ces subtilités. Si les autres quittent l'article susdit, nostre Sergent ne déclarera les tenir pour libres comme ils désirent ; car il a entendu que la promesse que le Sycomore a faite sur cela soit attachée au conseil qu'il leur a donné de sa part, ne voulant en façon quelconque favoriser la proposition du Verger. »

Voici maintenant la clef des sobriquets employés dans le fragment qui précède ainsi que celle des principaux autres surnoms mis en usage dans la correspondance du roi à ses envoyés :

Les gens du Bouton, — les Français ;

Le Sergent, — Le Roi de France ;

Le Mari de la Rose, — le Roi de France ; .

Le Père de l'Œillet, — le Roi de France ;

Le Maître du Bouton, — le Roi de France ;

Le Maître de l'Espérance, — le Roi de France ;

Le Père du Rouge, — le Roi de France ;

Le Père du Blanc.—le Roi de France ;

Le Père du Gris, — le Roi de France ;

Le Vert, — le prince de Condé ;

L'Espérance, — M. de Villeroy, secrétaire d'Etat des affaires étrangères ;

Le Sycomore, — le président Jeannin, ambassadeur de France ;

La Ramée, — M. de Buzenval, ambassadeur de France ; .

L'Écorce, — M. de Bussy, ambassadeur de France ;

Le Bal, — l'empire d'Allemagne ;

Le Brave, — l'Empereur ;

Les gens du pourpoint, — les princes d'Allemagne ;

Le Mari de l'Etalon, — le Roi d'Espagne ;

Le Poulain, — le Roi d'Espagne ;

La Buglose, — les Archiducs ;

Luc, — le marquis de Spinola ;

Olibrius, — don Diégo d'Ibarra ;

Les gens de la Jument, — les Ministres d'Espagne ;

Le grand Cheval, — l'infante d'Espagne ;

Le fruit, — le Roi d'Angleterre ;

Le Père de la Poire, — le Roi d'Angleterre ;

Le verger, — le Roi d'Angleterre ;

Les asperges, — les Anglais ;

La poire, — le prince de Galles ;

La framboise, — le comte de Salisbury ;

Le serpent, — le duc de Savoie ;

Les antes, — les États de Hollande ;

Les gens de la Fleur, — les États de Hollande ;

L'orme, — le prince Maurice ;

L'aune, — le comte Guillaume ;

Le charme, — Barnevelt ;

Le Faro, — la ligue avec les États.

Il convient d'ajouter que « pendant les deux derniers siècles, cet usage des *surnoms* passa de la diplomatie dans les salons et des *dépéches* dans les correspondances mondaines ; on peut s'en convaincre par les lettres de Mme de Sévigné et par celles de Hamilton. »

On en trouve encore de nombreux exemples au xviiie siècle, notamment dans la correspondance de Mme de Pompadour avec Bernis ou avec les frères Pàris, et dans celle de Grimm à Catherine II, dont il a été parlé plus haut.

L'étude des correspondances diplomatiques chiffrées comporterait à elle seule un gros volume. Qui aura jamais les connaissances nécessaires pour y réussir et le courage de l'entreprendre ? Je connais à Paris un espagnol, *M. E.y.L.*, qui a fait en ce genre un remarquable travail sur la période de Philippe II ; espérons qu'il voudra bien publier un jour le fruit de ses curieuses et patientes recherches.

NEW (THE) BATH GUIDE : or MEMOIRS OF THE B — R — D FAMILY, in a serie of poetical Epistles. — « Nullus in orbe locus Baiis prælucet amœnis. » Hor. — The ninth edition. — London, printed for J. Dodsley, M.DCC.LXXIII, in-8 de VIII-175 pp.

La première édition du « Nouveau guide de Bath » remonte à 1766. Ce charmant petit ouvrage a été maintes fois réimprimé. L'auteur est *Christophe Anstey*, poète estimé de l'Angleterre. Il satirisa dans ce petit ouvrage, avec beaucoup d'originalité et d'enjouement, les travers de ses contemporains et son œuvre eut le plus grand succès ; il est bien probable que divers personnages lui servirent de modèles, et, si elle n'existe déjà, il serait fort à désirer que quelque curieux et érudit anglais voulût bien composer la clef de cette intéressante production.

NEW (A) DESCRIPTION OF MERRY-LAND.

Voir : Description topographique, etc., du Pays et des environs de la Forêt-Noire.

NEW (A) REHEARSAL, or BAYES THE YOUNGER. — A play of three acts, 1714, in-8.

Cette « Nouvelle Répétition, » bien que ne portant pas de nom d'auteur, est attribuée à *Charles Gildon*. — Elle est conçue sur le même plan que la fameuse comédie de Buckingham (« The Rehearsal ») et vise principalement le théâtre de N. Rowe et le poëme de Pope « Rape of the Lock. » C'est une pièce piquante ; mais bien des allusions sont aujourd'hui peu faciles à saisir. (Biographia Dramatica, t. II, p. 253.)

NINA OU LA FOLLE PAR AMOUR, comédie en un acte (et en prose, mêlée d'ariettes), par *M. M. D. V.* (*Benoît-Joseph Marsollier des Vivetières*), musique de *Dalayrac.* — Paris, Brunet, 1786, in-8.

On ne s'attendait guère à voir classer parmi les ouvrages à clef, cette petite pièce aujourd'hui très oubliée, dans laquelle se trouvent les fameux couplets

> « Quand le bien-aimé reviendra
> « Près de sa languissante amie,
> « Alors, le printemps renaîtra,
> « L'herbe sera toujours fleurie..., »

qui ont arraché tant de larmes aux âmes sensibles de l'époque.—Rien n'est plus justifié cependant : c'est Grimm qui nous le prouve en racontant l'histoire de *Nina*, jeune paysanne des environs de Rouen, qui, délaissée par son amant et futur époux, perdit la raison en s'abandonnant à son profond chagrin. — La pauvre fille allait, chaque jour, s'asseoir au pied d'un arbre, à l'extrémité de son village ; chaque soir, après plusieurs heures d'attente et d'espoir déçu, elle rentrait chez elle, en disant simplement ces mots : « Il n'arrivera pas encore aujourd'hui, je reviendrai demain. » — Moins heureuse que la *Nina* de la comédie, elle mourut de douleur, sans avoir revu son amant. — Cette triste histoire parvint jusqu'à la grande ville ; on en fit cette pièce, qui eut un succès immense. (Voir « Correspondance, » juin 1786.)

NOBLE (LA) VÉNITIENNE ou LA BASSETTE, HISTOIRE GALANTE. — Lyon, Th. Amaulry, 1676, in-12. Autre édition : Suivant la copie de Paris, chez Claude Barbier, 1679, in-12 de 7 ff. et 127 pp.

Cette nouvelle, aujourd'hui complètement oubliée, est du sieur *de Préchac*, fécond romancier du xviie siècle. La plupart des exemplaires de la « Noble Vénitienne » ont à la fin une clef, ou explication des personnages et aventures du roman. De Préchac a souvent prétendu retracer des aventures réelles ; telles sont, par exemple, son « Héroïne Mousquetaire, » histoire véritable, son « Illustre Parisienne, » histoire galante et véritable, etc., etc. Mais il faut se défier beaucoup de ces sous-titres des romanciers du temps qui visaient surtout, par ce moyen, à piquer la curiosité du public.

Ajoutons qu'on lit à la fin de la « Clé ou explication de la nouvelle:» « L'auteur ayant perdu quelque argent à la bassette, a trouvé le moyen de se dédommager en faisant un livre sur la bassette, dont il a retiré la meilleure partie de ce qu'il a perdu. » — Voilà ce qu'on peut appeler un littérateur *pratique.*

NOCRION, conte allobroge. — S. l. (Paris), 1747, pet. in-12, fig. — Nombreuses réimpressions. — La dernière est de Bruxelles, Gay et Doucé, 1881, in-12, fig.

Ce petit ouvrage, attribué tantôt à *Gueulette,* tantôt à *Caylus,* est vraisemblablement de ce dernier. — L'auteur s'inspirant d'un fabliau bien connu (Le chevalier qui faisoit parler les..., etc.), a imité le style du quinzième siècle. Comme pour *Cleon* et *Apprius,* l'anagramme obscène du titre donne la clef de tout le livre ; ce n'est autre chose que l'origine des « Bijoux indiscrets. » Diderot y a vraisemblablement puisé l'idée première de son charmant mais trop libre roman dont il est parlé ci-dessus.

NOCTROFFE'S MAID WHIPP'D.
Voir : The Presbyterian Lash.

NOCTURNAL REVELS : OR THE HISTORY OF KINGS'-PLACE, and other modern Nunneries, etc., etc., with the portraits of the most celebrated Demireps and Courtezans of this period : as well as sketches of their

professional and occasional Admirers. — By a monk of the order of St-Francis. — London, 1779, 2 vol. in-12. Traduit en français sous le titre de : « Les sérails de Londres, ou les Amusements nocturnes, » etc., etc. — Paris, Barba, 1801 et 1804, 4 vol. in-18, fig.

Livre obscène contenant la description des mauvais lieux et les portraits des plus fameuses courtisanes de Londres, ainsi que ceux de leurs *clients.* On y trouve sous des noms déguisés ou sous des initialismes faciles à compléter des personnages réels et alors trop connus: ainsi *Lord Piccadilly,* c'est le comte de March, devenu par la suite duc de Queensberry ; Miss P — l — r, c'est la fameuse Palmer ; etc., etc. (Voir *Pisanus Franxi,* Index Librorum Prohibitorum, pp. 319-321.)

NŒUDS (LES) ENCHANTÉS, ou LA BISARRERIE DES DESTINÉES.

Entre l'amour et la folie,
Ce petit globe est balloté ;
Suivre l'un est ma volupté,
Rire avec l'autre est mon envie.
DORAT.

A Rome, de l'imprimerie papale, 1789, 2 part. en un vol. pet. in-12 de 144 et 116 pp.

M. P. Lacroix, dans une excellente notice publiée dans le « Bulletin du Bibliophile » (XV° série, 1862, pp. 1422-1423, n° 124), établit péremptoirement que l'auteur de ce roman, où la décence n'est guère respectée, ne peut être que la *comtesse de Beauharnais,* maîtresse de Dorat, et ennemie acharnée de M°° de Genlis et de La Harpe. C'est un conte de fées dans le genre libre, accompagné de portraits et d'allusions satiriques. L'ouvrage est d'ailleurs divertissant, bien que, de l'aveu même de l'auteur, il n'ait ni queue ni tête. Mme de Beauharnais y donne carrière à ses antipathies, à ses haines, à ses ressentiments ; c'est là la partie intéressante du livre, rempli de traits malins et souvent cruels, pour lequel une clef a certainement existé. On ne trouve que là l'histoire du mariage de comédie que Mlle Ducrest de Saint-Albin eut l'adresse de contracter avec le comte de Genlis ; la description du bal de l'Opéra met en scène divers personnages qui étaient alors plus connus et plus reconnaissables qu'aujourd'hui. — Voici la clef que l'on a pu composer en parcourant avec soin ce petit ouvrage devenu fort rare :

Ire PARTIE

Pages

28. *Amatzu*, — le duc d'Orléans que Mme de Beauharnais haïssait ;

30. *Un architecte, petit homme fort laid,* Coutant d'Yvry, architecte du duc d'Orléans ;

27-32-46 et suivants : *Mme de.....* Mlle Ducrest de Saint-Albin, comtesse de Genlis ;

44. *Le Palais R...,* — le Palais-Royal, demeure du duc d'Orléans ;

45. *Les A... de la V...,* — « Les Annales de la Vertu, » ouvrage de Mme de Genlis ;

L'Apollon, — ne peut être que La Harpe ;

138. *La Magicienne à la mode,* — Mlle Bertin ;

138. *De La H***,* — La Harpe ; *Le M...,* — Le Mierre ;

142. *D'***,* — d'Alembert ; *L'anglais G***,* — Gibbon ; *La très savante et très vertueuse C... de...,* — toujours Mme de Genlis.

2e PARTIE

8. *L'auteur des Contemporaines,* — Restif de la Bretonne ;

Pages

23. *L' H***,* — encore La Harpe ; *Les Santons,* — Les prêtres.

C'est dans cette deuxième partie que se trouvent les déguisements les moins faciles à dévoiler : qui retrouvera les noms véritables de : *M. de L***,* dont il est très souvent question ; de *la vicomtesse de L***;* du *baron d'E***;* du *jeune duc de M***;* etc., etc.?

NONNES (LES) GALANTES, ou L'Amour embéguiné. — A La Haye, chez Van Es, M.DCC.XL, in-12. — Réimprimé en partie et d'une manière très défectueuse, en Allemagne, il y a une dizaine d'années.

Nouvelle édition, assez jolie. — Bruxelles, Gay et Doucé. — 1882, in-12 de 235 pp. — Ornée d'un front. gravé de J. Chauvet.

Ce petit ouvrage est l'un des plus rares et des mieux écrits de *J.-B. Boyer,* marquis d'*Argens.* — Il se compose de quatre histoires ou récits: « Histoire de l'Abbesse de***, » — « Les deux Nonnes aventurières, » — « Vengeance Monastique, où le Petit Maître dupé et fustigé, » — « La Nonne veuve. » — Il y a tout lieu de penser que les personnages mis en scène dans ces nouvelles ne sont point tous imaginaires ; Mlle *de Monron,* Mme *de Girnan, Agathe, Dorothée, Marnix, de Moncour,* etc., etc., semblent avoir été peints d'après nature et, vraisemblablement, les aventures racontées par d'Argens étaient fondées sur des faits réels. L'auteur lui-même le dit et l'affirme de la façon la plus formelle : « Encore une fois, répète-t-il à la fin de sa préface, ce ne sont point des fictions mais des histoires véritables que je présente au public, et si récentes, que je me suis cru obligé de déguiser le nom des personnes dont je parle dans ces mémoires, parce que la Parque n'a pas encore tranché le fil de leurs jours. » — Il y a beaucoup à apprendre dans ce petit livre sur les mœurs du temps, particulièrement sur la vie des couvents, dans la première moitié du dix-huitième siècle. Il serait fort à désirer qu'un exemplaire annoté par un contemporain de l'auteur permît de soulever les masques qu'il a donnés à ses héros et surtout à ses héroïnes.

NORAC ET JAVOLCI, drame en trois actes et en prose (par *Benoît-Joseph Marsollier des Vivetières*). — Lyon, 1785, in-8.

« Cette pièce représentée pour la première fois à Lyon, le 3 mars 1785, fut imprimée au profit des pauvres nourrices. — *Norac* est l'anagramme de Caron (de Beaumarchais) ; *Javolci* est celui de Clavijo. Le sujet du drame est tiré du IVe mémoire de Beaumarchais : C'est le récit de la tragique aventure qui lui arriva, au sujet de sa sœur, avec Clavijo, en 1764. » (Voir : La France Littéraire, t. V, p. 565.)

NOUVEAU CONTE BLEU, ou Petit Episode extrait d'un grand livre trouvé dans les décombres d'un vieux chateau incendié (par M.-G.). — Paris, 1816, in-8, 39 pp.

Cet ouvrage, dont ne parlent ni les « Supercheries, » ni le « Dictionnaire des Anonymes, » est une espèce de pamphlet allégorique, dirigé surtout contre Napoléon Ier. On y retrace à grands traits et sous des allégories faciles à saisir, les principaux événements arrivés en France depuis 1789 jusqu'en juin 1815. — On comprend aisément que *Le Vieux Château*, c'est la France ; *Le Châtelain mort ;* Louis XVI; *Les Cinq Maîtres maçons,* les cinq membres du Directoire ; *Le Grand-Architecte*, Napoléon Ier ; *La Précieuse Mouche dorée* que l'on porte sur la poitrine, la Croix de la Légion d'honneur ; *Le royaume de Luna*, l'Empire de Russie ; *le Châtelain légitime*, Louis XVIII; *L'Ile des Rats*, Sainte-Hélène ; etc., etc. — Ce libelle très méchant est devenu très rare.

NOUVEAU (LE) DIABLE BOITEUX, tableau philosophique et moral de Paris, mémoires mis en lumière et enrichis de notes par le *Docteur Didaculus de Louvain*. — Paris, F. Buisson, an VII de la République.— 2 vol. in-8 avec figures gravées par Delignon et Bacquoy, d'après Garneray. (Voir le « Bulletin du Bibliophile. » — Janvier 1861, pp. 58 et 59.)

« Cet ouvrage de *Publicola Chaussard*, nous dit M. P. Lacroix, est très curieux et mérite d'être recherché, et il le sera un jour quand on appréciera mieux son importance historique. Bien supérieur au « Nouveau Paris » de Mercier, il renferme un des tableaux les plus fidèles que l'on puisse trouver de la physionomie de Paris sous le Directoire et contient une multitude d'anecdotes très singulières, de traits extraordinaires, de détails inouïs. Il faudrait, il est vrai, un fil pour se diriger dans ce labyrinthe et une *clef* pour en ouvrir toutes les portes. Chaussard se sert volontiers de l'allégorie; il ne désigne les gens qu'il met en scène qu'avec des phrases assez peu transparentes; il ne nomme pas même les lieux qui feraient reconnaître les personnages. » Néanmoins, c'est un document curieux qu'il faudrait rendre utile au plus vite en le munissant d'une bonne clef.

NOUVEAU MÉMOIRE POUR SERVIR A L'HISTOIRE DES CACOUACS.

Voir : Mémoire sur les Cacouacs.

NOUVEAU (LE) PANURGE, avec sa navigation en l'Isle imaginaire, son rajeunissement en icelle, et le voyage que feit son esprit en l'autre monde pendant ·le rajeunissement de son corps ; ensemble une exacte observation des merveilles par luy veues tant en l'un que dans l'autre monde.—A La Rochelle, par Michel Gaillard. Avec privilège, s. d., in-12 de 291 pp. et la table (vers 1615). — Autres éditions : La Rochelle, 1615 ; Lyon, 1616 ; etc.

Ce petit livre, extrêmement rare, est attribué à *Guillaume Reboul*, sur lequel les biographies ne donnent que des renseignements très succincts et connu cependant par des ouvrages singuliers et baroques, plus recherchés aujourd'hui en raison de leur rareté que pour leur mérite. (Voir : « Manuel du Libraire, » t. IV, col. 1068-1069.)

« Le nouveau Panurge » est une satire contre la Réformation, remplie de mauvais quolibets, de plaisanteries grossières, d'obscénités dégoûtantes et de profanations de l'Ecriture Sainte. C'est un ouvrage composé à l'imitation de Rabelais ; comme son modèle, G. Reboul ne s'est pas privé, contre les personnages de son temps, d'allusions satiriques qu'il serait aussi curieux que difficile d'interpréter maintenant.

NOUVEAU (LE) PARIS.

Voir : Le feu d'artifice.

NOUVEAU PRODIGE ARRIVÉ EN LA VILLE DE METZ, où trois coqs de ministres se sont convertis en poules. — S. l., 1622, pet. in-8.

Pièce satirique assez rare, faisant allusion à un fait véritable survenu récemment. « Le frère *Jean-Marie L'Escrivain*, récollet, avait offert de prouver, à tels ministres protestants qui voudraient disputer avec lui, qu'ils étaient dans la voie de la damnation. Trois des plus forts, les *coqs* de l'époque, *Le Coulon, Ferry* et *de Marsal*, acceptèrent le défi ; mais ensuite ils reculèrent sous différents prétextes et refusèrent de prendre part à la conférence qui devait se tenir à Metz : de là *les trois coqs de ministres convertis en poules.* (Voir : Catalogue Leber, n° 4, 283.)

NOUVEAU (LE) SEIGNEUR DE VILLAGE, SUIVI DES MISÈRES D'UN FONCTIONNAIRE CHINOIS ET DE HENRI PERRIER, par Francisque Sarcey. — Paris, Charpentier, 1862, in-12, 3 fr. 50.

Ce volume, le premier, croyons-nous, que M. Sarcey ait publié sous son nom, est un recueil de nouvelles déjà parues, sous des pseudonymes, dans des feuilles périodiques. La satire politique y domine ; il y a beaucoup d'esprit ; les allusions aux hommes et aux choses y abondent ; elles sont d'ailleurs très transparentes.

NOUVEAU (LE) TARQUIN, comédie en trois actes (en prose, mêlée de vaudevilles. —S. l. n. d., in-12 de 48 pp.

LE NOUVEAU TARQUIN, comédie allégorique en trois actes. — Amsterdam, Jacques Desbordes, 1732, in-8 de 76 pp.

On connaît deux autres réimpressions de cette pièce, qui n'est pas autre chose que l'histoire du fameux Père Girard et de la demoiselle Cadière, dont le procès fit tant de bruit sous le ministère du cardinal Fleury. Suivant le « Dictionnaire des Anonymes, » cette comédie allégorique a pour auteur *Jean-Jacques Bel*, jurisconsulte, né à Bordeaux en 1693, mort à Paris, en 1738; cette allégation est reproduite d'ailleurs par la plupart des bibliographes. — L'intrigue du « Nouveau Tarquin » est assez bouffonne ; les allusions satiriques qu'elle contient sont fort aisées à saisir ; ainsi *Tarquin*, c'est le jésuite Girard ; — *Collatinus*, amant de Lucrèce, est le Père Nicolas de Saint-Joseph, prieur des Carmes déchaussés de Toulon, qui se signala par son ardeur contre le jésuite Girard ; — L'infortunée Marie-Catherine Cadière est mise en scène sous le nom de *Lucrèce ;* — *Brutus*, sénateur, personnifie les membres du Parlement d'Aix, qui jouèrent un bien triste rôle dans cette épouvantable affaire ;— les avocats *Chauderon* et *Passeron* représentent, le premier, Me Chaudon, conseil de la pauvre Cadière ; le second, Me Pazeri, défenseur du P. Girard ; — *Les Vestales*, ce sont les religieuses ; — enfin d'autres personnages, tels que *Guioline* et *Scarpinello* (Soulier), étaient facilement reconnaissables pour les lecteurs du temps.

Peu de procès ont autant ému l'opinion publique que celui du Père Girard, surtout au moment où les membres du Parquet ne craignirent pas d'intervertir les rôles et de demander des poursuites, non plus contre le séducteur, mais bien contre sa malheureuse victime. Aussi les factums et documents de toute sorte abondèrent-ils de toutes parts: on trouve une bibliographie complète de tout ce qui se rattache à l'affaire, dans la « Bibliothèque » du P. de Backer (2e édition, t. I, col. 2133 et suivan-

tes); le « Manuel du Libraire » fait connaître en outre qu'on a réuni cette pièce au « Théâtre Janséniste, » où doit se trouver aussi « L'Examen de la cause du P. Girard... » avec la « Critique » de l'ouvrage intitulé « Le Nouveau Tarquin. » Enfin. M. *Pisanus Fraxi*, dans sa remarquable « Centuria Librorum absconditorum » (London, 1879, in-4), donne (pages 225 à 253) d'intéressantes notices analytiques sur la plupart des écrits occasionnés par ce célèbre procès. — Voir aussi le Catalogue Soleinne, nos 3,781 et 3,782.

Nouveautés critiques, littéraires et poétiques.
Voir : Bien-Aimé.

NOUVEAUX (LES) CALOTINS,

opéra-comique en un acte, en prose, mêlée de vaudevilles, par *Harny de Guerville*. — Paris, Cuissart, 1766, in-8.

Cette pièce, représentée le 19 septembre 1760, n'est guère qu'une adaptation du « *Régiment de la Calotte*, » de *Lesage, Fuzelier* et *d'Orneval ;* — Harny n'a fait qu'y joindre quelques scènes en introduisant des personnages faciles à reconnaître. Les scènes ajoutées portaient sur les querelles qui agitaient alors le monde littéraire, fort ému par les récentes publications des « Philosophes » de *Palissot* et de l' « Ecossaise » de Voltaire. — On y reconnaissait surtout Fréron, si malmené, dans cette dernière pièce, sous le nom de *Frélon*.

NOUVEAUX (LES) SAINTS (par

Marie-Joseph Chénier). — Paris, Dabin, an IX, 1801, in-12. Souvent réimprimé; 6e édition, 1802, in-8 de 32 pp.

C'est une des plus méchantes satires de l'auteur. J.-M. Chénier, qui nommait le plus souvent les individualités qu'il attaquait, a parfois caché ses victimes sous des noms supposés ou sous des allusions faciles à saisir : ainsi, *Madame Honesta*, c'est Mme de Genlis ; — *le dévot Chactas*, c'est Châteaubriand ; — *Un court vieillard à la voix glapissante*, c'est La Harpe ; — *Un quidam, abbé*, c'est Geoffroy ; — Rivarol devient *Faribol ;* etc., etc.

« Les Nouveaux Saints » attirèrent bientôt à leur auteur d'assez vertes répliques, notamment :

Les Nouveaux Athées, ou Réfutation des « Nouveaux Saints, » par *Bizet* et *R. Périn.* — Paris, Marchand, 1801, in-12 ; livret où J.-M. Chénier n'est pas ménagé, et :

Les Petits Saints, ou Epître à Chénier, pour servir de supplément aux « Nouveaux Saints, » par une petite société littéraire (par *Michel Cubières-Palmezeaux*). — Paris, Parisot, an IX, in-8 de 27 pp.

NOUVELLE ALLÉGORIQUE, ou Histoire des derniers troubles arrivez au royaume de l'Eloquence,

(par *Antoine Furetière*). — Paris, G. de Luyne, 1658, in-8, *avec une carte.* — Autres éditions : Paris, 1658 et 1659, in-12. — Hollande, 1658, pet. in-12. — Amsterdam, H. Desbordes, 1702, in-12.

Ce récit, fort goûté dans son temps et qui valut une certaine célébrité à son auteur, rentre plutôt dans la classe des fictions allusives que dans celle des livres à clef proprement dits. « A peu près inintelligible aujourd'hui, dit M. Charles Asselineau, pour quiconque n'a pas en main la clef de l'histoire littéraire, cette allégorie est néanmoins précieuse en ce que, sous

forme de plaisanterie, elle nous donne comme le programme du débat qui s'agitait alors dans les Lettres. » C'est un pamphlet de grammairien et presque de pédant, qui a perdu presque tout son sel maintenant et que son extrême complication rend difficile à analyser. « On y voit la princesse *Rhétorique*, fatiguée de l'humeur indisciplinée des *Allusions* et des *Equivoques*, les licencier et les reléguer dans le pays de *Pédanterie*. Ces troupes se révoltent, mettent à leur tête *Galimathias*, et, renforcées par les *Antithèses*, les *Hyperboles*, les *Allégories,* les *Epiphonèmes*, etc., etc., déclarent la guerre à la Princesse. De son côté, *Rhétorique* bat son ban et, à la diligence de *Bon Sens*, son premier ministre, requiert aide et secours des quarante barons feudataires du pays d'*Académie*. Les troupes de *Galimathias*, battues et dispersées, sont reléguées aux pays lointains de *Pédanterie* et de *Gymnasie*, et la liberté de conscience est proclamée en matière de langage. » Le plus piquant de l'ouvrage, ce sont ces traits malicieux lancés avec verve et bonheur par Furetière, contre les auteurs du temps, qu'il nomme en toutes lettres, en appareillant au style de chacun la nature des troupes qu'il mène à la bataille : Ainsi, Chapelain conduit les *comparaisons* et les *descriptions ;* Voiture et son lieutenant Sarrazin amènent au combat les *romans* et les *gloses ;* — Saint Amand, les *idylles ;* — Maynard, les *épigrammes ;* — Colletet, les *madrigaux ;* — Conrart, « l'homme au silence prudent, » ne conduit rien du tout.

Ces plaisanteries, qu'on trouve bien froides maintenant, étaient, je le répète, très appréciées alors ; aussi Furetière eut-il de nombreux imitateurs : c'est d'abord *Charles Sorel* qui publia une suite à l' « Histoire des derniers troubles, » sous le titre de : « Relation historique de ce qui s'est passé au royaume de Sophie (La Sagesse), depuis les derniers troubles excités par la Rhétorique et l'Eloquence. » (Paris, 1696, in-12.) Plus tard on vit paraître : « LE PARNASSE RÉFORMÉ ET LA GUERRE DES AUTEURS, » de *Guéret ;* puis encore plus tard : L' « HISTOIRE POLITIQUE DE LA NOUVELLE GUERRE ENTRE LES ANCIENS ET LES MODERNES, » de *Callières.* — « Ces sortes d'allégories le plus souvent mêlées de satires, dit M. V. Fournel, avaient donné lieu à la création d'une espèce de géographie symbolique qui dressait la carte des sentiments et des opinions, des ridicules, des systèmes et des partis. Les plus connus parmi ces documents pseudo-géographiques sont LA CARTE DU ROYAUME DES PRÉCIEUSES, attribuée au comte *de Maulevrier ; —* LA CARTE DU ROYAUME D'AMOUR, attribuée à *Tristan ; —* LA CARTE DE LA COUR, OU DU PAYS DE BRAQUERIE (Voir ce titre) ; — LES CARTES DES PAYS DE JANSÉNIE, D'ICARIE, D'UTOPIE, etc., etc. » — Ces allégories se retrouvent souvent disséminées dans les divers ouvrages de l'époque. Il n'est presque pas d'auteur qui n'ait fait la sienne ; une des plus curieuses de ce genre est la topographie des régions habitées par le bon goût, tracée par *Senecé* dans sa « Lettre de Clément Marot. » — On remarque que Senecé dit que le pays habité par le bon goût se nomme « Les Plaines allégoriques. »

Il y aurait beaucoup à dire sur ces sortes d'allégories ; elles pourraient presque faire l'objet d'une petite bibliographie spéciale ; mais on ne saurait en parler davantage ici, car elles ne rentrent que fort incidemment dans le sujet de cette étude ; les personnages y sont pour la plupart nommés en toutes lettres ; ce sont, encore un coup, des fictions allusives et non des ouvrages à clef : on ne leur a consacré ces quelques lignes que pour ne pas paraître les oublier et parce qu'il est bon d'appeler sur elles l'attention des travailleurs et des érudits.

NOUVELLE HISTOIRE DU TEMPS, OU RELATION VÉRITABLE...

Voir : Histoire du temps, ou Relation du Royaume...

NOUVELLES FARCES DE PINSON, comédie en un acte, mêlée de vaudevilles. Dédiée à Mademoiselle Lisette de La Chaponnière, par un admirateur de ses grâces et de ses vertus (*Demzain*). — S. l. (*Beaulieux*), 1819, in-8. Tiré à petit nombre et non vendu. Rare.

C'est une pièce remplie d'allusions satiriques contre les habitants de Beaulieux que Demzain nomme les *Beaulois*. La clef de cette petite production doit être bien difficile à faire aujourd'hui. (Catalogue Soleinne, n° 2,678.)

NOUVELLES (LES) GALANTES ET COMIQUES. — Paris, Claude Barbin, 1669, 3 vol. pet. in-12. avec une gravure de Le Doyen. Rare.

« Le second et le troisième volumes sont intitulés : « Nouvelles galantes, comiques et tragiques ; » le second, à l'adresse du libraire, porte le nom de « Etienne Loyson, » et le troisième celui de « Gabriel Quinet. » Ce dernier volume est plus rare que les deux autres. Au reste, ce recueil rare n'a jamais eu qu'une édition, quoiqu'on ait refait des titres avec la date de 1688. *Donneau de Vizé*, qui en est l'auteur, l'a dédié à ses *maîtresses ;* mais il ne compromet personne en nommant la *charmante Amélie, l'aimable Céphalie,* la *divine Alcimène* et la *généreuse Léonide.* Cette mascarade de noms se reproduit dans tout le cours du livre où le conteur se vante de n'avoir été qu'historien. »

En effet, ce livre ne contient que des récits d'histoires véritables. M. Paul Lacroix, qui avait déjà donné la notice ci-dessus « (Bulletin du Bibliophile, »septembre 1857, p.´508,n°248), en a découvert la clef très exacte parmi les papiers des bibliothécaires et collaborateurs du marquis de Paulmy, déposés maintenant à l'Arsenal. Cette clef, le savant bibliophile l'a publiée *in extenso* dans le « Bulletin du Bouquiniste, » n° 294, 15 mars 1869. On ne peut mieux faire que de la reproduire textuellement ici, d'après le manuscrit anonyme du xviie siècle :

« Une personne qui sait toutes les intrigues de Paris, ayant lu ces Nouvelles, a cru avoir découvert une partie de ceux dont l'auteur a voulu parler et voici ce qu'il en a écrit :

TOME Ier

Nouvelle 1, pag. 1.

Cette histoire a été trouvée dans une des lettres de feu M. de Fargis, pendant qu'il était ambassadeur en Espagne.

Nouvelle 3, pag. 43.

Cette histoire de Mlle de la Garde et de M. de Saint-Maimieux, conseiller à Rouen.

Nouvelle 6, pag. 119.

La moitié de cette histoire en ce qui regarde l'échelle de corde, est de feu M. Douasi le fils et de Mme M...

Nouvelle 7, pag. 4.

M. le duc de Laon et une maréchale de France ont grande part à cette histoire.

Nouvelle 8, pag. 172.

Histoire de M. le duc d'Elbœuf pendant qu'il était prince de Harcourt, de Mlle Magnon, à présent Mme de Certoville, et de M. de Certoville.

Nouvelle 9, pag. 201.

C'est l'histoire d'un lieutenant-général.

Nouvelle 10, pag. 219.

C'est une histoire véritable arrivée depuis peu à Bordeaux.

Nouvelle 11, pag. 237.

C'est une histoire véritable arrivée depuis quelques jours à un commis.

Nouvelle 12, pag. 262.

La *Dorimène* de cette histoire est Mme de Prelabbé.

Nouvelle 13, pag. 269.

C'est une histoire arrivée à un gentilhomme de campagne, et celui qui sert de second est M. de la Marillière, maître (mestre ?) du régiment de la Ferté.

Nouvelle 16, pag. 337.

La plupart des incidents sont arrivés, l'été dernier, dans le château de Saint-Germain, mais le mariage n'en est pas.

TOME II.

Nouvelle 1, pag. 1.

C'est l'histoire d'une dame qui demeure au faubourg Saint-Germain.

Nouvelle 3, pag. 79.

C'est l'histoire de Mme de Saint-Martin, intendante de la maison de la reine, autrement Saint-Martin la Grondeuse.

Nouvelle 4, pag. 103.

L'histoire de M. de Savoye, M. de Çacœur (Cœuvres ?) et de M. le marquis de Fleuri.

Nouvelle 5, pag. 126.

C'est la vie de M. d'Elbene.

Nouvelle 6 ou 5, pag. 142.

Ce sont les amours de feu M. de Reimy (Reisay ?).

Nouvelle 7 ou 6, pag. 152.

C'est l'histoire d'un grand prince et de deux jeunes princesses, à présent souveraines l'une et l'autre, et de plusieurs personnes de la Cour.

Nouvelle 8, pag. 173.

Aventure arrivée à M. de Vaudemont avec une des plus belles femmes de France.

Nouvelle 9, pag. 200.

Histoire de M. le Grand et de la femme d'un riche bourgeois.

Nouvelle 10, pag. 217.

L'aventure de l'inconnu qui est dans cette histoire arriva, l'hiver dernier, chez M. de Francine.

Nouvelle 14, pag, 314.

Histoire du chevalier de Guili et de sa femme.

Tome III

Nouvelle 2, pag. 51.

Le financier de cette histoire est un nommé de Lestre, qui tient le contrôle général des finances, et la demoiselle, une jeune fille d'auprès Saint-Honoré.

Nouvelle 3, pag. 89.

Il y a quelque chose dans cette histoire, qui regarde Mme de Manicau et M. de Rohan.

Nouvelle 6, pag. 160.

Cette nouvelle contient la mort et les amours de Mlle Dufour et de M. l'abbé Ondedei, neveu de M. de Fréjus.

Nouvelle 7, pag. 187.

C'est une histoire véritable arrivée à un sergent des tailles, à Lyon.

Nouvelle 8, pag. 205.

C'est l'histoire du mariage de M. de Saint-Géran.

Nouvelle 9, pag. 223.

C'est l'histoire de M. le comte de Modène, qui était à feu M. de Guise, qui fut mené sans le savoir chez la femme d'un de ses amis.

Nouvelle 10, pag. 236.

On voit dans cette nouvelle les amours de M. de Rasan le fils et d'une vieille veuve. Il est aussi parlé, dans cette nouvelle, d'une partie des femmes de qualité d'aujourd'hui qui payent leurs amants. M. le duc d'Aumont, ci-devant M. de Villequier, M. le chevalier de Beuvron et autres y ont bonne part.

Nouvelle 11, pag. 251.

Ce sont les amours de Maria-Victoria, courtisane de Rome, de plusieurs grands seigneurs d'Italie et de l'abbé Elpidio Benedicti.

Nouvelle 12, pag. 380.

L'aventure d'Alcandre touchant l'évanouissement est véritable et est arrivée à M. de Breteuil le fils et à Mme la comtesse de la Suze. La conversation qui est dans la même nouvelle est sur M. Despréaux, autrement dit Boileau. Il est encore parlé d'autres gens de qualité qui seront reconnus par ceux qui savent les aventures.

Nouvelle 14, pag. 382.

C'est l'aventure arrivée chez Mme de Crusol dernièrement.

Puisque l'occasion s'est offerte de parler du Recueil du sieur de Visé, j'ajouterai que ce Recueil, qui est peu connu, a été confondu, par Barbier, avec un autre ouvrage, absolument différent, attribué également à Donneau de Visé : *Nouvelles nouvelles, divisées en trois parties*, par M. de... (Paris, P. Bienfaict, 1663, 3 vol. in-12, fig.) Barbier, dans son *Dictionnaire des Anonymes*, dit, à tort, que les *Nouvelles nouvelles* de 1663 ont été réimprimées en 1669, sous le titre de *Nouvelles galantes et comiques*. Il n'y a qu'une seule édition des *Nouvelles nouvelles* ; quant aux *Nouvelles galantes et comiques*, on en a fait en Hollande une réimpression textuelle sous ce titre légèrement modifié : *Les Nouvelles galantes, comiques et tragiques* (sur la Copie, à Paris, chez Estienne Loyson, 1680, 3 vol. pet. in-12, elzévirien).

Paul Lacroix.

NUIT (LA) BRILLANTE, ou le Carrousel de l'esprit, détachement de la philosophie des héros. — Paris, s. n., 1687, in-4 de 111 pp. non compris le titre.

Voici un livre de toute rareté, inconnu au « Manuel, » au « Dictionnaire des Anonymes » et probablement de la plupart des bibliographes. Pour ma part, je ne l'ai trouvé mentionné que dans le catalogue de M. M*** (Millot, mai 1846, Paris, p. 132, n° 633). Le rédacteur de ce beau catalogue, qui n'est autre que le savant M. P. Lacroix, a joint à la description du volume, la note suivante que je ne puis que reproduire textuellement :

« Cet ouvrage des plus singuliers doit être fort rare (car il n'est pas cité dans l' « Usage des Romans, » ni dans le catalogue de Mme de Verrue), et l'on peut supposer qu'il n'a jamais été mis en vente ; il est dédié à trois gentilshommes de la Cour, MM. de B., de M., et de I.. M. — C'est une allégorie perpétuelle, écrite en prose et en vers avec les idées et le style de la coterie des Précieuses. Nous n'avons pas eu le temps de rechercher quels sont les personnages cachés sous des noms imaginaires, tels que *Montmeigre*, *Silvanire*, *Erocrite*, *Aminte*, *Antifonds*, etc., etc. Le lieu de la scène est à Versailles, dans le Parc-aux-Cerfs, dont *Alcidas* se nomme *l'ermite*. On y loue immodérément le roi ; on y fronde indirectement Boileau, Furetière, l'abbé Tallemant, etc., sans les nommer. Qui forgera une clef pour cet étrange imbroglio ? »

Ajoutons que l'exemplaire décrit par M. P. Lacroix, et qui était relié en beau veau marbré, ne s'est vendu que 11 fr. 50. Il est vrai que c'était en 1846.

NUITS (LES) DE PARIS, ou le Spectateur nocturne.

Nox et Amor Vinumque nihil moderabile suadent ;
Illa pudore vacat, Liber, Amorque metu.
Ov.

A Londres, et se trouve à Paris, chés les libraires nommés en tête du catalogue, 1788-1794, 16 parties en huit volumes in-12. avec dix-huit gravures. — La quinzième partie porte le titre de : *La Semaine nocturne* ; la pagination, continue pour les quatorze premières parties, s'arrête à la page 3359. — Cet ouvrage a été, en partie, traduit en allemand à Hambourg.

Ce recueil volumineux d'anecdotes vraies mais scandaleuses, est de *N. E. Restif de la Bretonne*, qui affirme que « les *Nuits* forment un ouvrage important pour la postérité par la vérité des faits. » M. *Charles Monselet* fait observer « que ces *Nuits*, quoique mal ordonnées, renferment des parties saisissantes : par cela même qu'elles ont été conçues sans aucune espèce de plan, elles abondent en détails sur les hommes et sur les choses du temps, sur les journaux, les cafés, les promenades, etc. » C'est à *M. P. Lacroix*, à qui nous avons déjà fait quatre emprunts importants sur des ouvrages de Restif, que nous allons demander encore les précieuses indications qui suivent sur la clef des « Nuits de Paris. »

« M. Monselet a eu entre les mains un exemplaire des « Nuits, » appartenant au baron de Lamothe-Langon, et annoté par lui. En tête du premier volume on lisait cette note :

« Les noms écrits à la main dans cet ouvrage sont les noms réels, confiés à la comtesse Fanny de Beauharnais par Rétif de la Bretonne, et qu'elle m'a permis de copier, le 7 décembre 1809, sur l'original qu'elle tenait de cet auteur. Baron de Lamothe-Langon. Paris, le 12 mai 1841. »

« M. Monselet a fait le relevé de ces noms qui offrent sans doute quelque intérêt, mais qui ne fournissent qu'une clef bien insuffisante des « Nuits de Paris : »

La vaporeuse, — Mme de Marigny, p.9;

Mme d'Imberval, — Mme de Valimbert, p. 31;

Mme d'Angeval, — Valange, p. 32 ;

Mme de Nebli, — Belin, p. 35 ;

Le C.D.C.T., — le comte de Clermont-Tonnerre, p. 82 ;

Mme Dechaillot, — de Lillochai, p.256;

Mme Decollassin, — de Nicolas, p.654;

Un homme d'un certain âge et d'une heureuse figure, — Grimod de la Reynière, p. 961 ;

Le marquis de B., — de Brunoy, p.966;

On arriva dans la rue du (.....), — du Croissant, p. 1120.

« Nous avions commencé à éclaircir, en quelque sorte, les « Nuits de Paris, » par des renvois à Monsieur Nicolas, où beaucoup de faits, dénaturés, déguisés dans le premier ouvrage, sont replacés sous leur véritable jour et présentés avec leur caractère réel ; mais les difficultés et surtout la longueur de ce travail me l'ont fait interrompre et je me suis borné à relever ici les notes marginales de mon exemplaire, ce qui forme une clef très abrégée de tout l'ouvrage. On n'a pas suivi d'autre ordre que celui de la pagination.

Pages

204. *M. B***, — Bourgeois, père de Rose. Voy. Monsieur Nicolas, tome IX, p. 2644 et suiv. ;

218. *L'orfèvre Dagra*, — Agard ;

476. *Mme L.v.q.e.*, — Lévêque, femme d'un marchand de la rue Saint-Denis. Le Pied de Fanchette lui est dédié ;

666. *L.F.n.*, — la Fille naturelle, roman de Restif ;

667. *L.M. ou le Th. réf.*, — le Mimographe ou le Théâtre réformé, second volume des Idées singulières ;

666. *L.P. ou la P.r.*, — le Porno-

Pages.

graphe ou la Prostitution réformée ;

— *L.P. de F.* — Le Pied de Fanchette, roman de Restif ;

1167. — *Le Mamonet*, — Nougaret ;

1247. *Le Monstre*, — Augé, gendre de Restif ;

1453. *Mlles de Merup*, — de Pumer, de Prume ou de Purem ;

1531. *L'Epouse du Mamonet*, — Angélique Nimot ou Tomin ;

1555. *L'Homme effrayant*, — le marquis de Sade ?

1583. *Le comte de S.*, — de Sade, connu sous son premier titre de marquis ;

1621. *La comtesse d'Egm*, — d'Egemont, fille du maréchal duc de Richelieu .

1645. *M. de Fontlethe*, — le président de... (Fontmort ?), parent et ami de la comtesse de Beauharnais. C'est le principal personnage du roman des Posthumes. On pourrait aussi reconnaître Le Pelletier de Morfontaine, prévôt des marchands ;

1774. *Une jolie femme de la rue Saint-Denis*, — Mme Lévêque, à qui Restif a dédié le Pied de Fanchette ;

1776. *Mme C**, des Italiens*, — Cardon ou Carline, ou Coraline, ou Camille, ou Colombe ;

1804. *Un livre qu'on m'a prêté*, — le Pornographe ;

1879. *B.D.S.-M.*, — Blin de Sainmore? ;

— *M.D.S. dans l'A.d.l.F.* — Dussault ou de Sales ? ;

1895. *Le Maître du café de la Régence*, — Manoury ;

— *Rubiscée*, — le chevalier Cubières de Palmézeaux ;

— *Mad. de..., qui paraît sans cesse comme la consolatrice de toutes les infortunes*, — Mme Châtel que Restif appelle *une femme céleste*, dans Monsieur Nicolas, tome XI, page 3185. Voy.

aussi tome XIV des Nuits, page 3348 ;

— *Du Hameauneuf.*—Nous croyons que c'est un comte de Villeneuve, que Restif avait rencontré chez Le Pelletier de Morfontaine, avec la marquise de Montalembert. Voy. Monsieur Nicolas, tome XI, page 3077 ;

1934. *M. de Saint-Marc,* — le chevalier de Saint-Mars qui demeurait rue de Béthisy ;

1953. *Le Président, proche parent de la marquise,* — Le Pelletier de Morfontaine ?;

1954. *M.Ch.r.m.,* — Chérami ;

2129. *Toca\e,* — Anagramme de Cazotte ;

2142. *L'auteur des Lunes,* —. Beffroy de Reigny, dit le cousin Jacques ;

2143. *L'auteur de Clerval philosophe,* — Durosoy ;

— *L'auteur d'Ainsi va le Monde,* — Nougaret ;

— *L'auteur de la Suite des Essais sur Paris,* — le chevalier de Coudray ;

— *Le Pantomimographe de l'Opéra,* \ Noverre ;

— *L'auteur du Dictionnaire militaire,*— la Chesnaye des Bois;

— *L'auteur des Époux malheureux,* — Baculard d'Arnaud ;

— *R.V.R.L.,* — Rivarol ;

— *C.H.P.C.N.T.,* — Champcenetz ;

— *Ch.D.J.P.F.T.,* — Cholet de Jetphort, avocat, éditeur des Étrennes du Parnasse ;

— *L.M.D.X.M.N.S.,* —le marquis de Ximénès.

2143. *P.D.V.D.N.,* — Pons de Verdun ;

— *D. Ch. S.L.,* — Duchosal ;

— *T.R.P.N.,* — Turpin ;

— *R.D.J.V.G.N.,* — Rigoley de Juvigny ;

2143. *R.CH.D.CH.B.N.S.,* — Rochon de Chabannes ;

— *L'auteur de l'Ane promeneur,* — Gorsas ;

— *Le berger Silvain M.,*— Sylvain Maréchal ;

— *L'auteur du Tableau du Monde,* — peut-être Richer, auteur du Théâtre du Monde ;

— *L'auteur de Jeannod,* — Dorvigny, auteur de Janot ou les Battus payent l'amende, la première pièce où l'on ait vu le type de Jeannot ou Janot ;

— *L'auteur de Guill. Merv.,* — Lesuire, auteur de l'Aventurier Français, ou Mémoires de Guillaume Merveil ;

2144. — *L'auteur de la traduction de l'Ess. sur l'H. de P.,* — Fontanes, traducteur de l'Essai sur l'homme, de Pope ;

— *L'auteur de la Lorgnette philosophique,* — Grimod de la Reynière ;

2144. *L'auteur des Liais. dang.,* — Laclos, auteur des Liaisons dangereuses ;

— *L'auteur du Portefeuille d'un Troubadour,* — Bérenger ;

— *L'auteur des Considérations sur la Danse (du Menuet),* — Baquoy-Guédon ;

— *L'auteur du Jaloux sans amour (comédie),* — Imbert ;

— *Le premier imitateur des Contes moraux,* — Sébastien Mercier;

— *L'ingénieux inventeur du Lord impromptu,* — Cazotte ;

— *L'auteur des Lettres de Stéphanie,* — la comtesse de Beauharnais ;

— *Le marquis D.L.S.L.L.,*— De la Salle ;

— *L'auteur des Aveux d'une jolie femme,* — Mme Benoît ;

— *L.V.D.C.,*— le Vacher de Charnois ;

— *Les auteurs des Têtes changées*

Pages

3326. *Un étranger de première distinc-
    tion, — Le comte Potocki ;

3349. *Nihil*, — Nougaret.

« Voici maintenant un essai de clé, encore bien insuffisante, pour le tome XV, intitulé : le Spectateur nocturne, et pour le tome XVI des Nuits de Paris ; ces deux volumes formant, en quelque sorte, un ouvrage à part, avec une pagination séparée.

Pages

10. *Un jeune homme de province*, — C'est Restif lui-même ;

11. *Deux sœurs dans une boutique de soieries*,— Rose Bourgeois et sa sœur. Il la nomme ici Julie (Voy. tome Ier des Nuits, p. 204) ;

— *Maribert*,—Maribert-Courtenay. C'est le surnom qu'il avait pris sur le titre de la Femme infidèle ;

51. *Berthet et Binet*, — Ce sont le dessinateur et le graveur ordinaires de Restif ;

95. *De C.*, — De Crosne, lieutenant de police ;

101. *Dupuits de Courson*, — C'est un pseudonyme que prend Restif ;

128. *Un richard libertin, M. Blutel, demeurant rue Meslée, n° 109*, — C'est Butel-Dumont ;

130. *Edmond*, — C'est Restif qui se met en scène sous ce nom de baptême ;

— *Une grande et superbe prude qui tenait la maison à M. Blutel*, —Mlle de Saint-Leu, que Restif nomme de Sanloci, dans Monsieur Nicolas ;

155. *Tefris*, — C'est encore un pseudonyme que prend Restif: Tefris, anagramme de son nom ;

137. *Un vieil officier général d'artillerie*,—Le chevalier de Saint-Mars, qu'il nomme *Saint-Sarm* dans Monsieur Nicolas ;

— *Mlle Félicité*, — Mlle Ménager, qu'il nomme *Felicitette Pro-*

Pages

diguer dans le tome XI de Monsieur Nicolas ;

160. *Le jeune Coupenoir*, — N'est-ce pas le jeune de Rosières, dans Monsieur Nicolas, tome XI, page 3122 ?

203. *M. P...*, — Pelletier, ou plutôt Peltier, auteur de journaux royalistes ;

243. *M. de Fortjep*, — Cholet de Jetphort ;

245. *Moresquin*, — C'est le principal personnage d'Ingénue Saxancour ;

295. *Les Tantes*, — Madame Victoire et sa sœur Madame Adélaïde, filles de Louis XV, tantes de Louis XVI ;

309. *Commissaires de la Convention*, — c'est-à-dire de la Constituante, selon l'erratum de la page 361 ;

317. *Scaturin*, — Fontanes ;

— *Mlle Tiervau*, — Julie Vautier.

339. *Snifl*, — Carbon de Flins des Oliviers ;

343. *Le châtelain des Tuileries*, — Louis XVI ;

389. *La fameuse Lamôthe*, — Mme de la Mothe, l'héroïne de l'affaire du Collier ;

397. *Naireson*, — Joubert le philosophe ;

398. *Mlle Fllehcor*, — Mlle Rochelle ;

406. *Nircutas*, — Anagramme de Scaturin. Dans un carton de la page 412, Restif dit que l'aîné des frères de Julie avait tué Scaturin en duel. On comprend que ce carton ne fut ajouté aux exemplaires du tome XVI, que pour détruire l'analogie qui existait entre l'histoire de Julie et un fait de la vie de Fontanes, celui-ci étant devenu un homme puissant et considéré sous le Consulat.

414. *L'ainée Toniop*, — Mlle Poinot ;

453. *M. Bultel*, — C'est Butel-Du-

Pages

mont, ex-censeur royal, avec qui Restif avait été très lié.

466. *L'infâme Héros de la 8º nuit de la semaine nocturne,* — C'est Augé, gendre de Restif;

473. Restif n'a pas osé mettre le mot *financé,* car le mot *nancé* ne paraît pas être une faute d'impression;

503. *Le citoyen Gemonville,* — C'est le comte de Gemonville, qui avait plusieurs fois dîné et soupé incognito, avec Restif, chez Senac de Meilhan. Voy. le tome XI de Monsieur Nicolas;

514. *Valluiq, fils,* — Quillau, fils de l'imprimeur;

535. *M. Bénavant,* — c'est sans doute le marquis de Sade;

543. *Félicité Prodiguer,* — Mˡˡᵉ Ménager, que Restif appelle *Félicitette* dans le tome XI de Monsieur Nicolas. »

(Bibliographie de Restif de la Bretonne, pp. 271-277.)

NUMA ROUMESTAN, par *Alphonse Daudet.* — Roman publié d'abord dans le journal « L'Illustration, » du 14 mai au 16 juillet 1881, et reparu, cette année même, en un volume in-12.

Comme « Les Rois en Exil, » comme « le Nabab, » comme « Monsieur le Ministre, » etc., cet ouvrage a donné lieu à la fabrication de plusieurs clefs. On s'est plu à reconnaître dans le héros du Livre *Numa Roumestan,* tantôt M. Numa Baragnon, tantôt M. Bardoux. Cet attributions sont au moins téméraires. Numa Roumestan est un personnage formé d'après plusieurs types ; c'est surtout la personnification de l'homme du midi, opposé au tempérament du Nord. Ce livre qui doit son immense succès aux

nombreuses allusions politiques qu'il renferme, est assurément un livre à clef; il ne faut pas beaucoup d'étude pour reconnaître la ville de Nîmes sous le nom d'*Aps* et quelques autres substitutions analogues ; mais l'auteur seul pourrait nommer les originaux qu'il avait en vue en mettant en scène, avec tant de talent, les *Cardaillac,* les *Lappara,* les *Valmajour, Vauters, Méjean, Bachellery., Bompard, d'Espaillon,* etc., etc.

OBSERVATEUR (L') ANGLOIS (OU HOLLANDOIS).

Voir : L'Espion anglois.

OCEANA, by *James Harrington.* — London, 1656, in-folio. — Souvent réimprimé. Traduit en français par P.-F. Henry.—Paris, 1795.

Ce célèbre ouvrage fut composé par J. Harrington, dans sa retraite, après la mort de Charles Iᵉʳ qu'il avait accompagné jusqu'à l'échafaud. C'est une espèce de roman politique, rédigé à l'imitation de l'Atlandide de Platon : on y trouve le plan d'un gouvernement républicain que l'auteur voulait donner à l'Angleterre; Cromwell, qui n'y était pas ménagé, fit saisir le livre pendant qu'on l'imprimait; mais Harrington parvint à obtenir la restitution de son manuscrit, le fit imprimer en 1656, et dédia même son ouvrage au Protecteur. — Des noms emblématiques désignent les principaux personnages du temps : *Olphanus Megalitor,* c'est Cromwell;— *Corannus,* Henry VIII; — *Parthenia,* la reine Elizabeth ; — *Morpheus,* Jacques Iᵉʳ; *Oceana,* personnifie l'Angleterre; *Alma,* c'est le palais de Saint-James ; etc., etc. — L'ouvrage déplut à tous les partis : on peut dire qu'il a été plus goûté depuis un siècle qu'il ne le fut lors de son apparition;

Hume, Montesquieu, Hallam, Dugald-Stewart l'ont apprécié diversement, mais tous ont rendu justice aux sentiments honnêtes qui l'avaient inspiré. (Voir : A. Critical Dictionary of english Literature, by Alibone, t. I, p. 788.)

ŒDIPUS HOLLANDICUS, et : RABBI BEN-ONI VISIONES ET DOCTRINA. Cosmopoli (Belgique). — S. d. (vers 1632), pet. in-4, 16 pp.

Satires très mordantes dirigées contre le cardinal de Richelieu. — L'*Œdipus Hollandicus*, dit le rédacteur du catalogue Leber (nº 4,317), me paraît être l'édition originale du *Rabbi ben-oni Visiones*, satire en style apocalyptique, plus singulière que piquante par son obscurité. — Il faut que les exemplaires de cette édition soient bien rares et bien peu connus, car je ne me rappelle point avoir vu aucune indication de l'ouvrage sous ce titre d'*Œdipus Hollandicus*. Les bibliographes, notamment les derniers éditeurs de Le Long, ne citent que les réimpressions collectives de 1644-1645, qui ne sont pas complètes : on n'y retrouve point les Enigmes sur les *aut nunc, aut nunquam* qui précèdent les *Visions* et dont la suppression a pu entraîner celle du titre *Œdipus*.

Tous les grands travaux bibliographiques modernes sonts muets sur ce pamphlet qu'il serait bien curieux de réimprimer avec une bonne clef.

ŒUVRES CHOISIES DU PRINCE CASTRIOTTO D'ALBANIE, contenant le portrait caractéristique du prince héréditaire de Prusse, revu et augmenté par l'auteur, une lettre au congrès de l'Amérique et plusieurs autres pièces qui n'avaient point encore été imprimées (avec le portrait de l'auteur). Auxquelles on a joint le fragment d'un nouveau chapitre du Diable boiteux, envoyé de l'autre monde par M. Lesage, où se trouve un dialogue entre le *comte de Rouppen*, le *comte du Nord*, le *comte de Slonim* et *Warta*. — M.DCC.LXXXII, s. l., pet. in-8. imprimé par demi-feuille de 2 feuillets non cotés et de XVI-96 pp.

M. Arthur Dinaux a publié, dans le « Bulletin du Bibliophile » (1843, pp. 266 à 270), un très curieux article sur ce rare volume qu'il soupçonnait être sorti des presses particulières du prince de Ligne, au château de Bel-Œil, près Mons. — On trouve, dans cette notice, de précieux renseignements sur un intrigant (on dirait aujourd'hui : un chevalier d'industrie), qui se fit passer, à la fin du dernier siècle, pour un prince d'Albanie et qui n'était en réalité qu'un aventurier du nom de « *Stefano Zannowich*, » qui prit successivement les noms de *Castriotto*, de *Warta*, de *P. Zeratubladas* et qui finit misérablement en prison, vers 1786. — Il n'y a pas lieu de s'étendre ici sur la vie et sur les minces écrits de ce triste personnage : qu'il suffise de dire que l'ouvrage ci-dessus décrit rentre dans la catégorie des livres à clef, les noms véritables des personnages cités étant tous déguisés ; ainsi, le *comte de Rouppen*, c'est Frédéric-Guillaume de Prusse ; le *comte du Nord*, c'est le grand-duc de Russie ; le *comte de Slonim*, c'est le comte Oginski ; *Warta*, c'est le prétendu prince d'Albanie ; etc., etc.

ŒUVRES DE BALZAC (HONORÉ DE).

Plus que tout autre romancier, l'illustre écrivain a dû peindre d'après nature certains des personnages si vivants qu'il mit en scène dans son œuvre colossale. Ce serait un bien curieux travail que la recherche des originaux dont il a tracé les portraits dans ses romans; en attendant que cette tâche difficile soit entreprise et menée à bonne fin par quelque laborieux érudit, je reproduirai ici quelques notes qui m'ont été communiquées en partie par M. G. Brunet :

I. — LA PEAU DE CHAGRIN, roman philosophique. — Paris, Ch. Gosselin, 1831, 2 vol. in-8, avec deux vignettes.

Vers la fin de ce roman, trois médecins célèbres sont appelés en consultation : *Brisset*, le chef des organicistes ; *Cameristus*, chef des Vitalistes ; *Maugredie*, esprit distingué mais moqueur et sceptique : on y reconnaît au premier coup d'œil Broussais, Récamier, et Magendie.

II. — BÉATRIX, ou les AMOURS FORCÉS. scènes de la vie privée. — Paris, H. Souverain, 1839, 2 vol. in-8.

Dans ce roman, *Félicité des Touches* ne serait autre que George Sand, et *Claude Vignon* désignerait Gustave Planche,

III. — UN GRAND HOMME DE PROVINCE A PARIS. Scènes de la vie de Province.— Paris, Souverain, 1839, 2 vol. in-8.

Dans cet ouvrage, Jules Janin passe pour avoir servi de modèle au personnage de *Lourteau*.

IV. — CORRESPONDANCE DE BALZAC.— 1819-1850. — Paris, Calman-Lévy, 1876, in-8.

Une foule de noms ne sont désignés que par des initiales : page 35 — M. *T*...; M. *G*...; — p. 43 — *Edouard****; mesdames *S*..., *N*...; — p. 189 — M. *D*...; — page 243. « Ne dit-on pas que j'ai peint le Lys dans la Vallée, » Mme *V*.., qui n'est ni jeune, ni belle, et qui de plus est anglaise!... p. 479, M. *P*...; M. *M**** ignare dentiste..., etc., etc. — Que de restitutions à faire !

Ajoutons que Balzac avait souvent de singuliers procédés pour trouver les noms de ses personnages. Sa nouvelle intitulée *Z. Marcas* a pour titre un nom véritable, celui d'un modeste tailleur que Balzac avait déniché sur une enseigne de la rue de la Jussienne. Cette particularité a été rappelée et exploitée avec bonheur dans le récent procès Zola-Duverdy. (Voir la « Gazette des Tribunaux » du mois de Février 1882).

ŒUVRES DE BOILEAU.
Voir : Le Lutrin.

ŒUVRES DE CYRANO DE BERGERAC. — Nouvelle édition donnée par *P.-L. Jacob*, bibliophile (*M. Paul Lacroix*). — Paris, A. Delahays, 2 vol. in-12 de LXXX-314 et 416 pages.

Quelques mots seulement sur les ouvrages de ce remarquable écrivain qui fut longtemps trop négligé. Les allusions aux hommes et aux choses de son temps abondent dans les écrits de Bergerac. Ce serait un long travail et d'une exécution bien difficile que l'établissement d'une clef complète de ces deux volumes. M. P. Lacroix, qui a mis en tête de son excellente édition une introduction excellente, ne l'a pas entrepris, mais il a pris soin de nous dévoiler quelques énigmes. Ainsi dans les « Lettres diverses » de Cyrano, celle intitulée « *Sur le blocus d'une ville*, » fait allusion au blocus de la ville de Mouzon, dans laquelle l'auteur se trouvait enfermé en 1639; — celle « *Contre un Médisant*, est dirigée contre le gazetier Jean Loret, qui était brouillé avec Cyrano ; — celle « *Contre un Ingrat*, » désigne Dassoucy; — celles « *Pour*, » et « *Contre Soucidas*, » visent le même Dassoucy, dont le nom est anagrammatisé; — celle « *Contre M. de V*..., » concerne Pierre d'Auteuille, conseiller à la Cour des Comptes de Languedoc, qui portait aussi le nom de baron de Vauvert ; — celle « *Contre un Pilleur de Pensées,* » avait en vue le sieur Deroziers-Beaulieu, auteur d'une ridicule comédie intitulée « Le Galima-thias, » et qui justifiait parfaitement son titre ; — celle « *Contre un gros homme,* » est une sanglante satire contre le comédien Antoine-Jacob de Montfleury, qui avait sans doute eu des démêlés avec Cyrano, au sujet de ses pièces « Le Pédant joué » et « Agrippine ; — celle adressée « *A Messire Jean,* » visait un ecclésiastique, prédicateur ridicule, dont Cyrano avait éprouvé maintes persécutions, mais dont le nom n'est point venu jusqu'à nous ; — celle « *Contre un Pédant* » désignait un autre ecclésiastique, professeur infatué, que Cyrano appelle *Maître Picard,* mais dont le nom véritable est inconnu ; — même observation pour la lettre « *à un comte de bas aloi,* » gentilhomme ridicule de mince et très récente noblesse ; — enfin, il serait désirable de connaître la *dame* à qui sont adressées les lettres amoureuses et fort tendres de Cyrano.

Les personnages dela comédie « Le Pédant joué, » pièce assurément remarquable, ne sont pas tous imaginaires : *Granger,* le pédant, c'est Jean Grangier, principal du collège de Beauvais, où Cyrano avait étudié ; — le capitaine *Châteaufort* ne peut être que le sieur Carbon de Castel-Jaloux, ancien capitaine de Cyrano ; — *Pierre Paquier* désignait sans doute le cuistre maître Pierre Olivier, sous-maître au collège de Beauvais, le bras droit de Jean Grangier ; Cyrano avait eu beaucoup à souffrir de ces deux individus.

Enfin l' « Histoire comique des Etats et Empires de la Lune et du Soleil, » offre des noms anagrammatisés, comme *Mada,* pour Adam, et maintes allusions dont l'éclaircissement exigerait, je le répète, un travail considérable.

OEUVRES DE HENRI FON-FRÈDE, recueillies et mises en ordre par *Ch.-Al. Campan,* son collaborateur, — Bordeaux, Chaumas-Gayet et Lawalle, — Paris, Coquebert, 1844, 10 vol. in-8.

Le dixième volume de ce recueil contient la CORRESPONDANCE du célèbre publiciste. On y trouve force noms propres remplacés par des points, des étoiles ou des initialismes, ce qui arrête le lecteur et laisse dans l'obscurité maints faits intéressants. — M. G. Brunet, en attirant mon attention sur cet ouvrage, a pris la peine de me citer quelques exemples de noms retranchés ; ainsi, on lit : « Page 247 : — Si *** revient...; P. 201 : — Communiquez immédiatement ces renseignements à M. P*** ; —P. 196 :... Concevez-vous ce vieux *** qui, il y a trois jours, était furieux contre le jury de Strasbourg ? — *** et *** ont avant-hier fait une scène ; —P. 182 :... Royer-Collard a dit que *** avait commencé et finirait comme Mazaniello... » — On conçoit combien une bonne clef, composée par quelque sagace et patient OEdipe, serait utile aujourd'hui pour lire avec fruit cette piquante correspondance.

OEUVRES DE JEAN-JACQUES ROUSSEAU.

Le nom de cet illustre auteur ne figure ici que pour mémoire, les dimensions de cette étude ne permettant pas de reproduire la clef complète de ses œuvres, clef qui existe cependant. On connaît en effet un opuscule devenu d'une extrême rareté et qui a pour titre ;

« CLEF DES ÉDITIONS DE J.-J. ROUSSEAU ; — Noms qui ne sont indiqués que par des lettres initiales dans les éditions imprimées. » — Paris, Pichard, s. d., in-12.

Ajoutons que M. *Eloi Johanneau,* mort en 1837, a laissé dans ses papiers un manuscrit intitulé :

« Dictionnaire donnant l'origine, le sens caché et l'esprit des noms et qualifications pseudonymes qui se trouvent dans les œuvres de Jean-Jacques Rousseau. » In-4 de 50 pages.

Il convient de dire encore que, dans la plupart des éditions modernes, des notes ou remarques mises au bas des pages dévoilent au lecteur un grand nombre de pseudonymes ou d'initialismes.

ŒUVRES DE MOLIÈRE. — Il est parfaitement inutile de citer aucune édition des œuvres de cet incomparable auteur ; il suffit de rappeler au lecteur ce bel et savant ouvrage auquel déjà nous avons fait quelques emprunts et qui a pour titre : « Bibliographie Moliéresque, » par *Paul Lacroix.*—Paris, A. Fontaine, 1875, 2ᵉ édition, in-8 de XIX-412 pp.

Nous avons vu, en maints articles de cette étude, que le Théâtre offrait souvent des allusions à deviner et de nombreux noms déguisés à reconnaître ; Molière présente, à cet égard, une moisson particulièrement intéressante ; sans prétendre donner la clef complète de ses œuvres, nous tâcherons de prouver, par quelques exemples, que rien n'échappait à son esprit d'observation et que c'est à juste titre que l'épithète de *Peintre* lui a été appliquée aussi bien par ses rivaux que par ses admirateurs ;

— Dans « LES FACHEUX, » *Dorante,* le chasseur, est le portrait du marquis de Soyecourt ; ce fut Louis XIV qui signala cet original à l'attention de Molière. — *Le marquis* de la « CRITIQUE DE L'ECOLE DES FEMMES, » n'est autre que le duc de La Feuillade, si

connu par sa honteuse conduite à l'égard de Molière ; — on crut reconnaître Boursaut sous les traits de *Lysidas.* — Suivant Cizéron-Rival, le mariage du comte de Grammont avec Mᴵˡᵉ Hamilton, aurait fourni à Molière l'idée de son « MARIAGE FORCÉ. »

— Les personnages qui figurent dans « LE MISANTHROPE, » ont été, de la part des commentateurs, l'objet de nombreuses suppositions. On a cru reconnaître les types de ces personnages, d'un côté dans la Cour de Louis XIV, de l'autre dans l'entourage même de Molière. *Timante,* a-t-on dit, n'était autre que M. de Saint-Gilles, l'émule de La Fontaine ; — *Oronte,* c'était le duc de Saint-Aignan ; — *Célimène,* c'était la duchesse de Longueville ; — *Alceste,* c'était le duc de Montausier; mais suivant M. Aimé Martin, *Alceste* ne serait autre que Molière lui-même et *Célimène,* Mᴵˡᵉ Molière ; — on retrouverait, d'après le même auteur, Mesdemoiselles Duparc et de Brie, sous les traits *d'Arsinoé* et *d'Eliante ;* — *Acaste* et *Clitandre* s'offriraient à nous avec la grâce et la tournure des comtes de Guiche et de Lauzun ; — enfin le caractère de *Philinte* rappellerait celui de l'aimable Chapelle. — Toutes ces conjectures, il faut le reconnaître, sont assez problématiques.

— Si l'on en croit l'éditeur des « Œuvres de Boileau » publiées en 1713, l'original de *Sganarelle,* dans « LE MÉDECIN MALGRÉ LUI, » serait le perruquier Didier L'Amour, que Boileau célébra dans le *Lutrin;* sa première femme était une clabaudeuse éternelle qu'il savait étriller sans s'émouvoir.

— Dans la comédie de GEORGE DANDIN, il est dit (acte Iᵉʳ, scène V), que *Bernard de Sottenville* eut le crédit de vendre tout son bien pour faire le voyage d'outre-mer. Tout le monde fit application de cet endroit à M. de La Feuillade, qui, en ce temps-là, s'avisa de mener à Candie une centaine de gentilshommes, équipés à ses frais, pour combattre les Turcs qui attaquaient cette île.

— Lorsque Molière fait dire à *Chrysalde*, dans « L'ÉCOLE DES FEMMES » (acte Ier, scène I):

« Je sais un paysan qu'on appelait Gros-Pierre,
Qui n'ayant pour tout bien qu'un seul quartier de terre
Y fit tout à l'entour faire un fossé bourbeux,
Et de Monsieur de l'Isle en prit le nom pompeux, »

il avait en vue Thomas Corneille qui, après avoir porté longtemps le nom de Corneille-le-Jeune, se fit appeler Corneille de l'Isle.

— *M. Jourdain*, du « BOURGEOIS-GENTILHOMME, » était, assure-t-on, le portrait d'un sieur Gandoin, chapelier qui s'était rendu célèbre par ses prodigalités, et qui avait dépensé cinquante mille écus avec une femme que Molière connaissait. — Dans la même pièce le portrait de *Lucile* (acte III, scène IX), est, suivant Cizeron-Rival, celui de Mademoiselle Molière.

— Personne n'ignore que dans « LES FEMMES SAVANTES, » Molière a joué l'abbé Cotin, sous le nom de *Trissotin*, et Ménage, sous celui de *Vadius*.

— Enfin, dans « L'AMOUR MÉDECIN, » les quatre praticiens que Molière a mis en scène étaient les quatre premiers médecins de la Cour. — « Comme Molière voulait, dit Cizeron-Rival, déguiser leurs noms, il pria M. Despréaux de leur en faire de convenables. Il en fit en effet qui étaient tirés du grec et qui marquaient le caractère de chacun de ces médecins. Il donna à M. Desfongerais le nom de *Desfonandrès*, qui signifie « tueur d'hommes ; » — à M. Esprit, qui bredouillait, celui de *Bahis* qui signifie « jappant, aboyant ; » — *Macroton* fut celui qu'il donna à M. Guenaut, parce qu'il parlait fort lentement ; — et enfin celui de *Tomès*, qui signifie un « Saigneur, » à M. Dacquin, « qui aimait beaucoup la saignée. »

Il y aurait beaucoup d'autres por-

traits à découvrir dans Molière ; il serait curieux notamment de retrouver les originaux de ses « Marquis ; » c'est un difficile travail qui convient aux commentateurs bien plus qu'il ne rentre dans le cadre de cette modeste étude.

ŒUVRES DE RABELAIS.

Voir : Rabelais.

ŒUVRES DE VOLTAIRE.

On ne peut que répéter ici ce qu'on a dit déjà au sujet des œuvres de J.-J. Rousseau : il faudrait trop de temps et de place pour donner la clef complète des ouvrages de Voltaire, si toutefois, comme pour Rousseau, cette clef avait été faite et publiée ; or je n'en connais point d'imprimée : le seul travail de ce genre qui existe est celui laissé par M. *Éloi Johanneau*, et qui, bien qu'inachevé, ne comprend pas moins de 93 pages in-4. D'ailleurs, tout lecteur un peu au courant de l'histoire littéraire du XVIIIe siècle est à même de comprendre bien des allusions et de reconnaître bien des personnages si impitoyablement maltraités par le Patriarche de Ferney ; les notes et remarques des commentateurs sont aussi d'un grand secours et il ne faut pas être un grand clerc pour découvrir par exemple le portrait de l'abbé Grisel dans le *Dépositaire*, ou celui de Fréron dans l'*Écossaise*, pièce que, soit dit en passant, on a si justement reprochée à son illustre auteur ; La Baumelle que Voltaire n'aimait pas, et pour cause, est aussi l'une de ses victimes que l'on reconnaît le plus aisément. Toutefois, il ne faut pas aller trop vite et mettre trop promptement des noms sur les anagrammes ou les pseudonymes employés par Voltaire ; le malin philosophe excellait à dépister son monde ; c'est ainsi que dans le *Yebor* de « Zadig, » tout le monde crut retrouver Boyer ; Charles Nodier cependant ne goûtait guère cette attribution et avait peine à reconnaître dans cet odieux personnage, le sévère, pieux et charitable évêque de Mirepoix. Sans nous étendre davantage sur un sujet que nous ne saurions même effleurer, souhaitons qu'un de ces chercheurs patients et érudits, plus nombreux aujourd'hui qu'on ne pense, veuille bien entreprendre la tâche difficile mais pleine d'attrait et d'utilité, de rédiger une clef complète et exacte des ŒUVRES DE VOLTAIRE, dont M. BENGESCO (*un étranger!*) vient de publier, à la librairie Rouveyre, une si belle et si intéressante bibliographie.

ŒUVRES DU PRINCE CHARLES-JOSEPH DE LIGNE, précédée d'une introduction par *Albert Lacroix*. — Bruxelles, Van Meenen et Cie, 1860, 4 vol. in-12, 14 fr.

Ces quatre volumes ne contiennent qu'un choix des nombreux ouvrages du prince-écrivain. On y trouve une quarantaine de *portraits* d'hommes et de femmes, dessinés à la plume et pris sur le vif parmi les personnes admises dans sa compagnie. Ces portraits, qui portent des noms d'emprunt, ont été récemment réimprimés en un charmant petit volume in-18, chez MM. Sandoz et Fisbacher ; dans l'introduction, l'auteur de cette réimpression exprime le regret de ne pouvoir donner les noms véritables des personnes que le prince a voulu peindre et qui ont échappé à toutes ses recherches. C'est une clef qu'on ne pourra probablement jamais faire, à moins qu'on ne la rencontre un jour dans les papiers encore inexplorés du prince de Ligne.

ŒUVRES SATYRIQUES DE P. CORNEILLE DE BLESSEBOIS.

— Leyde (Hollande-Elzévir), 1876, pet. in-12, ornée d'un frontispice gravé par Smeltzing.

Réimprimé à Leyde (Bruxelles, Poulet-Malassis), 1866-67, 2 vol. gr. in-16, front. gravé (40 fr.). Entre autres pièces, ce recueil contient l'ALMANAC DES BELLES, MARTHE LE HAYER, le RUT ou la PUDEUR ÉTEINTE, petits ouvrages à clef, dont il est parlé, en leur lieu et place, dans ce livre.

OLYMPE (L'). — Recueil d'il...

On trouve encore, dans le tome II de la réimpression (pp. 79 à 96), sept PORTRAITS en vers de personnages dont les noms sont manifestement anagrammatisés; ce sont MM. *Ndored, Moeb, Kncdoasda, Aungenbre, Eintesber Wasnes et Vanrderep.* Ces Messieurs, dont les vrais noms n'offriraient sans doute que peu d'intérêt aujourd'hui, devaient être fort des amis de Blessebois, à en juger par l'admiration qu'il témoigne à leur égard, en vers non moins hyperboliques que mauvais.

OLYMPE (L') D'AMOUR, histoire non feinte, par *Henri Du Lisdam*. — Lyon, 1609, in-12. Rare, ainsi que:

LES FIDELLES ET CONSTANTES AMOURS DE LISDAMUS ET DE CLÉONYMPHE. — Tournon, 1615, in-12.

Henri du Lisdam paraît avoir écrit sa propre histoire dans ces deux volumes que cite seul l'abbé Lenglet-Dufresnoy (De l'usage des Romans, t. II). Les biographies et bibliographies sont muettes sur l'auteur et sur ses ouvrages.

Henri de ou *du Lisdam* dont ne parlent point les biographes, est encore l'auteur du livre suivant :

« Les Sainctes inconstances de Léopolde et de Lindarache, où l'on voit une quantité de belles choses, dans la diversité de plusieurs fortunes arrivées dans la Turquie. » Paris, de l'imprimerie de Fr. Huby, 1619, pet. in-12 de 640 pp.

(Serait-ce aussi un ouvrage à clef?)

OLYMPE (L'), OU LA PRINCESSE INCONNUE. Voir : La Céfalie.

OLYMPE (L'). — Recueil d'élucubrations olympiques ; paraissant tous les mois (Petit journal fondé à Paris, en 1864, et dont le premier numéro doit dater du 1er mai).

Cette feuille satirico-littéraire, qui n'est point citée d'ailleurs dans l'excellente bibliographie de M. Hatin, dut avoir une existence assez éphémère. Elle était destinée à servir d'organe à une société de gens d'esprit, formée sous le titre assez peu modeste de « l'Olympe. » Chaque membre, comme cela se faisait jadis dans les innombrables académies d'Italie, avait un pseudonyme ou plutôt un surnom tiré de la mythologie grecque. Les rédacteurs de « l'Olympe » ne signaient leurs articles que de ce surnom et c'est à ce titre que ce journal peut figurer dans cette étude. Voici, d'après la *Petite Revue* (juin 1864, p. 33), la clef de quelques-uns des pseudonymes de l'« Olympe » : *Jupiter*, Frédéric Chevalot; — *Pluton*, Frédéric Vergeron ; — *Priape*, Alexis Cardon ; — *Apollon*, Hippolyte Rion ; — *Mercure*, Adolphe Bitard ; — *Momus*, Ernest Chevalot ; — *Vulcain*, Louis Bouillard ; — *Comus*, Pons ; — *Bacchus*, H. Valère, etc., etc. — Il faut reconnaître que tous ces *Olympiens* ont encore beaucoup à faire pour devenir des *Immortels*.

OLINDE ET SOPHRONIE, drame héroïque, en cinq actes et en prose, par *M. L.-Séb. Mercier*. — Paris, Lejay, 1771, in-8.

« Le sujet de ce drame (imité de *J.-F. Cronegk*), est tiré de l'épisode du second chant de la « Jérusalem » délivrée. ». Le libraire de M. *Mercier* a dû être bien étonné du débit prodigieux de sa marchandise, qui lui fut enlevée en moins de huit jours. Il est redevable de cette fortune inattendue à *Aladin*, roi de Jérusalem, et à *Ismen*, grand-prêtre et premier ministre de ce prince, principaux acteurs de la pièce. (On crut reconnaître en eux Louis XV et le duc d'Aiguillon.) On a fait les applications les plus impertinentes de toutes les scènes d'*Aladin* et d'*Ismen*, principalement de la scène du troisième acte, et M. Mercier s'est trouvé l'homme du jour pendant près d'une semaine » (Voir : « Correspondance de Grimm, » mars 1771).

ONOZANDRE (L'), ou le Grossier, satyre, par le sieur *Bautru*. — Imprimé d'abord dans le « Cabinet satyrique » (Paris, 1633, in-8, pp. 619-625), sous le titre de: « L'Onosandre, ou la croyance du Grossier. » — Réimprimé dans la « Bibliothèque Elzévirienne, » Variétés historiques et littéraires (t. V., pp. 291-298).

Cette pièce fort malicieuse est dirigée contre M. de Montbazon, prince de Béthisi, qui, sans l'intervention de la reine-mère, eût donné à l'auteur des marques *touchantes* de sa reconnaissance. (Voir les « Historiettes » de Tallemant. — Sous le nom d'*Onosandre* (homme-âne), le prince est représenté comme un être profondément ignorant et stupide.

OPTIQUE (L'), ou LE CHINOIS A MEMPHIS. — Essais traduits de l'E-gyptien. — Londres (Paris), 1763, 2 part. en un vol. in-12.

Cet ouvrage est de *J.-N.-M. Guérineau de Saint-Péravi*, et non de Voltaire, comme le crurent beaucoup de critiques, J.-J. Rousseau en tête. « C'est, dit la « Correspondance de Grimm » (décembre 1763), une froide copie du « Babouc, » du « Memnon » et d'autres petits morceaux de M. de Voltaire, en ce genre. On juge bien que *Memphis* n'est autre chose que Paris, dont un chinois fait la critique. Personne ne lit ces rapsodies. » Il s'y trouve d'assez nombreuses allusions aux hommes et aux choses du jour.

ORAISON FUNÈBRE DE Mme T...
Voir : Le Triomphe de la grâce.

ORDONNANCE DE POLICE DE TRÈS HAUT ET TRÈS PUISSANT SEIGNEUR SANCHO PANÇA, gouverneur de l'Isle Barataria. — Paris, Garnery et Volland, 1789, in-8, 15 pp.

C'est un pamphlet contre Duval d'Eprémesnil, attribué à *Marat*. Le fougueux conseiller a été encore ridiculisé dans deux petits écrits :

Le Fou retrouvé, ou avis au commandant du château des Isles Sainte-Marguerite. — En Provence (Paris ?) 1789, in-8.

Agonie, mort et descente aux Enfers des treize parlements du royaume, sous la conduite de Duval d'Eprémesnil. — Paris, s. d. (vers 1790), in-8.

On peut encore joindre à ces pièces :

Le massacre des Innocents, par l'auteur de l'Extrait du « Charnier des Innocents. » — Bordeaux, 1789, in-8 de 20 pp.

Ce dernier pamphlet dirigé contre, le Parlement, est attribué à l'avocat *Parein*.

ORDRE ET LISTE DE L'ŒUVRE QUI A POUR TITRE...
Voir : Le monde plein de fols.

OREILLES (LES) DES BANDITS DE CORINTHE, avec une lettre de M. de Voltaire (à M. Clairaut), sur les comètes. — Paris, 1772.

« Les oreilles des bandits de Corinthe, » brochure amphigourique d'une vingtaine de pages, sont attribuées à l'abbé Joseph-Honoré Rémy, avocat au Parlement de Paris. « C'est une apologie de Voltaire, figuré sous le nom de *Thésée*, qui, après avoir purgé la Grèce de brigands, entre triomphant dans Corinthe ; des bandits sous les noms déguisés desquels il faut reconnaître Fréron, La Baumelle, Clément, etc., s'avisent de l'insulter pendant son entrée triomphale. — *Thésée* quitte son char, va aux bandits, leur coupe à chacun un bout d'oreille, les emporte dans sa poche, et continue son triomphe. Cette brochure, dont on ne devine pas le but, sans une clef, ne se trouve pas meilleure quand on l'a deviné. » (Voir « Correspondance de Grimm, ». — août 1772.)

ORGANT, poëme en vingt chants. Au Vatican (Paris), 1789, 2 vol. in-18. — Réimprimé sous ce titre :

MES PASSETEMPS, ou LE NOUVEL ORGANT DE 1792, poëme lubrique en vingt chants, par un député à la Convention nationale. — Londres (Paris), 1792, 2 vol. in-18 de 160 et 170 pp. (C'est sans doute une supercherie de libraire et le titre seul paraît avoir été changé.)

Réimprimé encore à Bruxelles, en 1867, 2 vol. pet. in-18 de VIII-134 et 138 pp. avec un portrait de l'auteur. Tiré à 275 ex. Prix : 18 fr.

Ce poëme licencieux et ennuyeux du célèbre conventionel *Saint-Just*, a été, dit-on, supprimé par les soins de l'auteur lui-même et les exemplaires de la première édition sont devenus très rares. C'est une mauvaise imitation de la « Pucelle » de Voltaire qui n'offrirait plus le moindre intérêt, si certains personnages de l'époque n'y étaient mis en scène sous des noms supposés. La préface de cette trop longue production est d'une brièveté remarquable.

« J'ai vingt ans, j'ai mal fait, je pourrai faire mieux, » dit l'auteur qui aurait bien dû en rester là, en attendant qu'il « pût mieux faire. »

Ce poëme audacieusement cynique a été étudié plusieurs fois par des écrivains distingués, parmi lesquels on doit citer: M. *Cuvillier-Fleury* (« Portraits politiques et révolutionnaires, » 1852, t. II, pp. 283, 315); — M. *L. Fleury* (« Saint-Just et la Terreur, » 1853, t. I, pp. 28-94); — *Michelet* (« Histoire de la Révolution, » t. V, p. 107); — *Grimm* (« Correspondance, » juin 1789); — *E. Hamel*, (« Histoire de Saint-Just, » 1859); — *G. Brunet* (« Fantaisies bibliographiques, » 1864, pp. 145 et suivantes); — *Quérard* (« Essai sur les livres à clef, » pp. 119 et suivantes), etc., etc. — De toutes ces notices, celle de M. G. Brunet est assurément la plus utile.

L'action du poëme *d'Organt* se passe au temps de Charlemagne qui est du reste le héros de l'ouvrage ; chaque chant est précédé d'un sommaire analytique, comme dans la « Pucelle. » Ce résumé ne donne pas envie de lire l'ouvrage lui-même. L'auteur dissimule si peu son intention de faire des allusions multiples à l'histoire contemporaine, qu'il a eu soin de dresser une espèce de clef jointe à quelques exemplaires et dévoilant les noms véritables cachés sous des masques plus ou moins carlovingiens. — Voici cette clef, reproduite dans l'édition belge de 1867 ; elle est trop indécente pour qu'on la donne *in extenso*; on se bornera donc à la traduction des noms supposés:

L'archevéque Turpin, — l'archevêque de Sens ;

Sornit, — Timoléon de Cossé-Brissac, gouverneur de Paris ;

Adelinde. — Mme du Barry ;

Etienne de Péronne, — le chevalier Du Bois ;

Eblo, — l'abbé de Beauvais, qui devint évêque ;

Jean Marcel, — M. Thierry ;

Nice, — allusion à une aventure du duc de Bourbon, à Chantilly, contrariée par un moine;

Caroline, — allusion à une aventure de la fille de Mme de Polignac, dont un page eut les premières faveurs ;

L'extravagance habite en ces lieux, — le Palais-Royal;

Cochon, — M. Sirau ;

Le Noir, — Beaumarchais (!);

Charlemagne, — Louis XVI (?) ;

Cunégonde, — Marie-Antoinette ;

Pépin, — le comte de Provence (depuis Louis XVIII);

Au VIIIe chant, l'auteur passe en revue des acteurs et actrices alors bien connus, qu'il ne nomme pas en toutes lettres, mais faciles à reconnaître sous ces initialismes :

S.-F..., c'est Saint-Phal ; — *M....*, Molé ; — *Des..*, Des Essarts ; — *R...*, Mlle Raucourt ; — *F...*, Fleury ; — *Dor.*, Dorival ; — *Fl.*, Florence; — *C...*, Mlle Contat ; etc., etc.

En résumé, ces indications plus ou moins exactes ne forment qu'une clef bien incomplète : mais y a-t-il bien lieu de le regretter quand on songe au peu de valeur de ce poëme fastidieux et ordurier ?

ORGUEIL (L') DE NABUCAD-NETZAR ABBATU DE LA MAIN DE DIEU, avec quelques applications particulières aux affaires, ou sermon sur Daniel. — Amsterdam, La Feuille, 1707, pet. in-8, et : Londres, chez Ribotteau, 1707, très pet. in-4 de 36 ff.

Cet ouvrage allégorique est dû à *J. Armand Dubourdieu*, célèbre pasteur de la religion réformée, né à Montpellier, en 1652, mort à Londres, en 1720. — C'est un pamphlet violent contre Louis XIV (*Nabucadnetzar*) ; non pas contre le Louis XIV du grand siècle, mais contre le signataire de la révocation de l'édit de Nantes, qui succombait alors sous le poids de malheurs de toute sorte et qui se plaignait de voir « le ciel le protéger si peu, après tout ce qu'il avait fait pour Dieu. »

ORIGINAUX (LES), ou LES FOURBES PUNIS, parodie, scène par scène, des prétendus « Philosophes, » comédie nouvelle, en trois actes et en vers, par *M****, d'aucune Académie ni de Société (*A.-C. Cailleau*). « Quid rides ? Mutato nomine de te fabula narratur. » Horat. Sat. 1. — Le prix est de 24 sols. — A Nancy, M.DCC.LX, in-12 de 62 pp. avec frontispice allégorique.

Cette pièce est une critique assez vive de Palissot, qui s'était fait tant d'ennemis avec ses « Philosophes, » ses « Lettres, » Le « Cercle, » etc. Parmi les personnages de la pièce on remarque les personnalités suivantes : *Stipolas*, Palissot ; *Renfor*, Fréron ; et *Tinpisone*, Poinsinet.

Cailleau publia, la même année, une autre pièce allusive dirigée contre Palissot, sous ce titre : « *Les philosophes manqués,* » comédie nouvelle en un acte et en prose. A Criticomanie, chez la Satire, rue des Bons-Avis, à la Vérité, 1760, in-12 de 25 pp. — Cette comédie assez médiocre fut moins bien accueillie que la précédente.

ORIGINAUX (LES), par PALISSOT.
Voir : Le Cercle.

OSAUREUS, ou LE NOUVEL ABAILARD, comédie nouvelle en deux actes et en prose, traduite d'un manuscrit allemand d'Isaac Rabener. — Paris, de Poilly et Cailleau, 1671, in-12, réimprimé en 1766.

L'auteur de cette pièce satirique est le libraire littérateur *A.-C. Cailleau*, qui s'est caché sous le nom d'un écrivain humoristique, auteur de satires encore fort estimées en Allemagne. Cette comédie paraît être dirigée contre Rousseau (dont *Osaureus* est l'anagramme), qui venait de publier sa « Nouvelle Héloïse. »

OUVRAGE DE PÉNÉLOPE, ou LE MACHIAVEL EN MÉDECINE, par *Aletheius Demetrius*. — Berlin et Genève (Hollande), 1748, 2 vol. in-12. — Supplément avec la clef de 25 noms. — Berlin, 1750, en tout, 3 vol. in-12.

Cet ouvrage est encore de *Julien Offray de La Mettrie*, auteur de « La Faculté vengée » et de la « Politique du Médecin de Machiavel. » C'est une satire extrêmement violente contre les plus illustres médecins de l'Europe. Boërhaave, Linné, Winslow, Astruc, Ferrein, etc., y sont attaqués avec un cynisme grossier. Cette satire, autrefois recherchée, est aujourd'hui tombée dans l'oubli ainsi que les médecins qu'elle visait. Les curieux se plaisent encore cependant à lire ces œuvres de persiflage un peu guindé et plus cynique que spirituel. — L'ouvrage de « Pénélope » a été abrégé, par *J. Philippe de Limbourg*, sous ce titre :

« Caractères des Médecins, ou l'idée de ce qu'ils sont communément et celle de ce qu'ils devraient être d'après « Pénélope » de feu M. de La Mettrie, » — par ***, docteur en médecine. — Paris, aux dépens de la Compagnie, 1760, in-12.

PAGE (LE) DISGRACIÉ, où l'on voit de vifs caractères d'hommes de tous tempéraments et de toutes professions, par *M. de Tristan*. — Paris, chez Toussaint-Quinet, 1643, 2 vol. pet. in-8, et 1665 ou 1667, 2 vol. in-12, front. gravés. Assez rare.

François Tristan, dit *l'Hermite*, poète dramatique né en 1601, mort à Paris, en 1655, passe pour avoir raconté dans ce roman sa propre histoire. — « Parmi quelques fictions dont Tristan peut avoir embelli son « Page disgracié, » nous trouvons la véritable histoire de sa jeunesse, et il n'a pas eu grand besoin de recourir au mensonge pour lui donner tout à fait l'air de roman. » (L'abbé d'Olivet, Histoire de l'académie française.) — Qu'il serait curieux d'avoir une clef de ces « vifs caractères d'hommes de tous tempéraments et de toutes professions » que l'auteur a dû retracer d'après nature dans son livre !

PANDÆMONIUM, pièce de vers. Voir : Feu et Flamme.

PANHYPOCRISIADE (LA), ou le SPECTACLE INFERNAL DU SEIZIÈME SIÈCLE, comédie épique (en seize chants et cinq dialogues), par *Népomucène Lemercier*. — Paris, Firmin Didot, 1819, in-8, 4 fr.

SUITE DE LA PANHYPOCRISIADE, ou le SPECTACLE INFERNAL DU DIX-NEUVIÈME SIÈCLE (en quatre chants et cinq dialogues), par *le même*. — Paris, Doyen, 1832, in-8.

La première partie de cet ouvrage satirique est rare ; la seconde n'a pas été mise en vente, parce que l'auteur, qui avait eu déjà des difficultés avec l'autorité, s'est senti trop vieux pour entrer en lutte avec le Parquet ; on en rencontre cependant encore des exemplaires. C'est surtout la seconde partie de cette satire, plus amère souvent que la Némésis, qui rentre dans le cadre de cette étude. La « Suite de la Panhypocrisiade » a été parfaitement analysée et jugée, par M. Villenave fils, dans « La France Littéraire » (t. II, Vᵉ livraison, 1832, p. 413-421).

La première partie est consacrée au tableau critique du xvıᵉ siècle, si richement doté d'impostures sacerdotales et politiques, et où l'intelligence humaine cherchait déjà à secouer les langes de la superstition et du fanatisme. Dans la seconde, l'auteur s'est proposé de stigmatiser les Tartufes, quelle que soit leur robe, quels que soient les degrés de l'échelle sociale où ils se trouvent montés, de flageller les fausses réputations, les gloires usurpées, les vices honorés, de siffler l'intrigue et la bassesse, de caricaturer le faux mérite, en un mot de saper toutes les hypocrisies. L'œuvre de M. Lemercier embrasse la période révolutionnaire, l'Empire et la Restauration ; ses allégories sont nombreuses, continuelles, mais faciles à saisir ; ainsi, *Dynastiarque* personnifie la royauté légitime ; — *Démagogueule*, la canaille, la populace ; — *Féodalie*, la noblesse ; — *Inquisitine*, le clergé ; — *Luttessole*,

la France;—*Tigrispierre*, Robespierre;
— *Fusillaron*, Napoléon Ier ; — *Juris-
peur*, la Convention et la Terreur ; —
Polyargus, Fouché ; — *Alliance*, les
puissances alliées qui ont secondé la
restauration de l'ancienne monarchie,
etc., etc. Il serait curieux de savoir
quel, ou quels auteurs le poète a visés
sous le nom de *Plumebec*, écrivain
vénal, bas adulateur de tous les pou-
voirs et de tous les régimes.

PARABOLE (LA) DU TEMPS PRÉSENT. — Paris, 1649, 8 pp. pet. in-4.

Réimprimé, la même année,
Paris, Arnould Cottinet, 8 pp. sous
le titre ainsi modifié :

« LA PARABOLE DU TEMPS PRÉSENT,
DÉNOTTANT LES CRUAUTÉS DE MAZA-
RIN CONTRE LES FRANÇOIS, ET PRO-
PHÉTISANT LA VICTOIRE DE MESSIEURS
DU PARLEMENT. »

C'est une Mazarinade attribuée, par
M. C. Moreau, au sieur *La Colombière*.
La « Parabole » est des plus simples :
« Un père de famille avait confié son
troupeau de moutons à un berger qui,
en mourant, laissa à sa veuve un
chien. Le troupeau, écorché au lieu
d'être tondu, se révolta. La veuve du
berger et le chien firent venir, pour
l'affamer, les ours de Suisse, les loups
d'Allemagne et d'Italie, et les aigles
de Pologne. » On démêle aisément
dans cette allégorie, contemporaine du
blocus de Paris par les troupes royales,
que le *Berger*, c'est Louis XIII ; sa
Veuve, Anne d'Autriche ; le *Chien*,
Mazarin ; le *Troupeau de moutons*, le
peuple de Paris mutiné à l'instigation
des chefs de la Fronde.

PARALLÈLE DES PORTRAITS DU SIÈ-CLE.

Voir : L'École de l'homme.

PARASITE (LE) MORMON, histoire comique.

Voir : Histoire de Pierre de Montmaur.

PARIS, HISTOIRE VÉRIDIQUE, ANECDOTIQUE, MORALE ET CRITIQUE, AVEC LA CLEF, par *M. Chevrier*. « La vérité a conduit le pinceau. » — A La Haye, M.DCC.LXVII, pet. in-8 de 88 p.

Les « Livres à clef » ne disent que
quelques mots de cet ouvrage posthume
de François-Antoine Chevrier, mort
(d'une indigestion !) le 2 juillet 1762,
à l'âge de 42 ans. Cet écrit satirique,
plus mordant peut-être que les autres
ouvrages de l'auteur, n'est plus très
recherché aujourd'hui ; il mérite cependant l'attention des curieux en raison des allusions piquantes et des détails de mœurs qu'il contient. Quoique
presque tous les exemplaires soient
suivis de la clef (j'en ai, pour ma
part, vu deux cependant qui en étaient
dépourvus), il ne paraît pas inutile de
la reproduire textuellement ici, afin
que les amateurs du xviiie siècle puissent d'un coup d'œil connaître les
personnages assez maltraités par
Chevrier, dans son « Paris. »

Cette clef qui comprend les pages
83 à 88 du volume est intitulée :
« Notes nécessaires à l'intelligence de
cet ouvrage. » La voici :

A... *Petit Particulier*, — la Popelinière, fermier-général, dont la
maison de campagne est appelée la *Ménagerie de Passi*.

B... *Curion*, — Curis, intendant des.......

C... *le vainqueur d'Albion*, — Richelieu.

D... *Zélos*, — Genevilliers, maison de
campagne de Richelieu.

E... *d'une Danseuse*, — la Vestris de
l'Opéra.

F... *petit Violon*, — Francœur, directeur de l'Opéra.

G... *plaisant Chevalier*, — Francine, ci-devant directeur de l'Opéra et complaisant actuel de Curis.

H... *Sots illustres*, — Les comtes de Bissi et tant d'autres.

I... *Céphise*, — la marquise de Fleury, jadis la Defrêne, maîtresse de Bonier de... trésorier-général de Languedoc.

K... *une pension l'éloigne*, — cette marquise, fâchée d'avoir voulu être femme honnête, proposa à son mari de lui laisser le champ libre, moyennant une pension qu'il eut la bassesse d'accepter pour la manger dans la province qu'on lui assigna.

L... *Timante*, — Hébert, ci-devant bijoutier, aujourd'hui secrétaire du Roi, connu par ces vers de Voltaire :

.... *ces riches bagatelles*
Qu'Hébert vend à crédit pour tromper
[tant de Belles..

M... *Hortensius*, — M. de la Bédoyère, premier avocat général de la Cour des Aides, destitué pour avoir épousé....

N... *Agatine*, — Agatte Sticotti, danseuse de la Comédie italienne.

O... *V.........*, — Versailles.

P... *un Dominicain*, — Jacques Clément.

Q... *les rivaux, etc.*, — les Guises.

R... *un Roi*, — Henri III.

S... *l'opprobre d'Angoulème*, — Ravaillac.

T... *l'impatience de régner*, — Marie de Médicis, femme de Henri IV.

V... *l'ambition d'un Favori*, — le duc d'Epernon, soupçonné d'être du complot avec la Reine.

X... *le monstre de l'Artois*, — Damien.

Y... *Trajan*, — Louis XV.

Z... *le pieux Antonin*, — Idem.

AA... *les Pères Conscripts*, — le Parlement.

BB... *un Licteur insolent*, — Bellot, exempt de police.

CC.., *sept Sénateurs, etc.*, — ce Bellot avait présenté à Damien les noms de sept Conseillers aux enquêtes, pour qu'il déclarât que c'était eux qui lui avaient conseillé d'assassiner le Roi.

DD... *le Grand-Prêtre*, — l'archevêque de Paris.

EE... *Mécène*, — le comte d'Argenson.

FF... *Murius*, — M. de Machault.

GG... *les fiers Cartaginois*, — les Anglais.

HH... *Paix sacrée*, — le traité de Westphalie.

II... *Semiramis*, — l'impératrice-Reine.

KK... *Lucullus*, — le Roi de Prusse.

LL... *Auguste*, — le Roi de Pologne.

MM... *Marius*, — le maréchal d'Estrées.

NN... *Hiéron*, — le prince de Soubise.

OO... *Armand*, — le maréchal de Richelieu.

PP. *Scipion*, — le maréchal de Saxe.

QQ... *les Bramines*, — le clergé de France.

RR... *Damon*, — l'abbé de Chauvelin.

SS... *la tête, etc.*, — la grande Chambre du Parlement qui subsista par ordre du Roi, après l'exil des cinq Chambres des Enquêtes.

TT... *Nerva*, — Louis XIV.

VV... *un des fils naturels*, — le duc du Maine.

XX... *Philippe règne*, — le duc d'Orléans.

YY... *ceux qu'on ne peut destituer*, — les premiers présidents et procureurs généraux des Parlements.

ZZ... *un fourbe heureux*, — Louis XI.

AAA... *Bien-Aimé*, — Louis XV.

BBB... *Arlim*, — Marli.

CCC... *Don Quichotte, etc.*, — le marquis de la Chetardie, qui, à peine gentilhomme, disait toujours, *un homme de ma naissance, un homme comme moi.*

DDD... *un Bramine, etc.,* — l'abbé de Rohan, aujourd'hui coadjuteur de Strasbourg.

EEE... *Brante,* — le marquis de Beaufremont, qui présenta requête au Parlement, pour demander qu'il ne fût pas permis aux princes de la Maison de Soubise de se couvrir en Sorbonne, puisqu'un Beaufremont ne s'y était point couvert il y avait quarante ans.

FFF... *la barbare Florentine,* — Catherine de Médicis.

GGG... *Marc-Aurèle,* — Henri IV.

HHH... *l'imbécille Léandre,* — le capucin Joyeuse.

III........ *on en vit un,* — le coadjuteur de Retz.

KKK... *Eraste,* — Vintimille, archevêque de Paris.

LLL... *Lucrèce,* — la marquise de Maintenon.

MMM... *un Bramine qui devait...* — l'évêque de Fréjus, depuis cardinal de Fleury.

NNN... *Licoris,* — Mme de Parabère, maîtresse du Régent.

OOO... *Madame de Ségur,* — autre maîtresse.

PPP... *Brandt,* — M. de S. Albin, bâtard du Régent, aujourd'hui archevêque de Cambrai.

QQQ... *un Derviche,* — le Père Boyer, Théatin, et depuis évêque de Mirepoix.

RRR... *Dorval,* — l'abbé, depuis cardinal de Bernis.

SSS... *Sanville,* — le cardinal de la Roche-Foucault.

TTT... *Ariste,* — l'évêque de Limoges.

VVV... *Verdan,* — M. de Jarente.

XXX... *la femme de Dorval,* — Mme Dumai, femme d'un notaire.

YYY... *Madame Pichon,* — Mme Bos, femme du poète Laurent.

ZZZ... *Cardin,* — le commissaire Cadot.

AAAA. *Simon,* — le commissaire Renard, cassé pour malversation.

BBBB... *Esclude,* — Crébillon, censeur des pièces du théâtre, ne signe aucune pièce, où il y a le nom de Robin.

CCCC... *Gautier,* — l'avocat Manori.

DDDD... *Sophocle,* — Voltaire.

EEEE... *vil Ménétrier,* — Travenol, violon de l'Opéra qui fit un procès criminel à Voltaire dont il prétendait avoir été battu.

FFFF... *Dorigni,* — l'avocat Judini.

GGGG... *Austrasie,* — Lorraine.

HHHH... *l'ignorant Sanderi,* — Chevrier.

IIII........ *Titus,* — Stanislas.

KKKK... *Pirimont,* — encore le marquis de la Chetardie.

LLLL... *Monville,* — le marquis de Bacqueville.

MMMM.... *Neustrie,* — la Normandie.

NNNN... *Amphitrion,* — le marquis d'Eximenès (de Ximénès ?)

OOOO... *d'Orvigny,* — le comte de Luc,

PPPP... *le petit Limon,* — Vernouillet, ci-devant Mousquetaire.

QQQQ... *Durivaux,* — le marquis du Noullet.

RRRR... *Batile,* — le fameux Dupré.

SSSS... *Iron,* — le poète Roi.

TTTT... *Mondor,* — le marquis de Velours.

VVVV... *Merlin,* — Mylin, ci-devant régisseur des fourrages.

XXXX... *trois Lisimons,* — les trois Marquet, munitionnaires des vivres.

YYYY... *Cédine,* — Mlle Clairon.

ZZZZ... *Belval,* — le comte de Valbelle.

AAAAA... *Carlos,* — le marquis de Ximenès.

BBBBB... *Lausanie,* — la Deschamps, danseuse de l'Opéra.

PARIS SAUVÉ, ou la Conspiration manquée, drame national en trois actes et en prose, par *Jean-*

Louis Gabiot, de Salins. — Paris, Cailleau et fils, 1790, in-8.

Cette pièce, qui contient de nombreuses allusions aux événements du jour, roule sur le même sujet que : « Maillard, ou Paris sauvé, » tragédie en 5 actes et en prose, de J.-M. Sedaine (Paris, Prault, 1788, in-8). — Elle fut représentée, le 10 février 1790, sur le théâtre de l'Ambigu-Comique, et, quoique médiocrement écrite, elle ne manqua pas de produire une certaine impression sur le public qui crut ou voulut voir dans le *Roi Jean*, Louis XVI ; dans le *Roi de Navarre*, le comte d'Artois ; dans les *conseillers de la Cour du Dauphin*, Flesselles, Foulon, Berthier et Bezenval. Enfin, bien que la scène se passât en 1356, les spectateurs n'hésitèrent point à adapter la pièce aux hommes et aux choses de 1790. (Voir : E. Jauffret, Théâtre Révolutionnaire, p. 95)

PARIS SOUS LE BAS-EMPIRE, ou Paris actuel. — Notes inédites par *Lambert*, élève posthume de Saint-Simon et de Tallemant des Réaulx, 1865. Deuxième édition, considérablement augmentée, avec la *clef* des noms. — Londres, Librairie étrangère de W. Jeffs, 15, Burlington Arcade-Piccadilly, 1871, in-18 de X-71 pp.

Pamphlet ordurier, rempli de tous les cancans de mauvais lieux qui couraient dans Paris vers la fin du second empire ; toutes les personnalités sont traînées dans la boue ; on y prodigue l'injure et les anecdotes scandaleuses plus ou moins fondées. En voici la clef, bien longue pour un si petit volume : elle n'est cependant pas encore complète :

Pages

18. *L....*, *le meilleur jeune premier*, — Laferrière ;

18. *Mlle A.-A.*, *de la Comédie-Française*, — Anaïs Aubert ;

18. *L'illustre mademoiselle R...*, — Rachel ;

22. *B.-L.*, *caissier de l'association des artistes dramatiques*, — Bolle-Lassalle ;

22. *Le baron T..*, *grand moralisateur*, — Taylor ;

23. *Dr V...*, — Véron ;

26. *Mlle B..*, *de l'Opéra comique*, — Bélia ;

26. *Mlle T..*,   *id.* Tual ;

26. *Mlle G..*,   *id.* Girard ;

26. *le Directeur C...*, — Carvalho ;

26. *Mlle M...*, — Marimon ;

27. *l'acteur S..* — Schey ;

27. *le comte W..* — Walewski ;

28. *A.-B...*, — Arthur Bertrand ;

28. *C....*, — Mme Rose Chéri ;

29. *le marin V...*, — l'amiral Verhuel ;

30. *Mme Badinguet*, — l'impératrice Eugénie ;

30. *D...*, *médecin*, — le Dr Darralde :

30. *la mère de Mme Bad...*, — la comtesse de Montijo ;

30. *P.-M.*, *sénateur*, — Prosper Mérimée ;

30. *M....*, — la princesse Mathilde ;

30. *Mme de N...*, — Nieuwerkerke ;

31. *la princesse de S..R...*, — Mme de Solms-Rattazzi ;

31. *A. de M....*, — Alfred de Musset ;

31. *F. P....*, — François Ponsard ;

32. *Er. L....*, — Ernest Legouvé ;

32. *S....*, — Samson, acteur ;

33. *Mme S...* et *Mme C..*, — Mme Samson et Mme Couillat ;

33. *V.... l'israélite*, — Verteuil ;

33. *C....*, — le général Cornemuse ;

33. *S.-A...*, — maréchal Saint-Arnaud ;

34. *A.-D.*, *peintre*, — Alfred de Dreux ;

34. *Colonel F....*, — Fleury, depuis général ;

35. *Mlle C...*, *des Variétés*, — Constance ;

PARIS, TABLEAU MORAL ET PHILOSOPHIQUE, par *M. Fournier-Verneuil,* auteur de « Curiosité et Indiscrétion » et du « Huron de Montrouge. » — « Scrutabor Jerusalem in lucernis. »

Sophon.

> « Ce qu'on croit vrai, il faut le
> « dire, et le dire hardiment. Si je
> « connaissais une vérité faite pour
> « choquer le genre humain, je la
> « dirais à brûle-pourpoint. »
>
> *Huron.*

Paris, chez les principaux libraires, 1826, in-8 de 630 pages. Prix : 8 fr. Sur le titre et sur la couverture est dessinée une *lanterne* (Déjà !)

On a déjà parlé, dans le « Catalogue des Livres condamnés » (page 300), de cet ouvrage dont la destruction fut ordonnée, par la justice, en 1826, comme contenant « des peintures indécentes et des expressions obscènes. » En parcourant ce livre, il semble que son immoralité n'a pas dû motiver seule la sévérité des juges ; certains personnages y sont nommés en toutes lettres et durement critiqués ; d'autres, désignés par des initiales ou à l'aide d'allusions alors faciles à saisir, y sont encore plus maltraités. De nos jours, ce livre a perdu beaucoup de son intérêt pour le lecteur qui ne peut écarter tous les voiles s'il n'y est point aidé par une clef. En voici une que j'ai lieu de penser très exacte et qui a été imprimée à part ; je la tiens de M. Durel :

Pages	lignes
34 Mme de Genlis.	21
36 Mlle Duchesnois.	6
36 Mme de Soiecourt.	10
36 M. de Saulty.	24
37 Mme de Genlis.	2
37 Mirabeau-Tonneau.	8
37 Cliquot.	8
37 M. l'abbé Janson.	3
37 Mlle Fleury.	11
37 Le duc d'Escars.	16
37 Le comte de Juigné.	16
37 Le marquis Mussay.	17

PARLEY (THE) OF THE BEASTS...
Voir : Dendrologia, by J. Howell.

PARTAGE (LE) DE LA POLO-
GNE, en sept dialogues, en forme
de drames, ou CONVERSATION ENTRE
DES PERSONNAGES DISTINGUÉS, dans
laquelle on fait parler les interlocuteurs conformément à leurs principes et à leur conduite. — Par *Got-
lieb Pansmouzer*, neveu du baron de
ce nom. — Traduit de l'anglais,
par *Miladi* ***, *duchesse de* ***. —
Londres, P. Elmsly, s. d. (1776),
in-8 de 64 pp.

Cette pièce politique en prose est de *Lindsey*, caché sous le nom de G. Pansmouzer et de *J.-M. Gérard de Rayneval*, déguisé sous celui de Miladi***. L'allégorie y est transparente et les « personnages distingués » sont bien faciles à reconnaître ; ce sont *l'impératrice de Ho...., l'impératrice de Ru...., le roi de Pr...., le roi de Po...., de temps en temps* (sic), etc. — Tout cela ne vaut pas la peine qu'on s'y arrête. Notons seulement qu'une seconde édition du « *Partage de la Pologne...,* » Londres, P. Elmsly (Berlin), 1776, in-12 de 156 pp., est suivie de la Réfutation littéraire et politique du même ouvrage, composée de sept lettres pour répondre aux sept dialogues, par *Main de Maitre* (Frédéric II, roi de Prusse). (Voir, pour plus de détails sur ces lettres, qui ne sont pas tendres, le catalogue de Soleinne, nᵒˢ 3,803 et 3,804.)

PARTHENIA, POMERIDOS CONTINUATIO.

Voir : Pomeris.

PARVENUS (LES), ou LES AVENTURES DE JULIEN DELMOURS ÉCRITES PAR LUI-MÊME (par Mᵐᵉ *de Genlis.* — Paris, Ladvocat, 1819, 2 vol. in-8 ; quatrième édition : Paris, 1824, 3 vol. in-12.

« Mᵐᵉ de Genlis, dit Girault de Saint-Fargeau, fut imbue de bonne heure de l'idée que ce qu'on appelait alors *naissance* était la première condition d'une existence honorable. Aussi, nous apprend-elle que, dès l'âge de douze ans, ayant inspiré une passion très vive à un adolescent qui en avait dix-huit, mais qui n'était que le fils d'un médecin, le premier sentiment que la jeune comtesse, alors chanoinesse, éprouva, lorsqu'il lui eut révélé l'existence de l'amour qu'elle avait fait naître, ne fut que de l'indignation. Elle ne pouvait concevoir qu'un roturier osât l'aimer ! Il était impossible d'être affectée plus complètement et de meilleure heure de gentilhommerie et de pédantisme. Dans les *Aventures de Julien*, Mᵐᵉ de Genlis (qui s'est peinte sans doute sous le nom de la belle *Edélie*), en y retraçant cette circonstance de sa vie, y a reproduit toutes les idées dont elle était imbue dès sa plus tendre jeunesse. »

PASSION (DE LA) DU JEU, DE L'INFIDÉLITÉ DES JOUEURS ET DE LEURS RUSES ; ouvrage anecdotique. Par *J.-A.* (*J.-A.-M. d'Auréville*). — Paris, N. Pigoreau, 1824, in-8 de 154 pp. 2ᵉ édition. — Paris, le même, 1824, in-8 de 160 pp.

Cet ouvrage qu'il ne faut pas confondre avec celui publié par *Dussault*, en 1778, a été minutieusement décrit par Quérard, dans sa « France Littéraire » (t. XI, p. 14-15). « L'auteur, dit le savant bibliographe, avait été joueur lui-même ; il a peint dans son livre les personnes avec lesquelles il se trouvait fréquemment en contact et celles qui avaient la réputation de joueurs passionnés. Nous sommes assez heureux pour posséder une clef autographe de ce livre que M. d'Auréville avait donné à son libraire-éditeur et dont celui-ci a bien voulu se dessaisir en notre faveur. Parmi les noms honorables qu'elle présente, on sera surpris de voir figurer celui de toute une famille qui, le même jour, a porté ses têtes sur l'échafaud, pour un propos imprudent tenu la veille, dans son sein, par Robespierre ; ce dernier, sur le conseil de Saint-Just, ayant pris dès le lendemain des mesures pour que son propos fût tenu secret. » Voici la clef de la « Passion du Jeu, » telle que la donne Quérard :

A. de T...y, — le comte Alexandre de Tilly ;

De L...., — le duc de Laval ;

De M..., — l'abbé Le Cornu de Balivière, aumônier ordinaire de Louis XVI ;

De T......., — M. de Travanet ;

De B..., — ?

Du D..., — le comte du Dreneux, officier aux gardes françaises ;

Mme de T......., — Mme de Travanet ;

La maîtresse de M. de T......., — Mlle Wielchs ;

Le général M........, — le général Miazinsky ;

Le baron........, — le baron Dumay, dont le véritable nom était La Caussaderie, fils d'un marchand de toiles du côté de Lisieux ;

Le marquis de B......., — le marquis de Bouillé ;

La baronne ***, — la baronne Dumay, ex-femme de chambre chez M. de Sartzfield, qui commandait à Lille ;

L'aventurier, — de Folleville, nom usurpé que porte encore cet homme, fils d'un maître de poste ;

*Le s^r D***,* — le prince Louis d'Aremberg ;

Le comte Louis..., — le comte de Stahremberg ;

Le comte Alexandre de V...., — de Vassy ;

Mlle de G......., — Mlle de Girardin ;

Le comte B.......y, — le comte Bobrensky, bâtard de l'impératrice de Russie ;

de S.....n, — de Simolin, ambassadeur de Russie ;

M. de C.......s, — M. de Chambonas, ministre de Louis XVI ;

*Le marquis de******,* — le marquis de l'Aigle ;

Baron de S..., — le baron de Sainte-Preuve ;

Comte de P........, — le comte de Pereuse ;

Le chevalier de B......., — de Beaufort, ancien mousquetaire ;

Le sieur F........., — le sieur de Folleville, dit *l'Aventurier* ;

M de S.....fils, — M. de Sartine fils ;

Un ministre, — M. de Montbarrey, ex-ministre de la guerre ;

Le jeune prince de...., — prince de la Trémouille ;

L'éloquent avocat, — Louis, depuis baron, ministre des finances, mort pair de France ;

Le sieur H....., — le sieur Hazon ;

M de S_t F....., — M. de Saint-Firmin, fils du précédent ;

Le marquis de G....., — de Genlis ;

Mme de Ste A........., — Mme de Sainte-Amaranthe ;

La comtesse de L......., — la comtesse de Lignières ;

Le baron D........., — baron Detcheparre ;

Le marquis de M.........., — de Montesquiou ;

Le négociant (p. 115), — M. Destillières ;

Mlle Amélie, — Mlle de Sainte-Amaranthe, femme de M. de Sartine, fils ; elle périt sur l'échafaud avec tous ses parents ;

Le vicomte de P..., — vicomte de Pont ;

Le sieur Des........., — Descarrières ;

Le sieur D (p. 118), — Daulagne ;

Le directeur, grec (p. 129), — Barras ;

Mme P......, — Mme Prévost ;

Les deux comtes de B........., — de Berguèges ;

Le coups-douteux (p. 136), — le général Souhan ;

Les 2 anecdotes (p. 137 et suivantes), — Richardot, ancien perruquier ;

Le Sr Pin..., — Pinson, vicomte, secrétaire des membres de la Convention à la conquête de la Hollande ;

M. F. J., — M. de Forbin-Janson ;

Un membre marquant de la Convention, — M. de Saint-Fargeau ;

*Mme*** (p. 62),* — la marquise de Ferrières ;

Un capitaine d'infanterie (p. 100), — La Calprenède ;

Le Président d'une cour souveraine (*p. 52*), — M. de Mion.

PASSIONS (LES) A L'HOPITAL.
Voir : Putiphar.

PASTORALE A 3 PERSONNA-GES. — Pièce allégorique que l'on trouve dans

1° « L'OLIMPE DE JACQUES GREVIN DE CLER-MONT EN BEAUVAISIS. » Ensemble les autres œuvres poétiques dudict auteur. — Paris, Robert Estienne, 1560, in-8.

2° « LE THÉATRE DE JAQUES GREVIN DE CLERMONT EN BEAUVAISIS. » Ensemble la seconde partie de l'Olimpe et de la Gelodacrye. — Paris, Vincent Sertenas et Guillaume Barbé, 1562, in-8 de 8 ff. et 328 pp. Portrait gravé sur bois.

« Dans cette pastorale, dit la « Bibliothèque du Théâtre français » (t. I, p. 146), on célèbre le mariage d'Elisabeth, reine d'Espagne, et celui de Marguerite de Savoie. Les acteurs sont *Jacquet*, *Collin* et *Renot*. Les deux premiers, après quelques propos sur les occupations de la campagne, parlent de la nouvelle du mariage des deux princesses, et font successivement leur éloge dans des espèces de chansons. Renot les joint et chante avec eux un épithalame à la louange de ces princesses. Elisabeth est désignée sous le nom d'*Isabeau* et Marguerite sous celui de *Margot*. Grévin avertit dans une note qu'il s'est représenté lui-même sous le nom de *Jacquet*, que *Collin* est Nicolas Denisot, et *Renot* Etienne Jodelle. »

PAUL ET VIRGINIE, par *J.-H. Bernardin de Saint-Pierre.* — Paris, 1787, pet. in-12.

Ce célèbre roman sentimental, qui a eu plus de 50 éditions, dont plusieurs sont fort recherchées à cause des belles gravures dont elles sont ornées, n'est point, comme on le croit généralement, une pure fiction : cette pastorale si fraîche, si tendre et d'une forme si neuve, fut inspirée à l'auteur par l'impression de ses voyages et par une anecdote réelle recueillie à l'Ile-de-France. L'héroïne de ce délicieux ouvrage nous est connue aujourd'hui. « Elle s'appelait, dit le journal « Le Temps » (12 mai 1882), Virginie Caillou ; elle était de Puimisson, dans l'Hérault. Son petit-neveu, M. Caillou, est encore aujourd'hui avoué à Béziers, rue Mairan. M. Caillou a une sœur, petite-nièce de *Virginie*, qui a épousé M. Rosier, auteur dramatique. *Paul et Virginie* est un roman à clef, comme *Gil Blas*, et *Paul* a vécu, aimé, souffert, comme le docteur *Sangrado* a vécu, saigné et resaigné ses contemporains. » Il est regrettable que le vrai nom de *Paul* ne nous soit point parvenu comme celui de *Virginie* ; rien ne prouve qu'on ne puisse le découvrir.

PAUVRE (LE) RICHE, comédie en trois actes, avec une petite farce. — Valenciennes, Gabriel-François-Henry, 1714, in-8 de 64 pp. en tout.

Ce n'est qu'un programme détaillé de ces deux pièces. Mêmes remarques que pour « La Peau de Beuf. » (Voir ce titre.)

PAYSAN (LE) PERVERTI, ou LES DANGERS DE LA VILLE. — Histoire récente, mise au jour d'après les véritables Lettres des Personnages. — Par N.-E. Rétif de la Bretone. S. I. (Paris), 1775, 4 vol. in-12.

PAYSANE (LA), PERVERTIE, OU LES DANGERS DE LA VILLE, OU HISTOIRE D'URSÚLE R***, sœur d'Edmond, le Paysan, mise-au-jour, d'après les véritables Lettres des Personages, avec 114 estampes : par l'auteur du Paysan perverti. — Imprimé à La Haie. Et se trouve à Paris, chés la dame veuve Duchesne, libraire, en la rue Saintjaques, au Temple-du-Goût, MDCCLXXXIV. 8 parties en 4 vol. in-12.

LE PAYSAN ET LA PAYSANE PERVERTIS, OU LES DANGERS DE LA VILLE ; histoire récente, mise au jour d'après les véritables Lettres des personages. Par N.-E. Rétif-de-la-Bretone. — Imprimé à La Haie, 1784, 16 parties en 4 vol. in-12 avec 120 fig. y compris 8 frontispices.

Telles sont les premières éditions de ces ouvrages, si souvent réimprimés alors, ensemble ou séparément, et que Restif considérait comme la meilleure de ses productions. On sait que ce livre contient le récit d'une partie de la vie de l'auteur ; il y introduit de nombreux personnages sous des noms plus ou moins déguisés : le *paysan Edmond*, c'est Restif lui-même ; la *paysanne Ursule R***, c'est sa sœur Marie-Geneviève ; tous les autres personnages avaient été connus par l'auteur, dans sa jeunesse en Bourgogne, à Sacy et à Auxerre, ainsi qu'à Paris, depuis son arrivée dans la capitale. — « On peut se rendre compte, dit M. *P. Lacroix*, d'après ces indications, de l'utilité d'une clef pour le « Paysan et la Paysanne pervertis. » Cette clef n'est plus à faire entièrement ; Restif fit imprimer, pour la première édition de la « Paysanne, »

une table des noms (quelques-uns sont indiqués par des initiales) des personnages du « Paysan » et de la « Paysanne ; » laquelle devait être ajoutée au quatrième volume, puisqu'elle en continue la pagination, de 337 à 344 ; mais cette table supprimée sans doute par les censeurs, qui mirent tant d'entraves à la publication du second de ces romans, ne fut jamais jointe à ce quatrième volume. On ne la trouve que dans un petit nombre d'exemplaires des « Figures du Paysan perverti, » recueil formé de différents morceaux avec différentes paginations. » Il est fâcheux que M. P. Lacroix n'ait pas cru devoir reproduire cette clef importante dans sa « Bibliographie de Restif. » (Voir ce livre, p. 125-137 ; 224-232 ; 233-236 et 251-257.)

PEAU (LA) DE BEUF OU REMÈDE UNIVERSEL POUR FAIRE UNE BONNE FEMME D'UNE MAUVAISE. Comédie dédiée aux maris intéressez et divisée en deux parties, dont la première représente la femme dans toute sa méchanceté et maîtresse de la maison ; et la seconde, le mari, par un juste retour, pleinement vangé et maître absolu de sa femme. — Valenciennes, Gabriel-François-Henry, 1710, in-8 de 123 pp. y compris les ff. prélim.

Voici ce que dit le catalogue Soleinne (n° 1635) de cette pièce très rare, en six actes et en prose, qui fut, dit-on, supprimée avec soin, parce que des personnages puissants s'étaient reconnus dans la comédie que, nous ne possédons pas, car ce n'est là qu'un programme très détaillé, avec les morceaux de poésie en flamand. « Ceci n'est point une fiction, ni un conte fait à plaisir, mais une histoire bien véritable qui est arrivée, il n'y a pas trente ans, dans une des villes d'Allemagne.... On a donné des noms supposez aux personnages et au pays où cette aventure est arrivée, ne voulant pas les nommer et pour cause....»

Le « Manuel du Libraire » (t. IV, col. 460, 461), contient de précieuses indications sur des programmes de pièces analogues, dont il est parlé dans cet ouvrage en leur lieu et place, réunis, sous le titre de *Théâtre de l'Electeur de Cologne,* » en deux volumes pet. in-8, qui se conservent dans la Bibliothèque de l'Arsenal.

En voici les titres: 1° *La métamorphose inutile des femmes extravagantes.* » — 2° « *La conquête du pays de Cocagne échouée.* » — 3° « *Le Pauvre riche.* » — 4° « *La Perfidie punie par elle-même.* » — 5° « *Basilique de Bernagasse.* » — 6° « *Tout ce qui reluit n'est pas or.* » — 7° « *Le Trompeur.* » — Il est inutile d'ajouter que les auteurs de ces pièces allégorico-satiriques sont demeurés inconnus. — Bien qu'il soit à peu près certain qu'on ne pourra jamais découvrir les personnages réels auxquels il est fait allusion dans ces écrits, on ne pouvait se dispenser de les mentionner dans cette étude.

Peau (la) de Chagrin.

Voir: Œuvres de Balzac.

Pédant (le) joué, comédie en cinq actes et en prose.

Voir : Œuvres de Cyrano de Bergerac.

PEREGRINO (IL) (Par *Jacomo Caviceo*). Parma. Per Ottaviano Salado, MCCCCCVIII, in-4.

Première édition de ce roman rare et curieux ; on en connaît dix autres sous ce titre : Il Libro del Peregrino... La onzième et dernière est datée de Venise, 1538.

Il existe de nombreuses traductions françaises sous le titre de : « Dialogue très élégant intitulé Peregrin, etc. » On en connaît aussi des traductions espagnoles.

Cet ouvrage que le « Manuel du libraire » appelle un roman moral (?) semblerait assez insipide aujourd'hui. Voici ce qu'en dit Niceron (t. XXIV, p. 338) : « Le principal sujet de ce livre est le récit des aventures de Caviceo, qui s'y est caché sous le nom de *Pèlerin,* et des voyages pénibles qu'il entreprit en divers pays étrangers à l'occasion de ses amours avec la belle *Genèvre* (sic) ; le fonds en est véritable, mais l'auteur l'a beaucoup amplifié. Ce livre faisait en France, au commencement du règne de François Ier, les délices de la jeunesse et donnait lieu aux prédicateurs d'en blâmer fortement la lecture comme dangereuse. En effet, Caviceo, porté par son inclination particulière à l'amour, a donné carrière en plusieurs endroits à son humeur libertine et y a répandu plusieurs mauvaises maximes ; ce qu'il y a de surprenant est qu'il ait composé cet ouvrage, non pas dans sa jeunesse, mais dans un âge assez avancé et dans la place de grand-vicaire, et qu'il l'ait publié peu avant sa mort. »

PERFIDIE (LA) PUNIE PAR ELLE-MÊME, tragi-comédie suivie de la *Feste guerrière en l'honneur de Mars.* — Lille, s. d., pet. in-8 de 44 pp.

Ce n'est que le programme de cette pièce allusive, dont il est déjà question à l'article « La Peau de bœuf. » (Voir ce titre.)

PERSIFLEUR (LE) au Louvre (1790), in-8.

Un de ces innombrables petits journaux plus ou moins satiriques nés au début de la Révolution. M. Hatin n'indique point combien eut de numéros ce Persifleur, qui ne dut pas vivre longtemps. « Le titre, dit-il, est piquant ; mais voilà tout. On jugera de l'esprit du Persifleur par la manière dont il déguise le nom des auteurs qu'il met en scène : ainsi, l'abbé Mauri, c'est *Rimau* ; Rivarol devient *Rolriva*, etc. » (Hatin, p. 185.)

PERUVIANA, AUCTORE C.-B. MORISOT, DIVIONENSI. — Lugduni Batavorum, 1646, in-4 de 348 pp. — Ejusdem Conclusio, 1646, in-4 de 35 pp. — Ejusdem Nomina Peruvianæ personarum, in-4, 4 pp. à deux colonnes.

« Un exemplaire complet de cet ouvrage, dit Quérard, doit comprendre les trois parties ci-dessus décrites. Ce prolixe et ennuyeux roman a été en réalité imprimé à Dijon ; il comprend le récit d'événements accomplis au Pérou. Des épisodes romanesques sont mêlés à des faits historiques et forment un ensemble fort obscur ; mais les démêlés de Richelieu avec Marie de Médicis, Gaston d'Orléans et sa seconde femme, Marguerite de Lorraine, ont certainement été l'objet des préoccupations de l'auteur.

« *La Monnoye* a parlé de l'œuvre de son compatriote dans son édition du *Ménagiana* ; il a traduit l'histoire de « *Pragmatique* et de ses deux filles, *Election* et *Nomination*, » allégorie satirique empruntée à une satire dramatique attribuée à *J. Bouchet* ou à *P. Gringore* ; cette satire provoquée par les démêlés de Louis XI avec la cour de Rome est intitulée : Le Monde

avec l'estrif » (Paris, s. d., vers 1508), pet. in-8.

« Voici quelques-uns des noms qui figurent dans le *Peruviana* ; tous ne sont pas de forme américaine ; on y remarque quelques anagrammes : »

Acco, — La marquise de Verneuil, maîtresse de Henri IV ;
Anca, — l'Empereur ;
Anta, — le Maréchal d'Ancre ;
Araucus, — le prince d'Orange ;
Atac, — le duc d'Epernon ;
Auquis ou *Pura*, — Gaston d'Orléans ;
Ayllua, — le prince de Condé ;
Barunus, — le pape Urbain VIII ;
Cariba et *Huaca*, — Marguerite de Lorraine ;
Chusquia, — le maréchal de Schomberg ;
Colahua, — le comte de Soissons ;
Guanomilla, — la reine Anne d'Autriche ;
Lebopia, — le duc de Bellegarde ;
Manco, — Henri IV ;
Ongolinus, — Bassompierre ;
Pacaris, — le duc d'Enghien ;
Piachus, — le P. Joseph ;
Puçara, — le cardinal de Richelieu ;
Quintuani, — les Calvinistes ;
Rura, — Gustave-Adolphe ;
Vilcanuta, — Philippe IV ;
Yllapa, — Louis XIII ;
Zamarinus, — le cardinal Mazarin ;

Les noms géographiques sont également déguisés :

Amaypata, — Saint-Germain-en-Laye ;
Carabaya, — la Bourgogne ;
Chile, — Bruxelles ;
Curco, — Paris ;
Hatuncolla, — Orléans ;
Macoa, — Mantoue ;
Nicaragua, — le Piémont ;
Paita, — La Rochelle ;
Talabora, — Nancy.

Ajoutons que Née de la Rochelle, dans les « Récréations Bibliographiques » qu'il a laissées en manuscrit, avait rassemblé le fruit de ses nombreuses recherches sur la clef de cet ouvrage.

Claude Barthélemy Morisot a publié encore une satire allégorique contre les Jésuites : « ALITOPHILI VERITATIS LACHRYMÆ. » (Voir ce titre.)

PETIT (LE) COUSIN DE TRISTRAM SHANDY.

Voir : Ann'quin Bredouille.

PETIT EPISODE EXTRAIT D'UN GRAND LIVRE.

Voir : Nouveau Conte bleu.

PETIT (LE) PROPHÈTE DE BOEHMISCHBRODA. S. l. n. d., in-8, 58 pp. orné d'un frontispice à l'eau-forte, au bas duquel se lit : « La véritable effigie du Petit Prophète de Boehmischbroda. .» . — Réimprimé, s. l., 1753, in-8, 48 pp., puis à La Haye, en 1774, in-12 ; enfin dans le supplément à la « Correspondance de Grimm, » publié par A.-A. Barbier, 1814, in-8, et dans l'édition de la même correspondance (T. XV), donnée par M. Taschereau.

Dans une charmante plaquette, publiée chez J. Baur, en 1876, et intitulée « La Querelle des Bouffons, » on trouve, pages 11 à 13, une clef de ce petit ouvrage, longtemps attribué à J.-J. Rousseau. Cette clef a été relevée sur les notes manuscrites que le célèbre écrivain avait mises sur les marges de son exemplaire. Or, bien que Rousseau ait laissé placer ce pastiche du style des prophéties dans l'édition de ses œuvres (1764), il a pris soin de déclarer qu'il n'était pas l'auteur de l'opuscule en question qui est bien réellement sorti de la plume de Grimm.

Voici donc, telle que l'a donnée J.-J. Rousseau, la clef du « Petit Prophète, » l'une des six brochures publiées par Grimm, Diderot et Rousseau lui-même à l'occasion de la fameuse querelle des Bouffons :

Chapitre IV, — *le Bûcheron*, — Rébel ;

Chap. V. — *Et sa voix affectait....*, — Jéliotte ;

— *Et je vis arriver sa bergère....*, — Mlle Fel ;

Chap. V. — *Et je vis arriver une femme...*, — Mlle Chevalier ;

— *Et il arriva un vieillard....*, — Chassé ;

Chap. VII. — *Et je vis un homme....*, — Dupré ;

Chap. X. — *Le coin*, — Diderot, d'Alembert, Grimm et Rousseau en étaient les tenans ;

Chap. XV. — *Et j'ai formé....*, — Rameau ;

Chap. XVIII. — *Et je mettrai des Bourbons...*, — Mme la duchesse d'Orléans et M. le comte de Clermont ;

Chap. XXI. — *Le carnaval du Parnasse*, — Opéra de Mondoville ;

— *Zoroastre*, — Opéra de Rameau.

Les autres noms d'acteurs et d'actrices de la Comédie française et de l'Opéra-comique sont imprimés en toutes lettres.

PETIT SUPPLÉMENT A L'HISTOIRE DES CACOUACS.

Voir : Mémoire sur les Cacouacs.

PETIT TRAITÉ DE L'AMOUR DES FEMMES POUR LES SOTS. — « Il est des nœuds secrets, il est des sympathies. » — Corneille. — A Bagatelle (Paris), 1788, in-8 de 44 pp.

Ce spirituel opuscule, dont l'auteur est M. *de Champcenetz*, a été réimprimé dans le tome Ier des « Chefs-d'œuvre politiques et littéraires de la fin du xviiie siècle, » et dans les « Révélations indiscrètes du xviiie siècle, » par Auguis (p. 77 à 107). La « Correspondance littéraire (juin 1788) en donne la clef suivante : *Mme de Valcé*, Mme de La Châtre ; — *Mme Armande*, Mme de Staël ; — *Mme de Valfort*, Mme de Matignon ; — *Mme de Sainville*, Mme de Brancas ; — *Mme de Verseuil*, Mme d'Andlau. Ces dames sont assez maltraitées par l'auteur, qui n'a pas été plus bienveillant pour *Mmes de Merville, de Plainval, de Follange, de Verneilly*, dont les noms véritables ne sont pas connus.

Ce malicieux écrit a été réimprimé encore vers 1860 (Paris, Dentu, in-18). On y peut joindre les pièces suivantes : 1º Petit commentaire sur le titre de la petite brochure: Petit Traité, etc. » Saint-Lazare (1788), in-8 ; « 2ⁿ de l'Amour des Sots pour les Femmes d'esprit, » causeries par Mme la douairière d'Avroy (Joseph Demoulin). Liège et Paris, 1859, in-32 de 55 p. ; — 3º « Menus propos sur l'amour des Femmes pour les Sots. » Liège et Paris, 1859, in-18 de 45 p.

Petite (la) Maison, proverbe.

Voir : L'Esprit des Mœurs au dix-huitième siècle.

PETITS (LES) SOUPERS ET LES NUITS DE L'HOTEL DE BOUILL-N.

— Lettre de milord comte de *** à milord ***, au sujet des récréations de M. de C-stri-s, ou de la danse de l'Ours. Anecdote singulière d'un cocher qui s'est pendu à l'hôtel de Bouill-n, à l'occasion de la danse de l'Ours. — Bouillon (Londres), 1783, in-8 de 93 pp. Rare.

Ce singulier ouvrage, plus méchant que spirituel, est de *Anne-Gédéon La Fitte*, marquis *de Pellepore*, dont il a été parlé plus haut à l'article « Le Diable dans un bénitier. » Dans ce pamphlet très injurieux, la duchesse de Bouillon est représentée comme femme plus que galante et comme la maîtresse du marquis de Castries, alors ministre de la marine. Dès son apparition, la police fit sévèrement rechercher et détruire ce libelle ; mais elle ne put empêcher qu'on en fît une seconde édition, et les agents des familles compromises ne furent pas plus heureux dans leurs négociations avec l'éditeur Boissière, libraire français réfugié à Londres, dont l'avidité égalait la bassesse. La clef de ce pamphlet est des plus simples : il suffit de rétablir une ou deux lettres dans la plupart des noms : ainsi *Bouil—n*, Bouillon ; — *Hén—n*, Hénin ; — *Lauʒ—n*, Lauzun ; — duc de *Ch—tr—s*, Chartres ; — *Genl—s*, Genlis ; — *Gué—é—é*, — Guéméné, etc. Tout cela est fort clair.

PETRONII (TITI) ARBITRI SATYRICON QUÆ SUPERSUNT,

cum integris Doctorum Virorum Commentariis (id est : Nic. Heinsii, Guil Goesii, Dupsyratii, Bourdelotii, Reinesii, Jani Dousæ, A.-A. Gonsali de Salas, etc.), curante *Petro Burmanno*. — Editio secunda. Amstelœdami, apud Jansonio-Waësbergios. cɪɔ. ɪɔ. cc. xxxxiv., 2 vol. in-4 de xxx ff. 886 pp., et de iv ff. 408 pp., plus lxvi ff. pour les divers index. Front. gravé.

Cette magnifique édition du roman de Pétrone est encore considérée à juste titre comme la plus belle et l'une des meilleures que nous possédions. Les éditions de cet auteur sont, comme on sait, fort nombreuses ; son ouvrage a été traduit dans la plupart des langues européennes et particulièrement dans la nôtre. De toutes les traductions françaises, la meilleure est sans contredit celle de M. *J.-M.-M. de Guerle*. Personne n'ignore à combien de controverses a donné lieu le *Satyricon* : auteur, texte, date, but de l'ouvrage, tout a été mis en doute et discuté avec plus ou moins de bonheur. Le meilleur essai à consulter, jusqu'à présent, sur toutes ces questions, est celui de M. *J.-E. Petrequin* : « Nouvelles Recherches historiques et critiques sur Pétrone » (Paris et Lyon, 1866, in-8). Tout porte à penser que le *Satyricon* que nous possédons n'a pas été écrit par une seule et même main ; on n'est d'accord ni sur le temps où il fut composé, ni sur son entière authenticité ; Voltaire tendait à croire que les copistes du Moyen-Age avaient, plus que toutes les autres circonstances, contribué à mutiler ce roman où à y pratiquer des interpolations ; en résumé, ce qui paraît le plus assuré, c'est que nous sommes loin de posséder tout le texte et le vrai texte de cet ouvrage. Quant au but que se serait proposé l'auteur, les avis sont encore bien partagés : depuis Macrobe qui ne voyait dans le *Satyricon* qu'un pur roman dont l'unique but est de plaire, jusqu'à M. de Guerle, qui n'hésitait pas à affirmer qu'il n'y est nullement question de Néron, bien des gens se sont refusés à croire que cet écrit satirique contînt des allusions à des faits contemporains de Pétrone. D'autres, au contraire, parmi lesquels il faut citer Tiraboschi, Casaubon, Lavaur, Burmann et bien d'autres, y ont vu une peinture satirique de la dissolution romaine dans toutes les classes de la société, c'est d'ailleurs l'opinion la plus générale ; enfin, certains savants, d'ailleurs très estimables, n'ont pas craint de considérer cette effroyable production comme un cours de morale déguisé sous la peinture des vices. » Sans rien conclure, mais pour rentrer dans le but de notre étude, il convient au

moins de citer les conjectures de ceux qui ont fait de la satire de Pétrone une espèce de livre à clef et qui ont cru que cet auteur avait en vue Néron et les complices de ses orgies ; voici, très sommairement, le résultat de leurs recherches :

Agamemnon, le professeur d'éloquence, plein de morgue et de pédanterie, serait, suivant les commentateurs faiseurs de clefs, le philosophe Sénèque, précepteur de Néron, contre lequel maints traits piquants sont dirigés dans le roman ; — *Trimalcion* (*Ter mollis*, trois fois débauché ?), serait le masque de Néron, qui est encore représenté sous les traits d'*Eumolpe*, poète boursouflé et débauché, allusion à la manie poétique du prince ; *Polyænos*, qui se déguise en esclave pour courir, la nuit, les sales aventures, figurerait aussi l'empereur, qui se livra parfois à ces scandaleuses parties de plaisir ; enfin *Habinnas*, le petit magistrat-architecte, ferait encore allusion à la vanité de Néron, dont on raille le goût pour les somptueux édifices ; — *Fortunata*, épouse de *Trimalcion*, femme de basse naissance, représenterait Actée, affranchie de Néron qui l'aimait éperdûment et qui gagna sous main des personnages consulaires pour affirmer son origine royale, afin qu'il la pût épouser ; — *Norbanus* personnifierait Tigellin, l'ignoble favori de l'empereur ; — *Philumène*, la captatrice, qui ne pouvant plus s'offrir elle-même aux plaisirs du prince offre ses deux jeunes garçons qui sont acceptés avec empressement « novitate stupri, » ne serait point une invention ; Suétone, sans donner les noms, a rapporté quelque chose de semblable ; — sous les noms de *Naples* et de *Crotone*, il faut reconnaître Rome et ses honteuses débauches ; *Encolpe*, dont le nom grec signifie « je m'insinue, » est le pivot du roman et serait destiné à « insinuer » l'horreur du vice. — Il faut ajouter que certains commentateurs reconnaîtraient plutôt Agrippine dans *Fortunata* et Claude dans *Trimalcion;* mais, il convient de le répéter encore, toutes ces attributions sont de pures conjectures et la clef du *Satyricon,* si clef il y a, ne pourra jamais être faite avec certitude et parfaite vraisemblance.

PHILIPPIQUES (LES) DE LA GRANGE-CHANCEL, nouvelle édition, revue sur les éditions de Hollande, sur le manuscrit de la Bibliothèque de Vesoul, et sur un manuscrit aux armes du Régent, précédée de Mémoires pour servir à l'histoire de La Grange-Chancel et de son temps, en partie écrits par lui-même, avec des notes historiques et littéraires, par M. de Lescure. — Paris, Poulet-Malassis, 1858, in-12 de 426 pages, 4 fr.

Disons seulement quelques mots sur ces odes célèbres qui causèrent, à juste titre, de sérieux ennuis à leur auteur. L'édition originale, datée de 1723, a été imprimée en Hollande; elle forme un très petit livret, car elle ne contient que les trois premières odes, les seules que La Grange ait jamais avouées. On en connaît neuf réimpressions, jusqu'à celle donnée par M. de Lescure ; cette dernière, malgré une soi-disant édition *définitive,* paru il y a cinq ou six ans et déjà tombée au rabais, est la plus complète et la meilleure de toutes. C'est celle que rechercheront toujours les véritables bibliophiles qui y trouveront un commentaire plein d'érudition, formant la *clef* la plus sûre pour l'intelligence des innombrables allusions dont ces odes sont remplies. Il n'est presque pas de strophes qui ne donnent lieu à des annotations que leur étendue ne permet pas de reproduire ici. Sans ces commentaires, ces odes seraient assez obscures pour le lecteur de nos jours, peu au courant des événements de la Régence et des incroyables accusations, souvent bien injustes, dont Philippe d'Orléans fut l'objet. — Indépendamment des éditions imprimées des Odes Philippiques, il existe un assez grand nombre de copies manuscrites ; on en voit passer en vente presque tous les ans. Ces copies qui, pour la plupart, datent de la Régence, sont intéressantes ; elles offrent presque toutes des variantes qu'il serait utile de coordonner en vue d'une édition véritablement définitive. — Un des plus beaux et plus curieux manuscrits que j'aie été à même de voir, est celui qui figurait, sous le n° 32, au catalogue de la troisième vente Ambroise Firmin Didot (juin 1881). — On ne connaissait jusqu'à présent que *cinq* odes, ce manuscrit en contient *six.* La pièce jusqu'à ce jour inédite, placée comme quatrième ode, compte dix-huit strophes. Or, loin d'être, comme les autres, une satire contre le Régent, elle est au contraire entièrement consacrée à l'éloge de ce prince et soulève par suite un problème multiple : à quel moment, par qui et dans quel but fut composée cette palinodie ! A tous égards, cette ode inédite, dont j'ai une copie, avec une sorte de clef de la même époque, est fort curieuse ; elle mériterait les honneurs de l'impression, bien entendu avec un bon commentaire.

PHILOCLÈS, ou LA VERTU D'IDO-MÉNÉE, comédie en deux actes, sujet tiré du Télémaque. — S. l., 1788, in-8 de 68 pp.

Cette pièce en prose, assez rare, serait d'un sieur B.-Bt. — (?). — C'est une allégorie composée à la louange de Louis XVI (*Idoménée*), et contenant des flatteries telles que le censeur Suard n'osa pas accorder une approbation écrite (Voir catalogue Soleinne, n° 2,353).

PHILOSOPHE (LE) CYNIQUE,

pour servir de suite aux « ANEC-DOTES SCANDALEUSES DE LA COUR DE FRANCE. »

« Il en est des milliers, mais ma bouche enfin lasse,
Des trois quarts, pour le moins, veut bien te faire
[grâce. »]

Imprimé dans une Isle qui fait trembler la terre ferme — (Londres, 1777), in-8 de xv-93 pp. et xx pp. pour la clef.

Ce nouveau pamphlet de *Théveneau de Morande* est assurément le plus odieux et le plus immonde de tous. Il contient une introduction et une Epître Dédicatoire aux chœurs de l'opéra, et se divise en trois parties : 1° Nouvelles de l'Opéra, Vestales et Matrones de Paris (pp. 1-36); 2° Nouvelles Enigmatiques (pp. 36-73) ; 3° Nouvelles Transparentes (pp. 74-93). — Ces trois parties ont chacune leur clef dans les vingt pages de la fin ; mais, comme pour le « Gazetier Cuirassé, » « Les Mélanges confus » et le « Diable dans un bénitier, » ces prétendues clefs ne forment qu'un redoublement d'injures et de sales imputations.

L'orthographe de ce libelle est en général très défectueuse. Voici la clef des principales allusions et de la plupart des noms initialisés :

Pages

4 *Un duc Espagnol,* — le duc de Berwick ;

8 *Cont....,* — le prince de Conti ;

9 *Duchesse de B...,* — Mme de Bouillon (?);

11 *Le comté de Duraguais,* — de Lauraguais ;

11 *Bintem,* — le comte de Bentheim ;

22 *Sabr....,* — le comte de Sabran ;

Pages

23 *Dorotrie du Bar...,* — Du Barry ;

27 *Prévi...,* — Mme Préville ;

32 *P...Ki,* — le comte Potocki (?) ;

33 *Durf....,* — le duc de Durfort ;

40 *Un jeune Prince,* — Louis XVI ;

40 *Né D—L—,* — Née de la Rochelle ;

43 *Une femme du premier rang,* — la Reine ;

43 *Un abbé de mauvaise compagnie,* — le cardinal de Rohan ;

45 *Un joli petit duc,* — le duc de Gèvres ;

45 *Gel—,* — Géliote, chanteur ;

48 *Maille—,* — le comte de Maillebois ;

48 *d'Hu....,* — le comte d'Humières ;

51 *Le Patron des gibets,* — le chancelier Maupeou ;

51 *Le grand guichetier de la Couronne,* — La Vrillière ;

51 *Un maréchal fusillé,* — Richelieu ;

56 *Roche—ch—,* — le marquis de Rochechouart ;

56 *Coi....,* — le chevalier de Coigny ;

56 *de Sch....,* — le comte de Schomberg ;

64 *Ximen....,* — le marquis de Ximénès ;

67 *Olo—,* — la duchesse d'Olonne ;

75 *Vil.....,* — le marquis de Villette ;

77 *Ville....,* — la duchesse de Villeroi ;

77 *Savig....,* — Mad. de Savignac (?) ;

77 *Port.....,* — Mad. de Portail (ces trois dames forment ce que l'auteur appelle le *trio laid*) ;

78 *Bern...,* — le cardinal de Bernis ;

80 *d'Aum....,* — le duc d'Aumont ;

81 *Une petite brochure,* — C'est l'écrit intitulé : « Dieu et les hommes, » Berlin, 1769, in-8 ;

83 *Noail....,* — le comte de Noailles ;

85 *Vers....,* — Versailles ;

85 *P....,* — le prince de Poix ;

85 *Seigneur d'Arpa...,* — le comte d'Arpajon ;

Page III de la soi-disant clef:

Mlle Guim...., — la célèbre Guimard ;

Une *P.....,* — une p.... n ;
VI *Gour....,* la Gourdan, entremet-
teuse ;

On trouve encore diverses phrases
contenant des allusions faciles à expliquer : P. 36. — *Il y a dans la
Société un homme qui a perdu ses
culotes au jeu,* — c'est M. de Perséa ;
p. 45, *une très grosse duchesse,* représente Mad. de Mazarin ; p. 46, *un
de nos philosophes,* c'est le marquis de
Villette ; p. 49, *un homme en France....,* et p. 58, *un monstre à la cour,*
c'est encore le chancelier Maupeou ;
p. 59, *une femme qui n'a jamais vu le
soleil,* désigne Mad. Brissard ; *le
Lycurgue de la France,* c'est M. Moreau ; enfin, p. 67, *trois jeunes du-
chesses,* sont Mesd. de Mazarin, de
Châtillon et de La Vallière.

PHILOSOPHE (LE) MARIÉ, ou LE MARI HONTEUX DE L'ÊTRE, comé-

die en cinq actes et en vers, par
Ph. Néricault-Destouches. — Paris,
Lebreton, 1727, in-12. Réimprimé
en 1734 et 1763.

On trouve dans les « Récréations
littéraires » de *Cizeron-Rival* les renseignements suivants sur cette pièce,
d'après une lettre de Destouches lui-
même : « Malgré les affaires importantes qui l'occupaient pendant sa
mission diplomatique en Angleterre,
M. Destouches conçut une violente
passion pour une demoiselle anglaise,
née catholique, nommée Dorothée
Johnston, fille d'une naissance distinguée ; par des raisons que la politique lui imposait, il l'épousa secrète-
ment dans la chapelle qu'il avait à
Londres, en qualité de ministre de
France. Ce fut son premier chapelain
qui leur donna la bénédiction nup-
tiale, en présence de sa belle-sœur
(*Céliante* dans la pièce) et de quatre
témoins leurs intimes amis ou leurs
confidents. — Ce mariage secret est
le sujet véritable du « *Philosophe*

marié, » pièce que M. Destouch[es]
composa en Angleterre, cinq ou s[ix]
mois après son mariage, et qu'il [fit]
représenter en France, après son re[-]
tour de Londres. *Tous les personnag[es]
y sont peints d'après nature,* à que[l-]
ques circonstances près, qu'il f[ut]
obligé de changer et d'accommoder a[u]
théâtre.

Ajoutons, d'après la même sour[ce]
que « *L'ambitieux et l'Indiscrète,*
tragi-comédie, du même auteur, e[n]
cinq actes et en vers (Paris, Prau[lt]
père, 1737, in-12), éprouva quelque[s]
vicissitudes par suite de l'opinion tr[ès]
arrêtée que l'on avait que sous l[es]
traits de *l'Ambitieux,* Destouches ava[it]
voulu peindre le ministre de Cha[u-]
velin. Il eut beaucoup de peine à fai[re]
lever l'interdit que ce ministre tr[ès]
alarmé avait fait mettre sur l[a]
pièce.

PHILOSOPHES (LES) MANQUÉS.

Voir : Les Originaux, par Cai[l-]
leau.

PHILOSOPHIE (LA) DU RUVA[-] REBOHNI, PAYS DONT LA DÉCOU[-] VERTE SEMBLE D'UN GRAND INTÉRÊ[T] POUR L'HOMME, ou RÉCIT DIALOGU[É]

Par *P.-J.-J. S**** et *Nicolas Bugne[t]*
S. l. n. d. — (Paris, vers 1805[),]
2 vol. in-12.

Ouvrage allégorico-philosophiqu[e]
attribué à *Sponville* et à *N.-E. Rest[if]
de la Bretonne.* — Cette dernière a[t-]
tribution paraît plus que douteuse.
Quoi qu'il en soit, c'est un ouvrage [à]
clef ; les mots et les noms anagra[m-]
matisés y abondent ; ainsi, d'apr[ès]
Barbier (t. III, col. 878), *Ruvarehe[i-]
xis* signifie : Vrais heureux ; — *Pon[o-]
lano,* Napoléon ; — *Içanarfs,* frança[is,]
etc., etc. — M. *Paul Lacroix,* dans [sa]
« Bibliographie de Restif de la Br[e-]
tonne » (pp. 17, 430 et suivantes), d[it]

n'avoir jamais rencontré un exemplaire de cette production qu'il considère comme un ouvrage posthume ou plutôt comme un extrait d'un ouvrage inédit de Restif.

PHILOSOPHY IN SPORT MADE SCIENCE IN EARNEST. — London, Longman (1827), 3 vol. in-12. Prix : 1 l. 1 sh. (mot-à-mot : La Philosophie en jeux devenue la science au sérieux).

Cet ouvrage a eu beaucoup de succès en Angleterre : huit éditions se succédèrent rapidement ; ce ne fut qu'à la neuvième, publiée en 1881, que parut sur le titre le nom de l'auteur *John Ayrton Paris*, né en 1785, mort à Londres le 24 décembre 1856 ; il exerçait la médecine et résida pendant quatre ans (1812-1817) à Penzance, dans le comté de Cornouailles. — Son livre a pour but d'exposer les moyens qu'un M. Seymour, habitant la campagne, emploie pour faire connaître à ses cinq enfants, à l'aide de divers jeux, les principes de la Science. Dans ce singulier ouvrage plusieurs habitants de Penzance sont représentés d'une façon grotesque et affublés de noms ridicules ; en voici la clef : *Le révérend Peter Twuddelon*, Villiam Tremendere, vicaire à Madrow ; — *Jenny Styles*, Tobias Read, sacristain et maître d'école ; — *le Dr Doskall*, Henry Peninck, médecin ; — *Vill-Snuttle*, Robert Dunkin, marchand de fers, sellier, etc., à Penzance ; — deux vieilles filles, *Miss Killy Ryland* et *Miss Margery Noodleton*, Catherine Peyton et Marguerite Tremenheere. — Il n'y a pas grand intérêt à lever les autres masques de ce volume. Les exemplaires des dernières éditions sont ornés de 21 petites figures sur bois d'après les dessins de Cruikshank, ce qui en augmente le prix.

Ces détails, communiqués par M. G. Brunet, sont empruntés à un périodique anglais, « The Bibliographer » (february 1882, p. 65).

PHYSIOLOGIE DE LA POIRE, par *Louis Benoît*, jardinier. — Paris, les libraires de la Place de la Bourse, 1832, in-8. — Reproduit la même année, avec un frontispice portant : Seconde édition.

Louis Benoît est un pseudonyme ; le nom véritable de l'auteur est : *Sébastien Benoît Peytel*. « La physiologie de *la Poire* » est une des plus violentes satires qui aient été dirigées contre Louis-Philippe. Aussi ce pamphlet est-il encore fort recherché dans les ventes, non moins en raison des traits malicieux qu'il contient que par suite de la triste célébrité que son auteur acquit plus tard : en effet, Peytel, devenu notaire à Belley, assassina sa femme et fut exécuté le 28 octobre 1839.

On sait combien l'emblème de *la Poire* fut employé sous le règne de Louis-Philippe pour satiriser ce souverain et le ridiculiser de mille manières.

PICCADILLY (THE) AMBULATOR ; or Old Q. Containing Memoirs of the Private Life of That Ever-green Votary of Venus ? throughout which are interspersed Anecdotes of the most noted Fashionables, his contemporaries. In two volumes. By *J.-P. Hurstone*, Esq. — (London), Printed by J. Dean, etc., 1808, in-12 de XII-143 et 115 pp. plus les titres. Prix : 10 sh. — Au premier volume, un frontispice replié, en couleur, signé :

Nicholas Lunatic delin., H. Shade Sculp.

Ce sacrificateur à Vénus toujours vert, cet *Old Q*, ou mieux, ce *Vieux Quiz* dont l'auteur veut raconter les prouesses érotiques, c'est le comte *de March*, duc *Queensberry*, qui vivait au siècle dernier et qui se fit en Angleterre une réputation exceptionnelle parmi les débauchés de l'époque, les Sandwich, les Wilkes, les Dashwood-Spencer, etc., etc. — M. *Pisanus Fraxi* a donné une courte analyse de ce petit livre dans sa « Centuria Librorum Prohibitorum » (London, 1877, 4°, pp. 212 et 342). — Avec une bonne clef, « Le promeneur de Piccadilly, non moins que « La vie de Jemmy Twitcher, » contribuerait à jeter un singulier jour sur les mœurs privées de la société de Londres au XVIII° siècle.

PIERROT MINISTRE, pantomime républicaine en huit tableaux, par *un Pair de France sans ouvrage*. Paris, Gallet, 1848, in-12 de 12. pp.

Cette pantomime, représentée sur le théâtre des funambules, quelque temps après la révolution de février 1848, est de *M. Félix Tournachon*, si connu sous le pseudonyme de *Nadar*.

« Les principaux personnages sont : *Robert-Macaire* (Louis-Philippe), *Pierrot* (M. Guizot), *Arlequin* (le peuple) et Charles X, exhumé pour être associé au ridicule que l'auteur déversait sur la monarchie déchue. » (Voir: Th. Muret, — « Histoire par le théâtre, » t. III, p. 303.)

PIGEONS (LES) DE LA BOURSE, par *Paul Deltuf*. — Paris, Charpentier, 1857, in-12. Prix : 1 fr.

M. P. Deltuf, littérateur assez fécond, mort fou et ruiné, a raconté, dans ce petit livre une partie de son histoire et de ses malheurs ; parmi les personnages qu'il met en scène sous des noms supposés, plusieurs ont existé réellement ; quelques-uns vivent encore. Il serait bien curieux de pouvoir soulever ces masques.. — Voir pour plus amples détails l'intéressant article publié, par M. Maxime Du Camp, dans la « Revue des Deux-Mondes » (15 mai 1882, « Souvenirs Littéraires »).

PINOLET, OU L'AVEUGLE PARVENU. Voir: César aveugle et voyageur.

PLAIDEURS (LES), comédie. Voir: Théâtre de Jean Racine.

PLAIDOYER POUR MARIE CU-LATIN. — Pièce en prose, imprimée à la fin du troisième volume des « Choses utiles et agréables. » — Berlin, 1769, 3 vol. in-8. Ce recueil, « qui n'est ni utile ni agréable; » fut imprimé à Genève, chez les Cramer, et eut *Voltaire* pour éditeur.

« *Marie Culatin*, défenderesse, c'est l'Eglise Romaine ; les *Dénicheurs*, sa partie adverse, dont elle se plaint amèrement, sont les Philosophes. Cette explication est indispensable pour l'intelligence de ce court et médiocre plaidoyer. » (Voir « Correspondance de Grimm, » décembre 1770.)

PLAIN (THE) DEALER. Comedy by *W. Wycherley*. Acted at the Theatre Royal, 1676 (London), in-4.

« L'Honnête homme » (ou « Le Franc Parleur ») est le meilleur ouvrage de l'auteur et l'une des plus belles pièces du théâtre anglais. Ce n'est d'ailleurs qu'une imitation du « Misanthrope, » très inférieure toutefois à son modèle. Il s'y trouve cependant de réelles beautés, et certains caractères auraient été pris sur le vif; ainsi le type de *Lord Plausible* serait le comte George Berkeley: (« Biographia Dramatica, » t. II, p. 284.)

PLAINTES (LES) DE LA CAPTIVE CALISTON A L'INVINCIBLE ARISTARQUE. S. l., 1605, in-8 de 15 pp.

Ce petit poème de *François de Cauvigny* sieur de *Colomby*, ou *Coullomby*, originaire de Caen et l'un des premiers membres de l'Académie française, a été composé en l'honneur de Henri IV. — Suivant le Bibliophile Job, l'*invincible Aristarque* désigne le roi et la *captive Caliston* n'est autre que Henriette d'Entraigues.

PLAN ET DESSEIN DU POËME ALLÉGORIQUE ET TRAGICO-BURLESQUE INTITULÉ : Les Couches de l'Académie. Par messire *Antoine Furetière*, abbé de Chalivoy, de l'Académie française. — A Amsterdam, chez Pierre Brunel, dans le Pieter-Jacob Straat. — M.DC.LXXXVII, pet. in-12 de 60 pp.

« On sait quels vifs démêlés Furetière eut avec l'Académie française qui finit par l'expulser de son sein. Il s'en vengea en composant divers factums dans lesquels il désigne parfois les *Quarante* sous des noms supposés. Ces pamphlets, que Ch. Nodier regardait comme des modèles d'esprit, ont été l'objet d'un bon travail de M. Ch. Asselineau qui les a réunis en 2 vols. in-12 (Paris, Poulet-Ma-

lassis, 1859). » — Voici la clef du petit ouvrage ci-dessus décrit :
Marmentier, — Charpentier ;
Talisman, — Tallemant ;
Labboyer, — Boyer ;
Mauclerc, — Leclerc ;
Alvarade, — Benserade ;
Roupiat, — Doujat ;
La Quintaine, — La Fontaine ;
Laveveau, — De Lavau ;
Le séraphique traducteur, — Séraphin Regnier.
Cette clef s'applique à toutes les pièces du recueil des Factums de Furetière.

PLUTON MALTOTIER, ou LA DÉCOUVERTE DES INTRIGUES FINANCIÈRES ET AMOUREUSES DES PARTISANS, nouvelle galante. Divisée en six parties.—Cologne, chez Adrien l'Enclume (Hollande, à la Sphère), pet. in-12, fig. —Rotterdam, 1709 et 1710.

J'ai sous les yeux une édition intitulée simplement :

PLUTON MALTOTIER. Nouvelle galante. Divisé en six parties. — A Cologne, chez Adrien l'Enclume, gendre de Pierre Marteau. M.DCC.XII, pet. in-12 de VIII-316 pp., fig.

Dans ce petit livre, que ne cite point Barbier, et qui est dirigé surtout contre les plus fameux financiers de l'époque, un grand nombre de noms sont imprimés en toutes lettres : Cousin, Deschiens, Bourvallais, Villemaret, de Pontchartrain, de Choiseul, Miotte, Charlier, Rousselin, Desbuttes, Ferlet, etc. Un plus grand nombre ne sont désignés que par des pseudonymes ou des périphrases allusives. — La pièce la plus curieuse de ce pamphlet est le « *Mémoire fourni par Pluton*, Prince Souverain des Enfers, à *Deschiens*, fameux partisan de France » — (p.p. 76-98). — En voici la clef :

Pages :

77. *Un fermier général mort fol*, — Boulanger ;

77. *Un fermier général mort de ravissement*, — Le Jougleur ;

78. *Un mari brutal...*, Grandchamps, avocat du Roi ;

78. *Une fille de dix-neuf ans*, — la fille de l'historiographe Duchesne ;

78. *Un jeune abbé...*, l'abbé de Nanteuil ;

78. *Une fille morte d'amour*, — Mlle Guenon ;

78. *Un abbé de qualité*, — l'abbé de Choiseul ;

78. *Un abbé mort de la perte de sa maîtresse*, — le même ;

78. *Un jeune marquis*, — le marquis de la Luzerne ;

78. *Une femme de procureur*, — Mme Le Gai ;

78. *Une belle-sœur libertine*, — la Charlemagne, marchande ;

79. *Une femme morte...*, — Mme Guenon ;

79. *Un savetier mort de joie*, — le père du partisan Boitard ;

79. *Un avocat mort de la fâcheuse maladie*, — Chasle ;

79. *Un banquier exposé la corde au col*, — Ferlet ;

79. *Un académicien*, — Segrais ;

80. *Un homme de qualité*, — le marquis de Choisi ;

80. *Une dame de qualité*. — la marquise douairière de La Luzerne ;

80. *Un conducteur de galériens*, — Chevalier ;

80. *La femme d'un intendant*, — Mme Boiteau ;

80. *L'amant de cette dame*, — Fournet ;

81. *Un partisan*, — Vallière ;

81. *Un financier*, — Le Rouvillois ;

81. *Le maître dont la fille a été débauchée*, — Berrier, ancien ministre ;

81. *Un financier mort...*, — La Peyronnie ;

Pages

81. *Sa maîtresse...*, — la Dancourt, comédienne ;

81. *Un autre partisan*, — Le Rossignol ;

81. *Sa maîtresse infidèle*, — la Champmeslé ;

81. *Un avocat mort dans la joie*, — Poliac ;

81. *Un greffier criminel*, — Parizet ;

82. *Un commissaire au Châtelet*, — Daminois ;

82. *Un autre commissaire*, — Desclarcins :

82. *Un commissaire mort ivre*, — Picart ;

82. *Un jeune abbé*, — Carvoisin ;

82. *Un chevalier de Malte*, — le chevalier de Pertuis ;

82. *La marquise Desgrais*, — Mme Touchet, femme d'un paveur ;

82. *Son amant*, — Fournet, auditeur des comptes ;

83. *Une jeune fille morte d'amour*, — Mlle Leroi, fille du notaire ;

83. *Un mousquetaire*, — Monteleon ;

83. *Une autre fille morte...*, — Mlle Rousseau ;

83. *Un gentilhomme normand*, — Montcarville ;

83. *Une duchesse*, — Mme de Choiseul ;

83. *Un médecin*, — Garbe ;

83. *Un autre médecin*, — de Lambon ;

83. *Un procureur de la Cour*, — Aubin ;

83. *Un jeune mousquetaire*, — Saint-Hilaire ;

84. *Un maître en fait d'armes*, — Le Cocq.

84. *Le fils d'un aveugle*, — Lestorelle ;

84. *Un moine de Saint-Victor*, — le poète Santeuil ;

84. *Un moine de Sainte-Geneviève*, — Lestorelle, frère de l'aveugle ;

84. *La femme d'un financier*, — Mme Cousin ;

84. *Un soldat de famille*, — Nogarot ;

85. *La femme d'un procureur*, — Mme Boleduc ;

85. *Un médecin du roi*, — d'Acquin ;

85. *Le fils d'un paysan, receveur général*, — Goujon ;

Ce petit livre, rempli de méchancetés, est encore très curieux à lire aujourd'hui, en raison des renseignements qu'il donne sur une partie de la société financière à cette époque.

POEMA (IL) TARTARO. S. l., 1796, 3 tom. in-18. — 3e et dernière édition italienne : Milano, 1803, 2 vol. pet. in-12.

« Cet ouvrage est du célèbre abbé *Jean-Baptiste Casti* ; il composa, peu de temps après son retour de Russie, ce poëme en douze chants dont la cour de Catherine II lui avait fourni le sujet. On trouve la clef à la fin du deuxième volume de la dernière édition. L'action est transportée en Asie, sous des noms supposés. La Russie est appelée *Mogollia ;* — l'Impératrice Catherine II, *Cattuna ;* — le czar Pierre III, son mari, *Ottaï ;* — le grand-duc Paul, qui a régné depuis, *Cajucco ;* — Orloff, le favori, *Cuslucco ;* son frère Alexis, *Ataja ;* — ses autres frères, *Cas, Patuff* et *Taffer ;* — le favori Potemkim, *Toto Toctabei ;* etc. — L'ouvrage n'est pas toujours aussi plaisant que le sujet et tout cet appareil semblent l'annoncer. » (Voir : « Biographie Michaud, » t. VII, p. 333.)

POÉSIES-ANECDOTES DE LA MINORITÉ DE LOUIS XV. In-folio, demi-reliure, dos et coins de maroquin rouge du Levant, non rogné.

« Manuscrit du xviii⁰ siècle, d'une belle écriture, contenant des pièces satiriques et scandaleuses en partie inédites. — Des annotations en marge donnent la clef des personnages ainsi attaqués. » (Catalogue Luzarche, n⁰ 2,412). — J'ignore en quelles mains est passé ce curieux recueil ; s'il est jamais publié, il ne peut manquer d'offrir, grâce à la clef qui l'accompagne, une mine de renseignements précieux pour l'histoire de la Régence.

POÉSIES. PARTOUT ET POUR TOUS LES TEMPS. S. d., in-8 de 251 pp.

Bien que la Préface attribue ce recueil à l'abbé De la Porte, il est bien certain qu'il est tout entier de *Mérard de Saint-Just.* — La plupart des petites pièces qu'il renferme sont plus que médiocres et souvent ennuyeuses ; cependant, si ce volume, rempli d'initialismes et de pseudonymes, était accompagné d'une bonne clef, il serait fort curieux pour l'histoire litté-raire de la fin du règne de Louis XVI. — Je ferai la même remarque pour les « Etrennes des Poètes, » du même auteur, dont il est parlé plus haut.

POÉSIES SATYRIQUES DU DIX-HUITIEME SIÈCLE (Réunies par *Sautreau*). — Londres (Cazin), 1782, 2 vol. in-18 de xii-180 et 224 pp. — Quelques exemplaires ont, à la fin de la deuxième partie, deux feuillets annexés (pp. 225-228). — Autre édition, id., id., 1788, 2 titres gravés par Marillier.

Sans parler de la « Satyre au comte de B'**, » par *Robbé*, dont il est question plus loin, ce petit recueil offre de nombreux initialismes à compléter. Citons-en quelques exemples :
T. I, p. 5. — *La Crépinade,* par *Voltaire,* — *Crépin,* c'est J.-J. Rousseau ;
P. 160. — « Un jeune homme bouillant invectivait *V***,* « Il faut lire : Voltaire ;
T. II, p. 11. — *S***,* Saurin ; p. 12. — *F***,* Fréron ; p. 15. — *Saint-L***,* Saint-Lambert ; — *La H***,* La Harpe ; — *M***,* Marmontel ; p. 16. — *d'A***,* d'Alembert ; — *D***,* Diderot ; p. 19. — *Le peintre aimable de Gnide,* Montesquieu ; — *ce chantre léger,* Gresset ; p. 23. — *D***,* Dorat ; P. 67. — *Cl***,* Clément ; — *Au***,* Aubert, etc.
Tout lecteur un peu au courant de la littérature du temps découvre aisément les noms véritables désignés par de simples initiales.

POETASTER, or THE ARRAIGN-

MENT. Comical Satyr, by Ben Jonson, 1601, in-4.

« Le Rimailleur » est une satire contre les poètes de l'époque et particulièrement contre Thomas Dekker, mis en scène sous le nom de *Crispinus*. — Dekker répliqua vigoureusement à Ben Jonson dans son « Satyromastix. » (Voir ce titre.)

POÈTE (LE), ou MÉMOIRES D'UN HOMME DE LETTRES ÉCRITS PAR LUI-MÊME. — « Homo sum et nihil humani a me alienum fuit. » Térence. — Paris, 1798, 4 vol. in-12, fig. (Par *P.-J.-B. Choudard*, dit *Desforges*).

2ᵉ édition : Hambourg, 8 vol. in-18, fig.

3ᵉ édition, augmentée d'une notice biographique sur l'auteur et de la clef des principaux personnages. — Paris, Em. Babeuf, 1819, 5 vol. in-12. Portrait et fig.

Dernière édition : Bruxelles, Gay et Doucé, 1881, 5 vol. in-12. Portrait et fig. 30 fr.

P.-J.-B. Choudard-Desforges, fécond romancier, artiste et auteur dramatique, est né à Paris le 15 septembre 1746, et y est mort le 13 août 1806. Sous une forme romanesque, il a retracé dans ce livre l'histoire de sa vie jusqu'en 1782 ; il a laissé courir sa plume avec une telle liberté que tous les biographes et critiques se sont accordés à le taxer d'immoralité. « On s'étonne, dit le rédacteur de la « Décade Philosophique » (7ᵉ année, 1ᵉʳ trimestre, pp. 408-416), que l'auteur ait osé se montrer à son siècle dans toute la nudité d'un libertinage dont il ne dissimule aucun détail, dont il n'omet aucune circonstance ; son

livre est rempli de détails qui feraient rougir une prostituée si on l'obligeait d'en soutenir la lecture ; cependant l'auteur a l'effronterie de dire : « Personne ne respecte les mœurs plus que moi ! » — Sous la Restauration, le « Poète » fut mis à l'index par la police. (Voir « Le Catalogue des Livres condamnés, » p. 322.) — Indépendamment des excellents articles que la « Biographie Michaud » et la « Biographie Gay » ont consacrés à Desforges, on peut encore consulter utilement, sur cet auteur et sur ses écrits, les deux ouvrages suivants de M. Ch. Monselet : « Les Oubliés et les Dédaignés, » — Paris, 1857, t. II ; et « Les Galanteries du XVIIIᵉ siècle, » pp. 283 et suivantes.

Voici la « Clef des Noms des Principaux Personnages indiqués seulement par des initiales dans *le Poète*, » telle que la donne la jolie édition de 1881 :

D..., — Desforges ;
P..., — Petit ;
M..., — Maltor ;
S..., — Senneval ;
B..., — Beaucousin ;
Del...ne, — Delaulne ;
L...cour, — Lénoncour ;
P...ret, — Pierret ;
Ch..., — Chevallereau ;
R...eu, — Ronnieu ;
V...et, — Vernolet ;
Laf..., — Lafolie ;
La R..., — La Roque ;
Math..., — Mathieu ;
De la M..., — De La Mothe ;
De la Magd..., — De la Magdeleine ;
F...rol, — Fomerol ;
Rich..., — Richelieu ;
R...ot, — Rollot ;
Hen...y, — Hennery ;
D..., — Dumay ;
Chan..., — Chanteloup ;
G...l, — Gorel ;
Lam..., — Lambert ;
De La Frug...ye, — Delafrugneraye ;
C..., — Cinote ;
Er...ert, — Erbennert ;

De Br..., — De Braun ;
B...ly, — Borelly ;
K...lec, — Kailec ;
Tav...eau, — Taverneau ;
L'Ech...elle, — L'Echernelle ;
F..., — Foicy ;
De Sart..., — De Sartines;
Viller..., — Villermont;
Tr..., — Trial ;
Du Ter..., — Du Terrail ;
D'Orl..., — D'Orléans;
L..., — Louis ;
Clai...de, — Claimerade ;
Borth..., — Bortheau;
Fl..., — Fleury ;
Dess..., — Dessenne ;
De Ch..., — De Choiseul;
D.l.s., — Delaflesselles;
Lar..., — Larieu ;
D..., — Dermont ;
D..., — Dupuy ;
De Mir...nil, — De Miromesnil ;
Cors...off, — Corsackoff.

POISSONS (LES). — Pamphlet anonyme paru, à Paris, vers 1747.

Cet écrit, inconnu aux bibliographes et qui pourrait bien être entièrement perdu est cité dans les « Nouvelles Littéraires » rédigées par Grimm : « Il paraît, depuis quelques jours, un livre intitulé « *Les Poissons,* » dont un exemplaire, m'a-t-on dit, a été vendu vingt louis d'or. Je ne sais ce qu'il contient, parce qu'il est encore extrêmement rare, mais ce titre me paraît avoir une analogie intime avec certains noms de personnes bien connues aujourd'hui. — Tout le monde sait que le père de madame de Pompadour s'appelle Poisson. On cherche avec vivacité l'auteur de cette satire. »

Ajoutons qu'on appelait couramment alors « *Poissons* » les chansons contre la favorite et contre sa famille.

POLIPHILI HYPNEROTOMA-

CHIA, ubi humana omnia non nisi somnium esse docet, atque obiter plurima scitu sane quam digna commemorat (Opus a *Francisco Columna* compositum, et a Leon. Crasso veronensi editum). Venetiis, mense decembri MID, in ædibus Aldi Manutii, in-fol., fig. 234, ff.

Ouvrage très singulier, dit le « Manuel du Libraire, » et qui, bien que sous un titre latin, est écrit en un italien macaronique, mêlé de grec et même d'hébreu. Le même « Manuel » indique les autres éditions et les traductions de cette étrange et vraiment curieuse composition qui a si fort exercé la sagacité des commentateurs. — J'ai sous les yeux une traduction moderne intitulée : Songe de Poliphile, traduction libre de l'italien, par *J.-G. Legrand.* — Paris, E. Didot l'aîné, an XIII, MDCCCIV, 2 vol. in-18 de 228 et 217 pp. — M. *Is Liseux* doit en donner une nouvelle traduction ; il est à désirer que ses annotations jettent plus de lumière que les précédents commentaires, sur cet écrit bizarre qu'on a cru devoir ranger parmi les livres à clef. — Certains auteurs ont vu dans le « Songe de Poliphile » un éloge allégorique de l'architecture ; d'autres, amateurs d'alchimie, ont pensé que l'auteur y avait caché, sous divers emblèmes, les secrets du grand œuvre ou l'art de faire de l'or. Parmi ces derniers, Beroalde de Verville, qui a donné une espèce de traduction de l'*Hypnerotomachie,* a cru reconnaître la science hermétique dans cette « excellente *Olocliré,* objet universel d'amour, remplissant le monde de son nom, qui aura tant d'excellences, que même après qu'elle sera ravie aux mortels, encore en sera bien aimée.... ». — Il n'est pas douteux que *Franciscus Columna* s'est servi de fréquentes allégories et de noms allusifs pour désigner certains de ses personnages; ainsi, dans le chapitre VIII, notamment, on ne peut méconnaître les cinq sens sous les noms grecs d'*Aphaé* (le toucher), d'*Osphrasie* (l'odorat), d'*Horasie* (la vue), d'*Acoé* (l'ouïe), et de *Géosie* (le goût) ; mais on ne saurait en tirer cette conséquence que l'ouvrage tout entier est une allégorie suivie, combinée suivant un plan arrêté et ayant pour objet une idée mystique bien déterminée. — Si l'on réfléchit en outre à une particularité du livre que l'on va dire, on arrivera à penser que le bon frère Colonna avait en vue une belle moins insensible et moins fière que l'*Architecture*, ou moins abstraite que l'*Alchimie* : il a fait de son ouvrage entier une espèce d'*acrostiche* ; car, en rassemblant toutes les lettres majuscules qui commencent chacun des trente-huit chapitres dont l'ouvrage est composé, on trouve ces mots: *Poliam frater Franciscus Columna peramavit ;* c'est-à-dire : « Le frère Françoi Colonne a éperdument aimé Polia. » Quelle était cette *Polia,* objet de tant d'amour ? Voilà ce qu'il faudrait découvrir et ce qui nous donnerait sans doute la signification véritable de toute l'Hypnerotomachie.

Pour ma part, jusqu'à plus amples découvertes, je serais fort porté à croire, avec M. O. Delepierre (Voir son Macaronéana, pp. 261-266), « que le « Songe de Poliphile » n'est qu'un roman métaphysique, mais plein de passion et dans lequel les idées ascétiques de l'auteur ont parfois influencé sa vive imagination au point de lui faire dépasser les bornes des convenances. »

POLITIQUE DU MÉDECIN DE MACHIAVEL, ou LE CHEMIN DE LA FORTUNE OUVERT AUX MEDECINS, ouvrage réduit en forme de conseils, par le docteur *Fum-ho-ham,* et traduit de l'original chinois par un nouveau maître ès-arts de Saint-Cosme. Première partie qui contient les portraits des plus célèbres médecins de Pékin. — Amsterdam, chez les frères Bernard. S. d. (1746), in-12 de XXVIII-64 pp. Très rare.

Ce pamphlet, dont la première partie seule a paru séparément, est de *Julien Offray de La Mettrie,* dont il a été parlé plus haut à l'article « La Faculté vengée. » — C'est une mordante satire contre des médecins alors fort connus, Boërhaave, Winslow, Astruc, etc., déguisés sous les noms de *Raconill, Rufus, Erosiâtre,* etc. Un exemplaire, offert au prix de 15 fr. dans le « Bulletin du Bibliophile, » portait la clef des noms déguisés, de la main de M. J. Lamoureux. — Ce libelle, condamné au feu, par arrêt du Parlement de Paris, en date du 9 juillet 1746, a été réimprimé dans l'ouvrage du même auteur, intitulé « Ouvrage de Pénélope. » (Voir ce titre.)

POLLY, an opera, by *John Gay,* 1729. — London, in-4, non représenté.

Voir : Beggar's opera.

POLYANDRE, *Histoire comique,* par *Ch. Sorel.*

Voir : La vraye histoire comique de Francion.

POLYMNIE, poëme posthume de *Jean-François Marmontel* (en dix chants). — Paris, Guillaume et Cⁱᵉ, 1818, in-18, 3 fr.

Édition supprimée sur la demande de M. Marmontel fils, mais le poëme a été réimprimé dans le volume d' « Œuvres posthumes » de l'auteur, publiées par Alissan de Chazet.— Paris, Verdière, 1820, in-8, fig. 6 fr.

« Polymnie, » comme on sait, est un poëme satirique composé, en faveur de Piccini, contre les partisans de Gluck. — Les traits malins, mais souvent peu modérés, y abondent. D'après une note manuscrite de Gabriel Peignot, voici la clef des personnages : *le Jongleur de Bohème*, c'est Gluck lui-même ; *Trigaud* (le héros du poème), c'est l'abbé Armand, et *Finon* n'est autre que Suard.

POMERIS, TRAGICO-COMÆDIA NOVA DE POMERIDE A CASTLEVIO AFFLICTA ET AB AGATHANDRO LIBERATA. — Acta ludis Apollinaribus. VI cal. Febr. Anno III, olympiados DCII. Egit *Philalethes*, modos fecit *Parrhasiastes*, tibiis Swantevarianis, 1631, in-8.

(Pièce en vers latins ïambiques sauf le prologue, l'épilogue et les arguments qui sont vers allemands.)

— PARTHENIA, POMERIDOS CONTINUATIO : Ein new Comœdien-Spiel darinn abgebildet wird die blutige Hochzeit der schonen Parthenia, und darauff folgende Straffe, des ungütigen vermeynten Brautigams Contilii, Nebenst des Agathanders Heldenthaten die er den hochbedrengten Nymphen im alemannischen Lande zu gut in Schneller Eyl verrichtet hat. Exhibieret im Wintermond des andern jahres nach der befreyung Pomeris von *Philalethes Parrhasiastes*, 1632, in-4, 48 ff. (1632).

AGATHANDER PRO SEBASTA VINCENS ET CUM VIRTUTIBUS TRIUMPHANS. Stetini, 1633.

Ces trois tragédies allégoriques font allusion aux principaux événements de la guerre soutenue en Allemagne, par le glorieux Gustave-Adolphe contre l'Autriche et ses alliés. Il serait bien difficile de décider quel est l'auteur de cette sorte de Trilogie : aucun biographe, aucun bibliographe ne fournit de renseignements précis sur ce point. Suivant *Th. Graesse*, qui a minutieusement décrit dans son « Trésor des Livres rares » (tome V. page 141), les deux premières des pièces ci-dessus décrites, l'auteur qui se cache sous les pseudonymes de *Philalethes Parrhasiastes*, serait *Barthélemy Anhorn*, célèbre prédicateur du Palatinat ; suivant *Chrétien Gryphius* qui donne la clef de ces pièces dans son « Essai sur les Historiens du XVIIᵉ siècle » (pages 162 à 164), ce serait *Jean Micraëlius*, « homme fameux par ses travaux théologiques, philosophiques et historiques et qui a voulu prouver son habileté au monde savant en s'exerçant aussi dans l'art dramatique. » Les Biographes, je le répète, ne donnent aucune indication sur l'un ou sur l'autre de ces personnages , il convient d'ajouter cependant qu'on trouve dans « l' «Historia Bibliothecæ Fabricianæ » (t. V, page 267), une courte notice sur Jean Micraélius, de Koslin en Prusse, mais les pièces dont il s'agit ici, n'y figurent point parmi les ouvrages qui lui sont attribués. Quant à Anhorn il n'est guère connu que par ce qu'en a dit Th. Graesse. — Laissons donc à quelque chercheur érudit le soin de fixer à qui doit être attribuée la paternité de la *Pomeris*, de la *Parthenia* et de l'*Agathander*, et bornons-nous à en donner, d'après Chrétien Gryphius, la clef que voici :

Agathander, — Gustave-Adolphe ;

Pomeris, — la Poméranie ;
Megalinnis, — le Mecklembourg ;
Brusilla, — la Prusse ;
Rugilla, — l'île de Rügen ;
Stetilia, — Stettin ;
Stralia, — Stralsund ;
Stardia, — Staagardt ;
Colbilla, — Colberg ;
Volgasia, — Volgastum (?) ;
Pasua, — Possenheim ;
Adelgunda, — la noblesse ;
Agrilla, — les paysans ;
Lastlevius, — Wallenstein, général ;
Beinharnius, — Arnheim, général ;
Torquinus, — Torquato Conti ;
Godlachius, — sans doute Gœtz ;
Jolola, — Loyola (Ignace de) ;
Gustula, — Gustrow, résidence des ducs de Mecklembourg ;
Rosina, — Rostock ;
Braburgis, — le Brandebourg ;
Gryphissina, — Greifswalde ;
Falcomontius, — de Falckemberg ;
Contilius, — le comte Tilly ;
Anomia, — la religion romaine ;
Maozim, — id ;
Lalemanus, — le gouverneur de Magdebourg ;
Sebasta, — Augsbourg ;
Vindelicia, — la Souabe ;
Gothanus, — le duc Bernard, ou Ernest de Saxe ;
Placianus, — le Palatin Frédérick ;
Boian, — la Bavière.

Ajoutons que C. Gryphius, qui avait lu les trois pièces dont il a composé la clef, ne paraissait pas en faire très grand cas ; voici comment il s'exprime à leur sujet : « Les vers latins sont assez corrects et élégants ; mais l'excellent Micraëlius aurait bien fait de ne pas s'essayer en allemand car, en vérité, ses vers sont par trop durs et grossiers. »

POMME (LA) D'ÈVE, par Mme la *comtesse Dash.* — Paris, Chappe, 1857, 4 vol. in-8. Prix : 30 fr.

On sait que le nom de comtesse Dash n'est que le pseudonyme de Mme *Cisterne de Courtiras,* vicomtesse de *Saint-Mars,* féconde romancière et écrivain de talent. — Suivant une note de M. G. Brunet, l'auteur de la « Pomme d'Ève » avait introduit des personnages réels dans cet ouvrage. Ainsi, l'héroïne du Livre, *Hélène Mellier,* serait « une célébrité féminine lancée dans la politique avancée dont tout le monde connaît les excentricités » (?).

POMPE (LA) FUNÈBRE DE VOITURE, avec la clef, s. l., 1649, in-4 de 26 pp. Très rare. — Autre édition : Paris, T. Quinet, 1650, in-4 de 2 ff. 38 pp.

Cette pièce de *J.-Fr. Sarasin,* est dédiée à Ménage, qui l'a réimprimée, en 1650, dans les œuvres complètes de l'auteur.

Voiture, assez délaissé aujourd'hui, jouissait d'une telle réputation, qu'à sa mort, l'Académie française prit le deuil, hommage qu'elle n'a rendu à aucun autre de ses membres. Sarasin imagina de raconter ses funérailles en y ajoutant beaucoup de détails de son cru ; son ouvrage est en prose mêlée de vers français, latins, italiens et espagnols. — L'auteur suppose ensuite que les vieux écrivains français, fort goûtés de Voiture, ont voulu le « chroniquer » et il donne la Table des XI chapitres de la « grand'chronique du noble Vetturius ; » il y ajoute les titres de sept autres chapitres que Rabelais voulait adjoindre à ladite chronique ; ce morceau est le seul qui donne matière à une clef, portée d'ailleurs en marge, mais d'une façon peu claire ; la voici ;

Vetturius, — Voiture ;
Brun de la Coste, — M. de la Coste ;
Le chevalier de la mouche, — M. de Saint-Aignan, qui portait toujours une mouche ;

Gentil Arnaldus, — M. Arnault ;

La reine Lionnelle de Galle, — Mme Saintot ;

Le Palais de la sage Arthénice, — l'hôtel de Rambouillet ;

Arthénice, — Mme de Rambouillet ;

La Lionne du Temple marécageux, — Mlle Paulet, qui logeait au Marais du Temple ;

La reine de Sarmatie, — la reine de Pologne ;

Un enchanteur fiacron, — un carrosse de louage ;

Un bon luitton, — un bon lutteur (combattant) ;

Duc de Gravelinos, — le duc d'Orléans, qui a pris Gravelines ;

Caʒalie, — Cazal secourue par l'*Hercule de Lorraine*, — le comte d'Harcourt ;

La divine Aplanie, — la princesse douairière de Montmorency ;

Le prince Porphirogène, — M. le Prince ;

La belle Mégalopolie, sa sœur, — Mme de Longueville ;

L'incomparable Germanicus, — M. le Prince ;

Deux siens chevaliers, — M. de la Moussaye et M. d'Arnaut ;

L'illustre Julie, — Julie d'Angennes ;

Oʒiermont, Montausier ;

Le merveilleux brochet, — M. le Prince.

Le lay de la fièvre, — Pièce récitée à Chantilly, sur la maladie de M. le Prince ;

Le matois normand, — le président Des Hameaux ;

Leroy-Tarin, — professeur d'éloquence ;

Neufgermanicopsant, — Neufgermain ;

La belle et extraordinaire fille de Nasin de Gaʒette, — la fille de Renaudot, fondateur de la Gazette ;

Dinaste Nasin, — Renaudot, prince Nasin, ainsi nommé pour son nez en pied de marmite.

Toutes ces allusions si goûtées alors paraissent aujourd'hui bien insignifiantes et bien insipides.

PORTRAIT (LE) DE LA VRAYE AMANTE...
Voir : Le Duel de Tithamante...

PORTRAIT DE LA COQUETTE, OU LA LETTRE D'ARISTANDRE A TIMAGÈNE.

— Paris, de Sercy, 1659, in-12. Réimprimé sous ce titre : PORTRAIT OU LE VÉRITABLE CARACTÈRE DE LA COQUETTE. — Paris, Claude Prudhomme, 1701, pet. in-12 de 264 pp. On y joint : LA COQUETTE VANGÉE, s. l. n. d., 48 pp. in-12.

M. Paul Lacroix, dans le « Bulletin du Bibliophile » (1860, p. 1003), nous donne de curieux renseignements sur ce petit volume dont l'auteur est *Félix de Juvénel*, originaire de Pézenas et descendant du célèbre Juvénal des Ursins, chancelier de Charles VI. « Cet agréable livre, dit M. Lacroix, où la satire et l'épigramme prennent les formes les plus polies et même les plus galantes, est une galerie de portraits esquissés, d'après nature, dans les assemblées de *Coquettes* du Marais, en 1659, et surtout dans la ruelle de Ninon de Lenclos. L'auteur ayant été assez cruellement mystifié par les Coquettes, ses amies, qu'il avait voulu régir avec trop de pédanterie, se retira, furieux, dans son sanctuaire de Pézenas, et composa ce factum contre les femmes de bel esprit qui l'avaient maltraité. Ninon de Lenclos s'étant reconnue dans un des portraits les moins flattés de cette cour de coquettes se fit justice elle-même en composant un petit chef-d'œuvre de malice, d'esprit et de style que ses amis publièrent sous le titre de « La Coquette vengée. » — Il y a là une clef bien curieuse à faire.

PORTRAITS (en vers.)
Voir : Œuvres satyriques de P. Corneille de Blessebois.

PORTRAITS (LES) DES PLUS BELLES DAMES DE LA VILLE DE MONTPELLIER, et d'une vieille demoiselle, où leurs personnes, leurs mœurs, esprits, complexion et inclination sont au vif et naturellement dépeintes.—Paris, Michel l'Amour, 1660, in-4 de 48 pp. Réimprimé à Genève, en 1867, pet. in-12 de x-60 pp. 6 fr.

On ne connaît positivement qu'un exemplaire de l'édition originale de ce livret qui se trouvait dans la bibliothèque léguée par M. Médard à la ville de Lunel. — M. G. Brunet, qui possède une copie de cet exemplaire unique, a donné à ce sujet une curieuse notice analytique dans le « Bulletin du Bibliophile » (1865, p.p. 256-262). — L'épître dédicatoire est signée : *Rosset?* — Le style de l'auteur est loin d'être harmonieux et élégant; il est souvent incorrect, lourd, embarrassé et traînant. Les portraits qu'il retrace, parfois avec une naïve indiscrétion qui n'était pas sans exemple à une époque où l'on n'était pas très difficile en fait de bienséance, sont au nombre de quatorze : la marquise de Castres ; — la présidente de Roche ;— la conseillère..., sous le nom de *Cloris;* — la baronne de Lozières ; — la jugesse de Rosset ; — Madame de..., sous le nom de *Climène;* — la trésorière de Grefevillie, la jeune ; — la conseillère de Colombi ; — la baronne et conseillère de Sumène; — la conseillère de Présieux ; — madame de... sous le nom d'*Alcidie ;* — la baronne de Meurles; — la présidente de Mariotte ; — *une vieille demoiselle.*

Qui trouvera jamais le nom des belles dames *Cloris, Climène, Alcidie* et de la *vieille demoiselle* qui sont toutes quatre assez maltraitées par l'auteur ?

PORTRAITS (LES) ; par *J.-S.*

Quesné. — A Paris et à Rouen, an XI, 1803, in-8 de VI-180 pp.

Jacques Salbigoton Quesné, fécond auteur d'ouvrages qu'on ne lit plus, a retracé dans ses « Portraits » des caractères qu'il avait observés et pris sur le vif. La clef de ses essais, si jamais elle a été faite, est vraisemblablement perdue pour toujours. Il serait curieux cependant de connaître les originaux du *solitaire Cléanthe,* de *l'étourdi Valère,* de *l'insouciant Dorante,* de *l'orgueilleux Ménippe,* de *l'impérieuse Mélite,* de *l'avare Basilide,* de *l'hétérodoxe Anicet,* du *vieux débauché Cliton,* de *l'athée Ganathon,* de *Démocède,* de *Damis,* de *Célimène,* du *Tyran,* etc. Il convient d'ajouter que quelques-uns de ces portraits semblent avoir été composés d'après plusieurs types : ce n'est point encore cet ouvrage qui fera oublier celui de La Bruyère.

J.-S. Quesné a publié quelques autres ouvrages allusifs ; citons en passant : LES MÉMOIRES DE M. GIROUETTE (Paris, 1818, in-12); — LES INTRIGUES DU JOUR (Paris, 1820); et MON AVENTURE DANS LA DILIGENCE (Paris, 1808, in-8), brochure qui fut brûlée, comme séditieuse, par ordre du ministre de la police.

PORTRAITS PARISIENS, par *le marquis de Villemer.* — Paris, Dentu, 1865, in-12, 3 fr.

L'écrivainqui s'est caché sous ce pseudonyme n'est autre que M. *Charles Yriarte.* Il a peint dans son livre, sous des noms supposés, certains personnages alors en vue. Sans doute tout le monde n'y était pas bien traité, car une actrice, Mlle Duverger, s'étant reconnue dans le portrait d'*Antigone,* intenta à l'auteur un procès en diffamation (Voir : « La Petite Revue, » t. IX, pp. 23 et 103).

PRÉCIS HISTORIQUE DES CAUSES DE LA RÉVOLUTION PRÉSENTE DE LA COCHINCHINE,

par *un petit-neveu de l'Arétin.* — Wimbledon (?) 1791, in-12. Rare.,

Cet ouvrage, dont l'auteur est demeuré inconnu à Quérard et à Barbier, est une allégorie satirique fort transparente des événements qui se passaient alors en France.

PRÉDICTIONS GÉNÉRALES ET PARTICULIÈRES POUR L'ANNÉE 1741 ET AUTRES.

— Paris, chez Tel, à la Sybille, 1741, in-16 de 43 pp. et un feuillet pour la clef. — Autre édition in-18 de 46 pp.

Le « Dictionnaire des Anonymes » (t. III, col. 989) n'hésite pas à attribuer cet ouvrage satirique à *Claude Villaret,* qui se fit par la suite une réputation très méritée par ses travaux historiques. M. Daunou, qui a consacré à cet auteur un article excellent dans la « Biographie Universelle » (t. XLVIII, pp. 511 à 515), est moins disposé à lui attribuer l'ouvrage en question. « A tous égards, dit-il, Villaret aurait bien mal débuté dans les lettres s'il était réellement l'auteur de cet opuscule. On a écrit son nom sur des exemplaires de ce petit recueil de traits satiriques en mauvaise prose et en vers informes, contre plusieurs auteurs et acteurs de ce temps-là : Crébillon père et fils, La Chaussée, Marivaux, Destouches, Fontenelle, Desfontaines, l'abbé Le Blanc, Prévost, Gresset, Voltaire, Mme Du Châtelet, Mlle Le Maure, Mlle Gaussin, etc. Il n'y a de louanges que pour J.-B. Rousseau qui venait de mourir. — Ce livret ne ressemble ni par les idées, ni par les formes, à aucun des ouvrages authentiques de Villaret ; et s'il l'avait composé à l'âge d'environ

vingt-cinq ans, ce qui, à toute force, serait possible, il faudrait encore l'en plaindre. » — Le feuillet contenant la clef ne doit pas se trouver dans tous les exemplaires ; le seul que j'aie vu ne l'avait pas.

PREMIER (LE) MUSICIEN.

Voir : Alcimadure.

PRESBYTERIAN (THE) LASH,

or NOCTROFFE'S MAID WHIPP'D. — A Tragi-Comedy, acted in the great Room at the Pye Tavern at Oldgate, by Noctroffe the priest, at the cutting of a Chine of Beef. — Anonymous, in-4, 1661.

« Cette pièce fut écrite immédiatement après la restauration des Stuarts, à l'époque où les partis Puritain et Presbytérien étaient si odieux au gouvernement et aux royalistes que tout scandale, toute satire, tout abus étaient permis contre eux sans restriction, ni limite. On peut penser qu'une pareille réaction dut amener bien des injustices. Le « Presbyterian Lash » est d'un bout à l'autre une satire personnelle de *Zacharie Crofton* (dont *Noctroff* est l'anagramme), violent sectaire presbytérien, très connu alors. Cette pièce se compose seulement de 13 scènes non divisées en actes. » (Voir : Biographia Dramatica, 1782, t. II, p. 289.)

PRÉSOMPTION (LA) PUNIE,

comédie (en un acte, en prose), traduite de l'allemand, du baron de ***. Représentée pour la première fois sur le Théâtre du prince de ***, le 2 février 1743. — Prague, s. n. n. d., in-12 de 4 ff. et 40 pp. — Autres éditions : Prague, Frédéric Gretz, et La Haye, Laurent

Berkoske le fils, 1743, in-12 de 83 pp.

C'est une allégorie satirique au sujet du couronnement de l'électeur de Bavière comme empereur. « Il semble qu'il ne soit question que d'une petite aventure de village et l'on y dévoile les plus grands intérêts de l'Europe. Le *Bailly*, qui est le grand moteur de l'intrigue, veut par ses ruses et ses finesses parvenir à s'emparer de l'héritage de *Mademoiselle Mimi* ; mais le *Procureur fiscal* fait avorter ses projets ; on se moque de lui, on lui ôte son emploi et *M*^{lle} *Mimi* épouse *Blaise*, au grand chagrin du *Bailly* et de *Babet*. C'est une pièce anti-française. »

En voici la clef : *Le Bailly*, le cardinal de Fleury ; *Blaise*, le grand-duc de Toscane ; *Mademoiselle Mimi*, la Reine de Hongrie ; *Le Procureur fiscal*, le Roi de Prusse ; *Babet*, la Reine d'Espagne ; *Lucas*, le maréchal de Broglie ; *Gros-Pierre*, le maréchal de Noailles ; *Trotin*, le marquis de Belisle ; *Troupe de Paysans*, les Français ; *Troupe d'Archers*, les Alliés ; *le Curé*, le Pape ; *le Clerc*, Le Cardinal-Infant (Voir Catalogue de Soleinne, n° 3,786).

PRÉTIEUSE (LA), ou le Mystère des ruelles, dédiée à celle qui n'y pense pas. Imprimé à Rouen, par J. Maury, et se vend à Paris, chez P. Lamy ou chez Guillaume de Luynes, 1656-1658, 4 part. pet. in-8.

Dans le Privilège, daté du 14 décembre 1655, l'auteur est désigné par les initiales *D. P.* ou *A. D. P.* La dédicace de la première partie est signée : *Gélasire*, et l'épître de la quatrième *G.* On sait positivement aujourd'hui que l'auteur de cette ennuyeuse et languissante satire des Précieuses n'est autre que l'abbé *Michel de Pure*, trop fécond écrivain et l'une des victimes de Boileau.

« Cette rapsodie prolixe, dit M. Victor Fournel, n'est cependant pas à dédaigner, parce qu'on y découvre, en la déblayant des puérilités inouïes qui les cachent d'abord, un assez grand nombre de révélations intéressantes sur la Société des Précieuses. » (Voir : « La Littérature indépendante, » p. 235.)

M. Ch. Livet, dans son excellente étude sur le « Grand Dictionnaire des Précieuses, » a donné l'analyse des deux premières parties de cet ouvrage (t. II, pp. 336-340). — Il fait connaître que Chapelain est désigné sous le nom de *Parthénoïde* (παρθένος, pucelle), que *Gename* est l'anagramme de Ménage, mais il ne nous dit point quels sont les noms véritables de *Phylonyme*, *Agathonte*, *Aricie*, *Mélanire*, *Sophronisbe*, etc., etc. C'est une clef à rechercher.

PRINCESSE (LA) AMOUREUSE, SOUS LE NOM DE PALMÉLIE.

Voir : La Céfalie.

PRINCESSES (LES) MALABARES, ou le Célibat philosophique, ouvrage intéressant et curieux, avec des notes historiques et critiques. — A Andrinople, chez Thomas Franco, M.DCC.XXXIV, in-12 de 6 ff. limin., 201 pp. et 1 f. de table.

Autre édition : A Tranquebar, Tromas-Franco , M.DCC.XXXV, in-12 de XVI ff. limin. non chiffrés et 200 pp. plus une clef de 6 pp.

Autre édition : Amsterdam, 1735, in-12.

Ce singulier ouvrage attribué tour à tour à l'abbé *Nicolas Lenglet-Dufresnoy* et à un certain *Quesnel*, mort à la Bastille, est en réalité de *Louis-Pierre de Longue*, attaché à la maison de Conti. « C'est un récit métaphorique, rempli d'énigmes et d'allégories assez inintelligibles dans lequel le libertinage se mêle à l'impiété; » aussi ce livre a-t-il été poursuivi et condamné au feu par arrêt du Parlement de Paris, en date du 31 décembre 1734. — Cette condamnation, comme il est arrivé souvent, a dû faire rechercher par les curieux d'alors cet ouvrage ennuyeux aujourd'hui très délaissé : la plupart des noms sont anagrammatisés, par suite la clef suivante est indispensable pour en affronter la lecture :

Asphrénis, *Séraphins.*
Benoti, *Benoît.*
Bertile, *Liberté.*
Brahama, *Abraham.*
Cevis, *Vices.*
Chari, *Chair,*
Chéretine, *Chrétienne.*
Cithéra, *Charité.*
Cranite, *Crainte.*
Crépipins, *Principes.*
Dama, *Adam.*
Drazah, *Hazard.*
Dunaboconoros, *Nabuchodonosor.*
Edies, *Idées.*
Edistes, *Déistes.*
Ema, *Ame.*
Engas, *Anges.*
Eriane, *Ariène.*
Erima, *Marie.*
Forancis, *François,*
Forid, *Froid.*
Frotépies, *Prophéties.*
Gélise, *Eglise.*
Ginace, *Ignace.*
Giravo, *Virago, Eve.*
Gnoménès, *Mensonge.*
Gréca, *Grâce.*

Gusinaut, *Augustin.*
Hamomatène, *Mahométane.*
Hémo, *Homme.*
Hidume, *Humide.*
Hubéres, *Hébreux.*
Isaca, *Isaac.*
Isallie, *Saillie.*
Isératile, *Israélite.*
Jaboc, *Jacob.*
Jani-sunès, *Jansénius.*
Jovéa, *l'Eternel.*
Juvie, *Juive.*
Kès, *Sec.*
Lequens, *Quesnel.*
Lès, *Sel.*
Licufre, *Lucifer.*
Lomina, *Molina.*
Loséli, *Soleil.*
Maviniagite, *Imaginative.*
Michel-cédès, *Melchisedech.*
Misòn, *Simon-Pierre.*
Momérie, *Mémoire.*
Moranie, *Romaine.*
Murcère, *Mercure.*
Nempémarets, *Tempéraments.*
Nutarelle-Oli, *Loi naturelle.*
Nisivéblis, *Invisibles.*
Ofi, *Foï.*
Omise, *Moïse.*
Pacolipase, *Apocalypse.*
Painée, *Païenne.*
Palégénie, *Pélagienne.*
Palégénie-Mide, *Demi-Pélagienne.*
Palu, *Paul.*
Pédaris, *De Paris.*
Posalotique, *Apostolique.*
Possina, *Passion.*
Pradisa, *Paradis.*
Presséa, *Paresse.*
Pridovence, *Providence.*
Pritlicéti, *Triplicité.*
Pussicane, *Puissance.*
Putidice, *Cupidité.*
Quini-sotini, *Inquisition.*
Quetisème, *Quiétisme.*
Quotalice, *Catholique.*
Rasoni, *Raison.*
Rasoni-bale, *Raisonnable.*
Réjumaŝel, *Jérusalem.*
Résouf, *Soufre.*
Rigonance, *Ignorance.*

Rimec, *Crime.*
Roligine, *Religion.*
Sanit-Périts, *Saint-Esprit.*
Sçanit-Messi, *Sanctissime.*
Sceni-céno, *Conscience.*
Sentasinos, *Sensations.*
Sépori, *Espoir.*
Silvanicte, *Calviniste.*
Sivéblis, *Visibles.*
Soticiens, *Stoïciens.*
Sparencée, *Espérance.*
Stiden, *Destin.*
Stiden-péritona, *Prédestination.*
Stupritinose, *Superstition.*
Sujoé, *Josué.*
Surupotina, *Usurpation.*
Teméba, *Baptême.*
Tenglis, *Gentils.*
Thanaséa, *Athanase.*
Théasime, *Athéisme.*
Theulérine, *Luthérienne.*
Thimès, *Thémis.*
Thone, *Honte.*
Tinctits-onou, *Constitution.*
Truves, *Vertus.*
Uchrébins, *Chérubins.*
Vaddi, *David.*
Xaphèles, *Hexaples.*

PRISON (LA) D'AMOUR, laquelle traicte de l'amour de Leriano...

Voir : Carcel de Amor...

PROCÈS (LE) SANS FIN, ou L'HISTOIRE DE JOHN BULL. Traduit de l'anglais du *Docteur Swift* (c'est-à-dire *John Arbuthnot.* Imité plutôt que traduit en français, par l'*abbé Velly*). — Londres (Paris), 1753, in-12.

L'ouvrage « THE HISTORY OF JOHN BULL » parut sans nom d'auteur; mais, d'après divers témoignages, notamment celui de Pope, ami intime du Dr *Arbuthnot*, on ne saurait hésiter à l'attribuer à ce dernier. — La première partie de cette satire parut en 1712; elle avait pour but d'attaquer Marlborough et de provoquer l'animadversion du public anglais contre la guerre avec la France, dont ce seigneur voulait la continuation. Il y a de l'esprit, de la finesse et de l'humour dans cette allégorie satirique, qui, par ses allusions et son plan même, rentre dans la catégorie des Livres à clef. » — (Communication de M. G. Brunet.)

PROCÈS-VERBAL ET PROTESTATIONS DE L'ASSEMBLÉE DE L'ORDRE LE PLUS NOMBREUX DU ROYAUME, s. l. n. d. — (Paris, 1789), in-8 de 29 pp. Il y des exemplaires en 32 pp.; sans doute on fit une seconde édition.

« Pièce rare, dit M. Paul Lacroix. (« Bulletin du Bibliophile, » avril 1857, n° 121), quoiqu'elle ait été tirée à un grand nombre et recherchée avec beaucoup d'empressement quand elle parut. C'est une plaisanterie très gaie et très impertinente à l'occasion des États-généraux de 1789. On n'en connaît pas l'auteur, mais on citerait une vingtaine de mauvais plaisants qui sont bien capables de l'avoir faite, à commencer par Rivarol et à finir par Champcenetz. On devine quel était alors et quel sera toujours l'Ordre le plus nombreux du royaume. Molière ne nous l'avait pas caché dans ses comédies. Ce curieux et impertinent procès-verbal contient une liste des notabilités de l'ordre (350 environ), dans laquelle les initiales sont assez transparentes pour qu'on puisse souvent se passer de clef. On y voit figurer Restif de la Bretonne, auteur-romancier, à coté de Grimod de la Reynière, receveur général des finances. Si l'on réimprime jamais cette polissonnerie, on y joindra sans doute un commentaire historique. »
Cette plaisanterie sembla si bonne

qu'on s'empressa de lui donner une suite et de barbouiller plusieurs opuscules sur la même donnée. Voici les pièces que l'on peut joindre à cette facétieuse satire ; il est extrêmement rare de les trouver réunies :

1. — SECOND PROCÈS-VERBAL DE L'ASSEMBLÉE DE L'ORDRE LE PLUS NOMBREUX DU ROYAUME, tenue à la plaine de Longs-Boyaux. — Concornibus (Paris, 1789), in-8.

2. — NOUVELLE ASSEMBLÉE DES NOTABLES C. C. S. DU ROYAUME en présence des favoris de leurs épouses. Paris, l'an Ier de la Liberté (1792) — de l'imprimerie de Sylphe, imprimeur de la démocratie, in-8 de 63 pp. — Autre édition, Paris, 1793, pet. in-8 de 63 pp. avec une figure représentant l'abbé Maury, sollicitant les faveurs de Mme de Fontanges, un pistolet à la main ; au bas est écrit : « Il n'est pas Maury bon, » — et pour épigraphe : « Peu en meurent et beaucoup en vivent. » On trouve les noms les plus éminents de l'époque dans cette pièce où, suivant le catalogue Leber (t. IV, p. 221), le scandale et l'abus de la presse sont portés au dernier degré d'audace et de méchanceté.

3. — DÉLIBÉRATIONS ET PROTESTATION DE L'ASSEMBLÉE DES HONNÊTES CITOYENNES compromises dans le procès-verbal de l'assemblée de l'ordre le plus nombreux du royaume, Paris, s. d., in-8.

4. — RÉPONSE DES FEMMES DE PARIS AU CAHIER DE L'ORDRE LE PLUS NOMBREUX, etc. — Paris (1789 ?), in-8.

5. — HOMMAGE AUX PLUS JOLIES ET VERTUEUSES FEMMES DE PARIS, avec leurs noms, ou nomenclature de la classe la moins nombreuse. — Paris, s. d., in-8 de 7 pp. — 149 femmes sont nommées dans cet écrit.

En feuilletant les catalogues relatifs à la Révolution, on trouverait sans doute encore quelques plaquettes à joindre à ces opuscules, dont la clef complète devrait contenir plus de 600 articles.

PR...ADE (LA), ou L'APOTHÉOSE DU DOCTEUR PR...PE. — Londres (Paris), 1754, in-12 de 64 pp.

La Procopiade ou *Apothéose du Docteur Procope* est un petit poème comique en six chants qui rentre dans la catégorie des satires personnelles. L'auteur, *Cl. Mar. Giraud*, médecin et littérateur, y a lancé des traits assez malicieux contre son confrère Michel Coltelli, plus connu sous le nom de *Procope-Couteau* et fils du fameux François Procope qui établit, à Paris, le premier café.

PROMENADE AU PALAIS.

Voir : L'Abdication du Second Clerc.

PROMENADE (LA) DE LIVRY (Par *L. C.*) – Paris, Charles Osmont (fleurons elzéviriens), 1678, 2 part. en un vol. pet. in-12 de VI ff. 215 et 240 pp.

Ce petit livre, que ne citent ni Quérard, ni Barbier, doit être assez rare. Je ne l'ai vu mentionné que dans le catalogue de M. M*** (Millot, Paris, 1846, p. 126, n° 603). M. P. Lacroix, rédacteur de ce beau catalogue, attribue « La Promenade de Livry » au sieur *Chassepol*. L'ouvrage est dédié à Mme Deshoulières, que l'auteur proclame *la meilleure amie du monde*. « Les noms que le lecteur trouvera dans cette nouvelle, ajoute-t-il, excepté ceux qui sont dans l'histoire de la reine de Pologne et dans celle du comte de Coucy et de la marquise du Fayel, sont des noms de fantaisie qui en cachent d'autres. » — Il y a donc là une clef à faire ; mais qui pourra jamais la trouver ? — L'exemplaire fort joli, décrit par M. P. Lacroix, relié en veau fauve, aux armes de Mme de Pompadour, ne s'est vendu que 2 francs !

PROMENADE (LA) DU SCEPTI-QUE, ou LES ALLÉES.

Par *Denis Diderot*, ouvrage philosophique composé en 1747, mais qui ne put être imprimé à cette époque, le manuscrit ayant été saisi par ordre supérieur ; il n'a pu être publié, qu'après la Révolution de 1830, dans les quatre volumes d'Œuvres inédites de l'auteur ; il a été réimprimé, en 1875, dans l'excellente édition complète donnée par le regretté M. Assézat (t. I, pp. 171 à 157).

Le savant commentateur a dévoilé plusieurs des allusions contenues dans cet écrit très hardi, dont l'auteur s'est mis lui-même en scène sous le nom d'*Ariste* ; ainsi, le *Bataillon noir*, ce sont les Jésuites ; — Les *Cages* ou *Volières* désignent les couvents ; — *L'Etat-Major*, c'est le clergé ; — Les *Porteurs d'eau* signifient les prêtres Juifs. — Il reste encore à traduire beaucoup de noms propres tels que *Bélise, Céphise, Damis, Narsès, Oribaze, Philoxène*, etc., etc., qui tous doivent désigner des personnages du temps.

PROMENADES (LES) ET REN-DEZ-VOUS DU PARC DE VER-SAILLES.

— Paris, Musier fils, 1762, 2 part. en 1 vol. pet. in-12. Rare.

Réimprimé, dans le même format, sous la rubrique de Londres, 1784 (par l'avocat *Huerne de La Mothe*).

« Ouvrage satirique en forme de roman à aventures galantes ; les principaux personnages de la Cour y figurent sous des noms supposés. — L'auteur ne craint pas de dire au début de son ouvrage que Versailles est une fourmilière de fainéants et de curieux venus de Paris, visitant le château et le parc *sans y rien apercevoir*. » (Note du catalogue A. Chossonnery, janvier 1882, n° 526.)

PRONEURS (LES), ou LE TAR-TUFFE LITTÉRAIRE,

comédie en trois actes, en vers. Par *Claude-Joseph Dorat*. — Hollande (Paris, Delalain), 1777, in-8, orné de fig. de Marillier (non représentée).

« Cette comédie est une satire sanglante des personnes qui composaient la société de Mademoiselle de Lespinasse, c'est-à-dire des coryphées du parti philosophique. — Dorat la garda plusieurs années dans son portefeuille sans pouvoir la faire représenter. Les philosophes, qui n'y étaient pas ménagés, employèrent les hommes puissants de leur parti à empêcher que cette pièce ne fût jouée. Le principal personnage de la comédie est d'Alembert qui, sous le nom de *Callidès*, joue le rôle de chef des Prôneurs. La scène dans laquelle il initie un jeune adepte aux mystères de l'ordre est assez plaisante. On trouve dans cet ouvrage quelques portraits tracés d'un pinceau assez vigoureux, entre autres ceux de Palissot et de Clément de Dijon, dont l'auteur avait sujet de se plaindre : le premier, parce qu'il l'avait fait figurer d'une manière peu avantageuse dans sa « Dunciade ; » le second, parce qu'il avait fait du poème de la « Déclamation » une critique amère. Le premier défaut de la comédie des « Prôneurs » est de manquer d'action, le second de ne pas offrir assez de grands traits pour être une pièce de caractère, ni assez de méchanceté pour être une satire personnelle. » (« Biographie Michaud, » t. XI, p. 575.) — Bien entendu, suivant l'usage d'alors, l'auteur ne manqua pas, dans son avant-propos, de nier qu'il eût voulu faire des allusions personnelles ; mais le « Bibliophile Job » (« Miscellanées Bibliographiques , » Paris, E. Rouveyre) ne nous a pas laissé ignorer que Mme Geoffrin et Mlle de Lespinasse furent mises en scène, ainsi que d'autres beaux esprits, sous les noms de *Versac, Furet, l'abbé Durcet,* etc., etc.

PROPHÉTIE (LA) ACCOMPLIE, ou le Tartuffe moderne, drame en quatre actes. — Paris, de l'imprimerie de Z.-T. M., 1791, in-8 de 84 pages.

Cette pièce anonyme en vers est inconnue à Barbier. « Drame très rare (Cat. Soleinne, n° 2,399) dirigé contre Luc François Lalande, évêque constitutionnel de la Meurthe ; il offre cette particularité qu'un des personnages de la pièce porte le nom de *Janson,* qui est aussi celui d'un évêque. Cette pièce paraît avoir été imprimée à Nancy. »

PROPRIÉTÉ (LA) C'EST LE VOL ! — Folie socialiste en trois actes et sept tableaux, par MM. *Clairville* et *Jules Cordier.* — Représentée pour la première fois au Théâtre du Vaudeville, le 28 novembre 1848.

« Toute l'intrigue de cette pièce allégorico-politique roule sur la lutte du sieur *Adam-Bonichon,* représentant le bourgeois-propriétaire, avec le *Serpent,* génie du mal, personnification du célèbre Proudhon. L'acteur chargé de ce dernier rôle avait eu soin de s'affubler de grosses lunettes et de se grimer de manière à ne laisser aucun doute sur la personnalité mise en scène. — Ce factum, burlesque en somme, eut assez de succès. » (*Th.*

Muret, Histoire par le Théâtre, t. III, pp. 332 et suivantes.)

PROVENÇALE (LA), historiette, par *Jean-François Regnard.* Imprimée pour la première fois dans l'édition de ses œuvres. — Paris, Ribou, 1731, 5 vol. in-12. Souvent réimprimée depuis. Traduite en espagnol, par B. Desroziers. — Paris, Th. Barrois fils, 1811, in-18.

On croit généralement que, dans cette petite nouvelle, Regnard a raconté une partie de ses aventures (sous des noms supposés), tant pendant son voyage en Italie que pendant sa captivité chez les Turcs. — La « Biographie Michaud, » cependant, n'adopte pas complètement cette opinion : « Comme l'auteur a tû quelques faits et en a embelli d'autres, cet opuscule doit être rangé au nombre des contes et des romans ; c'est trop légèrement, ce nous semble, que beaucoup d'auteurs ont vu dans le récit des Aventures de *Zelmis,* le récit des Aventures de Regnard, et ont rapporté comme des circonstances de sa vie ce qui n'est qu'un jeu de son imagination. » (« Biographie Michaud, » t. XXXVII, p. 240.)

Provinciales (les), ou Histoire des filles et des femmes.
Voir : L'Année des Dames Nationales.

Psaphion, ou la Courtisane de Smyrne.
Voir : Les Impostures innocentes.

PSICHÉ, fable morale en cinq actes, en vers, avec des chœurs et un prologue, dédiée à M. d'Affis, premier Président à Bordeaux, par *Louvau Geliot*, Dijonnais. — Agen, Pomaret, 1599, in-12.

Voici ce que dit de cette étrange moralité, la « Bibliothèque du Théâtre français » (t. I, pp. 326-327) :

« *Psiché* s'apercevant que sa gorge commence à s'enfler demande à sa mère d'où lui viennent ces deux petites élévations. Elle lui confie aussi qu'elle est dévorée d'un feu dont elle ne connoît point la cause. La mère, jugeant qu'elle commence à ressentir les impressions de l'amour, prend le parti de la marier. *Anactie*, Dauphin ou fils du roi, la demande en mariage et lui donne un anneau pour gage de sa foi. En attendant les cérémonies de la noce, arrivent sur la scène un peintre, un parfumeur, un maq....au, un cuisinier, un musicien qui sont tous épris des charmes de Psiché. Elle les écoute tous favorablement et les épouse tous successivement. Lorsque le Dauphin vient pour conclure son mariage, il la trouve couchée avec ces amants. Il se récrie contre cette étrange infidélité et la pièce finit. » — Voici la clef de cette allégorie : *Anactie*, c'est Jésus-Christ ; *Psiché*, c'est l'âme qui se livre à ses passions, autrement dit les *amants* ci-dessus, au lieu de rester unie à son créateur, qui, par le don de l'*anneau* (ou le baptême), s'était fiancé à elle.

PUDEUR (LA) ÉTEINTE.
Voir : Le Rut.

PUTIPHAR, ou LES PASSIONS A L'HOPITAL, drame en un acte et en prose pour un théâtre de Société. — Paris (Genève), chez les marchands de nouveautés, 1796, in-8.

Pièce satirique anonyme, inconnue à Barbier et dirigée contre *M*me *de Staël*. « Il serait curieux, dit le Catalogue Soleinne (n° 2,397), de connaître les véritables personnages qui sont représentés sous les noms de *Naturel*, médecin ; — *Dubius*, casuiste ; — *Acutus*, chirurgien ; — *Frigidus*, apothicaire ; etc. — Quant à *Benjamin*, frère cadet de *Joseph*, c'est sans doute Benjamin Constant. »

QUEUE (LA) DU DRAGON.
Voir : La Vie de Nicolas.

QUINZAINE (LA) ANGLOISE A PARIS, ou l'ART DE S'Y RUINER EN PEU DE TEMPS, traduit de *Stearne*. — Londres, 1776, in-12, et Londres (Cazin), 1782, 3 vol. in-18.

Cet ouvrage, qui n'est nullement traduit de Sterne, a été composé en réalité par le chevalier J.-J. Rutlidge. Il a été réimprimé sous le titre de : « Premier et second voyage de Milord de *** à Paris, contenant La Quinzaine Angloise, et le retour de Milord dans cette capitale, après sa majorité. » — Londres (contrefaçon Cazin), 3 vol. in-32, 1782.

M. Ch. Monselet rapporte dans son catalogue (p. 62, n° 10), que l' « Espion Anglois » a jugé comme suit cet ouvrage souvent réimprimé : « Les « différents théâtres de la débauche « et de l'escroquerie sont assez bien « représentés dans ce livre ; *on y a* « *reconnu de nombreux portraits.* » — C'est donc une clef à rechercher.

RABBI BEN-ONI VISIONES.
Voir : Œdipus Hollandicus.

RABELAIS. — ŒUVRES DE RABELAIS, *édition Variorum*, augmentée de pièces inédites, des Songes drolatiques de Pantagruel, ouvrage posthume avec le texte en regard ;

des Remarques de Le Duchat, de Bernier, de Le Motteux, de l'abbé de Marsy, de Voltaire, de Ginguené, etc.; et d'un nouveau commentaire historique et philologique par *Esmangart* et *Eloi Johanneau*. — Paris, Dalibon (imprimerie de Jules Didot aîné), 1823 à 1826, 9 vol. in-8 ornés de 2 portraits, 10 vignettes et 120 figures grotesques, 110 fr. sur papier ordinaire ; 220 fr. sur grand papier.

Telle est la plus belle et la plus savante édition des Œuvres de l'immortel *Alcofribas Nasier* (François Rabelais.) — Nous la citons ici de préférence à toutes les autres, bien qu'elle n'ait point été terminée; elle devait en effet avoir dix volumes. Les éditions, réimpressions, traductions de ces œuvres sont fort nombreuses depuis l'édition originale de 1532 jusqu'à nos jours : Le « Manuel du Libraire, » qui est loin d'avoir tout cité, n'a pas consacré moins de trente-trois colonnes (t. IV, 1037-1070) à cet ouvrage qui fera certainement quelque jour l'objet d'une belle bibliographie spéciale. — Bien peu de livres ont autant exercé la patience des commentateurs et la sagacité des faiseurs de clefs : « Certes, il n'est pas douteux que maître François n'ait eu parfois en vue des personnages contemporains, des événements qui s'étaient passés de son temps; mais, jusqu'à quel point a-t-il porté des allusions qu'il enveloppait d'ailleurs à dessein ? — Le Motteux, Bernier, de Marsy, l'anonyme qui, dans les « Nouvelles littéraires » de Du Sauzet, voulut appliquer les « *Fanfreluches* » (livre II, ch. 2) aux troubles de l'Eglise pendant le quinzième siècle, ont travaillé sans succès; mais personne n'a porté ce système d'interprétation historique et continue à un plus haut

degré que MM. Esmangart et Eloi Johanneau; ils se sont attachés à dévoiler tous les personnages introduits sous des noms supposés; ils n'ont rien voulu laisser sans une interprétation bonne ou mauvaise ; mais un examen attentif démontre que ce travail pénible ne repose sur aucune base solide; ses auteurs se sont égarés dans une foule d'explications malheureuses et inadmissibles. Comme on l'a dit avec raison, si Passerat et quelques autres ont possédé une clef de *Gargantua*, cette clef est perdue et nous ne pouvons qu'errer au milieu de conjectures innombrables qui, le plus souvent, se détruisent l'une l'autre. » C'était aussi l'avis de Charles Nodier qui, dans le « Bulletin du Bibliophile, » a publié, il y a bientôt cinquante ans, quelques pages relatives aux commentateurs de Rabelais: Citons-en au moins le passage suivant :

« Lorsqu'on a su lire Rabelais, on sait à merveille qu'il a voulu se moquer de tout, et des choses mêmes dont ses commentateurs veulent qu'il se soit exclusivement moqué; mais il ne s'est moqué de personne plus à découvert que de ses commentateurs à venir, sots « Abstracteurs de Quintessence » dont il se joue incessamment et en termes fort explicites. Donnez-nous donc, puisqu'il le faut, toutes ces *clefs* qui n'ouvrent rien; égarez-nous à plaisir dans ce chaos de folles et niaises rêveries où la lumière ne sera jamais faite; mais n'oubliez pas de nous dire en commençant que ce n'est pas ce fil hasardeux du labyrinthe qui nous en fera sortir. Il n'est bon qu'à nous y perdre. Pour lire avec fruit Rabelais, il faut un certain fonds de scepticisme et une certaine portée d'esprit. Voilà, selon moi, la seule *clef* de son livre. »

Malgré toute l'autorité de Ch. Nodier, on ne peut s'empêcher de penser que ce jugement est par trop absolu : assurément beaucoup des interprétations de Rabelais sont très hypothétiques ou même tout à fait absurdes ; quelques-unes cependant sont justes et incontestables ; c'est donc aller trop loin de les rejeter toutes.—Aussi, sans la garantir positivement, mais au moins à titre de curiosité et dans l'espoir qu'elle pourra rendre quelques services, on reproduira ici la *clef*, assez complète, que M. *A.-L. Sardou* a composée d'après les meilleurs commentaires et jointe à son excellente édition de Rabelais, publiée par J. Gay, à Turin, de 1874 à 1876 (3 vol. in-12). — La voici :

Almyrodes, — les révoltés de la Saintonge, les Napolitains.

Alliances (îles des), — la Picardie ;

Amaurotes, — les habitants de Metz, les Picards, les Français, les Hollandais ;

Anarche (le roi), — François Ier ;

Andouilles (îles des), — la Touraine ;

Antioche, — Rome, Genève ;

Apedeftes, — les gens de la chambre des comptes ;

Badebec, — la reine.Claude, fille de Louis XII ; ou, suivant Le Motteux, Marguerite de Valois, reine de Navarre ;

Bridoye, — le chancelier Poyer, le célèbre jurisconsulte André Tiraqueau ;

Bringuenarilles, — Charles-Quint ;

Carpalim, — le connétable Anne de Montmorency;

Chats-fourrés, — la Tournelle criminelle ;

Chesil (concile de), — le concile de Trente ;

Dipsodes, — les Lorrains, les Flamands, les Révoltés de la Guienne, pour la gabelle ;

Entommeures (frère Jean des), — le cardinal de Lorraine, le cardinal du Bellay, Odet de Châtillon, Rabelais lui-même ;

Epistemon, — le cardinal de Tournon;

Eudémon, — le jeune et beau Cossé-Brissac ;

Eusthènes, — Hercule d'Est, duc de Ferrare, mari de Renée de France, fille de Louis XII ;

Farouche (île), — Cythère ;

Fredons (frères), — les Jésuites, les Franciscains ;

Gargamelle, — Marie d'Angleterre, femme de Louis XII, Anne de Bretagne, Catherine de Foix (Le Motteux).

Gargantua, — François Ier, Henri d'Albret (Le Motteux).

Gaster, — le ventre ;

Gens (les), — l'Artois ;

Gourmandeurs, — les chevaliers de Malte ;

Grandgousier, — Louis XII, Jean d'Albret (Le Motteux).

Gymnaste, — Louis de la Trémouille ;

Her Trippa, — Henri Corneille Agrippa ;

Hippotadée, — Guillaume Parvi, confesseur de Louis XII, puis de François Ier, — Mélanchton (Le Motteux).

Janotus de Bragmardo, — Jean Bricot, docteur de Sorbonne, Robert Cenalis, évêque d'Avranches (Le Motteux).

Jean (frère), — V. Entommeures ;

Jousse Bandouille, — Mathieu Bandelle, dominicain;

Jument de Gargantua, — Anne de Pisseleu, duchesse d'Etampes, Diane de Poitiers ;

Lanterne de la Rochelle, — Geoffroi d'Estissac, évêque de Maillezais ;

Lanternois (assemblée des), — le concile de Trente ;

Lerné, — la Bresse;

Limosin (l'écolier), — Hélisaine ou Hélisène de Crenne, demoiselle picarde qui avait traduit les quatre premiers livres de l'Enéide. Hervé Fayard, traducteur de divers traités de Galien, en style de vrai *excoriateur de la langue latiale* ;

Loupgarou, — le connétable de Bourbon;

Lychnobiens, — les libraires (Le Motteux).

Macréons, — les Anglais ;

Médamothi, — la Flandre ;

Oracle de la bouteille. — la vérité ;

Panigou (saint), — la paix ;

Pantagruel, — Henri II ;

Panurge, — le cardinal d'Amboise, le cardinal Charles de Lorraine, Jean de Montluc, évêque de Valence ; et parfois Rabelais lui-même;

Papefigues, — les réformés ;

Papimanes, — les papistes de tous pays ;

Petaut (le roi), — Henri VIII, roi d'Angleterre ;

Philotime, — Bayard ;

Picrochole, — le souverain du Piémont, Ferdinand Sforce, Ferdinand d'Aragon, Charles-Quint, suivant Voltaire ;

Ponocrates, — Trivulce ;

Putherbe, — Du Puy-Herbault ;

Quintessence, — la pierre philosophale;

Raminagrobis, — le poëte Guillaume Crétin ;

Roi des Parpaillons, — le duc de Bretagne, François II, père de la reine Anne ;

Rondibilis, — Guillaume Rondellet ;

Ruach (île de), — le séjour de la Cour ;

Sibylle de Panʒoust, — une dame de la cour, Diane de Poitiers;

Sonnante (l'île), — l'Eglise romaine ;

Thaumaste, — le recteur de l'Université, Thomas Morus, Jérôme Cardan, Erasme, Bède le Vénérable, auteur d'un livre intitulé: *De loquela per gestum digitorum*, Henri Corneille Agrippa ;

Thélème (abbaye de), — le château du cardinal du Bellay à Saint-Maur-des-Fossés ;

Trouillogan, — Pierre Ramus, Guillaume Budé, Michel de l'Hospital ;

Unique (l'), — le pape;

Utopie (l'), — la France ;

Xenomanes, — le chancelier, François duc de Guise, frère du cardinal Charles de Lorraine, Pierre Danès, ambassadeur de François Ier au concile de Trente, Luther ou Calvin, selon l'abbé de Marsy ;

Disons aussi quelques mots du livret intitulé : LES SONGES DROLATIQUES DE PANTAGRUEL, où sont contenues plusieurs figures de l'invention de maistre *François Rabelais*, et dernière œuvre d'iceluy pour la récréation des bons esprits. A Paris, par Richard Breton, rue Saint-Jacques, à l'Escrevisse d'argent, M. D. LXV., in-8. Trois réimpressions, presque simultanées, notamment chez Edwins Tross. Paris, 1869, in-8.

« MM. Esmangart et Johanneau, dit M. G. Brunet, qui ont reproduit ces caricatures dans le tome IX de leur édition, inscrivent intrépidement un nom au-dessous de chacune. *Gargantua* (François Ier), est, selon eux, représenté trois fois ; — *Gargamelle* (Anne de Bretagne), deux fois ; — *Pantagruel* (Henri II), six fois ; — *Panurge* (le cardinal de Lorraine), six fois également, ainsi que *Frère Jean des Entommeures* (le cardinal de Bellay) ; — *la grande jument de Gargantua* (Diane de Poitiers) n'inspire qu'un seul dessin, mais *Henry Cotyral* (Henri-Corneille Agrippa) sert six fois de type. Le pape Jules II est bien plus souvent mis en scène ; il se retrouve vingt-une fois. On comprend tout ce qu'il y a d'arbitraire dans des explications aussi forcées. — M. Paul Lacroix, si bien versé dans toutes les questions rabelaisiennes, rejette le système d'une interprétation historique et continue. Les conjectures peuvent se donner carrière, mais rien ne sera définitif. M. Lacroix pense que, parmi ces physionomies caractérisées, on peut découvrir des portraits grotesques, tout à fait distincts de ceux qui forment la galerie des personnages de *Gargantua* et de *Pantagruel* : ainsi, la figure 106 ressemble beaucoup à François Ier ; la figure 108, qui représente un ouvrier empoisonné dans une .fontaine et taillant une pièce de bois avec une doloire, pourrait être .Etienne Dolet, ou Charles Fontaine ; dans la figure 78, dont la tête est coiffée d'un pot cassé, on pourrait reconnaître Geoffroy Tory, ce typographe .célèbre qui avait pour marque un pot cassé, mais toutes ces inductions sont bien vagues. »

En résumé, malgré les efforts de tous ses commentateurs, la véritable clef de Rabelais est encore à trouver ; on a découvert dans son œuvre bien des choses auxquelles il n'a pas dû songer ; par contre beaucoup d'allusions qu'il a dû y introduire sont demeurées incomprises ; ce n'est malheureusement pas le seul ouvrage allégorique qui soit dans ce cas.

RABELAIS RESSUSCITÉ RÉCITANT LES FAICTS ET COMPORTEMENTS ADMIRABLES DU TRÈS VALHEUREUX GRANDGOSIER, ROY DE PLACE-VUIDE ; — Traduict dù grec affricain en françois par *Thibaut le Nattier*, clerc du lieu de Bargès en Bassigny. — A Paris, Anthoine de Brueil, MDCXIV. La première édition est de Rouen, 1612. Réimprimé à 100 exemplaires chez J. Gay et fils, à Genève, avec notes de *Philomneste Junior*, in-18 de VIII-105 pp.

M. G. Brunet, qui a rédigé l'intéressante petite notice qui précède ce curieux et très rare ouvrage, nous fait connaître que « Thibaut le Nattier » n'est qu'un pseudonyme pris par *N. de Horry*, écrivain presque inconnu. Les exemplaires du « Rabelais ressuscité » sont devenus si rares, malgré les trois éditions de 1612, 1614 et 1615, qu'on n'en a pas vu, depuis bien des années, d'autre exem-

plaire que celui de Charles Nodier. — Le *Très-Valheureux Grand-gosier* c'est Henri IV. — L'ouvrage de N. de Horry, publié pour la première fois en 1611, c'est-à-dire un an après la mort du roi, devait être une dernière expression des haines d'un ancien ligueur. Malheureusement la *clef* de ce piquant pamphlet n'est pas venue jusqu'à nous.

RAYMOND CINQ, COMTE DE TOULOUSE, ou L'ÉPREUVE INUTILE, comédie héroïque, en cinq actes, en prose, par *J.-M. Sedaine ;* représentée pour la première fois par les comédiens français, le mardi 22 septembre 1789, pour la deuxième fois, le samedi 26. In-4 de .85 pp. *Manuscrit.*

Cette pièce, copiée par Le ;Mazurier sur le manuscrit des Archives de la Comédie française, n'a- pas été imprimée.

La « Correspondance de Grimm » (octobre 1789) donne l'analyse de cette comédie et l'intitule «Raymond V, ou le Troubadour. » — Sedaine l'avait composée pour se venger de la cabale qu'avait faite le maréchal de Duras, afin d'empêcher la représentation de « Paris sauvé » (pièce éditée en 1788.) — « Quelque original que soit cet ouvrage, dit Grimm, on sent que ce qui lui manque essentiellement c'est ce degré d'intérêt, d'importance du moins, nécessaire pour attacher, durant cinq actes, l'attention et la curiosité des spectateurs... on a bien reconnu, dans le rôle du *Grand Référendaire*, quelques traits de l'ancien garde des sceaux, M. de Miroménil ; dans celui du *Premier Chambellan*, feu M. le maréchal de Duras, dans celui de l'*Intendant*, M. de la Ferté ; mais, dans ce genre, ce qui pouvait être encore assez piquant, il y a six mois, est aujourd'hui sans effet. — En un mot on a trouvé tout cela beaucoup trop long. »

RAMBLING (THE) FUDDLE-CAPS : or a Tavern-Struggle for a Kiss. — By the Author of « Hudibras Redivivus. » — London, H. Hills, 1709, in-8 de 16 pp.

Ce petit poëme érotico-satirique est de *Edward Ward*, un honnête personnage sur lequel on trouvera plus loin quelques détails (Voir : *Vulgus Britannicus*). On y trouve plusieurs initialismes, bien difficiles à compléter aujourd'hui.

Raphael d'Aquilar, ou les Moines Portugais.
Voir : Histoire de Don Ranucio d'Alétès.

Rapinière (la-), ou l'Intéressé...
Voir : La-Rapinière, ou l'Intéressé...

RAPPORT DU GRAND JUGE AU PREMIER CONSUL. — Paris, an XI, in-8.

Ce document, que je ne connais que par une obligeante communication de M. G. Brunet, est relatif à la fameuse conspiration de Georges Cadoudal, aux Procès concernant les généraux Pichegru et Moreau : Pages 11 et 13, on trouve la clef des pseudonymes que le grand-juge *Claude-Antoine Regnier* (plus tard *duc de Massa*) avait cru devoir employer pour correspondre sur ces graves affaires avec le chef du gouvernement. Voici les principales indications relevées par M. G. Brunet.
Londres, — Bordeaux ;
Bâle, — Metz ;
M. Loiselet, — Bonaparte ;
M. Husson, — Moreau ;
M. Sauvaigne, — Pichegru ;
Un Savant, — Un Jacobin ;
M. Jailleu, — la Police ;
Les Médecins, — Le Corps Législatif.
Strasbourg, — Toulouse ;
Paris, — Châlons ;
M. Landre, — Louis XVIII ;
M. Bouchereau, — le Czar ;
M. Grenier, — Talleyrand ;
Le Ressort, — le roi ;
Les Laboureurs, — les soldats.

RATS (LES) ET LES GRENOUILLES ; poëme en quatorze chants et épilogue. Par *L. Berthereau*. — Paris, Amyot, de l'imprimerie de Crapelet, gr. in-18 de 9 ff. sur papier vélin.

« Spirituelle et comique parodie des dernières années du règne de Louis-Philippe et du commencement de la République. — Sous des noms d'emprunt, l'auteur passe en revue tous les personnages un peu marquants de l'époque. » Une bonne clef rendrait cet ouvrage fort amusant à lire encore aujourd'hui. (Voir : « Bulletin du Bouquiniste, » 1857, p. 555, n° 3,685.)

REBELLES (LES) SOUS CHARLES V. — Par le vicomte *Victor d'Arlincourt*. — Paris, Levasseur, 1832, 3 vol. in-8, 22 fr. 50. 2e édition, la même année, chez le même éditeur, 6 vol. in-12, 18 fr.

« Ce roman, dit M. Girault de Saint-Fargeau (Revue des Romans, t. I, p. 17), n'est autre chose qu'une longue allégorie, en trois volumes, sur les récents événements politiques survenus en France ; *Charles V*, c'est

Charles X ; *Les Rebelles*, ce sont les Chambres, l'armée, la garde nationale, la nation entière ; rien ne manque à la comparaison entre notre siècle et le xve, pas même le Duc de Bordeaux, que M. d'Arlincourt fait entrevoir en la personne de *Charles VII,* « Etoile qui brille au loin. » Toutes ces allusions à la politique moderne remplissent une grande moitié du roman. L'ouvrage est au moins aussi ennuyeux que décousu. »

(Voir aussi : Le Brasseur Roi).

RECRUITING OFFICER. Comedy, by *George Farquhar*. Acted at Drury-Lane, 1707. — London, in-4. Nombreuses réimpressions.

La scène se passe à Shrewsbury, à l'époque où l'auteur était officier de recrutement dans cette ville. C'est lui-même que Farquhar a peint sous le nom du principal personnage *Captain Plume* ; *Justice Ballance*, il l'a dit lui-même, est le portrait élogieux d'un digne gentilhomme du pays. L'auteur a dû mettre en scène d'autres individualités faciles à reconnaître alors, comme il l'avait fait déjà dans plusieurs autres pièces. (Voir notamment « Constant Couple. »

RECUEIL DE LETTRES DE DEUX AMANTS. — Paris, Didot aîné, an IX, 9 vol. in-18.

Cette édition est aujourd'hui des plus rares. Les six premiers volumes ont été réimprimés sous le titre de : « LETTRES SECRÈTES ET AMOUREUSES DE DEUX PERSONNAGES CÉLÈBRES DE NOS JOURS. » — Paris, Pouplin, 1817, 4 vol. in-18. Cette réimpression est due aux soins de F.-J.-M. Fayolle.

Suivant le rédacteur du catalogue Pixérécourt (n° 1280), la première édition en 9 volumes n'aurait été tirée qu'à douze exemplaires sur papier vélin, ce qui explique les hauts prix atteints par cet ouvrage (82 francs, vente Debure, 79 francs, vente La Bédoyère). Lorsque ces lettres commencèrent à circuler, Barbier, qui publiait en même temps les « Lettres d'une religieuse portugaise, » fit allusion aux « Lettres de deux amants » dans une note du « Journal de l'Empire : » « Récemment, une édition prématurée nous a révélé les faiblesses d'une femme que beaucoup d'entre nous ont pu voir, connaître, estimer : personne n'a blâmé plus que moi cet oubli de toutes les convenances. » Or, la femme au sujet de laquelle Barbier s'exprimait avec tant d'égards passait alors pour n'être autre que Mme Constance Pipelet de Leury, née de Théis, plus tard princesse de Salm, et l'on désignait partout comme son correspondant le fameux L.-N.-M. Carnot. Cette double attribution, acceptée et propagée par les journalistes du temps, était cependant fausse d'un côté comme de l'autre. L'article publié à ce sujet par J.-M. Quérard dans sa « France littéraire » (t. VIII, p. 418) ne laisse aucun doute : les interlocuteurs de ce roman d'amour ne sont ni Carnot, ni Mme de Salm. — Il est cependant bien certain que cette correspondance émane de deux personnages réels et il est fort à désirer que quelque chercheur érudit et sagace ait la patience de découvrir les vrais noms des *deux amants* auteurs de cette galante correspondance.

RÉFLEXIONS MORALES, SATYRIQUES ET COMIQUES SUR LES MŒURS DE NOTRE SIÈCLE. — Cologne, P. Marteau (Hollande), 1711, in-12. — Amsterdam, 1713, in-12. — Amsterdam, J.-F. Ber-

nard, 1716, in-8 de 10 ff. et 320 pp. Quatrième édition, entièrement refondue et augmentée. — Liège, Broncard, 1733, in-8.

Cet ouvrage, d'abord attribué à David Durand, est en réalité de l'éditeur *Jean-Frédéric Bernard*, français établi à Amsterdam dans le commerce de la librairie, auteur de plusieurs écrits assez volumineux. Les « Réflexions morales » méritent encore aujourd'hui d'être lues par les curieux. La troisième édition est accompagnée d'une clef qui occupe les pp. IX et X de l'introduction.

RÈGNE (LE) DU PRINCE TROP-BON DANS LE ROYAUME DES FOUS, conte oriental, ou plutôt Histoire occidentale publiée par madame la toujours comtesse de ***, et dédiée à MM. les rédacteurs du journal intitulé « L'Ami du roi, » sous la direction de M. Montjoie. « En 1792, une armée victorieuse entrera dans Paris. » — Paris. s. n., 1792, in-8. Rare.

C'est un des nombreux écrits allégoriques publiés à l'occasion des évé- nements de la Révolution. Grimm, qui l'a analysé dans sa « Correspon- dance » (juin 1792), n'en fait pas grand éloge : « Le voile sous lequel l'auteur anonyme a voulu représenter l'origine et les principales scènes de la Révolution française est aussi gros- sièrement tissu que les préventions d'après lesquelles il juge les carac- tères et les événements sont injustes et frivoles. » — Les allusions sont transparentes : *Le Prince Trop-Bon,* c'est Louis XVI ; — *Kéren* ou le *Né- cromancien,* c'est Necker ; — le *Cousin du Prince,* c'est le duc d'Orléans, qui est singulièrement maltraité, etc., etc.

— Cet écrit, quoique assez favorable au roi, est, suivant Grimm, au point de vue du ton, de l'esprit et du style, un triste pamphlet.

REINE (LA) DES ILES FORTUNÉES. Voir : Macarise.

REHEARSAL (THE). A comedy (by *George Villiers,* duc de *Bucking- ham).* Acted at the Theatre-Royal, 1672. — London, in-4. Plusieurs fois réimprimé, notamment, en 1755, dans les œuvres complètes de l'auteur, 2 vol. in-12. Des exem- plaires sont accompagnés d'une clef.

« LA RÉPÉTITION, » qui obtint le plus grand succès et qui est encore aujour- d'hui fort estimée, est une spirituelle et judicieuse satire contre le mauvais goût qui régnait alors pour les pièces en vers héroïques et contre divers poètes de l'époque. Composée et même répétée peu de temps avant la peste de 1665, elle fut ajournée par suite de ce terrible fléau. Il en résulta certaines différences entre le premier texte et celui que l'on a maintenant : il y eut des remaniements. Ainsi le person- nage nommé *Bilboa,* qui était le por- trait de sir Robert Howard, devint celui de *Bayes* et visa John Dryden, proclamé poète lauréat après la mort de Davenant. De tous les auteurs cri- tiqués dans la « Répétition, » Dryden est celui qui fut le plus vivement sa- tirisé. Buckingham s'en ressentit quand sa victime publia plus tard son « Ab- salon and Achitopel. » — (Voir « Bio- graphia Dramatica, » t. II, p. 302 et, dans cette étude, les articles « A New Rehearsal » et « The Tragedy of Tra- gedies. »)

RELATION DE CE QUI S'EST PASSÉ AU SUJET DE LA RÉCEP-

TION DE L'ILLUSTRE MESSIRE CHRISTOPHE MATHANASIUS, A L'ACADÉMIE FRANÇAISE. — Paris, 1721, in-12. Plusieurs fois réimprimé, notamment dans les dernières éditions du « Dictionnaire néologique à l'usage des beaux esprits. » — Paris, 1726-1727, Amsterdam, 1728-1750, etc., in-12.

Cet écrit, d'environ 175 pages avec les notes, remarques et observations, est de l'abbé Desfontaines. Suivant une annotation manuscrite que j'ai trouvée sur un exemplaire, il serait dirigé contre J.-B. de Mirabaud, académicien bien oublié aujourd'hui, ridiculisé sous le nom pédantesque de *Mathanasius*. Il y a, tant dans les remarques que dans la « Relation » même, des allusions satiriques à des auteurs contemporains. Je pense, avec MM. Quérard et G. Brunet, que c'est bien plutôt le célèbre *Fontenelle* qu'a voulu satiriser l'abbé Desfontaines, en formant son opuscule de lambeaux arrachés aux Éloges de l'illustre académicien.

RELATION DE L'ISLE DE BORNÉO.

— En Europe. — Impr. chez P. Didot, in-12 de 48 pp. — Tiré à 100 ex. au plus.

Se trouve encore dans l'opuscule intitulé :

LETTRES FACÉTIEUSES DE FONTENELLE, qui n'ont jamais été imprimées dans ses œuvres : l'une renferme la RELATION DE L'ISLE DE BORNÉO, ou HISTOIRE DE MERO ET ENÉGU, avec un supplément qui continue cette histoire jusqu'à nos jours ; l'autre, écrite au marquis de La Fare, est relative à la Résurrec-

tion ; elle a également un supplément ; ce recueil est terminé par le *Pot-Pourri de la Création* (par *Gabriel Peignot*). — Bagdad, MCCCCCCCCIIX (1808), in-12. — (Dans la correspondance de Charles Nodier avec Gabriel Peignot, il est fort question de ce petit recueil tiré à très petit nombre et devenu extrêmement rare, l'éditeur en ayant lui-même détruit une partie quelque temps après la publication).

La « Relation de l'Isle de Bornéo, » ou « Lettre écrite de Batavia, le 27 novembre 1684, touchant une guerre civile qui s'est élevée dans cette île, circula d'abord en copies manuscrites. Dès le mois de janvier 1686, Bayle, dans ses « Nouvelles de la République des Lettres » (pp. 88-92), en faisait connaître l'auteur, c'est-à-dire *Fontenelle*. Cet opuscule est une courte mais mordante satire dirigée contre l'église romaine ; et le circonspect auteur s'était bien gardé de le publier sous son nom. On le trouve pour la première fois dans le « Supplément aux Œuvres de Fontenelle » (Neuchâtel, 1768, in-12). Le « Dictionnaire des Anonymes » (t. IV, col. 209-210) contient une fort curieuse notice sur cette spirituelle production.

L'édition citée en tête du présent article renferme une Lettre adressée à l'Editeur et signée *Judæus Apella* (pp. 41-47), qui donne la clef de ce petit ouvrage ; la voici :

Mero, — c'est Rome, ou l'Eglise catholique ;

Enégu, — Genève, ou l'Eglise réformée ;

Regalca, — la Grâce ;

Ranute, — la Nature ;

Oniponi, — Opinion ;

Iratorpegu, — Purgatoire ;

La fée Meirimerpie, — l'Imprimerie.

On a faussement attribué « La Relation de l'Isle de Bornéo » à Mlle Bernard, et La Harpe n'a commis que des erreurs au sujet de cet écrit qui mériterait assurément les honneurs d'une nouvelle réimpression. — Il a donné lieu à une bévue bien amusante. Ancillon, caché sous le pseudonyme d'*Ollincan*, le prit tout à fait au sérieux et en fit gravement une citation dans son « Traité des Eunuques » (1707, in-12).

RELATION (LA) DE L'ISLE IMAGINAIRE et l'Histoire de la Princesse de Paphlagonie. — S. l., (Bordeaux), 1659, in-12. — (Suivant le « Segraisiana », cette première édition n'aurait été tirée qu'à 100 exemplaires distribués par l'auteur à ses amis). — Nouvelle édition : Sur l'imprimé de 1659. — Paris, Prault, 1754, in-16. — Réimprimé aussi à la suite de « Segraisiana » et dans la collection des « Voyages imaginaires ». — Paris, 1788, in-8 (T. XXVI, pp. 157-232).

Le premier de ces deux petits ouvrages est dû à *Segrais* qui passe pour avoir eu aussi une grande part au second, dont l'auteur avoué est *Anne-Marie-Louise d'Orléans, duchesse de Montpensier*. « L'Histoire » en question a été en effet réimprimée, avec la clef, dans diverses éditions des « Mémoires de Mademoiselle. » « Ce roman allégorique, dit la collection des « Voyages imaginaires, » fut composé à l'occasion de la princesse de Paphlagonie dont il est parlé dans le roman de Cyrus de Mlle de Scuderi. C'est une satire fine et ingénieuse, où, sous des noms empruntés, l'auteur se permet plusieurs traits contre les dames de la Cour de son temps. » Cette appréciation semble un peu trop bienveillante : le récit est, en effet, embrouillé et diffus ; l'auteur manque de méthode et écrit avec plus de prétention que de légèreté. Si Segrais a réellement retouché cet ouvrage, il s'est montré trop respectueux pour l'œuvre de la Princesse, ou bien il a voulu rester au-dessous de lui-même. L' « Histoire de la Princesse de Paphlagonie » n'a plus d'intérêt aujourd'hui que par la clef, qui lui donne, en quelque sorte, la valeur d'un document historique.

Voici cette clef, la plus complète de toutes et telle qu'on la trouve dans la réimpression de 1788, dont il est parlé plus haut :

La princesse de Paphlagonie, — mademoiselle Vandy, de la maison d'Apremont ;

Grus, — M. le Prince ;

La reine de Ninive, — la comtesse de Maure ;

La princesse Parthénie, — la marquise de Sablé ;

La reine Gélatille, — madame la comtesse de Fiesque, qui se nommoit Gilonne d'Harcourt ;

Marisalle, capitale de Misnie, — Paris ;

Le chevalier de la reine Gélatille, — de Lionne, président de la monnoie ;

Le chevalier étourdi, — le chevalier, depuis comte de Grammont ;

Le prince Italien, — le comte de Fiesque ;

Le roi de Misnie, — le comte de Maure ;

La marchande qui a épousé le soldat, — madame de Frontenac ;

La reine des Amazones, — mademoiselle de Montpensier ;

Le ministre du royaume de Thrace, — l'abbé Fouquet ;

Les dames de campagne et les précieuses, — madame de Schomberg, qui étoit mademoiselle d'Aumale, et madame d'Harcourt ;

La princesse Amynte, — madame de Montausier, madame de Rambouillet ;

Le roi de Damas, — M. de Thianges, de la maison de Damas ;

La princesse Galathée, — mademoiselle de Mortemart;

Le roi des Celtes, — le duc de Mortemart ;

Le prince des bords de la Garonne, — M. de Candale fils ;

La reine Uralinde, — madame de Montglas, de la maison d'Hurault de Chiverny.

RELATION DES PROCEZ ET AVENTURES DE MESSIRE HENRY CÉSAR D. B., marquis D. L. P., gentilhomme blaisois et arrière petit-fils de Henry-le-Grand. — S. l. n. d. — Pet. in-12. — Très rare.

Il s'agit du sieur H.-C. Du Boucher, marquis de La Picardière. — Le « Figaro, » dans son numéro du 11 juillet 1877, a donné de longs et curieux détails sur ces étranges procès.

RELATION DU PAYS DE JANSÉNIE, où il est parlé des singularités qui s'y trouvent, des coutumes, mœurs et religion de ses habitans, par *Louis Fontaines*, sieur de *Saint-Marcel*. — Paris, Barbin, 1660, in-8. — Autre édition : Paris, Thierry, 1664, in-12. — Autre édition, sous le titre de : Description du Payis de la Jansénie... — A Bourg-Fontaine (Paris), chez Antoine Arnaud, à l'enseigne de l'abbé de Saint-Cyran, 1688, in-12.

L'auteur de ce livre passe généralement pour être le P. *Zacharie*, de Lisieux, capucin, qui a écrit divers ouvrages plus ou moins singuliers, notamment le « *Gyges Gallus*, » dont il a été parlé plus haut; cependant,

une note du catalogue Luzarche (n° 543) tendrait à faire croire que la « Relation de la Jansénie » serait un autre religieux, le P...., d'Evreux, qui avait été cinq ou six ans de la Société de l'Oratoire. — Quoi qu'il en soit, il est bien certain que cet ouvrage rentre essentiellement dans la catégorie des Livres à clef. C'est une assez longue allégorie, ni bien spirituelle, ni bien amusante; c'est du bel esprit de moine. La *Jansénie*, dont on trace la carte géographique, est bornée par la *Calvinie*, par la *Libertinie* et par la *Désespérie* ; elle est parsemée de lacs qui tiennent à celui de Genève ; l'*aconit* (l'hérésie) y vient partout en pleine terre ; les horloges y sont réglées sur la lune et non sur le soleil ; tout s'y fait au rebours de la raison et des bons usages. En un mot c'est une satire continuelle, parfois peu charitable du Jansénisme et de ses adhérents.

Ajoutons que ce livre a encore été réimprimé sous le titre de: Anti-Phantome du Jansénisme, ou la nouvelle description du pays de Jansénie, avec ses confins, la Calvinie, la Libertinie, etc.... A Ipres (Paris ?), chez Antoine *Novateur* (Arnaud), 1688, in-12, fig. — Cette nouvelle et dernière édition, augmentée de moitié au moins, se termine par des pièces manifestement fabriquées par les Jésuites.

Relation du Voyage du Prince de Montbéraud.

Voir : Idée d'un règne doux et heureux.

RENARD (LE) DÉCOUVERT. — A Mons en Henaut, cher Rutger Velpius, imprimeur juré, 1586, pet. in-4 de 16 ff. très rare.

Cet écrit n'est point, comme on pourrait le croire, une des nombreuses formes du Roman du Renard. C'est tout simplement un violent pamphlet contre Guillaume d'Orange, dit le Taciturne, désigné sons le nom du *Renard*.

RENARD (LE), OU LE PROCÈS DES BÊTES.

Voir : Le Roman du Renard.

RENÉGAT (LE), par *Jules Claretie*. — Paris, Dentu, 1876, in-12 de 340 pp.

L'auteur déclare que, dans son roman, il n'a eu en vue aucune personnalité contemporaine. On sait ce que valent en général ces protestations préventives qui sont, le plus souvent, un moyen de piquer davantage la curiosité du lecteur en excitant sa sagacité. Dans le cas présent, comment ne pas reconnaître M. Emile Ollivier dans *Michel Berthier*, avocat applaudi, orateur puissant, fils d'un proscrit de décembre, élu député de Paris par l'opposition, etc. Les personnages qui l'entourent ne sont pas moins reconnaissables : *Chamaranle*, c'est le duc de Persigny ; *Manlainvilliers* n'est autre que M. de Morny ; — *Berger-Delanone*, Prévost-Paradol ; — *Delesclide*, Delescluze ; etc. Tous ces masques sont transparents ainsi que ceux des acteurs secondaires qui offrent d'ailleurs moins d'intérêt.

RENVERSEMENT (LE) DE LA MORALE CHRÉTIENNE PAR LES DÉSORDRES DU MONACHISME ; enrichi de figures. Deux parties. — On les vend en Hollande, chez les marchands libraires et imagers. Avec privilège d'Innocent XI. — S. d. (1695-1700?) pet. in-4, rare.

Pamphlet protestant dirigé contre la cour de France et surtout contre les moines. — C'est une espèce de parodie du livre d'Antoine Arnaud, qui parut en 1672, intitulé « Le Renversement de la Morale de J.-C. par les erreurs du Calvinisme. » M. Du Roure (« Analecta-Biblion, » t. II, pp. 392-394) a donné une bonne analyse de ce curieux libelle et dévoilé les allégories des 51 figures (frontispice compris), satiriques et burlesques qui illustrent cet ouvrage. — Les jésuites qui sont le plus attaqués n'y jouent pas un beau rôle ; *Le Roy du Carnaval*, c'est Louis XIV ; — *Le père Jacques, roy de l'année passée*, c'est Jacques II, d'Angleterre ; Le *père Ignace*, c'est sans doute le P. Lachaise ; etc. etc. — Cet ouvrage est à rapprocher d'un écrit analogue, dont il a été parlé plus haut : « *Les Héros de la Ligue* » (Voir ce titre).

RÉPONSE A LA CONFESSION DE Mme DE P...

Voir : La Messaline française.

RÉPUBLIQUE (LA) AUX EN-FERS, par *Un ami du Diable*. — Paris, M. Tresse, 1851, in-12 de 160 pp. — Prix 1 fr.

Cette piquante allégorie politique est du fameux *C.-J.-B. Jacquot*, bien connu sous le nom d'*Eugène de Mirecourt*. Ce récit satirique et très réactionnaire reproduit fidèlement les débuts de la République de 1848, — depuis la chute de Louis-Philippe Ier jusqu'à la journée du 15 mai. — La clef des noms supposés et des allusions n'est pas difficile à trouver : Voici les indications les plus importantes pour l'intelligence de l'ouvrage : *Satan*, Louis-Philippe ; — p. 27 : *Le publiciste qui avait été cinq ou six fois ministre*, M. A. Thiers ; — *Le poète à la lyre suave et mélodieuse*, Lamartine ; — p. 27 : *L'arc immense construit de gloire et d'héroïsme*, l'arc de triomphe de l'Étoile ; — *Le château de Satan*, les Tuileries ; — p. 47 : *Oursbert, l'ex-condamné politique*, Aloysïus Huber, ex-conspirateur et régicide ; — p. 51 : *Toutlaid*, M. Dupin ; — p. 53 : *Séraphinus*, encore M. de Lamartine ; — p. 54 : *Tom Nabot*, M. Louis Blanc ; — p. 59 : *Muscadin*, M. Ledru-Rollin; — p. 59 : « *On choisit pour président un vieux diable presque en enfance,*» sans doute Dupont, de l'Eure; — p. 63: *Banquiste*, Blanqui ; — p. 72 : *Tannecuir-Lebarbu*, Barbès ; — p. 73 : l'*Hercule aux gros poings*, Caussidière; — p.79: *Androgyne*, George Sand ; — p. 89 : *Carabas*, Armand Marrast ; — p. 111 : le *Grand diable israélite,* M. Crémieux; — de l'*Étoile*, M. Arago ; — p. 115 : le philosophe *Doublevue*, Victor Considérant ; — p. 132 : *Paille-en-l'Œil*, Raspail ; — p. 133 : le philosophe *Triolet*, P. Leroux ; — p. 135 : un *Diable au casque étincelant*, le fameux pompier du 15 mai ; — p. 143 : *Icare*, Cabet ; — p. 149 : le philosophe *Croquemaison*, Proudhon ; — p. 154 : *Un général parlementaire*, le malheureux général Bréa, pour lequel l'auteur montre cependant peu de sympathie. Il y a bien encore d'autres pseudonymes à dévoiler ; mais ils ne cachent que des comparses tels que *Canuto*, l'ami de Croquemaison, le célèbre *Gâte-Sauce*, l'écrivain de génie *Barbouchu*, etc., etc. La clef bien complète de cet intéressant petit volume, devenu rare aujourd'hui, exigerait beaucoup de place.

REQUÊTE (LA) DE JANOT.

Voir : Le cri de l'indignation.

RESTAURATION (LA) DES STUARTS, drame historique, par *Paul Vermond* (*Eugène Guinot*). —

Paris, Lévy frères, 1850, in-12. — 1 fr.

Pièce de réaction représentée le 2 avril 1850, au théâtre du Vaudeville: Les allusions y sont des plus transparentes : « ainsi, *Monk* désignait, sans équivoque possible, le général Changarnier sur lequel les légitimistes fondaient alors de grandes espérances ; — *Thompson*, signifiait manifestement Armand Marrast, dont l'acteur Lecourt, chargé du rôle, s'était absolument fait la tête, comme on dit en style de coulisses ; — *Milton*, le poète républicain, c'était Lamartine ; — *Abraham*, M. Crémieux ; — *Clackmann*, Caussidière ; — *Perkins*, Chenu l'auteur *des Conspirateurs* ; — *Pornick*, le fameux Pornin, commandant des non moins fameux Montagnards de l'Hôtel-de-Ville; — on ne pouvait méconnaître George Sand dans *Lady Arabelle*, ni le duc de Bordeaux dans *Charles Stuart* ; etc., etc. »

Cette pièce, plus acceptable cependant que le Monk, de M. de Wailly (voir ce titre), ne fut pas très bien accueillie par le public, fatigué sans doute des allusions continuelles qu'elle contenait et peut-être aussi peu satisfait des traits trop violents dont elle était remplie. (Voir : Th. Muret : Histoire par le Théâtre, t. III, p. 390.)

RETOUR (LE) DE BABOUC.
Voir : Le fils de Babouc.

RETRAITE (LA) DE LA MARQUISE DE GOZANNE, contenant diverses histoires galantes et véritables. — Amsterdam, aux dépens de la Compagnie, 1735, 2 tomes en un vol. in-12 de IV ff.-253 pp. et II ff.-253 pp.

Ce curieux et rare petit volume rentre dans la catégorie des livres à clef ; mais la clef en est encore à faire. M. Paul Lacroix, qui en avait eu un très bel exemplaire entre les mains, lui a consacré les lignes suivantes dans le « Bulletin du Bibliophile » (mai 1857, p. 290, n° 139) :

« Charmant exemplaire d'un livre rare, imprimé à l'imitation des édi-tions elzéviriennes. Les bibliographes n'en font pas mention et le marquis de Paulmy avait ordonné inutilement à ses bibliothécaires de rechercher l'auteur de ce roman français, imprimé peut être en France, avec une permis-sion tacite, puisqu'on trouve à la fin l'approbation du censeur, datée du 19 juin 1733. La dédidace à la du-chesse régnante de Brunswick est signée *D.L.B.*, ce qui s'accorderait assez bien avec le nom d'*Antoine de la Barre de Beaumarchais*, auteur de différents romans du même genre. « Ce n'est pas ici, dit-il, un assemblage « d'aventures chimériques, tirées de « l'imagination, c'est une suite d'évé-« nements recommandables par la vé-« rité qui s'y trouve. » Le lieu de la scène est l'Espagne, et les aventures se rattachent, pour la plupart, à la guerre de Succession. »

RÊVE OU VISION DE BUONA-PARTE, le lendemain de l'accou-chement de l'impératrice Marie-Louise ; confidence qu'il en a faite à D... et à S..., suivi de sa corres-pondance avec son frère Jérôme, remplie de détails curieux et restés secrets jusqu'à ce jour. — Londres et Paris, chez les marchands de nouveautés, 1814, 37 pp. in-8.

Ce pamphlet anonyme contient un certain nombre d'initialismes qu'il se-rait curieux de compléter. *D**** et *S**** représentent bien Duroc et Savary ; mais quels noms remplacent les let-tres *M....*, *L....*, *S....*, etc., etc. ?

REVOLTER (THE). — Tragi-Comedy. — Acted between The Hind and Panther and Religio Laïci, etc., 1687, in-4.

Cet ouvrage allégorique n'est point une pièce de théâtre. C'est un dialo-gue politique ; l'auteur, demeuré in-connu, a eu pour but de satiriser Dry-den qui venait de publier son étrange profession de foi intitulée « La Biche et la Panthère» *Hind and Panther*. (Voir ce titre.)

RÉVOLUTION (LA) DE CYRÈNE.
Voir : Arétaphile.

RÉVOLUTION (LA) FRANÇAISE DE LA FIN DU XVIII° SIÈCLE.
Voir : L'École de la Société.

RÉVOLUTION (LA) FRANÇAISE ET BONAPARTE, ou LES GUISES DU DIX-HUITIÈME SIÈCLE, tragédie en cinq actes, en vers (avec des notes). — Paris, Locard et Davy, 1818, in-8.

Dans cette pièce du marquis *Frédé-ric-Gaëtan de Larochefoucauld-Lian-court*, la Restauration de Louis XVIII est mise en scène sous les noms des personnages de la Ligue. (Voir cata-logue de Soleinne, n° 3,816.)

RIME PIACEVOLI DI GIOV. BATTISTA FAGIUOLI. — Lucca, Franc. Moucke, 1733, 6 vol. in-8.
Autre édition, avec un septième volume, contenant les œuvres pos-thumes de l'auteur. Firenze, 1729-1745, in-4.

Tout le monde a entendu parler des pièces et poésies satiriques de ce poète burlesque. La cinquième partie de l'édition de 1733 contient des intermèdes dans lesquels quelques personnages parlent un français corrompu, d'autres le langage employé par les juifs italiens de la dernière classe du peuple. La sixième partie contient la clef des allusions et l'explication des locutions difficiles. (Voir le catalogue Libri, 1847, n° 1601-1602.)

RISÉES (LES) DE PASQUIN, ou HISTOIRE....

Voir : Entretiens familiers des animaux parlant...

ROBIN-DES-BOIS, LE GRAND CHASSEUR, PEINT PAR LUI-MÊME, chanson avec des notes scientifiques, historiques et philosophiques. Par un amateur. — Paris, chez les marchands de nouveautés, 1825, impr. de Setier, in-8 de 16 pp.

Cet écrit, qui eut deux éditions dans la même année, est de M. *Edm. Marcotte de Quivières*, directeur des douanes à Marseille. C'est une satire contre *Charles X*, qui venait de monter sur le trône et dont le goût excessif pour la chasse avait déjà donné lieu à maintes critiques. L'auteur n'eut pas de peine à trouver son titre qui lui fut tout naturellement inspiré par l'opéra célèbre « Robin des Bois » qui venait d'être mis à la scène : cette actualité ne manqua pas d'ajouter du piquant à la satire.

ROI (LE) GUIOT, HISTOIRE NOUVELLE TIRÉE D'UN VIEUX MANUSCRIT POUDREUX ET VERMOULU. — S. l. (Paris?) 1791, in-18. — Très rare.

Cet écrit satirique a été composé par *Vesque de Putlingen*; c'est le seul ouvrage de cet auteur que cite Quérard dans sa « France littéraire. » — C'est une histoire allégorique, critique et fort mordante des dernières années du règne de Louis XVI.

ROI (LE) PÉPIN.
Voir : King Pépin.

ROI (LE) VIERGE. Par *Catulle Mendès*. — Paris, 1881, in-12.

L'auteur de ce roman y a, paraît-il, intercalé divers épisodes de la vie du roi Louis II, souverain actuel de Bavière. Voir à ce sujet un très curieux article signé *Janus* dans le « Figaro » du jeudi 8 septembre 1881.

ROI (LE) VOYAGEUR, ou EXAMEN DES ABUS DE L'ADMINISTRATION DE LA LYDIE. — Londres, F.-P. Cadel, 1784, in-8.

Cet ouvrage de *Jean-André Perreau*, ancien professeur de droit, est conçu dans les mêmes idées que l'ouvrage du même auteur. « Mizrine, ou le sage à la Cour, » dont il a été parlé plus haut. C'est une allégorie dans laquelle l'écrivain passe en revue les institutions de la France à cette époque. Les allusions aux hommes et aux choses du temps y abondent.

ROIS (LES) EN EXIL. Roman parisien, par *Alphonse Daudet*. — Paris, E. Dentu, 1879, in-12 de 413 pp.

Ce roman qui fit une si grande sensation dans le monde des lettres et qui obtint un si légitime succès peut être considéré comme un des plus beaux de l'auteur. C'est une étude prise sur le vif et dont tout le monde peut aujourd'hui démasquer les personnages; en sera-t-il de même dans quelques années. Voici la clef de cette œuvre remarquable : *le roi d'Illyrie* est un personnage imaginé pour les besoins du romancier; si c'était un portrait, il ne serait pas flatteur pour l'original; il est probable toutefois qu'on lui a appliqué certaines particularités observées sur des princes détrônés ; — *la reine de Galice*, c'est Dna Isabelle II, ex-reine d'Espagne; — *le duc de Palma* représente Don Carlos, connu aussi sous le nom de Duc de Madrid ; — *le roi de Westphalie*, c'est le feu roi de Hanôvre, devenu aveugle, comme on sait; — *le prince d'Alex* n'est autre que le feu prince d'Orange, que ses intimes appelaient très familièrement *Citron*; *le roi et la reine de Palerme* représentent l'ex-roi de Naples et la princesse sa femme; quelques traits de l'ex-reine de Naples ont servi aussi à peindre le caractère de la reine *Frédérique*, femme du *roi d'Illyrie*; — la *duchesse de Malines* est la duchesse d'Alençon ; *Elysée Mérault*, qui joue un si beau rôle dans le roman, a eu, en partie, pour type un bohême jadis bien connu au quartier latin, homme spirituel et plein de moyens, nommé Thérion ; mais quelle différence entre les deux caractères, entre le héros du livre et le bohême de la rue Monsieur-le-Prince ; — le brocanteur *Lemarey* est un personnage bien vivant; il pourrait bien en être de même de ces deux figures remarquables, le vieux *prince de Rosen* et le *Père Alphée*. — Quant aux autres comparses l'agent d'affaires Tom Lévis, Sephora Lévis, Mᵐᵉ de Silvis, Boscovich, etc., ce ne sont point des portraits faits d'une pièce, ce sont des personnages composites dessinés d'après diverses individualités.

ROMAN (LE) BOURGEOIS, ouvrage comique, par *Antoine Furetière* ; avec notice et notes, par M. *Pierre Jannet*. — Paris, E. Picard, MDCCCLXVIII ; 2 vol. pet. in-12 de XII-201 et 163 pp.

Il n'est point de bibliophile qui n'ait lu, au moins une fois, ce roman si curieux et si plein d'indications précieuses pour l'étude des mœurs de la ville à la fin du XVIIᵉ siècle. Publié pour la première fois en 1666, réimprimé en 1704, 1709, 1713 et 1714, ce roman, dit M. P. Jannet, était tombé dans un profond oubli, d'où il ne fut tiré qu'au bout de cent quarante ans. L'édition nouvelle publiée en 1854 dans la « Bibliothèque elzévirienne » fut épuisée très rapidement ; celle de 1868 commence à devenir rare et il paraît bien certain qu'une nouvelle réimpression ne serait pas moins vite enlevée par les amateurs. A coup sûr, ce livre déjà très intéressant par lui-même serait plus piquant encore si l'on y pouvait joindre une clef bien complète. Furetière cependant n'avait eu pour but que de retracer des scènes de mœurs bourgeoises et nullement de peindre des portraits; c'est lui du moins qui le dit; mais, malgré ses avertissements, il s'est trouvé des esprits curieux d'exercer leur sagacité sur son ouvrage, bien qu'avec peu de succès jusqu'à présent. Quoi qu'il en soit, que le « Roman bourgeois » ait ou non une clef, il paraît opportun de le faire figurer ici, en raison des conjectures auxquelles il a donné lieu, et de citer in extenso la page XI de l'excellente préface de M. P. Jannet.

« Furetière, qui avait lu Rabelais plus d'une fois, a pris ses précautions contre les dénicheurs de ces allégories « qui aussi peu ont été songées que d'Ovide en ses métamorphoses les sacrements de l'Evangile. » Il prévient le lecteur qu'il est inutile de chercher la clef de son livre ; qu'elle ne servira de rien, car la serrure est mêlée. Il n'a pas été beaucoup plus heureux que son devancier. On n'a pas encore fait, il est vrai, de nombreux volumes de commentaires sur son roman, mais il ne faut désespérer de rien. L'éditeur de 1713 a ouvert la marche, et des hommes d'esprit et de savoir, qui l'ont suivi, n'ont pu résister à la tentation de soulever à leur tour quelques lambeaux du voile. S'il parle d'un *prédicateur poli*, c'est évidemment de l'abbé Cotin ou de l'abbé Cassaigne qu'il est question ; *une présidente qui est une heure à mettre ses manchettes*, c'est la présidente Tambonnéau ; *un homme qui s'était mis en réputation par la bagatelle mélodieuse*, c'est Benserade, le même qui sera désigné plus loin sous le titre de *grand privilégiographe de France*. Lorsqu'on parle d'un *mauvais poète de l'autre cour*, il s'agit de Boisrobert ; lorsque Furetière invoque l'opinion *d'un de ses amis* en faveur du sonnet, comment ne pas reconnaître là Despréaux ? L'*Intendant des coquilles de Neptune*, c'est Fouquet ; *Polymathie* doit être Mlle de Scudéry, et *cet homme disgracié de la nature*, dont elle devient amoureuse, ne saurait être autre que Pélisson ; *Polyphile*, c'est Ninon et le *danseur* qu'elle aime est Pécourt ; *Collantine* est la comtesse de Cressé ; *Vollichon*, c'est le célèbre Rollet ; *Mythophilacte* est un composé du parasite Montmaur et du poète Maillet ; *Charroselles*, ce malheureux auteur qui ne trouve pas un libraire, c'est évidemment Charles Sorel, sieur de Souvigny, historiographe de France, un des écrivains les plus féconds du xvII^e siècle qui publia une quarantaine d'ouvrages, dont plusieurs eurent de nombreuses éditions et furent traduits en plusieurs langues. Je n'ai pas cru devoir m'arrêter beaucoup à ces hypothèses, ingénieuses, il est vrai, mais qui ne sont que des hypothèses. »

Ajoutons que J.-M. Quérard et son savant éditeur, M. G. Brunet, ne partagent pas la manière de voir de M. P. Jannet. Pour eux, le « Roman bour-

geois est une satire continuelle, où l'allusion perce à chaque instant le tissu du récit. Les noms des personnages *Pancrace*, *Javotte*, *Nicodème*, *Jean Bedout*, *Philipote* et autres, déguisent des individus réels qui avaient posé devant l'auteur, mais que l'obscurité a dérobés aux faiseurs de clefs. » Je suis pour ma part, entièrement de cet avis.

ROMAN (LE) COMIQUE, par *Paul Scarron*. — 1re partie : Paris, Toussaint-Quinet, 1651 ; 2e partie : Paris, Guillaume de Luynes, 1657 ; 2 vol. in-8, front. gravé. Edition originale extrêmement rare ; seule, la Bibliothèque de l'Arsenal possède un exemplaire de la première partie.

Il serait beaucoup trop long de citer les nombreuses réimpressions de ce célèbre ouvrage ; bornons-nous à dire que la meilleure édition est celle qui a été publiée par M. *Victor Fournel* dans la « Bibliothèque elzévirienne » (Paris, Jannet, 1857, 2 vol. in-16 de LXXXVIII-352 et 304 pages). Elle est précédée d'une ample et judicieuse « Introduction » et accompagnée de notes instructives et nombreuses. L'éditeur y a joint la suite d'*A. Offray*, beaucoup plus répandue que les autres et qui est venue faire corps, pour ainsi dire, avec l'œuvre de Scarron qu'elle complète dans presque toutes les parties. Elle abonde d'ailleurs en allusions, en documents, en renseignements sur le bon vieux temps, et l'éditeur l'a annotée avec beaucoup de soin, ce qui en rehausse singulièrement la valeur.

Dans sa remarquable introduction, M. V. Fournel a donné d'intéressantes indications sur la clef du *Roman Comique* ; on ne saurait mieux faire que de lui emprunter cette page et de la transcrire ici : « ... Le chef-d'œuvre de

Scarron est-il imité dans son plan et sa conception générale, et notre auteur est-il redevable à d'autres de l'idée-mère de son livre ? — A notre avis (dit M. Fournel), le sujet est bien à lui. Peut-être, quoique le souvenir ne s'en soit pas conservé dans le Maine, lui a-t-il été inspiré par des aventures réelles, sur lesquelles a brodé, comme sur un thème choisi à souhait, son imagination aventureuse et riante ; peut-être avait-il rencontré, pendant ses voyages et son séjour au Mans, cette troupe d'acteurs nomades immortalisée par lui ? — Probablement même tous ces types, si vrais et si plaisants, lui avaient été fournis par des originaux en chair et en os, dont on peut encore aujourd'hui retrouver quelques-uns dans l'histoire ; — ce qui suffirait à prouver la personnalité de son inspiration et à écarter l'hypothèse d'un travail d'imitation étrangère, comme celui qu'il a fait dans ses comédies. Ainsi le petit *Ragotin* n'est autre que René Denisot, avocat du roi au présidial du Mans... — *Le marquis d'Orsé*, dont il est parlé en termes si magnifiques au chapitre 17 de la seconde partie, paraît être le comte de Tessé, avec qui Scarron s'était trouvé en rapports excellents, et dont la physionomie répond bien au portrait tracé par notre auteur. — Suivant une clef manuscrite, trouvée par M. Paul Lacroix dans les papiers non catalogués de l'Arsenal, et que nous donnons sous toutes réserves, *La Rappinière* serait M. de La Rousselière, lieutenant du prévôt du Mans ; — le grand *La Baguenodière*, le fils de M. Pilon, avocat au Mans ; — *Roquebrune*, M. de Moutières, bailly de Touvois ; — *M*^me *Bouvillon* serait Mme Bautru, femme d'un trésorier de France à Alençon. »

Ajoutons que, suivant le *Segraisiana*, M. de Riandé, receveur des décimes, serait le héros d'une aventure qui a inspiré à Scarron l'idée du chapitre 6 de la première partie. — On peut aussi retrouver à peu près sûrement quelques-uns des personnages que Scarron avait en vue à l'aide des pièces et des archives locales : ainsi le *Curé de Domfront*, qu'il met en scène, était alors Michel Gomboust ; — *L'Abbesse d'Estival* était à cette époque Claire Nau ; — *Le Prévôt du Mans* doit être Daniel Neveu ; prévôt provincial du Maine, qui épousa Marie Portail en 1626. — Notons enfin que Scarron a introduit également dans son œuvre, sans déguisement, un certain nombre de personnages historiques, locaux et contemporains, qui, il est vrai, n'y jouent pas un rôle actif et ne sont mentionnés qu'en passant, mais qui sont pour ainsi dire autant de liens rattachant son roman à la réalité : tels sont le sénéchal baron des Essards, les Portail, etc.

ROMAN (LE) D'UNE AMÉRICAINE EN RUSSIE, par *Fanny Lear*. — Bruxelles, A. Lacroix et Cie, 1875 ; in-12 de IX-336 pp. (suivi de lettres originales).

Ce livre, qui fit beaucoup de bruit au moment de sa mise en vente à Paris, n'est autre chose que le récit des amours d'un grand-duc, prince de la famille impériale de Russie, avec l'auteur, dont le vrai nom est *Henriette Hey*, veuve *Blackford*, dite *Miss Phœnix*. J'ai donné, dans le « Catalogue des Livres Condamnés » (p. 354), des détails précis sur les poursuites exercées alors contre ce livre et contre son auteur, qui n'a d'ailleurs rien avancé que de vrai. *Miss Phœnix*, à la suite d'une intervention diplomatique, fut expulsée de France, par application de la loi du 3 décembre 1849. Parmi les papiers saisis en sa possession se trouvaient les originaux des lettres et documents qui lui avaient servi à composer son livre. J'ai vu un exemplaire du « Roman d'une Américaine » annoté et complété à l'aide de ces pièces. C'est fort curieux : mais, la plupart des personnages mis en cause vivant encore, c'est une clef qui ne pourra être publiée que beaucoup plus tard.

ROMAN (LE) DE LA COUR DE BRUXELLES, ou les Aventures des plus braves cavaliers qui furent jamais et des plus belles dames du monde (par *Puget de la Serre*). — Imprimé à Spa et à Aix en Allemagne (Liège), par Jean Tournay, 1628; front. gravé par Valdor; in-8 de VII-726 pp. et 1 f. d'errata. Rare.

Réimprimé à Paris, 1667, in-8.

Un magnifique exemplaire de cet ouvrage intéressant et curieux figura, sous le n° 6,319, à la vente T. de Jonghe, et fut adjugé, au prix de 440 fr., à M. Capron. « Ce roman en style quintessencié, dit le « Bibliophile Belge, » est curieux. L'auteur y fait figurer sous des noms analogues à ceux du « Dictionnaire des Précieuses, » qui pourtant n'existait point encore, les principaux personnages de la noblesse belge de l'époque: La duchesse de *Croij*, la duchesse d'*Auerschot*, le prince de *Chimay*, etc. — L'exemplaire vendu à M. Capron passait pour le seul qui soit muni de la clef des noms véritables des héros du roman. » — La « Bibliographie Gay, » qui ne donne aucun éclaircissement particulier sur les pseudonymes employés dans cet intéressant ouvrage, demande toutefois si ce ne serait point le même que « *La Clitie, ou le Roman de la Cour*, » par le sieur de la Serre (Paris, Loyson, 1633 et 1635, 2 vol. in-8, et 164, in-8o, titre gravé). — Je ne suis point à même de trancher cette question, pour la solution de laquelle on trouvera peut-être d'utiles indications dans un article fort bien

fait de M. *Camille Picqué*, inséré dans le tome XXVI de la « Revue Trimestrielle. »

ROMAN (LE) DES CHEVALIERS DE LA GLOIRE, contenant les Aventures des chevaliers qui parurent aux courses de la Place Royale, par *Fr. de Rosset*. — Paris, 1612 ou 1613, in-4. Rare.

Réimprimé sous ce titre :

Histoire du Palais de la félicité, etc. — Paris, 1613, in-8.

François de Rosset, dont il est parlé plus haut (Voir : « Histoire des Amans volages »), a retracé dans cet ouvrage maintes aventures galantes dont il serait bien curieux de connaître aujourd'hui les véritables héros. Tous ces vieux romans, si oubliés et devenus très rares, jetteraient, si l'on en trouvait la clef, un jour tout nouveau sur l'histoire intime du dix-septième siècle.

ROMAN (LE) DES INDES, par Jean de Lannel.

Voir : Le Roman satyrique de Jean de Lannel.

ROMAN (LE) DES LETTRES, dédié à Son Altesse Royale Mademoiselle. — Paris, J.-B. Loyson, 1667, in-8.

M. P. Lacroix a consacré une curieuse notice à ce petit ouvrage dans le « Bulletin du Bibliophile » (avril-mai 1861, pp. 238-239, n° 176) ; il déclare n'avoir pu découvrir l'auteur de cet ouvrage, qu'il a été tenté d'attribuer à *Louis le Laboureur*, bailli du Duché de Montmorency, poète et bel esprit fort bien avec les Précieuses; il a renoncé à cette attribution que ne justifiaient point les initiales du nom de l'auteur, citées dans le Privilège : *L.D.S.A.D.M.* — Le « Dictionnaire des Anonymes » n'hésite point à l'attribuer à l'abbé *François-Hédelin d'Aubignac*, auteur de nombreux ouvrages qui ne sont pas tous cités par la « Biographie Michaud. » — Quoi qu'il en soit, « Le Roman des Lettres, » dit M. Lacroix, n'est pas un roman, mais un recueil de Lettres écrites par *Ariste* aux dames de sa connaissance, avec les réponses de ces dames. Il faudrait donc avoir la clef de tous les noms imaginaires qui se présentent dans cette mascarade épistolaire. Voici le cadre dans lequel l'auteur a renfermé une collection de lettres écrites avec beaucoup d'élégance, mais d'un style toujours affecté et raffiné. *Cléonce*, « autant illustre par la modération de sa vie que par l'excellence de ses ouvrages, » s'est retiré à la campagne pendant les grandes chaleurs de l'été ; son ami *Learinde*, « dont la conversation estoit mêlée de musique et de poésie, avec une érudition considérable, » vient le chercher dans sa retraite et le trouve au milieu d'un amas de papiers qu'il met en ordre pour les publier : ce sont les lettres d'*Ariste*, ainsi que celles de toutes les belles dames qui ont été en correspondance avec lui. Il y a aussi des lettres d'apparat adressées à de hauts personnages par cet *Ariste*, qui était certainement attaché à la maison de quelqu'un des Princes du sang de France. On remarque surtout (p. 370) une lettre adressée à M. le Grand-Amiral de France, c'est-à-dire au duc de Beaufort. — Les Lettres qui remplissent la dernière partie du volume sont adressées à des hommes politiques, à des magistrats, au cardinal Mazarin sans doute ; elles se rapportent à des événements de l'histoire de la Fronde. — On comprend donc ce qu'on pourra découvrir dans ces lettres, qui ont été écrites réellement aux personnes distinguées de la Cour, quand on saura quelles sont *Clitie, Elice, Urfélide, Alminde, Uranie, Méliane*, et tant d'autres belles inconnues. Quant à l'*illustre prélat des Ambiens*, c'est un évêque d'Amiens « qui regardait l'hôtel de Rambouillet comme faisant partie de son diocèse. » — Ajoutons que bien que tous ces personnages aient appartenu plus ou moins à la Société des Précieux et Précieuses, la clef du « Grand Dictionnaire » n'est point applicable à cette correspondance.

ROMAN DES OYSEAUX, dédié au roy, par le sieur *Boucher*. — Paris, 1661, pet. in-8.

Ce roman rare et singulier, que je n'ai trouvé cité dans aucune bibliographie, est une allégorie historique. Un exemplaire est décrit, sous le n. 1234, dans la première partie du « Catalogue raisonné de la bibliothèque d'un château de Lorraine, » (Paris, A. Claudin, 1862). « Exemplaire *avec la clef*, » dit le rédacteur du catalogue. La « Biographie universelle » ne dit rien non plus sur l'auteur de cette satire politique.

ROMAN (LE) DU RENARD.

On ne saurait citer ici les nombreuses éditions de ce célèbre ouvrage si souvent réimprimé et traduit dans presque toutes les langues d'Europe. Le « Manuel du Libraire » (t. IV, col. 1221-1229) fournit à ce sujet d'amples et excellentes indications, mais il est loin d'être complet. On sait que ce *roman*, dont l'idée et la composition premières sont attribuées à *Jaquemart Giélée*, de Lille (vers 1290), rentre essentiellement dans la catégorie des Livres à clef. Toutefois, les commentateurs ne sont pas d'accord sur la véritable portée des allusions qu'il renferme : suivant les uns, ce conte allégorique aurait eu pour but de retracer l'histoire d'un brigand célèbre (*Reginard* ou *Reinard*, comte Lorrain, sur la fin du ixe siècle), en déguisant seulement les noms des principaux acteurs de la scène ; — suivant les autres, et ce sont les plus nombreux, cette composition satirique faisait allusion aux querelles des empereurs d'Allemagne avec leurs grands vassaux, aux immixtions de l'Église et des prélats ou moines dans les affaires de la chrétienté. Bien des érudits, bien des lettrés de grande valeur ont travaillé à trouver la clef de cette espèce d'épopée : le nombre des travaux spéciaux publiés à ce sujet égale presque celui des éditions de l'ouvrage même. Dans notre siècle seulement, on peut citer les belles études de Raynouard, de Méon, de Delepierre, de Paulin-Pâris, de Sainte-Beuve, de Jonckbloët, de Rothe, sans parler des recherches publiées dans diverses revues anglaises et allemandes, dans « l'Histoire littéraire de la France » (t. XXII), etc., etc.

Ce roman ou poème satirique si souvent et si fortement remanié, suivant les temps ou les pays, a servi de type à bien des ouvrages allégoriques où les bêtes sont mises en scène, jouant divers rôles appropriés à leur caractère particulier. Nous ne citerons comme exemple qu'une seule édition une des plus jolies, en raison des gravures dont elle est ornée, c'est :

Le Renard ou le procès des Bêtes. — Bruxelles et Paris, Desaint, 1739, pet. in-8 avec 22 figures.

Cette curieuse édition est pourvue d'une espèce de clef où les animaux reçoivent des noms appropriés à leur nature. Ainsi : *Trigaudin*, c'est le Renard ; — *Gozille*, le Coq ; — *Gros-Brun*, l'Ours ; — *Glouton*, le Loup ; — *Moustache*, le Chat ; — *Bessin*, le Bélier ; — *Rouge*, le Lièvre ; — *Croasson*, le Corbeau ; — *Muzillard*, le Lapin ; — etc., etc. Cette édition a servi de type à une allégorie quasi politique, dont il a été parlé plus haut, et intitulée « Les Intrigues du cabinet des Rats. »

ROMAN (THE) EMPRESS. Tragedy, by *William Joyner*. — Acted at the Theatre Royal, 1671. S. l., in-4 (L'Impératrice Romaine).

Cette pièce, qui obtint beaucoup de succès, présente une étrange particularité: bien que le sujet soit emprunté à l'histoire, l'auteur, on ne sait pourquoi, a déguisé les noms de ses personnages. Ainsi, suivant Langbaine, sous le nom de *Valentius*, Joyner a mis en scène Constantin-le-Grand et sous ceux de *Crispus* et de sa belle-mère *Faustina*, il a fait parler Florus et Fulvie (« Biographia dramatica, » t. II, p. 313).

ROMANS POLITIQUES DE BENJAMIN D'ISRAELI, homme d'Etat et littérateur anglais, bien connu aussi sous le nom de lord *Beaconsfield*, depuis son élévation à la pairie.

Quelque célébrité que cet auteur ait acquise comme homme politique, il ne paraît pas douteux que sa réputation littéraire soit de plus longue durée que le souvenir de ses actes comme ministre et dans les diverses fonctions qu'il a remplies. Aussi fécond écrivain que politicien habile, D'Israëli, depuis 1826, n'a cessé de se consacrer aux lettres et aux affaires publiques, successivement et parfois simultanément. Son œuvre est considérable et souvent, usant de cette facilité et de cette verve caustique qui lui a fait une si grande réputation en Angleterre, il s'est plu à introduire, dans ses romans, de nombreuses allusions à des faits contemporains et à des personnages vivants déguisés d'ailleurs sous des noms supposés. Il faudrait bien du temps et bien des recherches à travers les « Rewiews » et les « Magazines » pour dresser une clef complète des ouvrages de D'Israëli ; on se bornera à citer ici les productions suivantes :

VIVIAN GREY, London, 1826, 4 vol. pet. in-8, très souvent réimprimé. — Dans ce roman, son premier ouvrage, D'Israëli » a tracé à l'emporte-pièce un portrait frappant des mœurs et des prétentions de l'aristocratie anglaise. On a prétendu qu'il avait voulu s'identifier avec son héros, ambitieux, hardi, qui en politique n'a qu'un moyen, l'intrigue, et qu'un but le succès. » Ce livre eut un immense succès et bien que l'auteur se fût défendu d'avoir voulu faire aucune allusion personnelle, cinq ou six clefs, d'ailleurs vraisemblables circulèrent peu de temps après son apparition. L'édition de Londres, 1826-1827, porte ces mots : *With the Key.*

CONINGSBY, OR THE NEW GENERATION, London, 1844, 3 vol., pet. in-8., nombreuses réimpressions. — Ce roman ne fit pas moins de sensation en Angleterre que le précédent. L'auteur y a mêlé à de saisissantes peintures de mœurs, des portraits politiques plus ou moins transparents dont on s'empressa de rechercher les originaux. C'est ainsi qu'on crut reconnaître, dans l'intrigant *Rigby*, les traits de J. Wilson Croker, membre du Parlement et rédacteur du « Quarterly Rewiew, » qui avait assez sévèrement critiqué les productions de D'Israëli ; le très opulent et intelligent *Sidonia*, serait un membre de la famille de Rothschild, fixé à Londres.

ENDYMION, London, Longmann, 1880, 3 vol. pet. in-8. Ce dernier ouvrage de lord Beaconsfield eut peut-être plus de retentissement encore que les précédents, aussi bien en France que de l'autre côté de la Manche. Plusieurs journaux de Paris en ont donné l'analyse et fait la critique ; M. Cucheval-

Clarigny, notamment, lui a consacré une notice dans la « Revue des Deux-Mondes » (15 décembre 1880, p. 891). Les divers critiques d' « Endymion » nous apprennent que la *reine Agrippine*, mère tendre et dévouée qui ne vit que pour son fils, personnifie la reine Hortense ; le *prince Florestan*, qui, après deux tentatives malheureuses, réussit à s'emparer d'un trône auquel il se croit appelé par sa naissance, c'est Napoléon III ; — en dépit de quelques inexactitudes biographiques, on ne peut s'empêcher de reconnaître lord Palmerston, sous les traits de lord *Rochampton* ; — le romancier de mauvaise humeur *Saint-Barbe*, c'est William Thackeray, homme d'un véritable talent et pour lequel D'Israëli se montre réellement injuste ; enfin, tous ces parvenus ou aventuriers que l'auteur met en scène, *Nigel Penruddock* , qui devient cardinal, *Imogène*, qui devient duchesse, *Job Thornberry*, le tailleur *Vigo*, etc., semblent être autant de portraits peints d'après nature et dont nos voisins n'ont pas dû manquer de reconnaître les originaux.

ROMANT DES CHEVALIERS DE LA THRACE. — Paris, 1605, in-8.

« C'est, dit M. G. Brunet, sous des noms supposés, la relation en prose et en vers d'un tournoi qui eut lieu sous le règne de Henri IV. » Cet ouvrage n'est cité ni par Barbier, ni par la « Bibliographie Gay. » On peut se demander si ce ne serait point l'édition originale du « Roman des Chevaliers de la Gloire, » par *Fr. de Rosset* (Paris, 1612, in-4), dont il est parlé ci-dessus.

ROMANT ROYAL, OU HISTOIRES DE NOSTRE TEMPS, AUSQUELLES SOUS NOMS FEINTS ET EMPRUNTÉS SONT REPRÉSENTÉS LES DIVERS EFFECTS DE

L'AMOUR, par le sieur. *Piloust*. — Paris. Loyson, 1621, in-8. Très rare.

Cet ouvrage qui retrace, sous des noms supposés, des histoires amoureuses du temps de Henri IV, est attribué par Vertron à la princesse de Conti ; mais le Dictionnaire des Anonymes et Pseudonymes» (t. IV, p. 381) ne paraît guère adopter cette attribution. Ne pourrait-on se demander si le sieur *Piloust* ne serait pas un nom véritable, et s'il ne s'agirait pas tout simplement d'un parent, peut-être même du mari de la fameuse Madame *Pilou* qui eut une réelle célébrité au XVIIe siècle? Quoi qu'il en soit, il serait fort à désirer qu'un exemplaire annoté du « Romant Royal » permît de composer la clef de ce curieux recueil.

ROMANT (LE) DE JEAN DE LANNEL, escuyer. seigneur du *Chaintreau* et du *Chambort*. — Paris, T. du Bray, 1624 ; 2 tomes en un vol. de 1115 pp. in-8. Autre édition, Paris, 1637, in-8.

« Cet ouvrage curieux contient, parmi quelques aventures extravagantes et racontées d'une manière diffuse, une satire parfois sanglante de la Cour, sous la régence de Marie de Médicis ; les noms singulièrement fabriqués du roman s'appliquent aux personnages les plus connus du temps; mais tout ce qui peut s'appeler catastrophe ou dénouement s'éloigne entièrement de la vérité des faits, de façon à dérouter les applications directes. C'est un tableau frappant mais quelquefois trop naïf des mœurs de la Cour. L'abbé d'Artigny en a publié un fragment, avec quelques remarques dans ses « Mémoires de Littérature » (t. VI, p. 44-50). On en trouve aussi un curieux extrait dans la « Bibliothèque des Romans» (septembre 1783),

suivi de conjectures plus ou moins fondées sur les principaux personnages que l'auteur met en scène sous des noms supposés. En donnant une nouvelle édition de ce livre, sous le titre « LE ROMAN DES INDES, » Paris, 1625, in-8, de 1169 pp., Lannel paraît n'avoir eu d'autre but que d'éviter les interprétations puisqu'il s'est contenté de changer le lieu de la scène et les noms des acteurs. Cet ouvrage conduit avec un certain art et dont la lecture est très attachante, aurait dû mériter à son auteur une place distinguée parmi les romanciers.

Il n'est mentionné cependant ni par Sorel, ni par Lenglet-Dufresnoy: » (Voir catalogue Bazin, 1852, n. 470, et « Biographie Michaud, « t. LXX, p. 221).

M. Victor Fournal dans son livre « La Littérature indépendante » (p. 223), a jugé moins favorablement « Le Romant satyrique. » Suivant lui, cet ouvrage n'a de bon que l'intention ; c'est quelque chose d'avoir songé à un roman qui peignît les mœurs et qui combattît les vices contemporains au milieu de tant de récits pastoraux ou chevaleresques sans réalité ni vraisemblance. Malheureusement, Lannel n'a rien trouvé de mieux que de copier maladroitement et à profusion les procédés les plus usés et les plus outrés des intrigues romanesques. »

Quoi qu'il en soit et malgré ces appréciations très diverses, j'estime qu'il serait intéressant et utile de réimprimer, en le condensant, ce roman très curieux, surtout si l'on y pouvait joindre la clef des noms véritables cachés sous ces dénominations bizarres : *Boittentual, Ennemidort, Gardenfort, Argentuare, Perditor*, le géant *Camelontidinero, Agiosanir*, bon sacrificateur arrivé à *Sirapis* (Paris), etc., etc.

Ajoutons que, suivant l'abbé d'Artigny, *Perditor* désigne un certain César, soi-disant astrologue et magicien, contemporain du fameux Cosme

Ruggieri ; le marquis de *Filinde* qui combat et met à mort le géant *Camelontidinero* et son fils, c'est le chevalier de Guise qui tua en duel les deux barons de Lux, père et fils : enfin, le bon sacrificateur *Agiosanir*(Άγιος ἀνήρ) ne serait autre que le Père Dominique de Jésus-Maria, carme déchaussé qui s'attira l'admiration des Parisiens, sous Louis XIII.

ROSALINA, OU LES MÉPRISES DE L'AMOUR ET DE LA NATURE.

Voir : Illyrine.

ROSCIAD (THE). A satire (by *Charles Churchill*).–London, March, 1761, in-4.

Nombreuses réimpressions, soit séparées, soit dans les œuvres complètes de l'auteur.

« Cette fameuse satire, publiée d'abord sous le voile de l'anonyme, eut un brillant succès. C'était une violente critique des acteurs qui occupaient alors la scène anglaise ; excepté Garrick et quelques actrices, tous les comédiens y étaient impitoyablement déchirés ; ils se plaignirent et n'en furent que plus maltraités dans les éditions subséquentes. Ce poème ayant été l'objet de quelques attaques de la part des journaux, l'auteur écrivit son *Apologie*, où les journalistes, les acteurs et Garrick lui-même sont également accablés d'épigrammes plus ou moins piquantes. Ses ennemis s'attachèrent alors à rechercher sa conduite et ses mœurs qui n'étaient rien moins qu'exemplaire pour un ecclésiastique. » (Churchill était curé de la paroisse Saint-Jean à Londres). — On publia une foule de brochures contre La Rosciade et contre son auteur ; un lot de ces écrits se vendit plus de 90 fr. à la vente de la collection théâtrale de M. Field. — Il

existe une clef de « The Rosciad » ; sans ce secours, bien des allusions contenues dans cette satire seraient à peu près inintelligibles aujourd'hui.

ROUGON - MACQUARD (LES), HISTOIRE NATURELLE ET SOCIALE D'UNE FAMILLE SOUS LE SECOND EMPIRE, par *Emile Zola*. — Paris, Charpentier, 1871-1882 ; 10 vol. in-12.

Ne citons que pour mémoire cette collection de romans sur lesquels on a déjà tant écrit et dans lesquels les faiseurs de clef ont cherché force rapprochements et maintes allusions. On sait que chaque volume de cette étude porte un titre différent, savoir : t. I, « La Fortune des Rougons ; — t. II, « La Curée » ; — t. III, « Le Ventre de Paris » ; — t. IV, « La Conquête de Plassans » ; — t. V, « La Faute de l'abbé Mouret » ; — t. VI, « Son Excellence Eugène Rougon » ; — t. VII, « L'assommoir » ; — t. VIII, « Une page d'amour » ; — t. IX, « Nana » ; — t. X, « Pot-Bouille ». — Il n'est pas douteux que M. Zola, qui est à la fois un homme fort observateur et un écrivain d'un style.... particulier, ait pris ailleurs que dans son imagination la plupart des personnages qu'il met en scène dans ses romans. Sans hésitation, on peut affirmer qu'il a saisi sur le vif un grand nombre de faits et de caractères ; mais de là à conclure que tous ses héros sont des portraits, il y a vraiment bien loin et une telle assertion est plus que téméraire. Ce qui paraît très probable, c'est qu'il a groupé sur un même personnage des traits recueillis sur plusieurs individus en y ajoutant ce que ses idées personnelles ou les besoins de son livre lui inspiraient.

Si M. Zola publiait quelque jour l'« Histoire de ses livres, » comme l'a fait M. Daudet dans la « Nouvelle Revue, » il réduirait à leur juste valeur les hypothèses des faiseurs de clefs, qui, ainsi qu'il arrive souvent, sont tous en contradiction les uns avec les autres.

Pour ne parler que d'un seul de ces dix romans, celui qui a pour titre « Son Excellence Eugène Rougon, » a donné lieu à bien des interprétations diverses : On a voulu reconnaître M. de Morny, dans *de Marsy* ; — M. de Forcade La Roquette, dans *La Rouquette* ; — M. Ad. Guéroult, directeur de l'«Opinion Nationale », dans le *Directeur du « Vœu National ; »* — enfin, M. Eug. Rouher, dans *Son Excellence Eugène Rougon*. — Quelques-unes de ces attributions ne sont point invraisemblables, mais, pour la dernière elle paraît plus qu'erronée, comme l'a fort bien démontré « le Figaro, » dans son supplément du 12 mars 1881. Allant plus loin encore, M. Firmin Boissier, dans le « Polybiblion «(année 1877), n'avait pas craint d'avancer que les diverses séries des *Rougon-Macquart* ne contiennent « qu'un ramassis d'anecdotes apocryphes et des physionomies toutes de fantaisie. » — Ceci est peut-être excessif ; mais en résumé, il n'y a que M. Zola qui pourrait déterminer, dans ces romans, la part exacte de la réalité et celle beaucoup plus considérable de la fiction.

ROUGYFF, ou la France en vedette. — Journal publié à Paris, du mois de juillet 1793 au 9 prairial an II, in-4, 150 numéros environ. (Voir Hatin, p. 242).

Ce journal qui n'usait ni de pseudonymes, ni de déguisements de noms, doit cependant figurer ici parce que son titre même donne la clef du nom de son auteur ; *Rougyff* n'est en effet que l'anagramme de Guffroy, qui rédigea cette feuille d'une violence peu ordinaire. Cette singularité d'un nom propre anagrammatisé, servant de nom propre à un écrit périodique, est probablement unique. — Guffroy, qui ne prétendait à rien moins qu'à la succession de Marat, demandait, entre autres motions aimables, que « la Guillotine fût en permanence dans toute la France, la République devant avoir assez de cinq millions d'habitants. »

ROYAUME (LE) D'ARLEQUINERIE, ou Arlequin, prince héréditaire, devenu homme d'esprit par amour. Comédie en trois actes et en prose, par le duc *Etienne-François de Choiseul*. — Cette pièce est imprimée dans le tome II des « Mémoires de l'auteur » (Paris, 1789, 2 vol. in-8).

« Cette comédie dans le genre héroïque n'est qu'un mauvais proverbe. Ce qui a donné lieu, dit-on, à cette plaisanterie, c'est l'historiette d'un prince de Naples, fils aîné du roi d'Espagne, qui, dans toute sa vie n'avait prononcé que le mot *Cacala*. On avoue dans la préface que cette pièce n'est ni intéressante ni plaisante ; mais il y a, dit-on, des traits, tant bien que mal rendus, qui, s'ils sont entendus, pourront servir à l'histoire que l'on écrira dans cinquante ans. Ces traits portent, je crois, principalement sur M. de la Vauguyon, gouverneur de M. le Dauphin ; ce personnage, dans la pièce, s'appelle *Guignon*. » (« Correspondance de Grimm, » — décembre 1789.)

ROYAUME (LE) DE WESTPHALIE, Jérôme Bonaparte, sa cour, ses favoris et ses ministres, par *un témoin oculaire (Vincent Lombard, de Langres)*. — Paris, 1820, in-8 de 274 pp.

Cette relation est assez piquante ; l'auteur, qui avait été ambassadeur en Hollande, et qui était fort au courant de particularités et d'intrigues curieuses, s'est servi de ses souvenirs personnels pour rédiger ce récit qui serait bien plus curieux encore si l'on en avait la clef: la plupart des noms propres, en effet, sont déguisés par des initiales ou remplacés par des étoiles et des points.

ROXANE, POËME HÉROÏ-COMIQUE EN CINQ CHANTS, suivi de pièces fugitives du même auteur (*Charles Verny*). — Besançon, 1788, in-8. Réimprimé en 1795, puis en 1809.

L'« Essai posthume de Quérard sur les Livres à clef » signale ce petit poème comme un ouvrage rempli d'allusions dont la clef est à chercher. Ne l'ayant jamais vu ni lu, je ne puis dire ce qu'il y a de fondé dans cette assertion et me borne à le citer pour mémoire. « Le sujet, dit la « Biographie Michaud » (T. XLVIII, p. 261), est l'enlèvement d'un épagneul, objet de toutes les affections de la belle Zelmis; il y a de l'imagination, des détails heureux ; mais la critique pourrait y relever des incorrections et des traits de mauvais goût. » Quelles allusions pourrait bien cacher un sujet aussi simple ?

ROYAUME (LE) DU CALEMBOUR ; REVUE DE L'ANNÉE 1855, mêlée de chants, en trois actes et dix tableaux, par les frères *Cogniard* et *Clairville*. — Paris, Marchant, 1856, in-4, 50 c.

Comme dans la plupart des *revues*, les allusions personnelles abondaient dans cette pièce; ainsi, notamment, Arnal y représentait le peintre Courbet, sous le nom de *M. Dutoupe*.

RUADE (LA) D'UN POULAIN QUI A FAIT TREMBLER PARIS. — Paris, 1651, 15 pp. pet. in-4.

Mazarinade peu divertissante. Le *poulain* en question, c'est le Père Paulin, confesseur du roi. — « Pauvre pièce », dit M. C. Moreau en parlant de cet écrit (Voir : Bibliographie des Mazarinades, t. III, p. 155).

RUT (LE), ou LA PUDEUR ETEINTE (par *Pierre Corneille Blessebois*). — Leyde (Elzevir), 1676; 3 part. in-12 de III-72, III-71 et III-87 pages.

Roman satirique dirigé contre Mlle de Sçay, que Corneille Blessebois a sans pitié poursuivie de ses calomnies et de ses invectives, après l'avoir éperdument aimée. Cette étrange production a été réimprimée, en 1866, sous la rubrique de Leyde (Bruxelles), avec l'*Almanach des Belles*. — Le Rut est dédié à Mlle de Sçay, dans laquelle le savant Bibliophile Jacob a voulu reconnaître, mais bien à tort, Mlle Cosnard de Sées, née en 1618 et qui pouvait avoir 55 ou 56 ans, lorsque Blessebois était encore mineur. Ce livre, dit la Bibliographie Gay, fourmille de scènes de la débauche la plus crapuleuse; c'est peut-être le seul roman ordurier de quelque étendue qu'ait laissé le XVIIe siècle. — Blessebois lui-même y figure sous le nom de *Céladon*; la pauvre Mlle de Sçay y est désignée sous celui d'*Amaranthe* ; enfin, *Dorimèné* était une demoiselle Martichon Le Sage. — Il reste beaucoup d'autres noms à découvrir.

RUTZVANSCAD IL GIOVINE, ARCISOPRATRAGICHISSIMA TRAGEDIA. Elaborata ad uso del buon gusto de Grecheggianti compositori, de *Catuffio Panchiano*, Bubulco Arcade. — Venezia, Giuseppe Bettinelli, 1737; in-8 de 135 pp., 7 fig. et vignettes en rouge ; plusieurs éditions.

Cette pièce, ou plutôt ce dialogue, sans distinction d'actes ni de scènes, est de *Zaccharia Valaresso*, gentilhomme vénitien. — C'est une parodie fort spirituelle, la première qui ait été composée en italien ; elle est dirigée contre Lazzarini et contre Maffei, dont on tourne en ridicule l'« Ulysse » et la « Mérope. » (Voir : Catalogue de Soleinne, n° 4,712, et Melzi, « Dizionario di opere anonime et pseudonime, » t. I, p. 189).

SABREUR (LE) DES TUILERIES DANS L'EMBARRAS. Nouvelle authentique et intéressante. — Paris, 1789, in-8 de 16 pp.

Pamphlet dirigé contre le prince de Lambesc, grand écuyer, qui, dans la journée du 12 juillet 1789, exécuta, place Louis XV, cette charge de cavalerie inutile qui eut de si terribles conséquences. L'*embarras* dont il s'agit ici, c'est l'arrestation des équipages du prince, par la municipalité de Dun.

SACRE (LE) DE NUMA, ou EGÉRIE, HISTOIRE TROUVÉE DANS LES RUINES D'HERCULANUM. — Paris, 1775, in-8.

Cet ouvrage n'est autre chose qu'une des nombreuses fictions allégoriques publiées à l'occasion du couronnement de Louis XVI. — « L'Espion anglais » (t. I, pp. 407-410) en donne l'analyse et la clef. Ainsi, *Numa*, c'est Louis XVI ; — *le romain* chargé du département de la guerre, c'est le ma-réchal de Muy ; — *le magistrat* chargé de faire respecter le nom romain sur les murs, n'est autre que M. de Sartines ; — *Marcus Togatus* désigne Turgot ; — *le sénateur* destiné à concilier les intérêts des souverains, c'est M. de Vergennes ; — *le vénérable chef de la justice* représente Hué de Miroménil ; — enfin, *un vieillard auguste*, c'est M. de Maurepas.

SACRIFICES (LES) AMOUREUX, OU LES AMOURS DE ALCANDRE ET ROZORÉE, FLORIDOR ET CLÉONÉE, SYLVAN ET MARILINDE, CLARIMANDRE ET AMATHONTE, POLYDORE ET OLYNDE, CLÉOPHON ET CLÉROZIE, DORIZEL ET ROZICLÉE, par le sieur *Du Verdier*, gentilhomme charollois. — Paris, 1623, pet. in-8. (Dedié à la princesse de Piedmont).

S'il faut en croire la Bibliographie Gay (t. VI, p. 240), ce livre avait d'abord paru sous le titre : « Le Temple des Sacrifices. » — Paris, Ant. Estienne, 1620, in-8. — Ce roman, en prose et en vers, rédigé en forme de lettres, est en grande partie allégorique ; une bonne clef lui donnerait beaucoup d'intérêt ; il est rare et se vend assez cher. — Le catalogue J. Techener (1855, n° 3,433), en offrait un très bel exemplaire au prix de 18 francs. — Gilbert Saunier, sieur du Verdier, historiographe et romancier, mort en 1686, a publié un assez grand nombre d'autres écrits galants qui doivent aussi être en partie allégoriques.

SÆCULI GENIUS, AUCTORE P. FIRMIANO.

Voir : Gyges Gallus.

SAGE (LE) VISIONNAIRE. Tragicomédie, par *I. D. B. I.* — Paris,

Jean Hénault, 1648, in-12 de 104 p. et 1 f. Rare.

Suivant M. P. Lacroix, cette pièce en 5 actes et en vers, avec prologue et épilogue, doit être du fameux *J.-B. Camus*, évêque de Belley. On le reconnaît moins aux initiales du titre qu'à la clef des personnages, qui occupe le dernier feuillet. *Misandre* représente le péché; — *Dorante*, la jeunesse agitée de divers mouvements sur le choix du parti qu'elle doit prendre; — *Pamphile*, le débauché; — *Cythérée*, la volupté, etc., etc. C'est *la Mort* qui débite l'épilogue et qui finit la pièce. — Cet ouvrage allégorique est dédié à François de la Fayette, évêque de Limoges. « Les pièces de théâtre, dit l'auteur, sont aujourd'hui si considérées et trouvent tant de complaisance dans l'esprit des honnestes gens, que la saincteté mesme et la vertu prennent envie de monter sur la scène pour se faire aymer. » (Catalogue Soleinne, n° 1239.)

SAINCTES (LES) INCONSTANCES DE LÉOPOLDE ET DE LINDARACHE...
Voir : L'Olympe d'amour...

SAINT-GERAN, OU LA NOUVELLE LANGUE FRANÇAISE, anecdote récente. — 1807, in-12.

SUITE DE SAINT-GÉRAN, itinéraire de Lutèce au Mont-Valérien, en suivant le fleuve Séquanien et revenant par le mont des Martyrs. — 1811, in-12. 2e édition.

Les deux ouvrages réunis : Bruxelles, Weissembruck et Paris, Colas, 1812, pet. in-8 de VIII-139 pp.

Ces deux opuscules de *Ch.-L. Cadet-Gassicourt*, avaient paru d'abord dans « l'Esprit des journaux, » qui s'impri-mait à Bruxelles ; on trouve des détails à leur sujet dans la « Revue analytique des ouvrages écrits en centons, » par un Bibliophile belge (M. Van-de-Weyer). — Londres, 1868, pp. 424-438.

C'est une satire personnelle dirigée contre Châteaubriand, contre ses ouvrages et surtout contre son style ; l'illustre écrivain est continuellement satirisé sous le nom de *Maisonterne*.

On peut citer encore comme faisant suite à cette satire :

« ITINÉRAIRE DE PANTIN AU MONT-CALVAIRE, en passant par la rue Mouffetard, le faubourg Saint-Marceau, le faubourg Saint-Jacques, le faubourg Saint-Germain, les quais, les Champs-Élysées, le Bois de Boulogne, Neuilly, Suresnes et revenant par Saint-Cloud. Boulogne, Auteuil et Chaillot, etc.; ou Lettres inédites de Chactas à Atala ; ouvrage écrit en style brillant, et traduit pour la première fois du bas-breton, sur la neuvième édition, par M. *de Chateauterne*. — Paris, Dentu, 1811, in-8.

Cette traduction supposée, dont l'auteur est M. *René Perrin*, est une parodie piquante de « l'Itinéraire de Paris à Jérusalem. »

SAINT-GERMAIN, OU LES AMOURS...
Voir : Lupanie. Histoire amoureuse.

SAINTE-BEUVE ET SES INCONNUES, avec une préface de Sainte-Beuve, par *A.-J. Pons*. — Paris, Paul Ollendorff, 1879, in-12 de IX-328 pp.

Cette étude est fort curieuse ; on y trouve des particularités passablement indiscrètes sur la vie intime du grand écrivain. La plupart des noms sont imprimés en entier ; quelques-uns ne sont indiqués que par des initialismes. Ainsi, M. *Ch. R...* (p. 83) désignerait M. Charles Reybaud, et (p. 287) la *princesse B... o*, héroïne d'une anecdote singulièrement risquée, est connue de bien des gens. — M. J. Pons a cru devoir ne pas dévoiler tous les noms ; il a bien fait, imitant en cela la réserve des éditeurs de la « Correspondance de Sainte-Beuve » (Paris, 1878, 2 vol. in-12), qui se sont abstenus de compléter les initialismes nombreux dans ces lettres. — Si tout le monde reconnaît sans peine (p. 211, t, I) George Sand et Alfred de Musset, sous les noms de *Lélia* et de *Rolla*, ou le docteur Payen, dans cette phrase : « *il n'y a rien à faire avec ce D..... P.....*, *c'est un maniaque qui ne finira jamais et qui mourra sur son trésor...* » (t. II, p. 209), il est moins aisé de savoir qui est ce « *M. X, qui devra choisir entre avoir fait une infamie et avoir fait une vilenie...* » (t. I, p. 159), ou quelles personnes désignent ces *D..., St-C.., R .B., comte de C..*, etc., dont cette correspondance est émaillée. — Beaucoup de ces personnages vivent encore ; c'est une clef à faire pour beaucoup plus tard.

Salmigondis (le), ou le Manège du genre humain...

Voir : Le Moyen de Parvenir.

Sara Th..., nouvelle traduite de l'anglais. — Paris, 1765, in-8.

Publiée d'abord dans la « Gazette Littéraire », cette traduction a été plusieurs fois réimprimée dans les œuvres de l'auteur *Jean-François Saint-Lambert*.

Cette histoire romanesque, à laquelle Grimm a consacré quelques lignes, peu élogieuses d'ailleurs pour l'auteur, repose sur un fait véritable. « On a conté, dit-il, il y a quelque temps, comme un fait très certain arrivé en Angleterre, qu'une fille de qualité éprise d'une passion insurmontable pour son laquais, maîtresse de sa personne et d'une grande fortune, avait disposé de tous ses biens en faveur de la famille illustre à laquelle elle appartenait, et, se réservant une très petite somme d'argent pour sa dot, s'était retirée dans le pays de Galles, pour y épouser son amant et embrasser avec lui l'état de paysan. Il y a dans ce fait un mélange singulier de bassesse et de grandeur. » — Grimm a eu la curiosité de savoir à quoi s'en tenir sur cette histoire : il a découvert que la réalité des faits était beaucoup plus prosaïque que le récit fort enjolivé de Saint-Lambert. La vraie *Sara*, représentée comme une personne jeune et charmante, n'était qu'une vieille fille, de qualité il est vrai, qui, coiffée de son laquais, l'avait épousé après lui avoir assuré une belle aisance, en laissant d'ailleurs la majeure partie de ses biens à sa famille. Elle ne s'était nullement retirée à la campagne, pour devenir fermière, mais était restée à Londres, où elle vivait dans le mépris et, par surcroît, fort maltraitée par l'amant devenu son mari. — Il est fâcheux que Grimm ne nous ait pas fait connaître les noms de M. et Mme *Philips*, héros de cette véridique aventure. (Voir : « Correspondance », septembre 1765.)

Sarcotis, Carmen. — Auctore Jacobo Masenio, S. J. Editio altera. Curâ et studio *J. Dinouart*. — Coloniæ-Agrippinæ, et venit Parisiis apud J. Barbou, typographumbibliopolam, sub Signo Ciconiarum, M.DCC.LVII, in-12 de 108 pp.

La Sarcothée ; poëme traduit du latin du *R. P. Masenius*, de la Compagnie de Jésus, par M. l'abbé *Di-*

nouart. — A Londres et se vend à Paris, chez J. Barbou, rue Saint-Jacques aux cigognes. M.DCC.LVII. in-12 de 192 pp. plus 2 ff. pour la clef. (Les observations sur les cinq livres de la « Sarcothée » occupent les pages 11 à 74.)

« Ce poëme, dit M. G. Brunet, aujourd'hui bien délaissé, offre un véritable mérite ; le sujet est la chute du premier homme ; des êtres moraux sont mis en jeu et personnifiés sous des noms propres. — L'auteur n'a voulu désigner ni Adam ni Ève en particulier, mais la nature humaine même, sous le nom de Sarcothée (en grec : Chair-déesse). » — L'ouvrage, qui ne contient pas moins de 2,486 vers, serait peu intelligible, ou du moins d'une lecture assez pénible pour quiconque a oublié son grec, sans la clef suivante que le traducteur, l'abbé Dinouard, a pris soin de joindre à son édition :

Liste alphabétique des noms formés du grec ou employés par l'Auteur, dans le poëme de la Sarcothée.

AGAPE, d'ἀγαπάω, j'aime : la charité.

AGELARCHUS, d'ἀγέλη, troupeau, et d'ἄρχω, je commande.

ALASTOR, détestable, mauvais génie, de λήθω, je me cache.

ANTITHEUS, d'ἀντὶ, contre, adversaire, et de Θεὸς, Dieu.

ARETÉ, de ἀρετὴ, vertu.

ANDRIA, de ἀνὴρ, homme, d'où ἀνδρία force.

AUTOLYCUS, Voleur, fils de Mercure.

CHLORIS, Déesse des fleurs.

DIANOEA, de διὰ, et de νοέω, je comprends, d'où διάνοια, l'esprit, la raison.

ELPIS, d'ἐλπὶς, l'espérance.

EUCRASIA, de εὖ, bien, et de κρᾶσις, mélange, mixtion, et par conséquent la tempérance.

GAMESIS, de γαμέω, je prends une épouse.

HALOMEDA, de ἅλς, sel, et de μέδομαι, j'ai soin.

HARMOSTES, de ἁρμόζω, arranger, monter, et par conséquent ἁρμοσὴς, qui possède l'harmonie ou qui y préside.

HORÆA, d'ὥρα, hora ; d'où ὡραία, belle, habile au mariage.

HYDRASPIS, de ὕδρα, hydre, et de ἀσπὶς, bouclier.

ICELUS, d'εἴκω εἴκελος, je ressemble ; l'auteur en a fait un être qui sait donner et prendre toutes sortes de figures. Cela revient à l'étymologie du mot : εἴκελος. *qui similis est, qui se assimilat.*

ICTHYANASSA, d'ἰχθὺς, poisson, et de ἄνασσα, Reine.

IRENE, de εἰρήνη, paix.

MACHÆTES, de μαχέομαι, je combats.

MELANURGUS, de μέλαν, noir, et de ἔργον, ouvrage.

MISOCREAS, de μίσος, haine, et de κρέας, chair.

METANOEA, de μετὰ, ensuite, après, et de νοέω, je vois, je pense, et par conséquent μετάνοια, pénitence.

MIARUS, de μιαρὸς, souillé, μιαίνω, je souille.

NOHERPON, formé de νόος, esprit, et d'ἕρπω, je marche en rampant, comme qui dirait esprit rampant.

ORNEA, d'ὄρνις, oiseau.

PANACEUS, de πᾶν, tout, et de ἀκέομαι, je guéris.

PANCARPUS, de πᾶν, tout, et de καρπὸς, fruit.

PANGÆA, de πᾶν, tout, et de γαῖα, terre.

PANODUS, de πᾶν, tout, et de ᾠδὴ, chant.

PHILÆRA, de φίλος ami, et d'ἀὴρ, l'air.

PHILÆTHER, de φίλος ami, et de αἰθὴρ, l'air supérieur.

PHILAUTUS, de φίλος ami, et de αὐτὸς, lui-même.

PHILOTHERA, de φίλος, ami, et de θήρα, chasse, ou plutôt θὴρ, bête.

PHYTÆA, de φυτὸν, plante, ou tout ce que la terre produit.

POLARCHON, de πολὺ, beaucoup, et d'ἄρχω, je commande.

POLYMORPHUS, de πολὺ, beaucoup, et de μορφή, figure.

PNOEPUS, de πνοή, souffle, et de πούς, pied.

PRONOEA, de πρὸ, præ, et de νοέω, je vois, je comprends.

PSYCHÆA, de ψυχή, âme.

PYRARCHUS, de πῦρ, feu, et de ἄρχω, je commande.

PYRASTER, de πῦρ, feu, et de ἀστήρ, étoile.

SARCOTHEA, de σὰρξ, chair, et de θεὰ, déesse. La nature humaine.

THALASSUS, de θάλασσα, mer.

THANATÆA, de θάνατος, la mort.

SARDI VENALES, SATYRA MENIPPEA IN SÆCULI HUJUS HOMINES PLEROS QUE INEPTE ERUDITOS (par *Pierre Cunæus*). — Lugduni Batavorum, 1612, in-24, maintes fois réimprimée.

Pierre Cunœus (en Hollandais : *Van der Kun*), un des plus savants hommes de son temps, dirigea cette satire contre les demi-savants, pédants et soi-disants zélateurs de l'orthodoxie ; il ne manqua pas de se faire bien des affaires avec ces derniers surtout qui le dénoncèrent au fameux synode de Dordrecht. « Il se moque, dans cet écrit, de ces hypocrites d'érudition qui se jouent de la crédulité des peuples et qui s'imaginent que le lecteur s'endort sur leurs ouvrages, s'ils ne le réveillent par quelque miracle. Ils font descendre Dieu du ciel, pour agir et parler comme il leur plaît ; ils remontent sans scrupule jusqu'à l'origine la plus fabuleuse des peuples et des villes et se font un honneur d'appuyer sur ces contes, comme sur autant de vérités, les choses les plus extraordinaires. » En un mot, Cunœus a fait une très piquante satire des faux savants ; il les flagella vigoureusement sous des masques qui, malheureusement pour l'auteur, n'étaient alors que trop transparents. Basnage (Préface des « Antiquités Judaïques ») et Floëgel (« Geschichte der Komischen Litteratur » 1785, t. III, p. 585), ont donné de curieux détails sur les *Sardi Venales*, qu'on lirait encore avec plaisir aujourd'hui, si l'on en avait une bonne clef.

SATIRE MÉNIPPÉE DE LA VERTU DU CATHOLICON D'ESPAGNE ET DE LA TENUE DES ÉTATS DE PARIS, etc., etc. — A Ratisbonne, chez les héritiers de Mathias Kerner (Bruxelles, Foppens), M.DCC.XXVI, 3 vol. in-8. Figures.

Telle est l'une des plus belles éditions de ce célèbre ouvrage qui a été si souvent réimprimé ; elle est accompagnée des notes et commentaires de *P. du Puy*. *J. Le Duchat, Prosper Marchand* et autres, et munie de tables très détaillées rédigées par *J. Godefroy*. — On sait que la première édition de la « Ménippée » porte la date de 1593 (S. l. in-8), mais M. *Ch. Read* qui en a donné, en 1880, une réimpression excellente (Paris, Jouaust, in-18), estime que cette date provient d'une erreur ou d'une supercherie et pense que l'édition princeps de cette *Satyre* doit dater de 1594. — Rappelons que ce fameux ouvrage est dû à la collaboration de plusieurs écrivains distingués : L'idée première et le plan appartiennent à *Pierre Le Roy* ; — la harangue du cardinal légat est de *Jacques Gillot* ; — celle du cardinal de Pelevé est de *Florent Chrestien* ; celles de Monsieur de Lyon et du recteur Rose sont de *Nicolas Rapin* ; enfin, celle de d'Aubray est de *Pierre Pithou* ; — quant aux vers, ils ont été pour la plupart composés par *Jean Passerat;* le reste appartient à *Nicolas Rapin.*

Tout le monde connaît la « Satyre Ménippée; » il est donc superflu d'en donner l'analyse, mais il n'est point inutile de rappeler rapidement les principales allusions et pseudonymies qu'elle contient : Le *Catholicon* d'Espagne doit s'entendre ici des dons, pensions et arguments *sonnants* que le roi d'Espagne (Sa Majesté *Catholique*), qui tendait visiblement alors à la Monarchie Universelle, faisait parvenir aux Ligueurs pour les déterminer à seconder ses desseins ; — le Pays d'*Alethie,* ou de la Vérité, c'est la France, par opposition à Rome ; — la petite ville d'*Eleuthère* (de la Liberté), c'est Paris, dont les habitants sont en guerre continuelle avec les *Argyrophiles* et *Timomanes,* c'est-à-dire le puissant peuple des adorateurs de l'argent et des maniaques de distinctions honorifiques ; — *Agnoste,* gentilhomme de la famille des *Misoquenes,* c'est l'auteur inconnu (on sait qu'il y eut plusieurs auteurs) de la satire qui appartenait au parti des ennemis des nouveautés, c'est-à-dire de ceux qu'on nommerait aujourd'hui réactionnaires ; — *Agnoste* aimait à se pourmener aux *Carmes,* c'est une allusion aux vers (Carmina) qu'aimait fort Nicolas Rapin, l'un des auteurs de la « Ménippée; » — *M. le Lieutenant du Royaume,* c'est le duc de Mayenne ; — *M. le Légat,* c'est le cardinal de Plaisance ; — *Monsieur de Lyon,* c'est Pierre d'Espinac, archevêque de Lyon, goutteux et débauché et qu'en plusieurs endroits de la Satire, on accuse de galanterie avec sa propre sœur ; — *un qui portoit un grand chapeau,* c'est le cardinal de Pellevé, qu'on appelait aussi le *Cardinal Pelé;* — le *Cube Quarré* désigne les *Seize,* qui furent d'abord *Quatre,* puis *Seize,* puis bien plus de *Seize;* — *deux charlatans, l'un Espagnol et l'autre Lorrain,* ce sont les cardinaux de Plaisance et de Pellevé;

— *un roy casannier,* Philippe II, roi d'Espagne, appelé encore *le roi lippu,* à cause de ses grosses lèvres, et *le preux* (pour *lépreux*) *roi d'Espagne,* par allusion à une sorte de lèpre dont il était affligé ; — *le plus incestueux et ambitieux prélat du monde,* c'est encore l'archevêque Pierre d'Espinac ; —*le poëte de l'Admirauté, athéiste et ingrat,* c'est le poëte Desportes qui, quoique comblé des bienfaits de Henri III, se jeta dans la Ligue ; — *le lieutenant du prévost Hardy,* c'est Nicolas Poulain ; — *la bonne mère et ses bons conseillers,* c'est Catherine de Médicis et ses conseillers : Villequier, d'O, Villeroy, Chiverny, etc.; — l'*Isle de Ruach* (mot hébreu qui signifie *vent* ou *esprit*) c'est Paris, le Paris de la Ligue ; — *une dame coiffée en veufve de plusieurs maris, morts et vivants,* c'est la Ligue, veuve de plusieurs de ceux qui l'avaient épousée ; — *l'ordre de l'Union,* c'est le collier de chanvre, la corde destinée à maints ligueurs qui furent pendus.; etc., etc.

Il y a bien d'autres allusions dans la « Satyre Ménippée; » mais il serait trop long de les découvrir ici; d'ailleurs elles sont dévoilées dans la plupart des commentaires.

Il existe une suite de la « Satyre Ménippée, » imprimée dans l'édition ci-dessus décrite, sous le titre de : «LE SUPPLÉMENT DU CATHOLICON, ou NOUVELLES DES RÉGIONS DE LA LUNE... Dédié à la Majesté Espagnole, par un jésuite, n'aguères sorty de Paris. » — C'est une allégorie transparente dans laquelle on retrouve, mais sous des noms différents, plusieurs des personnages de la « Satyre.». — On reconnaît *Jean Châtel* sous le nom d'*un jeune Escolier natif de Paris qui se hazarda pour avoir place en Paradis;* —*un valeureux chef de guerre nommé Jean de Lagny,* c'est le duc de Parme ; — *le noble Vertugalin qui s'enfuit à la bataille de Cérisoles,* c'est le marquis du Guast, qui perdit cette bataille ; — *un certain mignon, frin-*

guant, fraizé, miste, coint, d'assez bonne paste..., c'est le maréchal de Bellegarde, jadis favori de Henri III, tombé depuis en complet discrédit ; — *quelque Frantaupin, créé à la dévotion de la Ligue,* c'est le duc de Mayenne ; — *le pays de beurre,* c'est la Flandre, etc., etc.

SATIRO-MASTIX, or THE UN-TRUSSING OF THE HUMOROUS POET, by *Thomas Dekker*. — Acted Publickly, 1602. S. l. in-4.

Thomas Dekker, que Ben Jonson avait fort malicieusement attaqué dans son « Rimailleur » (Voir : « The Poetaster »), répliqua vigoureusement dans cet ouvrage aux traits satiriques de son agresseur ; ce dernier l'avait mis en scène sous le nom de *Crispinus*, à son tour, Dekker introduisit Ben Jonson dans sa pièce sous celui d'*Horace-le-Jeune (Young Horace)* — (Voir : « Biographia Dramatica » — t. II, pp. 286 et 326).

SATYRE AU COMTE DE B***. — 1776, in-8, 32 p., 682 vers. Le comte de B*** est le comte de Bissy.

Cet écrit de Pierre-Honoré de Beauveset, l'un des poètes les plus licencieux du XVIIIᵉ siècle, est dirigé contre Piron, Palissot, Berruyer, Voltaire, Sabatier, Linguet et plusieurs autres auteurs contemporains qui y sont fort maltraités. Il a été reproduit dans « Les Poésies Satyriques du XVIIIᵉ siècle « recueillies par Sautereau de Marsy, en 1782 (tome II, pages 123 à 149). Voici la clef donnée par Quérard, dans « La France Littéraire » (tome XII, page 481) :

Pages (de la première édition).

2. — *R...,* — Robbé ;
3. — *Ch...,* — Chaulieu ;
 — *L'abbé Le Bl...,* — Le Blanc ;

Pages.

4. — *Du B...,* — Du Belloy ;
 — *A...,* — l'abbé Aubert ;
5. — *Jean le Conteur,* — La Fontaine ;
 — *Arrouet....* — Voltaire ;
 — *Des Saisons le Chantre,*—l'abbé Delille ;
6. — *Certains vers bien scandaleux,* — l'ode à Priape de Piron ;
7. — *Ses fils ingrats,* — la comédie du Père de famille, de Piron ;
8. — *Le M...,* — Lemierre ;
10. — *Sa...,* — Sabathier ;
11. — *L...,* — Linguet ;
14. — *Le rémois,* — Linguet ;
16. — *L'ambitieux,* — Voltaire ;
19. — *Quel est cet autre espoir...,* — Du Rozoy, auteur de la comédie italienne ;
22. — *Le Cynique...,* — J.-J. Rousseau ;
24. — *L...,* — La Harpe ;
25. — *Jettonnier radieux,* — Académicien ;
28. — *Qu'un D...,* — Dorat ;
31. — *Saint L...,* — Saint-Lambert.

La clef de ce mordant écrit a été écourtée ici un peu à dessein ; rien n'est plus facile, on le voit que de trouver les noms véritables des victimes du poète Robbé ; ajoutons que la plupart des personnages ci-dessus désignés seulement par des initiales à certains vers sont nommés en toutes lettres, dans d'autres parties de la « Satyre au comte de B***. »

SATYRE DE DESPORTES CONTRE UN JUIF QUE LE PUBLIC N'A POINT ENCORE VEUE.

Ce petit poëme de Philippe Desportes ne se trouve pas dans les meilleurs éditions de ses ouvrages, pas plus dans celle de Raphael du Petit-Val (Rouen, 1611, in-12), que dans celle donnée de nos jours par M. Alfred Michiels (Paris, 1858, in-12, Delahays.) — Elle figure seulement dans le « Recueil de Sercy » (t. II, pp. 196-202) et dans deux manuscrits français de la Bibliothèque nationale, nᵒˢ 1662 et 1663.

D'après une note autographe du marquis de Fortia d'Urban inscrite sur un feuillet du nᵒ 1662, *le Juif* n'est autre que François de Fortia, secrétaire de la chambre du roi Charles IX et trésorier des parties casuelles. — Desportes, mécontent d'un retard dans le paiement d'une somme dont l'avait gratifié le roi, composa la satire en question contre M. le Trésorier qui d'ailleurs n'était nullement israélite.

M. Edouard-Tricotel a publié cette pièce, avec une très intéressante notice, dans le « Bulletin du Bibliophile » (avril-mai 1867, pp. 171-180).

SATYRE DÉDIÉE A Mᵐᵉ DE LA BAZINIÈRE. — 1648, in-4.

Voici ce que dit le *marquis de Gaillon* dans une notice qu'il a insérée, sur ce petit ouvrage, dans le » Bulletin du Bibliophile » (février 1859, p. 125, nᵒ 43) :

« Cette satire, par sa forme et par sa date, a l'air d'une mazarinade ; ce n'est pas cependant contre le premier ministre d'Anne d'Autriche qu'elle est dirigée, mais contre des personnages secondaires. Ces personnages, quels sont-ils ? — L'un a usurpé le trône d'Astrée, l'autre est dans le ministère ecclésiastique qu'il déshonore. Il y en a un troisième désigné plus vaguement. Le langage de l'auteur est violent, mais ne lui a pas inspiré de bons vers, comme l'indignation a fait à Juvénal. C'est un assez méchant poète que *P. Primault*, car nous pouvons l'appeler par son nom qu'il a mis au bas de sa dédicace à cette Mᵐᵉ de la Bazinière qui, avec toute la famille de ce nom, est le sujet d'une historiette de Tallemant des Réaux. »

SATYRE MÉNIPPÉE DE LA VERTU DU CATHOLICON DE ROME ET DE LA SAINTE-LIGUE DU SACRÉ-CŒUR. Jouxte la Copie qui circule dans Paris dès le 16 mai. — En vente à l'Enseigne de l'Ordre-Moral, M.D.CCC.LXX.VII. (Achevé d'imprimer le jour de la Saint-Rémi, en* l'an dernier de l'Ordre-Moral, par Marteau, pour Jacques Bonhomme et ses amis, à Ignaciepolis.) — Pet. in-8 de 118 pages ; papier vergé, couverture en papier parchemin replié. — 5 fr.

Très mordante et spirituelle satire politique imitée de la « Satyre Ménippée » de 1594, et dirigée contre le ministère formé à la suite du 16 mai 1877. L'auteur, encore inconnu aujourd'hui, a parfaitement imité le style et l'orthographe du xvıᵉ siècle ; il suit pas à pas le plan de la Ménippée du temps de la Ligue et se livre à une moquerie perpétuelle des actes du parti monarchiste, des manœuvres cléricales, du *Syllabus*, etc. Il déguise ses personnages, tantôt à l'aide de légères modifications de noms, tantôt sous des allusions très transparentes et qui rendent son récit plus plaisant. Il va sans dire que la mise en vente publique de cet ouvrage fut interdite pendant la période du 16 mai au 14 octobre 1877. Beaucoup d'exemplaires cependant circulèrent sous le manteau et l'on pouvait en trouver au prix de cinq francs. Je n'ai pas appris que des poursuites judiciaires aient été dirigées contre cette très courtoise et très fine satire. J'ignore également de quelles presses elle sortait, l'« Advis de l'imprimeur » est daté de : « Villemeneux, le 1ᵉʳ septembre 1877. »

Voici la clef, assez facile à trouver, de ce petit ouvrage ; on a dû toutefois laisser en blanc certains noms que l'on n'a pu découvrir :

SATYRE MÉNIPPÉE SUR CE QUI S'EST JOUÉ A L'ASSEMBLÉE DE SAUMUR, avec la représentation des tableaux et enrichissements des bordures, par le sieur de Tantale, ministre de France, adressée aux ministres d'Allemaigne. — S. l., 1612, in-8. Rare.

Pamphlet catholique dirigé principalement contre le duc de Sully, qui venait de jouer un rôle un peu équivoque dans l'assemblée des protestants tenue à Saumur. La régente Marie de Médicis avait vu avec mécontentement que l'ex-ministre de Henri IV ambitionnait plus que jamais la faveur des Réformés, pour s'assurer les ménagements de la Cour ; le *sieur de Tantale*, cependant, loyal serviteur de la couronne, refusa formellement de se joindre aux protestants armés ; l'auteur anonyme de ce libelle ne lui ménage pas les allusions méchantes et même injurieuses. D'après une note du catalogue Bazin (1852, n° 559), ce pamphlet avait circulé en manuscrit dès le mois de juillet 1611.

SATYRICON DE JEAN BARCLAY.
Voir : Euphormionis Lusinini partes quinque.

SATYRICON DE PÉTRONE...
Voir : Petronii (Titi) Arbitri Satyricon...

SAUVAGE (LE) HORS DE CONDITION, tragédie allégorico-barbaresque, en un acte, en vers. — Imprimé à Londres, débité à Paris et lu à La Haye. — S. d., in-8 de 23 pp.

Cette pièce, que la « Bibliothèque du Théâtre-Français » intitule « Le Sauvage hors de son pays, » n'a jamais été représentée ; elle a été composée, vers 1764, par *Antonio Fabio Sticotti*, qui avait déjà fait une « Mérope travestie » dédiée à M. de Voltaire.

C'est une mordante satire contre J.-J. Rousseau. On l'a bien à tort attribuée à *Borde*, de Lyon, qui précédemment avait ridiculisé le célèbre écrivain sous le nom de *Docteur J.-J. Pansophe*. La clef de cette pièce satirique est fort simple : Rousseau en est le héros sous le nom de *Pancrace*, philosophe ou docteur anthropophage ; à côté de lui figurent l'*Ombre de Julia*, sa fille (« La Nouvelle Héloïse ») et *Emilius*, son fils (« L'Émile »). Un exemplaire de cette pièce peu commune, annoncé au catalogue de Soleinne (n° 3, 797), était accompagné de deux autres écrits satiriques dirigés contre J.-J. Rousseau : « 1° Le Sauvage en contradiction, » conte moral. Londres, J. Nourse, 1764, in-8 de 35 pp. ; et 2° « Lettre de l'Homme civil à l'Homme sauvage ». Amsterdam, 1763, in-8 de 72 p...

SCALIGER HYPOBOLIMÆUS, etc...
Voir : Confutatio Stultissimæ Burdonum fabulæ.

SCALIGERI (JOS. JUST.) EPISTOLÆ OMNES QUÆ REPERIRI POTUERUNT, nunc primum collectæ et editæ. — Leyde, 1627, in-8.

Le recueil des lettres de J.-J. Scaliger contient d'intéressantes indications sur divers personnages de son temps ; par malheur, plusieurs de ces derniers sont désignés d'une façon peu intelligible aujourd'hui. C'est ainsi, par exemple, que (p. 41) *Lucumo Becceselenus*, désigne le savant belge Johannes Goropius Becanus ; — (p. 53) *Furiosus Florentinus* cache Robert Titius, un des adversaires de J.-J. Scaliger ; — (p. 60) *Maximi nominis vir* signifie Pierre Victor ; — (pp. 61 et 63) *Conveni Pictavii eruditissimum* veut dire Franciscus Vertunianus ; — (p. 69) *Apologia homuncionis nescio cujus* est une allusion à l' « Apologie mathématique d'un procureur parisien François Insulanus, pour Lucain » ; — (P. 91) *G. Séguino* est sans doute Gilbert Seguin ; etc., etc. Une clef à peu près complète des lettres de Scaliger a été imprimée dans un recueil littéraire dont je n'ai pu retrouver le titre ; elle est à rechercher.

SCAPINS (LES) DE LA RÉPUBLIQUE, épopée satirique en trente-deux chants, par *J.-B. Bouché de Cluny*. — Paris, imprimerie lithographique et autographique de Ch. Hoff, à Courbevoie ; gr. in-8 de 460 pages.

Ce poème (?) historico-satirique, entièrement autographié et tiré à 25 exemplaires seulement, fut, non pas publié, mais mis au jour vers la fin de 1852. L'auteur, qui n'a pas composé moins de douze mille alexandrins, « fruits d'une seule année de travail ! » annonce que « c'est une pensée nationale qui lui a « dicté cet ouvrage, peinture fidèle « des hommes et des immondes doc-« trines de ce qu'on nomme les fon-« dateurs de la *République de Février.* » Il serait assez curieux de savoir quels personnages il avait en vue, en exerçant sa verve satirique sur le *Roi des Voyous*, les *Vestales*, les *Princesses de la République*, les *Racoleurs du vote universel, Paillasse homme d'Etat*, etc., etc. — Malheureusement, je n'ai pu voir ce singulier ouvrage qui ne m'est connu que grâce à une très intéressante notice signée : *Un Liseur* et insérée dans l'« Intermédiaire. » (25 juillet 1879, col. 445-446.)

SCÈNES CONTEMPORAINES LAISSÉES PAR MADAME LA VICOMTESSE DE CHAMILLY. — Deuxième édition, augmentée de la clef et de notes explicatives : — Bruxelles, imp. de J.-J. Cautaerts et Comp^e, MDCCCXXVIII ; pet. in-12 de xx-341 pages plus un feuillet pour la clef.

Cet ouvrage eut encore deux éditions, en 1828. — Paris, Urbain-Canel, in-8 avec deux planches ; et en 1830, chez Barbezat, 2 vol. in-8 avec plusieurs additions.

Les « Scènes Contemporaines » sont-elles bien l'œuvre de Mme de Chamilly ? c'est un point qui n'est élucidé par aucun de nos bibliographes. Il est permis, en tout cas, de penser qu'elles ont été retouchées par quelque plume discrète ; c'est du moins ce qui résulte de l'avertissement de l'éditeur belge. Elles sont écrites dans un esprit très libéral et fort hostile aux tendances congréganistes qui avaient déteint sur la société à la fin de la Restauration. L'auteur y flagelle en outre impitoyablement ces habiles et zélés serviteurs de toutes les causes et de tous les régimes, toujours prêts à chanter la palinodie pourvu qu'ils y trouvent leur intérêt. Sous ce dernier rapport, les « Scènes Contemporaines » n'ont pas beaucoup vieilli et le lecteur malin pourrait encore aujourd'hui en faire *in petto* d'heureuses applications.

Voici la clef donnée dans l'édition belge de 1828 :

Le Marquis-Préfet (pages XIII et XIV de l'avertissement) est M. de Lastours, député immuable du Tarn, depuis 1814 jusqu'au mois de novembre 1827.

Dans « L'Oraison funèbre » (pages 3 à 18), *l'académicien Clopineau* est M. Roger, secrétaire général de la Direction des Postes et membre de l'Académie Française ; dans « La pièce de Circonstance », l'homme de lettres *François*, « qui a la mémoire la plus locale, » est M. Francis, qui n'avait au contraire aucunement cette qualité ; sous les personnages de *Jean* et *Jacques*, ses confrères, l'auteur a voulu peindre M. Alissan de Chazet, un des faiseurs de pièces de circonstances fort renommé à cette époque ; — Dans « le Prix de Vertu, » l'*avocat Saint-Juste* n'est autre que M. Lourdoneix ; quant à *Mme Lefebre*, c'est Mme Panier, qui dut à la protection de cet avocat d'obtenir l'un des prix fondés par M. de Monthyon, pour un ouvrage intitulé « L'Ecrivain public. »

Enfin, Dans « Le Revers de la Médaille, » M. *Gustave d'Homélie* est M. de Genoude (jadis M. Genou tout court), alors directeur et rédacteur en chef de l'« Etoile. »

Ajoutons que dans « Le Tableau du Sacre, » il n'est pas difficile de deviner le nom de M. de Ségur, sous celui de *M. de Sinécure*, et que, dans « Le Revers de la Médaille » l'inspecteur de police *Lecoq*, est plus que probablement le fameux Vidocq, repris de justice dont on eut alors la singulière idée de faire un chef de service de police.

Bien des noms sont encore à dévoiler dans ce curieux petit volume ; celui que cache le *Philanthrope Brutus Messidor de Saint-Denis* serait assurément le plus intéressant à connaître.

SCÈNES DE LA VIE DE BOHÊME, par *Henry Murger*. — Paris, Lévy, 1851, in-12. 3 fr.

Telle est, je crois, la première édition de ce livre célèbre qui restera comme le chef-d'œuvre de son auteur. Ces études avaient d'abord été publiées en feuilletons (à six liards la ligne !). Réunies en volume elles ont été maintes fois réimprimées, avec quelques remaniements. Mises au théâtre, sous le titre de la « Vie de Bohême, » elles ont eu un nombre considérable de représentations ; les diverses reprises de cette pièce ont donné lieu à des recherches sur les personnalités si originales mises en scène dans cette œuvre remarquable. Le journal « La Paix », « L'Intermédiaire », en 1879, « Le Figaro », le Temps »,'« le Voltaire », en avril 1882, ont cherché tour à tour à soulever ces masques.

Il résulte des communications de ces diverses feuilles que Murger s'est représenté lui-même sous les traits du peintre *Marcel* ; — *Rodolphe* se nommait réellement Champfleury ; — *Barbemuche* ne serait autre que le romancier Charles Barbara ; — *Schaunard*, de son vrai nom Schawne, est aujourd'hui fabricant de jouets d'enfants, rue des Archives ; *Colline* serait M. Jean Vallon, jadis journaliste, actuellement retiré à Nice ; *Musette*, de son vrai nom Mariette (dont M. Champfleury a raconté les aventures dans un livre bien connu), est morte en se rendant en Algérie, sur un bateau qui périt corps et biens ; — *Mimi*, personnage réel comme les autres, tiendrait aujourd'hui un bureau de tabac dans le quartier de la Bourse.

Tous ces personnages, sur lesquels il convient de ne pas s'appesantir quant à présent, ne semblent pas avoir eu une destinée bien heureuse. Le moment viendra où l'on pourra avec plus de certitude donner une clef complète de « La Vie de Bohême. »

Il y a lieu de penser que ce n'est point le seul de ses ouvrages où Murger ait introduit des personnes vivantes. LE PAYS LATIN, LES BUVEURS D'EAU, LES SCÈNES DE LA VIE DE JEUNESSE, renferment sans doute aussi des énigmes analogues et vraisemblablement il en est de même pour LES AVENTURES DE MARIETTE (par M. Champfleury), dont il est question ci-dessus.

SCHUMACHER (JOHANN HEN-RICH), ASSELENA PADERBOR-NENSIS, die durch falsche List gefallene und gefangene, aber durch treve Liebe wieder errettete und erhabene MADAVEATISCHE MANIA ; oder Liebes-und Helden-Geschichte unter einem allegorischen Gedicht, nebst Moralischen Anmerkungen vorgestellet. — Auf Begehren und Kosten guter Freunde zum Druck befœrdert. — Gedruckt im Jahr, 1738, in-8.

J. Vogt, dans son « catalogue de livres très rares » (p. 615, édition de 1753), fait connaître que ce recueil d'allégories mystiques a été supprimé avec le plus grand soin par ordre du Sénat académique d'Helmstaedt, en raison des tendances *papistes* qu'on avait cru y découvrir. L'auteur cependant avait bien pris ses précautions pour que son œuvre, déjà pas mal obscure par elle-même, fût encore moins intelligible, grâce aux mots anagrammatisés dont il l'avait remplie. C'est ainsi que, suivant *Vogt,* les mots *Madaveatische Mania* ne sont autre chose que l'anagramme de : « Anima, Adams und Eva, » que vient délivrer *Sirchtus* (Christus) ; — *Menun* signifie *Numen* (la Divinité) ; — *Riféluc,* Lucifer ; — *Mossuc,* Cosmus (Le Monde), etc., etc. Vogt ne donne que ces indications sur les anagrammes de ce petit livre, qui doit être aujourd'hui, et surtout en France, d'une extrême rareté.

SÉANCE EXTRAORDINAIRE ET SECRÈTE DE L'ACADÉMIE FRAN-ÇOISE, tenue le 30 mars 1789, à l'occasion des États-Généraux. — S. l. n. d. (Paris, 1789), in-8. Rare.

La « Correspondance littéraire » de Grimm (avril 1789, t. XV, p. 447-449 de la dernière édition) contient une bonne analyse de ce pamphlet, « le premier où l'on trouve enfin quelques étincelles d'imagination et de gaîté. » Cette satire, dont l'auteur reste ignoré mais que l'on a le plus souvent attribuée à *Rivarol,* montre les quarante immortels réunis pour nommer le député qui les représentera aux États-Généraux. Après de vifs débats, qui donnent lieu, comme on pense, à maintes critiques mordantes, le choix tombe sur de Guibert. — Voici la plupart des noms sous lesquels sont désignés les académiciens : *Démophon,* Marmontel ; — *Flaccus,* Florian ; — *Azur,* Suard ; — *Pastorinet,* le duc de Nivernois ; — *Bochan,* Chabanon ; — *Myris,* Lemierre ; — *Daube,* de Rulhière ; — *Zéangir,* Chamfort ; — *Tacticus,* de Guibert ; — *Arsacès,* le cardinal de Rohan ; — *Nestoret,* Daguesseau de Frêne ; — *Cithéron,* La Harpe ; — *Biscotin,* de Bissy ; — *Vitulus,* de Beauveau ; — *Vizir,* Vicq d'Azir ; — *Anacharsis,* l'abbé Barthélemy ; — *Damis,* Sedaine ; — *Condor,* Condorcet ; — *Merlet,* l'abbé Morellet ; — *Cudis,* Ducis ; — *Virgilius,* Delille, etc., etc.

SECONDE LETTRE DU SOUF-FLEUR DE LA COMÉDIE DE ROUEN AU GARÇON DE CAFFÉ, OU ENTRETIEN SUR LES DÉFAUTS DE LA DÉCLAMATION. — A Paris, chez Tabarie, M.DCC.XXX, in-12.

Cette seconde lettre est demeurée à peu près inconnue jusqu'en 1871, époque où elle fut réimprimée par M. *Jules Bonnassies,* à la suite de la « Lettre à Mylord *** sur Baron et la D^lle Lecouvreur », par *George Wink* (l'abbé *d'Allainval.* Paris, Willem, in-12). Le nouvel éditeur n'hésite pas à l'attribuer à *J.-D. Dumas d'Aigueberre,* comme la première lettre qui est intitulée : « Réponse du Souffleur de la Comédie de Rouen à la lettre du Garçon de café » (Paris, 1730, in-12). — La lettre de D. d'Aigueberre, conseiller au Parlement de Toulouse, est fort intéressante pour l'histoire du théâtre français à cette époque ; elle passe en revue les comédiens, sauf les médiocres, en 1730, et donne sur eux des appéciations sûres et sans passion. Les comédiens n'étant désignés que par des initiales, il est nécessaire d'avoir une clef pour la lecture de ce petit écrit, dont l'édition originale est devenue fort rare ; la voici :

Mlle *D. C.*, — Marie-Anne de Chateauneuf, dite Mlle Duclos ;

Waltniq, — sans doute Pierre Trochon, sieur de Beaubourg, successeur du fameux Baron ;

M-n-m-n-l, — Louis-André-Lesage, dit Montménil ou Montmény, fils de l'auteur de « Gil Blas » ;

S-rr-ȝ-n, — Pierre Sarrazin, qui débuta en 1729 ;

Le sieur D., — Abraham-Alexis Quinault-Dufresne ;

Mlle *Q-n-t*, — Jeanne-Françoise Quinault, la cadette ;

Mlle *D-b-c-g.*, — Mlle Laurence Chantrelle, dite Dubocage ;

Mlle *D-n-g-v-ll.*, — Marie-Anne Botot, dite Mlle Dangeville ;

Mlle *D.*, — Christ.-Ant.-Charlotte Desmares ;

Le sieur A., — François-Huguet Armant ;

Le sieur L.-T., — Pierre Lenoir, sieur de la Thorillière ;

Le sieur Q., — J.-B.-Maurice Quinault, l'aîné ;

Mlle *D. F.*, — Mme Catherine Dupré, femme de Quinault-Dufresne ;

Le sieur G.-v., — Ch.-Fr.-Nic. Racot de Grandval ;

Le sieur D.-Ch., — Jean-Pierre Duchemin ;

Le sieur D., — Claude-Charles Botot Dangeville ;

Le sieur P., — François-Arnould Poisson ;

Le sieur le G., — Marc-Antoine Legrand, fils ;

Mlle *B.*, — Marguerite-Thérèse Balicourt ;

Les jugements portés par d'Aigueberre sur tous ces auteurs et actrices sont généralement fort justes.

Secret Memoirs and Manners of several persons…

Voir : L'Atalantis de Madame Manley.

SECTANI (L.) Q. FILII, DE TOTA GRÆCULORUM HUJUS ÆTATIS LITTERATURA AD GAJUM SALMORIUM SERMONES QUATTUOR Accessere quædam, M. Philocardii enarrationes. — Hagæ-Vulpiæ, 1738, in-8.

Ejusdem Sermo Quintus. — Corythi, s. d., in-4.

Ejusdem Sermo Sextus. — Corythi, 1742, in-8.

Plusieurs réimpressions, notamment en 1764 (Six satires). Augustæ-Vindelicorum et Œniponti. Apud Josephum Wolf. — pet. in-8 de 96 p. et en 1804, à Venise, dans le t. III des œuvres diverses de l'auteur, pages 99 à 241 ; cette dernière édition contient 8 satires.

Ces discours satiriques, dirigés contre les demi-savants et pédants qui brillaient à Lucques et à Florence, au milieu du siècle dernier, furent tout d'abord attribués au P. Pompeo Venturi, professeur de rhétorique au collège de Florence. On sait aujourd'hui, de la façon la plus certaine, qu'ils sont l'œuvre du P. *Jules-César Cordara*, jésuite, originaire d'Alexandrie en Piémont, de la famille des comtes de Calamandrana Cordara, en se cachant sous le pseudonyme de « Lucius Sectanus Quinti Sectani filius, » voulut imiter et rappeler les satires spirituelles de Sergardi contre Gravina (Q. Sectani Satyræ in Philodemum). Les notes généralement fort courtes qui y sont jointes ont été écrites par *Jérôme Lagomarsini*, qui se cacha sous le nom de « M. Philocardius. » Bien que les monuments des querelles littéraires d'autrefois soient aujourd'hui peu recherchés, tant en raison de leur obscurité que parce qu'ils ont beaucoup vieilli, les satires du P. J.-C. Cordara méritent, à double titre, d'être exceptées de cet oubli. D'abord elles sont bien composées et très élégamment écrites, puis elles sont plus intelligibles que beaucoup de productions du même genre, grâce à une clef donnée par M. G. Melzi dans son « Dictionnaire des anonymes et pseudonymes italiens» (t. III, p.46); la voici :

Albius, — le Dr Bianchini, de Prato ;

Arcadi, — les Arcades, académie de Florence;

Bagnarius, — Dominique Lazzarini, professeur à Padoue;

Califanus, — le marquis Gabriel Riccardi;

Cithisus, — le marquis-abbé Nicolini, de Florence;

Felix, — le comte Dr Giovanni Felici, médecin à Florence;

Fronton, — Antonio Francesco Gori, antiquaire;

Gallius, — le Dr Jean Lami, professeur et bibliothécaire;

Gallus, — le commandeur Joseph Buondelmonti ;

Induperator, — Dr Antonio Cocchi, antiquaire et professeur;

Invidia, — D^r Ch.-Ant.-Maria Bindi, prêtre florentin ;

Murranus, — Dominique Lazzarini, sus-désigné ;

Noriscus, — le P. Odoard Corsini, professeur à Pise;

Orbilius, — le Dr Angelo Ricci, professeur à Florence;

Peribonius, — Bindo-Simone Ferruzzi, noble florentin ;

Rufus, — le P. Guido Grandi, professeur à Pise, ou peut-être Rosso Martini, noble florentin ;

Rullus, — Philippe Venuti, noble de Cortone;

Ursius, — le cardinal Orsi, dominicain ;

Ventidius, — le marquis Alamanni, vice-secrétaire de l'académie « della Crusca. »

Outre la « Bibliographie Michaud » (t. IX, p. 567), on peut consulter avec intérêt, sur le père Cordara, l'essai sur sa vie et ses écrits, mis en tête de l'édition de ses œuvres, Venise, 1804.

SEMAINE (LA) NOCTURNE...
Voir : Les Nuits de Paris.

SENTIMENTAL JOURNEY THROUGH FRANCE AND ITALY,

by *M. Yorick*. — London, 1768, 2 vol. in-12.

LIFE AND OPINIONS OF TRISTRAM SHANDY, GENTLEMAN. — London, 1759-1767, 9 vol. in-12.

C'est-à-dire :

VOYAGE SENTIMENTAL EN FRANCE ET EN ITALIE, par *M. Sterne*, sous le nom de *Yorick ;* traduit de l'anglais par *M. Frénais*. — Amsterdam et Paris, Gauguery, 1769, 2 vol. in-12.

LA VIE ET LES OPINIONS DE TRISTRAM SHANDY, traduit de l'anglais par *Jos.-P. Frénais* (et *de Bonnay*).— Paris, Volland, 1785, 4 vol. in-12.

Telles sont les premières éditions du texte et de la traduction française des deux plus célèbres ouvrages de *Laurent Sterne*. — Le nombre des éditions ou réimpressions anglaises et françaises est considérable et l'on ne peut que renvoyer les lecteurs au

« Manuel de Lowndes » et à la « France littéraire » de Quérard, qui en décrivent ou citent le plus grand nombre.

Le « Voyage sentimental » et « Tristram Shandy » sont des livres à clef, de l'aveu de l'auteur lui-même et de tous les écrivains qui ont publié des études sur ces ouvrages. J'ignore si cette *clef* a été faite complètement ; je doute fort qu'elle ait jamais été publiée, les bibliographies étant muettes à cet égard. Rechercher aujourd'hui les noms de tous les personnages originaux mis en scène par Sterne serait un travail considérable, pour l'exécution duquel on trouverait cependant de précieuses indications dans « l'Essai et éclaircissements sur les ouvrages de Sterne, » par le D* *Ferriar*, de Manchester ; dans l'ouvrage intitulé *Olio* (Macédoine) de M. *Davy ;* dans les « Essais » de *Walter Scott,* qui, par parenthèse, accuse nettement Sterne d'être un audacieux plagiaire ; etc., etc. — Le plus sûr serait de découvrir quelque exemplaire des premières éditions, annoté par un lecteur contemporain.

A défaut d'une clef complète, on peut toutefois donner les indications suivantes, recueillies de part et d'autre : *Yorick, Tristram Shandy,* c'est Sterne lui-même ; — *Smelfungus,* le docteur Smolett ; — *M*ᵐᵃ *de L...,* c'est la marquise de Lambert, à laquelle Sterne fut redevable de son passeport ; — *l'Homme au Shakspeare* n'est autre que le baron de Breteuil, l'ami du ministre (Choiseul) ; — *Lafleur,* le valet de chambre, n'est point un personnage imaginaire ; il était marié, sa femme, qui tenait un cabaret à Calais, lui fit éprouver maintes disgrâces conjugales et finit par le quitter pour suivre une troupe de comédiens ; — *le docteur Slop,* c'est le docteur Richard Burton, oncle de Sterne, qui se brouilla avec lui pour motifs politiques ; — *l'Eliza* des « Lettres » se nommait Elisabeth Draper et était la femme de Daniel Draper, conseiller de la couronne, à Bombay ; — enfin, les initiales *J. H. S.,* qui figurent en tête de diverses lettres, désignent John Hall Stevenson, auteur des « Crazy Tales, » ami intime de Laurent Sterne. — Ajoutons que parfois Sterne a imprimé les noms propres en toutes lettres ; tels sont notamment ceux de Diderot, de l'abbé Raynal, etc., etc.— Une dernière particularité à noter, c'est que ni Sterne, ni aucun de ses biographes n'ont indiqué le nom de celle qui fut sa femme, cette *miss L.,* à laquelle il a écrit quatre lettres si jolies, véritables chefs-d'œuvre de grâce et d'exquise sensibilité.

SENTINELLE (LA) DU PEUPLE. — Aux gens de toutes professions, sciences, arts, commerces et métiers, composant le Tiers-État de la province de Bretagne. — Feuille périodique qui n'eut que 5 numéros, du 10 novembre au 5 déc. 1788, in-8. S. l.

Réimprimée avec cette adjonction au titre : « Par un propriétaire en ladite Province. » — Pamphlet très spirituel contre la noblesse et en faveur des principes que la Révolution devait consacrer. — On dit que *Volney* était un des rédacteurs de cet écrit. »— Le bruit que fit cette publication donna lieu à plusieurs *imitations* ou *réponses.* — M. Hatin en a trouvé sept, chez M. Pochet-Deroche, reliées à la suite de la « Sentinelle du Peuple, » et formant avec elle un volume très curieux, que *termine une clef manuscrite,* composée par un habitant de Rennes et portant cette épigraphe : « *Ubi lux, ibi Pax.* » — (Voir dans la « Bibliographie de la Presse, » de M. *E. Hatin,* pp. 92-93, l'intéressant article consacré à cette feuille et aux sept publications annexes.)

Serpent (le) crevé.

Voir : La Beste insatiable.

Serpille et Lilla.

Voir : Les Impostures innocentes.

SIBYLLA CAPITOLINA, PUBLII VIRGILII MARONIS POEMATION ; interpretatione et notis illustratum. A *S. L.* — Oxonii (Hollande). — E Theatro Sheldoniano, M.DCC.XXVI, in-8 de 2 ff. 92 pp.

Ce petit poëme en centons virgiliens est de *Pierre Daudé* ; il a trait aux affaires du Jansénisme et est principalement dirigé eontre la fameuse « Constitution Unigenitus. » — Les notes et le commentaire perpétuel qui accompagnent cet opuscule lui servent de clef ; sans cela il serait à peu près inintelligible. Comment deviner en effet que « *Tempestates sonoræ* » signifie les controverses entre Molinistes et Jansénistes ; que « *Phœbi Sacerdos* » veut dire le Père Le Tellier, confesseur du roi de France ; que « *Centum voces, responsa Sibyllæ,* » ce sont les cent articles de la Constitution, etc., etc. — Ce petit ouvrage, comme tous les livres en centons, est un chef-d'œuvre de patience ; il est très habilement composé, mais il offre si peu d'intérêt aujourd'hui, qu'il est absolument inutile d'en dresser la clef ; elle serait du reste presque aussi longue que le poème lui-même.

SIDÈRE (LA) PASTORELLE, plus les amours de Sidère, de Pasithée et autres poésies. — Se trouve dans les œuvres de *René Bouchet*, sieur *d'Ambillou*, recueillies et imprimées à Paris, Robert Estienne, 1609,

6 vol. in-8. — A été aussi imprimé à part la même année.

« La « Sidère » est une pastorale allégorique, où, sous les noms de *Cléon* et de *Floribé*, on veut louer le roi Henri IV et la reine Marie de Médicis ; elle est en cinq actes et en prose, à l'exception des chœurs et de quelques scènes qui sont en vers, de même que le prologue, où le poète fait parler la Jalousie. » (« Biographie Michaud, » t. V, p. 278.) — Suivant M. Paul Lacroix, cette *pastorelle* renferme des passages pleins de charme et de grâce.

SIÉGE (LE) DE FRIGOLET, poème épique en trois chants, par *Jehan de La Tour d'Aillane* (?). — Aix, imprimerie J. Nicot, rue du Louvre, 16 ; 1880, in-8 de 35 pp.

Cette production satirique, bien faible au point de vue poétique, mais gaie et assez amusante, a été composée, au mois de novembre 1880, au sujet d'un incident qui se produisit lors de l'exécution des fameux décrets du 29 mars de la même année, sur la dissolution des congrégations religieuses non autorisées. — On se rappelle que les religieux prémontrés de l'abbaye de Frigolet, entre Barbentane et Tarascon, refusèrent de se dissoudre et firent résistance aux sommations de l'autorité. Ils se renfermèrent dans leur abbaye et l'on dut faire venir des troupes pour les investir et les prendre par la famine. La résistance, puis la reddition des « beaux Pères » ne donna pas moins matière à plaisanter que les mesures stratégiques prises pour les réduire : c'est là tout le sujet de ce petit poème. — Quelques noms sont travestis : *Zéphyrin,* c'est M. Constans, alors ministre de l'intérieur ; *Poutrelle,* c'est M. Poubelle, alors préfet des Bouches-du-Rhône ; *Crillon,* c'est M. le général Guillot ; *l'illustre subalterne du Pacha Marseillais*, c'est M. Lucas, sous-préfet d'Arles, *le commissaire immortel*, c'est M. Routier, commissaire de police de Tarascon, etc., etc.

SIÈGE (LE) DE PAVIE, ou la Gloire de Charlemagne, tragédie nationale. — S. l. n. d. (Paris, 1808), gr. in-8, tiré à petit nombre pour être distribué. Rare.

Cette pièce en cinq actes et en vers est de *M.-J.-Armand Boïeldieu*. C'est Napoléon Ier qui a posé pour le portrait de *Charlemagne* ; les allusions au nouvel ordre de choses et aux personnages de l'Empire y abondent ; l'auteur, du reste, n'a pas caché son dessein d'allusions dans les réflexions préliminaires sur sa tragédie « considérée spécialement comme pièce nationale. » — (Catalogue Soleinne, n° 2613.)

SIGNE PRODIGIEUX D'UNE COMÈTE APPARUE DANS LA CHAMPAGNE, au grand étonnement de tout le peuple. — Paris, 1649, 7 p. pet. in-4.

Mazarinade peu commune dont l'auteur est resté inconnu. Cette pièce est ainsi analysée par M. C. Moreau (Bibliographie des Mazarinades, t. III, p. 178) : — « Voici la description de « la Comète : Une bombe de feu qui « se fend en deux ; puis une ville ; un « dragon qui tourne autour ; un cavalier sort de la ville, attaque le dragon et le tue. — Il n'est pas difficile « de deviner le sens de cette allégorie : La *boule*, c'est la France qui se « divise en deux parties ; la *Ville*, c'est « Paris ; le *dragon*, l'armée du blocus ; « le *Cavalier*, le duc de Beaufort. »

SIR HARRY WILDAIR, being the sequel of The trip to the Jubilee, by *George Farquhar*. — Acted at Drury-Lane, 1701. —London, in-4. Plusieurs fois réimprimé.

Dans cette suite de « The Constant Couple » (voir ce titre), Farquhar a mis en scène la plupart des personnages de cette comédie. C'est, paraît-il, lui-même qu'il a voulu peindre sous le nom de « *Sir Harry Wildair.* »

SIREINE (LE), DE MESSIRE HONORÉ D'URFÉ. — Paris, 1611, in-8. — Autre édition : ... reveu, corrigé et augmenté de nouveau par l'autheur. — A Paris, chez Toussaint du Bray, 1618, pet. in-8 de 128 pp.

« Ce poème, dit Niceron (t. VI, p. 223), est le premier ouvrage de d'Urfé. Il y décrit son départ du Forez, son absence et son retour, mais en déguisant un peu les choses. Il se représente presque encore enfant ; il part amant de *Diane* et aimé d'elle ; pendant son absence, *Delio*, riche berger, mais mal fait et peu digne d'elle, la recherche en mariage et l'obtient de ses parents, dont l'autorité prévaut en cela sur sa passion. *Sireine* (d'Urfé), à cette nouvelle, se précipite dans la mer, d'où il est promptement retiré par les soins officieux de ceux qui le voient dans ce danger. » — *Le Sireine* est, comme on voit, une sorte de prologue de l'*Astrée* (voir ce titre).

SIX (LES) NOUVELLES, ou la Confession galante de six femmes du jour, par *A.-J. Rosny*, auteur d'Adèle de Germeuil. — A Paris,

chez Delalain, fils, an VI, in-18 de 177 pp. Prix 1 fr. 20 et sur grand papier vélin, cartonné, 4 fr. 20.

Une clef manuscrite, donnant le nom des six héroïnes, était jointe, dit M. G. Brunet, à un exemplaire porté au catalogue de la vente B. D. C. (1847, n° 475). — Un catalogue de la Librairie Potier en a offert un autre exemplaire (8 fr.), où les noms des six personnes étaient écrits au verso du faux titre. — C'est encore une clef à rechercher.

SOIRÉE (LA) DE VAUGIRARD.
Voir : Les Conspirateurs.

SOIRÉES D'HIVER DU FAU-BOURG SAINT-GERMAIN, ou Essai SUR L'ESPRIT DU TEMPS ET DES CON-VERSATIONS EN GÉNÉRAL, par *L.-N. Baudry-de-Lozières* (ou Lauzières?). — Paris, 1809, in-8.

Cet ouvrage, bien que pauvrement conçu et médiocrement écrit, n'est cependant pas sans intérêt pour le lecteur de nos jours. On y trouve un tableau de la Société d'alors, et, dans les conversations qu'il prétend transcrire, Baudry-de-Lozières met en scène des personnages dont il avait certainement eu les originaux sous les yeux. — Les interlocuteurs ne sont désignés pour la plupart que par des initiales: M. A***, Mlle D***, M. C***, Mme D***, presque tout l'alphabet y passe; à coup sûr ces initiales ne sont pas celles des vrais noms des personnages; mais la manière minutieuse dont on les décrit physiquement et moralement, les qualités qu'on leur donne (voir par exemple : M. le secrétaire général D. P.) indiquent bien qu'il s'agit d'êtres réels et non de personnages purement imaginaires. Il y

a là une curieuse clef à rechercher, malgré les dénégations de l'auteur, qui, dans un avis imprimé au verso du titre, prévient que son livre était écrit depuis six ans déjà et que l'on chercherait inutilement à faire des applications personnelles : cette précaution même paraît être un argument de plus pour établir que cet ouvrage est bien un livre à clef.

SOMMAIRE DES PROUESSES ET FAITS MERVEILLEUX ARRI-VÉS DANS LÆTUCE, capitale du royaume de l'Esgau, depuis l'Hégire.
Manuscrit in-8 de la fin du règne de Louis XV, décrit au catalogue Leber, sous le n° 5,813.

C'est le récit satirique, en style de vieilles chroniques, des galanteries et intrigues de la cour de Louis XV. Les noms sont déguisés: *Lætuce* (Lutèce), c'est Paris ; l'*Esgau*, les Gaules ; l'*Hégire*, c'est la période écoulée depuis le jour ou Louis XV monta sur le trône, etc. — Au manuscrit sont jointes des notes et explications historiques.

SOMNIA SAPIENTIS, AUCTORE P. FIRMIANO.
Voir : Gyges Gallus.

SON EXCELLENCE EUGÈNE ROUGON.
Voir : Les Rougon-Macquart.

SON EXCELLENCE SATINETTE (Affaires Étrangères), par *Édouard Cadol*.
Roman publié, depuis le mois de mars 1882, dans le journal intitulé « La République illustrée. » Paris, gr. in-4.

Cet ouvrage passe pour contenir des portraits de personnages contemporains. Certaines illustrations reproduisent les traits de fonctionnaires et d'hommes politiques ; ainsi le personnage du Préfet de police semble se rapporter à M. Louis Andrieux ; mais les faits et les scènes du livre se passent à une époque où le député de Lyon n'était point encore investi de ces fonctions. — Si ce roman rentre dans la catégorie des ouvrages à clef, on ne pourra être fixé sur les allusions qu'il contiendrait, qu'après son entière publication. Du reste, il est plus vraisemblable que l'auteur a formé ses personnages à l'aide de traits empruntés à diverses personnalités.

SONGE (LE) DE LUCIDOR, ou SONT REPRÉSENTÉS LES REGRETS DE CLÉANTHE SUR LA MORT DE THÉOPHILE, par le sieur de Nerveze. — Paris, du Breuil, 1610, in-12. Rare.

L'abbé Goujet, qui n'avait pas vu cette pièce, a cru qu'elle était relative au poète Théophile, mort en 1627 seulement. — Ce n'est rien moins que cela : il s'agit de Marie de Médicis (*Cléanthe*) et de son époux Henri IV (*Théophile*). Antoine de Nerveze, qui paraît s'être lui-même désigné sous le nom de *Lucidor*, avait été un serviteur dévoué du roi défunt ; il fut l'un des premiers à déplorer sa mort ; courtisan modèle, il dédia son livre au jeune Louis XIII, qu'il n'hésita point à louer en ces termes : « Je puis dire, sire, que vous n'aviez pas encore ouvert les yeux pour voir le ciel, que je célébray vostre nom dans le monde ! » (Catalogue Leber, n° 4.168.)

SONGE (LE) DE POLIPHILE...
Voir : Poliphili Hypnerotomachia...

SONGES (LES) DROLATIQUES DE PANTAGRUEL.
Voir : Rabelais.

SONNETTES (LES), ou MÉMOIRES DE MONSIEUR LE MARQUIS D'***. — Utrecht, 1749, in-12. Rare.
Berg-op-Zoom (Londres), 1751 ; 2 part. in-12, jolies fig.
Utrecht, 1771, in-12.
Londres (Cazin), 1781, in-18 de 212 pp.
Nouvelles éditions, très modifiées, intitulées :
1° FÉLIX, OU LES AVENTURES D'UN JEUNE OFFICIER. — Vire, 1799, 2 vol. in-12, et
2° FÉLIX, OU LE JEUNE AMANT ET LE VIEUX LIBERTIN. — 1803 (an IX), in-8.
Réimprimé, sous le premier titre, à Bruxelles, Gay et Doucé, sur l'édition de 1781, avec l' « Histoire d'une comédienne qui a quitté le spectacle ; » in-12 de 142 pp., 3 frontispices gravés, papier vergé, 10 fr.
Ajoutons que le manuscrit original de ce roman badin se trouve porté au « Catalogue raisonné d'une collection d'anciens manuscrits » (Paris, Techener, 1862, n° 178) ; il renferme des passages qui ont été retranchés à l'impression.

L'auteur de cet ouvrage très galant est Jean-Baptiste Guiard de Servigné, avocat au Parlement de Rennes, qui fut mis à la Bastille pour avoir publié cet écrit trop libre ; qu'on en juge par le canevas suivant : « Le duc de Richelieu, voluptueux et libertin, avait épuisé ses facultés de bonne heure et, pour les ranimer dans les bras de ses nouvelles maîtresses, il avait imaginé, dans un vaste château où il attirait la plus fringante jeunesse des deux sexes, de pourvoir tous les lits de ressorts et de fils qui faisaient mouvoir des sonnettes placées tout autour de son appartement, chacune avec son étiquette portant le nom des dames qui occupaient les chambres. » — On juge ce qu'un pareil thème a pu fournir à l'imagination de l'auteur, qui a d'ailleurs raconté plusieurs aventures véritables.

Les noms des personnages ont été changés dans « Félix, » en voici la concordance avec ceux des « Sonnettes: »

*Le baron D***,* — *M. de Lancival ;*

La comtesse de Mongol, — *la comtesse de Baltimor ;*

La Duclos, — *la Dupré ;*

*Le duc D**** (c'est Richelieu), — *le banquier Crysopole ;*

Le président P..., — *P., jeune officier ;*

Le vicomte de L..., — *L., jeune officier :*

Le château du duc, — *la belle maison du banquier ;*

Le président D. B..., — *M. de Bonnaire ;*

La présidente D. B..., — *Mme de Bonnaire.*

Il serait bien curieux de tomber sur un exemplaire annoté par une main de l'époque, pour avoir les vrais noms de tous ces libertins.

SORELLINA (LA) DI DON PILONE

(o sia l'avarizia più onorata nella serva, che nella padrona), commedia, di *Girolamo Gigli*, recitata in Siena da gli Accademici Rozzi, 1721, in-12. Plusieurs réimpressions.

Jérôme Neuci, plus connu sous le nom de Girolamo Gigli, et dont il a été parlé à l'article « Don Pilone, » a écrit, on peut le dire, d'après nature, cette comédie en cinq actes et en prose : Sa femme, sa servante, lui-

même et sa famille en un mot, ont fourni le sujet et les principaux personnages. Sa femme y est mise en scène avec son humeur scabreuse, sa sordide avarice et son aveugle crédulité. Il s'y est peint à peu près tel qu'il était lui-même, bon homme au fond, mais malin, goguenard, insouciant, dissipateur, toujours occupé de vers ou de prose, jamais de ses affaires, et, au milieu des plus grands embarras, tendant des pièges à l'hypocrisie, et triomphant quand il l'y a fait tomber. De peur qu'on ne se trompât au rôle de l'hypocrite *Don Pilogio* qui est le fourbe de la pièce et un second *Don Pilone,* il le désigne, dans sa préface, par l'initiale de son nom : « c'était le Signor Alessandro S..., chevalier par sa naissance et hypocrite par état. » — Cette pièce n'eut pas moins de succès que « Don Pilone, » et n'attira pas moins d'ennuis à son auteur. Il serait curieux d'en retrouver la clef. (Voir: « Biographie Michaud, » t. XVII, p. 340-350.)

SOUPER (LE) DES NOIRS.
Voir : Le Vicomte de Barjoleau.

SOUPERS (LES) DE DAPHENÉ, ET LES DORTOIRS DE LACÉDÉMONE,

Anecdotes grecques, ou Fragmens historiques publiés pour la première fois, et traduits sur la version arabe imprimée a Constantinople, l'an de l'hégire 1110 et de notre ère 1731 (par *A.-G. Meusnier de Querlon*). — Oxfort (Paris), 1740, in-8 de 96 pages. Réimprimé en 1746, pet. in-8, en 78 pages seulement, y compris la clef.

Ce petit ouvrage a fait l'objet de deux intéressants articles, l'un de

Charles Nodier (« Mélanges tirés d'une petite bibliothèque, » page 90), l'autre de A. Barbier (« Ouvrages anonymes, » tome IV, col. 535.) « C'est, dit ce dernier, une satire sur les Soupers de Marly, ou sur ceux que Samuel Bernard donnait à Passy. Querlon l'a composée en trois jours : Monnet avait ramassé les anecdotes et les avait remises à l'auteur ; il fit imprimer à ses frais l'ouvrage qui se vendait, dans le temps, jusqu'à 12 livres ; on en a fait plusieurs éditions. » Barbier et Nodier s'accordent à dire que la clef imprimée est fort incomplète ; en voici une plus ample donnée par Nodier, avec quelques éclaircissements et qui s'applique à l'édition de 1740 :

Pages

1. — *Daphené,* — Marly ;
10. — *Antioche,* — Paris ;
10. — *Syrie,* — la France ;
10. — *Le fleuve Oronte,* — la Seine ;
11 et 12. — *Ce bois enchanté,* — le bois de Boulogne ;
15. — *Pompée-le-Grand,*—Louis XIV ;
16. — *Ampelide,* — Samuel Bernard ;
17. — *Aventurier de Nicosie,* — le même ;
24. — *Albionice,* — Mlle de La Touche, fille bâtarde de S. Bernard ;
25. — *Chlore,* — Mlle de Moras ;
25. — *Arsinoé,* — Mme de Moras, la mère ;
25. — *Agathias,* — M. de Boufflers ;
25. — *La femme du Vice-Préteur,* — Madame Hérault, femme du lieutenant de police ;
27. — *La femme du vieux Strabon,* — Mme de Mailly ;
27. — *Cette petite femme,* — Mme la présidente Portal ;
27 et 28. — *Ce jeune homme,*—M. d'Arboulin , amant de Mme Portal ;
34. — *Glycère,* — Mlle le Maure, de l'Opéra ;
37. — *Artémise,*— la jeune duchesse ;
38. — *Le prince d'Armémie ,* — Louis XV ;

Pages

40. — *Les bâtisseurs,* — les francs-maçons ;
41. — *Aristomaque,* — le prince de Rohan ;
42. — *Foi socratique ,* — certains francs-maçons soupçonnés de vice antiphysique ;
43. — *L'Ile de Samothrace,* — l'Angleterre ;
55. — *La mule,* — allusion à une aventure arrivée à Mme la duchesse de Ruffec ;
60. — *Cotytto,* — la déesse des Plaisirs.

« Les Dortoirs de Lacédémone, ou Dialogues sur la Volupté entre Aristippe et Laïs » n'ont rien d'allusif et n'exigent pas de clef ; « c'est tout simplement, dit Nodier, un tissu de fadeurs à la grecque et d'obscénités musquées, comme le pamphlet précédent, mais qui n'offre pas comme lui l'attrait de la personnalité. »

SOUTENEURS (LES) ET LES SOUTENUES, comédie en vers.

Voir : « Marthe Le Hayer. »

SOUVENIRS DE LA SUISSE, EN 1794.
Voir : Le Collège de ***.

SPIDER (THE) AND THE FLIE, a poem by *John Heywood.*—London, Thomas Powel, pet. in-4, 1556.

Le poème allégorique qui a pour titre « L'ARAIGNÉE ET LA MOUCHE » est, au dire des biographes anglais eux-mêmes, le plus long et le plus ennuyeux ouvrage de *John Heywood.* Il ne comprend pas moins de 98 chapitres et se compose d'une prodigieuse quantité de strophes de sept vers chacune. — L'auteur a fait graver son portrait en pied, au revers du titre ; de plus, au commencement de chaque chapitre, une gravure sur bois le représente tantôt assis, tantôt debout, ou encore devant un livre ouvert sur une table près d'une fenêtre tapissée de toiles d'araignées. Son poème n'est qu'une interminable allégorie aux querelles religieuses de son temps. — *Les araignées* signifient les protestants, *les mouches*, les catholiques. La *femme* qui détruit d'un coup de balai les toiles d'araignée, c'est la Sainte Vierge qui exécute les ordres de son *maître* et de sa *maîtresse* (Jésus-Christ et l'Eglise de Rome). — Heywood, mort en exil, en 1565, est l'un des plus anciens auteurs dramatiques de l'Angleterre.

SPIRITUAL (THE) QUIXOTE, or THE SUMMER'S RAMBLE, by M. *Geoffry Wildgoose.* — London, 1773 ; 3 vol. in-12. Plusieurs fois réimprimé dans les formats in-18 et in-12, avec et sans figures.

Le « DON QUICHOTTE SPIRITUEL » est l'œuvre du pasteur *Richard Graves*, qui s'est caché sous le nom de « Wildgoose. » C'est une satire dirigée contre les prédicateurs ambulants et surtout ignorants de la secte méthodiste. L'idée de ce roman, très estimé en Angleterre, fut inspirée à l'auteur par les extravagances d'un cordonnier méthodiste, insolent et fanatique, qui était venu s'établir dans la paroisse de Claverton, dont Richard Graves était le curé. On a reproché à Graves d'avoir prostitué en quelque sorte le langage de l'Ecriture à un objet de plaisanterie, mais cette critique n'ôte rien à la valeur de l'ouvrage qui est rempli de traits satiriques, de portraits esquissés d'après nature et qui offrirait encore de l'intérêt aux lecteurs français, surtout avec le secours d'une bonne clef.

STAATS-LIEBES UND HELDEN-GESCHICHTE....., c'est-à-dire en français : HISTOIRE POLITIQUE, AMOUREUSE ET HÉROÏQUE DE LA GRANDE PRINCESSE DE L'INDOUSTAN AMIRA ET DE SON ALTESSE LE PRINCE ZICUFARNES. — Francfort, 1745, in-8 de 535 pp.

Satire allemande extrêmement rare, qui ne paraît pas avoir été traduite en français et dont l'auteur est demeuré inconnu. La « Bibliographie Gay, » qui a cité cet ouvrage (t. VI, p. 293), ajoute: « sous des noms supposés, ce volume contient une satire contre l'empereur d'Autriche François Ier, contre le roi de Prusse et contre d'autres personnages considérables de l'époque. » — Il y a là une clef à rechercher.

SUITE A APPRIUS, CONTINUATION DE SON HISTOIRE...
Voir : Histoire du Prince Apprius.

SUITE DU MONDE COMME IL VA.
Voir : Le Fils de Babouc.

SUITE DES MÉMOIRES DU VICOMTE DE BARJAC.
Voir : Le Vicomte de Barjac.

SULTANE (LA) CAIHICAIHIA, nouvelle orientale, par M. *Antiboul*, ancien magistrat. « Honni soit qui mal y pense. » — A Paris, chez Mongie, 1828 ; in-12 de 154 pp., y compris les ff. préliminaires, 3 fr. (Il y aurait eu, dit-on, une seconde édition en 1835.) Rare.

Ce petit volume renferme, sous le voile de l'allégorie, l'histoire de Mme Zoé Talon, si connue sous le nom de comtesse du Cayla, qui passa longtemps pour la maîtresse... honoraire du roi

Louis XVIII. — L'auteur, le comte *Honoré d'Antiboul*, ancien commissaire de police, devait avoir des motifs d'animosité personnelle contre la favorite, car il ne se gêne pas pour diriger contre elle des traits fort mordants, en la représentant surtout comme une femme intrigante et prête à toutes les complaisances pour arriver à son but. La clef des noms est aisée à faire : La Sultane Caihicaihia, c'est bien entendu Mme du Cayla elle-même ; *le chef habile et audacieux qui a usurpé le trône d'Orient*, c'est Napoléon Ier ; Massouf, c'est Fouché ; *le Sultan légitime Arrachild*, c'est Louis XVIII ; *les Turcs* sont les Français ; *Constantinople*, Paris ; *Giafar* est sans doute Savary, duc de Rovigo, successeur de Fouché ; *la Perse*, c'est la Russie ; *Soliman* doit personnifier M. de Peyronnet ou M. Decaze ; *la grande mosquée de Sainte-Sophie*, c'est la basilique de Saint-Denis, où sont ensevelis les rois de France ; *le Sultan qui devait succéder à Arrachild*, c'est le comte d'Artois, depuis Charles X ; etc., etc.

Cet écrit, fort respectueux quand il s'agit du roi ou de la famille royale, est, je le répète, d'une extrême méchanceté quand il est question de la sultane Caihicaihia. Certains faits sont exagérés ou même dénaturés ; en somme c'est presque un libelle, mais un libelle curieux et intéressant encore aujourd'hui. — Ajoutons que, dans sa préface, l'auteur affirme n'avoir voulu faire aucune espèce d'allusions ; on sait ce que valent en général ces sortes de précautions.

SUPPLÉMENT (LE) DU CATHOLICON…
Voir : Satyre Ménippée de la Vertu du Catholicon…

SUPPOSITION (LA) VÉRITABLE, petite comédie, en un acte et en vers, qui se trouve après la scène quatrième du deuxième acte de « L'Amour fantasque, ou le Juge de soy-mesme, » comédie en trois actes, en vers, par *A.-H. Fiot*. — Rouen, J.-B. Besongne, 1682, in-12 de 6 ff. et 46 pp.

L'auteur nous apprend qu'il n'y a rien que de très véritable dans cette pièce, fondée sur une aventure qui venait d'arriver en Normandie. C'est une fille qui ayant signé un contrat de mariage *par raillerie* faillit être forcée d'en exécuter les clauses. (Catalogue Soleinne, n° 1495.)

TAISEZ-VOUS, CANAILLE ÉCRIVANTE, ET L'ON N'ASSASSINERA PLUS DANS LES RUES DE PARIS ! — Paris, imprimerie de l'Ordre, s. d. (1791 ?), in-8 de 8 pp.

Violent pamphlet, extrêmement rare. La *Canaille écrivante*, dont il s'agit ici, sont les fameux journalistes Carra, Gorsas et Marat.

TALE OF A TUB ; by SWIFT.
Voir : Le Conte du Tonneau.

TALESTRIS, REINE DES AMAZONES, tragédie nouvelle (en cinq actes et en vers), par *Eustache Le Noble*. — Paris, 1717, in-8. Déjà imprimée sous le titre de : « LA PROMENADE DE GENTILLY A VINCENNES, ou TALESTRIS, » etc. 3e entretien. — Paris, Vve Chastelain, 1716, in-8 de 60 pp.

Le premier titre, lequel n'a pas le moindre rapport avec la tragédie de « Talestris, » appartient seulement à la préface de l'éditeur qui publia cette pièce posthume qu'il suppose avoir été lue pendant une promenade (Catalogue Soleinne, nᵒ 1675). « La reine des Amazones, *Talestris*, ajoute M. P. Lacroix, n'eut-elle pas pour type Gabrielle Perreau, *la belle épicière*, que Lenoble rendit célèbre par son amour, son procès et sa condamnation ? »

TANASTÈS, conte allégorique, par Mˡˡᵉ de ***. « Qui potest capere, capiat. » — A La Haye, chez Van der Slooten, dans le Kalver Straat. (Rouen, Vᵛᵉ Ferrand) M.D.CC.XLV. Deux parties en un volume de 156 pages.

Bien que M. G. Brunet ait parlé déjà de ce petit ouvrage, composé par Mˡˡᵉ *Marie-Madeleine Bonafous*, femme de chambre de Mᵐᵉ la princesse de Montauban, et relatif à ce qui s'était passé à Metz, lors de la maladie de Louis XV et du retour de Mᵐᵉ de Châteauroux, il n'est pas inutile de compléter la clef un peu sommaire qu'il nous a donnée, par une autre clef manuscrite que j'ai sous les yeux. Cette clef, d'une fort belle écriture, paraît contemporaine de la publication du livre, publication qui valut, comme on sait, une assez longue détention à son auteur ; la voici :
Oromal, — le cardinal Fleury ;
Agamil, — Louis XV avant sa maladie ;
Tanastès, — Louis XV depuis sa maladie ;
Sterlie, — la reine de France ;
Zarim, — la France ;
Zarimois, — les Français ;
Ardentine, — Mᵐᵉ de Châteauroux ;
Phelinette, — Mᵐᵉ de Lauraguais ;
Zirmée, — Mᵐᵉ la Dauphine ;
Muscadin, — le duc de Richelieu ;
Une grâce (2ᵉ partie, p. 153), — Mᵐᵉ d'Etiolles ;
Une fée antique (1ʳᵉ partie, p.8), — la

note indique à tort la Reine ; il s'agit de Mᵐᵉ de Mailly ;
La veuve douairière, — Mᵐᵉ la comtesse de Toulouse ;
Célénit, — Barjac.

TANT PIS (LES) ET LES TANT MIEUX. — (Paris, mars 1785).

Petite satire dirigée contre Beaumarchais ; insérée dans la « Correspondance Littéraire » de Grimm et Diderot (Voir l'édition Garnier, t. XIV, pp. 113-119). En voici la clef :
Un homme riche, — Pâris-Duverney ;
Je fis *un drame*, — « Eugénie ; »
Un grand seigneur, — le duc de Chaulnes ;
... *Sa maîtresse*, — Mˡˡᵉ Beauménard ;
Un bel esprit de mes amis, — Gudin ;
Ma manière déplut à *un philosophe*, — Suard.

TANTALE EN PROCÈS, comédie en un acte, en vers (par *Pottier*, suivant une note manuscrite de l'abbé de Saint-Léger). Se trouve dans le tome I du « Supplément aux œuvres posthumes de Frédéric II, roi de Prusse, pour servir de suite à l'édition originale. » — Berlin, Voss et fils et Decker et fils, 1789, in-8.

« Cette pièce dirigée contre l'avarice et les fourberies de Voltaire, à l'occasion de son procès avec le joaillier juif Ismaël, qui l'accusait de soustractions de diamants, est précédée d'un factum aussi sanglant que la comédie même, où Voltaire paraît sous le nom d'*Angoule-tout*, inspiré par le génie Mamon. » (Catalogue Soleinne, nₒ 3,802.)

TANZAÏ ET NEARDANÉ, HISTOIRE JAPONOISE. — A Pékin

(Paris), chez Lou-Chou-Chu-lu, seul imprimeur de Sa Majesté chinoise pour les langues étrangères, 1733-1734. Amsterdam, 1734. Londres, 1735. Pékin (Paris), 1740, 1743, 1756, 1758, 1781. Maëstricht, 1779. Londres (Cazin), 1785. 2 vol. pet. in-12 ou in-18. Les éditions de 1740 et 1743 sont recherchées pour leurs jolies gravures. Traduit en allemand.

Ce petit roman, licencieux et satirique, imprimé aussi sous le titre de « L'Ecumoire, » est de *Crébillon* fils. — D'après une note de l'abbé Sépher, ce conte de fée serait une satire dirigée contre de grands personnages, notamment contre le cardinal de Rohan et la duchesse du Maine, enfin on y tournerait en ridicule la fameuse bulle « *Unigenitus.* » Ces interprétations sont plus ou moins fondées. Il n'est pas douteux que l'auteur ait voulu faire un livre à clef, mais a-t-il bien voulu viser les personnages ci-dessus ? — Le public d'alors et surtout la Cour crurent reconnaître, sous les traits du grand-prêtre *Saugramutis,* M. de Vauxréal, évêque de Rennes, prélat cité pour ses mauvaises mœurs. Ce qui est bien certain, c'est qu'on ne se méprit point sur les malicieuses intentions de Crébillon fils, à qui ce roman valut d'être enfermé à la Bastille. — La clef véritable et complète de « Tanzaï et Néadarné » paraît être encore à faire. Toutefois, M. *H. Cohen* paraît croire que cet ouvrage n'est nullement un livre à clef.

TARGÉTADE (LA), tragédie un peu burlesque, parodie d'Athalie de Racine, en trois actes et en vers. — Paris, l'an II de la Liberté de la Presse (1791), in-8 de 75 pp. Très rare.

Pamphlet royaliste, composé par *Huvier Desfontenelles,* et dirigé contre le fameux avocat Gui-Jean-Baptiste Target, député aux États-Généraux, rapporteur du Comité de révision de la Constitution de 1791, plus tard conseiller du Tribunal de Cassation. — Cette parodie fort bien faite est mordante et spirituelle. Les noms seuls des personnages constituent une espèce de clef; voici les principaux:
Joas, — le Dauphin, fils de Louis XVI ;
Athalie, — Mme Target, père et mère de la constitution ; « a tout l'accoutrement d'une femme qui relève de couches, le ventre ayant un embonpoint qui fait craindre une superfétation ; »
Joad, — l'abbé Maury ;
Josabeth, — Mme Elisabeth ;
Salomith, — Mme de Raigecourt, dame d'honneur de Mme Elisabeth;
Zacharie, — un écuyer de Mme Elisabeth ;
Azarias, — de Cazalès ;
Abner, — M. de Bouillé ;
Ismaël. — d'Ambly ;
Mathan, — l'évêque d'Autun ;
Agar, — l'abbé Siéyès ;
Chefs des prêtres et lévites, — vicomte de Mirabeau, Foucault, etc., etc.
Cette pièce curieuse est analysée avec soin dans le bel ouvrage de M. H. Welschinger: « Le Théâtre de la Révolution » (pp. 474-477).

TARTUFFE (LE) MODERNE.
Voir : La Prophétie accomplie.

TARZIS ET ZÉLIE, par M. *Le Revay.* — Paris, 1665-1666 et 1669, 8 vol. in-8. Nouvelle édition, revue et corrigée, par l'abbé *Souchay.* — La Haye (Paris), 1720, 6 vol. in-8, avec figures.

Le même ouvrage (revu par *Colson*). — Paris, Musier fils, 1774, 6 vol. in-8, figures.

Ce roman, aussi long que peu récréatif, est de *Rolland Le Vayer de Boutigny* (*Le Revay* n'est que l'anagramme de Le Vayer), maître des Requêtes et intendant de Soissons, mort en 1685. Ce magistrat, auteur peu connu d'ailleurs de divers ouvrages de droit, a raconté, dans son fastidieux ouvrage, les nombreux obstacles qui avaient retardé son mariage avec Mlle Sevin. Il s'est mis en scène avec sa femme et plusieurs personnes de sa famille, en prenant soin toutefois de déguiser tous les noms, même ceux des localités où se passe l'action de son roman. M. G. Brunet, qui a dit quelques mots de cette ennuyeuse production, remarque avec justesse que bien peu de personnes ont dû prendre la peine de la lire en ce siècle ; il ajoute que cependant les beaux exemplaires en papier de Hollande de la dernière édition sont recherchés par les curieux à cause des gravures.

— Voici toute la clef de « Tarzis et Zélie » telle qu'elle est donnée dans l'excellente « Bibliographie du Maine » de M. Desportes (1844) :

Leucippe... M. Sevin, lieutenant général de Beaumont, beau-père de l'auteur ;

Mélicerte... Mme Sevin ;

Alcidias... M. René Le Vayer, intendant d'Arras ;

Télamon... Jacques Le Vayer, lieutenant général du Mans, frère de l'auteur ;

Philiste... Marie Sevin, sa femme, fille de Leucippe et de Mélicerte ;

Tarsis... Le Vayer de Boutigny, frère de Télamon ;

Zélie... M. Sevin, sa femme, sœur de Philiste ;

Cotis... M. de Champast ;

Agamée... M. Amroux ;

Célémante... M. de Bussy, frère d'Arélise ;

Ergaste... l'abbé de la Mothe Le Vayer ;

Aréophile (*l'*)... M. Le Boults, conseiller aux Requêtes ;

Télagie... Mme Le Vayer la douairière, Elisabeth le Boindre ;

Aréliste... Mlle de Bussy ;

Béliaste... Mme le Boults ;

N... conseiller de grand Chambre, huguenot, ami de M. Courast ;

Thimothée... l'abbé Le Vayer, doyen de l'église du Mans ;

Philémon... M. Le Vayer de la chevalerie, conseiller à la Cour des Aides ;

Céliane... Mme Le Vayer de la chevalerie ;

Callias... M. de Voiture ;

Erasistrate... M. de la Chambre ;

Isménias... l'abbé Le Vayer, grand archidiacre de l'église du Mans, frère de Télamon, de Tarsis et de Thimothée ;

Calliclès... M. Sevin de Saussaye, frère de Zélie et de Philiste ;

Coris... Renée Fournier ;

Cénome... le Mans ;

Callioure... Beaumont-le-Vicomte ;

Athènes... Paris ;

Hippique... la chevalerie.

Nous ignorons absolument si ce roman a inspiré à J.-L. Ignace de La Serre l'idée de sa tragédie de « Tarsis et Zélie. » (Paris, J.-B.-C. Ballard, 1728, in-4, avec musique de Rebel et Francœur.)

TAUREAU (LE) BANAL DE PARIS. — Cologne, Pierre Marteau (Hollande, à la Sphère), 1689, pet. in-12. Rare.

Réimprimé sous le titre de :

L'HOMME A BONNE FORTUNE, OU LE GALANT A L'ÉPREUVE. — La Haye, 1691, in-12.

Le Catalogue du marquis de Paulmy (n° 6,066) dit que ce petit roman historique et satirique des aventures de la Cour de Louis XIV contient principalement celles du chevalier de Lorraine et de la princesse de Monaco ;

le héros du livre (*Le Taureau banal*) est un comte de Montrevel, courtisan de Monsieur, frère du roi. (Voir aussi le Catalogue Chedeau, 1865, n° 924.)

TÉLÉMAQUE. — « Les Aventures de Télémaque, fils d'Ulysse, » par *Fénelon*, sont trop connues et ont eu de trop nombreuses éditions pour qu'il soit possible de les décrire ici. Bornons-nous à rappeler que la première édition est datée de Paris, 1699, et renvoyons les lecteurs au « Manuel du Libraire » (T. II, coll. 1210-1219), qui donne de longs détails sur les premières éditions de cet immortel ouvrage.

Télémaque, d'ailleurs, ne doit figurer dans cette étude que pour mémoire : ce n'est point un livre à clef, du moins dans la pensée de l'auteur ; les « Remarques pour l'intelligence de ce poème allégorique, » attribuées à *Du Bourdieu* ou à *Limiers* et jointes par les éditeurs hollandais à leurs réimpressions de 1719 et 1725, doivent être considérées comme une clef absolument fallacieuse, inspirée par la haine à un réfugié, qui voulait découvrir dans l'histoire du fils d'Ulysse une allégorie continue fort hostile à Louis XIV et à ses ministres, Charles Nodier a fait justice de ces absurdes suppositions et a proclamé énergiquement que le « Commentaire du Télémaque » n'est qu'une calomnie dont Fénelon a été la victime.

Ajoutons cependant que l'érudit *Eloi Johanneau*, mort en 1837, a laissé parmi ses manuscrits (n° 884 de son catalogue) une clef historique du Télémaque, formant environ 400 pages in-8 ; elle était destinée à une nouvelle édition qui n'a pas vu le jour.

Voici quelques indications données par *W. Davis*, dans son « Olio » :

Calypso, — Mme de Montespan ;

Eucharis, — Mlle de Fontanges ;
Antiope, — la duchesse de Bourgogne ;
Protésilas, — Louvois ;
Idoménée, — le roi Jacques II ;
Sésostris, — Louis XIV.

Il faut convenir que toutes ces attributions sont bien invraisemblables.

TÉLÉMAQUE (LE) MODERNE, ou les Intrigues d'un grand seigneur pendant son exil. — Cologne, Antoine d'Egmond (Hollande, à la Sphère), 1701, pet. in-12.

Ce curieux et intéressant petit livre est du sieur *de Grandchamp*, capitaine au régiment de Lillemarais, qui prit du service dans les troupes hollandaises, contre la France, et fut tué, en 1702, sous les ordres du duc de Marlborough, à la prise de la citadelle de Liège. — Un bel exemplaire de cet ouvrage fut adjugé à 10 fr. à la vente Pixéricourt (n° 1317). Le rédacteur du catalogue de cette admirable collection a joint la note suivante à la description du volume : « L'auteur dit, dans l'avertissement : « Le héros « qui va paraître ici masqué sur la « scène, sous le nom de *Télémaque* « *moderne*, a fait tant de bruit dans « le monde par ses intrigues, que le « public n'aura pas de peine à le re-« connaître : il ne faut même pas de « clef pour l'intelligence de cet ou-« vrage ; il n'y a qu'à le lire pour « remarquer qu'il ne contient rien de « feint que les seuls noms... » — Nous croyons que ce *grand seigneur* n'est autre que le marquis de Lauzun, qui, après être sorti de sa prison de Pignerol, en 1681, fut exilé de la Cour pendant quatre ans, et alla attendre la fin de sa disgrâce en Angleterre, où il commença ce que Mme de Sévigné appelait *le second tome de Lauzun*.

TEMPLE (LE) DE LA DÉESSE

BORBONIE. — S. l., 1651 (Paris), 8 pp. pet. in-4.

Mazarinade recherchée dont M. C. Moreau parle en ces termes dans son excellente « Biographie » (t. III, p. 198) : — « Aussi extravagant et aussi rare que l'Apothéose de Madame de Longueville (voir ce titre), qui est certainement du même auteur, la *déesse Borbonie* est Madame de Longueville et le *Temple*, Villefranche en Argonne, dont elle avait fait relever les fortifications. L'auteur (demeuré inconnu) fait la dédicace du Temple ; et il nomme les personnes qui avaient accompagné la princesse aux fonctions sacerdotales : Mlle de Verpillier (qu'il appelle Vertupillier), est l'*Egérie Longuevillienne ;* — Mme de La Châtre, la *Phrixine avellide*, prêtresse vaticinatrice ; — Mme de Goffecour, la *Nappé Eleutérine* ; — Sarrazin est l'*hymni-fique tympanisateur lyrique* ; — l'abbé de Saint-Romain devient l'*hyéronpho-roprosefcandre* (!) ; — M. de la Peyrère, le *flamen Borbonial ;* — le chevalier de Grammont, *Brilardin*, flammifer phosphorin ; — Gourville, le *Préco-nisateur ;* etc. » — Et dire que toutes ces belles choses ont trouvé jadis des lecteurs enthousiastes!

TEMPLE (LE) DE MÉMOIRE.
Voir : Vision de Sylvius Graphalétès.

TERRE (LA) AUSTRALE CONNUE, c'est-à-dire LA DESCRIPTION DE CE PAYS INCONNU JUSQU'ICI, DE SES MŒURS ET DE SES COUTUMES, par M. *Sadeur ;* avec les aventures qui le conduisirent en ce continent et les particularités du séjour qu'il y fit durant trente-cinq ans et plus, et de son retour, réduites et mises en lumière par les soins et la conduite de *G. de F.* — Vannes (Genève), par Jacques Verneuil, rue St-Gilles ; 1676, in-12. Édition originale d'un livre souvent réimprimé à Paris et en Hollande. (Voir : « Aventures de Jacques Sadeur. »)

Contrairement à ce que croyait Bayle, *Jacques Sadeur* est un nom supposé. Le véritable auteur de cet ouvrage allégorique est *Gabriel de Foigny*, ex-cordelier dans un couvent de Lorraine, qui se réfugia à Genève en 1667 et y embrassa le calvinisme. — On retrouve, dans cette fiction, des noms déguisés et anagrammatisés, notamment ceux de *Siden* et *Sévarias* (Denis Vairasse), dont il a été parlé longuement à l'article « Histoire des Sévarambes. » « La Terre Australe connue » est une imitation de ce dernier ouvrage ou plutôt une adaptation de celui de l'évêque Hall « Mundus alter et idem, sive Terra Australis... » (Voir également cet article.) Comme ses devanciers l'auteur n'a eu pour but que de peindre, sous des noms déguisés et à l'aide d'ingénieuses fictions, les mœurs, les hommes et les vices de son temps et de son pays.

TESTAMENT (LE) DE GOULU, par *J.-Fr. Sarrasin.*
Voir : Histoire de Pierre de Montmaur.

THÉATRE D'HISTOIRES, OU LES GRANDES PROUESSES ET ADVENTURES ÉTRANGÈRES DU CHEVALIER POLIMANTES, prince d'Arfine, se représentant au vray plusieurs occurrences fort rares et merveilleuses, tant de paix que de guerre, arriuées de son tems, ès plus célèbres et renommés païs et Roïaumes du monde. — Bruxelles, chez

Rutger Vulpius, 1610 ou 1613, in-4.

Cet ouvrage est de *Phil. de Belle-ville*, écrivain assez peu célèbre, et qui n'a point eu les honneurs d'un article dans la Biographie univer-selle ; c'est un volume de 8 feuillets liminaires, 588 p. et 2 feuillets ; il est divisé en 17 chapitres ; en tête de chacun est une vignette en taille-douce qui occupe la moitié de la page. Très rare.

Voici ce que dit à son sujet le « Bul-letin du Bibliophile » du mois d'août 1840 (page 268) :

« Les critiques ont presque tous
« passé ce roman sous silence, afin,
« sans doute, de se dispenser de le
« lire. En effet, ce n'est pas chose
« amusante ; il nous intéresse peu de
« savoir comment Polimantes, fils
« d'Olinthe, roi de Clarce, arrache des
« mains d'une bande de pirates la
« princesse Galarande ; nous ne nous
« soucions guère de savoir qu'il court
« le monde ; il devient amoureux de
« la princesse Florisenne, nièce de la
« reine de Méoce, assiste à une foule de
« tournois et de fêtes, reçoit une bles-
« sure grave dans un combat naval,
« et finit, en épousant Florisenne, par
« monter sur le trône, tandis que
« Galarande, forcée, bien malgré elle,
« d'entrer dans un couvent, en a été
« délivrée par le chevalier Esclarides.

« Ce que l'on ignore généralement,
« c'est que le fond de ce lourd roman
« est une allusion continuelle aux
« événements politiques de la seconde
« moitié du XVIe siècle ; il est d'ail-
« leurs aisé de s'assurer, en déga-
« geant, dans le récit, les faits princi-
« paux des épisodes où les a noyés
« l'imagination peu brillante de l'au-
« teur. Sur les marges de l'exem-
« plaire que je possède, une main
« contemporaine a indiqué les noms
« réels des héros du livre et des lieux

« où se passe l'action. *César Carli-*
« *pente*, c'est Charles-Quint ; son fils,
« *Régimond*, Philippe II ; *le duc de*
« *Mornice*, c'est le connétable de
« Montmorency ; *le duc d'Aurore*, c'est
« le duc d'Albe ; *le roi Arcigerion*
« deviendra Henri II. Il vous faut re-
« connaître Bruxelles dans *Paludine*,
« les Pays-Bas dans le *pays de Cis-*
« *rhene*, la Flandre dans la *Pleumosie* ;
« *le combat de Veromande* devient la
« bataille de Saint-Quentin. On voit
« que le mystère n'était pas toujours
« bien difficile à découvrir. »

THÉATRE DE JEAN RACINE.

Il ne saurait être question de donner ici des renseignements bibliographi-ques sur les œuvres du « Poète le plus parfait dont s'honore la scène française. » — Ces œuvres sont dans toutes les mains et elles ont fait l'ob-jet d'une bibliographie spéciale de plus de 400 pages. Je dois donc me borner à reproduire, comme rentrant dans le cadre de cette étude, les indications données par M. *Oldbook*, sur la clef du théâtre de Racine, dans un intéres-sant recueil dont la publication a trop tôt été suspendue : je veux parler des « Miscellanées Bibliographiques » (Paris, Edouard Rouveyre, in-8).

« On sait, dit M. Oldbook (n° du 31 août 1878, p. 110), on sait com-bien était générale au XVIIe siècle la manie de ces prétendues *clefs*, dont se plaint si vivement La Bruyère, et combien on s'acharnait à découvrir, même dans les ouvrages où on ne pouvait soupçonner d'allusions sati-riques, les véritables noms des per-sonnages derrière les noms supposés sous lesquels ils étaient présentés au public. Toutes ces clefs couraient les ruelles ; il y en avait pour les Comé-dies de Molière et les Tragédies de Racine n'en étaient pas exemptes.

Ainsi, dans la Tragédie d' « ALEXAN-DRE-LE-GRAND » (1666), *Alexandre* c'est Louis XIV ;—dans « BRITANNICUS » (1670), *Junie* devenait Mme de Mira-mion ; — dans « BÉRÉNICE » (1671), on voulait voir Louis le Grand, sous les traits de *Titus*, et Marie Mancini, sous ceux de Bérénice; — dans « BA-JAZET » (1672), personne n'eût manqué de reconnaître la reine Christine et Monaldeschi sous les noms de *Roxane* et de *Bajazet ;* « ESTHER « (1689) donnait lieu à plus de rapprochements encore ; *Assuérus* ne pouvait être que Louis XIV ; *Esther,* Mme de Mainte-non ; l'*Altière Vasthi,* Mme de Mon-tespan; *Aman,* Louvois ; etc.; — dans « ATHALIE » (1692), le grand-prêtre *Joad* devenait l'illustre Bossuet. — Enfin, les « PLAIDEURS » même (1699) ont fourni matière à clef et M. Oldbook a fort clairement démontré que la *comtesse de Pimbesche* avait été por-traicturée sur le vif, ou pour mieux dire sur une dame Anne-Marie de Ro-quette, femme du sieur *de Fontares-che,* bien connue alors pour ses inter-minables procès.

THÉATRE DE L'ÉLECTEUR DE COLOGNE. Recueil de programmes, de pièces allégoriques et satiriques, en 2 vol. pet. in-8, conservés à la Bibliothèque de l'Arsenal.

Voir : La Peau de beuf et le « Manuel du Libraire » (T. IV, col. 460-461).

THÉMIDORE. —La Haye (Paris), 1745, in-12. Autres éditions : 1747, 1760, 1775, 1776, pet. in-12, fig.

Réimprimé sous le titre de THÉ-MIDORE, OU MON HISTOIRE ET CELLE DE MA MAITRESSE. —Londres (Cazin), 1781, 1782, 1785 ; in-18 de 158 p. sans fig. Autre édition sous ce titre : THÉMIDORE, OU MES FREDAINES. — 1792, 2 vol. in-18, fig.

Ce livre est, comme on sait bien, de *Godard d'Aucourt,* fermier-général. On y trouve, dit une note manuscrite de l'abbé Sépher, l'histoire du prési-dent Dubois, qui y est assez maltraité. L'auteur y a raconté plusieurs de ses aventures personnelles et s'est mis en scène avec plusieurs personnages de son temps. Ce petit livre, dont la clef exacte est encore à faire, a valu la Bastille au libraire *Mérigot,* qui paya pour l'auteur qu'on ne put découvrir. Ce pamphlet licencieux, assez agréa-blement écrit d'ailleurs, a été plu-sieurs fois recherché par la justice. (Voir le « Catalogue des Ouvrages condamnés » et les « Galanteries du xviiie siècle, pp. 93-98.)

THÉOGONIE (LA) NEWTONIENNE. Voir : L'Atlantiade.

THÉRÈSE PHILOSOPHE, ou MÉMOIRES POUR SERVIR A L'HISTOIRE DE D. DIRRAG ET DE Mlle ERADICE, avec l'HISTOIRE DE Mme BOISLAURIER. — La Haye (à la Sphère), s. d. (1748), 2 vol. ou part. pet. in-8, de 148 et 72 pp. encadrées, avec 16 grandes fig. libres se repliant dans le volume. Édition originale extrêmement rare. —Plus de vingt fois réimprimé, ainsi que le fait con-naître un article fort bien fait de la « Bibliographie Gay » (T. VI, pp. 330 et 331).

Suivant le « Dictionnaire des Ano-nymes » on n'est pas bien fixé sur le véritable auteur de cet ouvrage, dont la paternité ne saurait toutefois être attribuée qu'à *d'Arles de Montigny* ou au marquis *Boyer d'Argens.* « Thérèse Philosophe » n'est autre chose que l'histoire du Père Girard et de la Cadière qui remplit la première partie de l'ouvrage. — Les noms sont anagrammatisés : ainsi *Dirrag,* Girard ; — *Eradice,* Cadière ; — *Vencerop,* Provence ; — *Volnot,* Toulon, etc., etc.

On a prétendu qu'un autre ouvrage intitulé : « LES AMOURS DE SAINFROID, JÉSUITE, ET D'EULALIE, FILLE DÉVOTE, » Histoire véritable, — La Haye, 1729, pet. in-12 (Réimpressions en 1743-1748-1760), reproduisaient également les aventures du P. Girard et de sa pénitente ; mais, comme le fait très justement observer la « Bibliographie Gay » (t. I, p. 191), à moins d'une erreur dans la date de la première édition, cela ne peut être exact, car l'histoire du P. Girard n'est arrivée qu'en 1731.

« Thérèse Philosophe » ayant été réimprimée sous la Restauration a fait l'objet de deux condamnations. (Voir : « Catalogue des Ouvrages condamnés, » p. 376.)

Voir encore, sur le procès du P. Girard, l'article : « Le Nouveau Tarquin. »

THEWRDANNCKH. — DIE GEUERLICHEITEN UND EINS TEILS DER GESCHICHTEN DES LOBLICHEN STREYT PAREN UND HOCHBERUMPTEN HELDS UND RITTERS HERR THEWRDANNCKH. Gedruckt in der Kayserlichen Stat Nürnberg durch den Eltern Hannsen Schœnsperger zu Augspurg. — S. d. ; mais avec une épître dédicatoire datée du 1er mars 1517 ; gr. in-folio de 290 ff.

C'est-à-dire : « HISTOIRE DES AVENTURES, FAITS ET ACTIONS PERILLEUSES DU FAMEUX HÉROS CHEVALIER THEWRDANNCKH. »

Ce livre extrêmement rare, bien qu'il ait eu plusieurs réimpressions, est considéré comme un des plus beaux monuments de la Typographie alle-

mande. « Le Manuel du Libraire » (t. V, col. 767-768) et la « Biographie Michaud » (t. XXXIII, pp. 582-584), lui consacrent d'intéressants articles auxquels on ne peut que renvoyer le lecteur. — C'est un poème allégorique composé par *Melchior Pfintzing* et contenant l'histoire, sous forme de roman chevaleresque, du mariage de l'empereur Maximilien Ier avec la princesse Marie de Bourgogne. — Maximilien y est désigné sous le nom de *Thewrdanck,* mot qui signifie : « Grand Penseur ; » on croit que ce prince en avait lui-même esquissé les premiers chapitres. — Ce poème, plusieurs fois réimprimé et traduit en plusieurs langues, a été sommairement analysé dans la « Bibliothèque des romans » (novembre 1776). — L'édition de 1737 est augmentée d'une *triple clef,* par Pfintzing, Seb. Franck et Math. Schultess. Ces clefs donnent non seulement l'explication des noms allégoriques des personnages, mais en même temps l'analyse qui aide à deviner le sens caché de ces aventures merveilleuses.

TIMANDRE (LE), ROMAN DE PIERRE DE MARCASSUS, OU SOUS DES NOMS EMPRUNTEZ SONT COMPRISES PLUSIEURS HISTOIRES DE NOTRE TEMPS, dédié à Monsieur frère du Roy. — Paris, Toussaint du Bray, s. d. (1628) ; in-8 de 776 pp., non compris 5 feuillets préliminaires et le frontispice gravé par Crispin de Passe.

M. P. Lacroix a donné, dans le « Bulletin du Bibliophile » (décembre 1861, p. 734, n° 266), une intéressante notice sur ce roman devenu rare. « Ces insupportables romans d'aventure, dit-il, plaisaient cependant à la Cour de France ; c'est qu'on cherchait dans cette fade littérature à la mode des illusions plus au moins transparentes et ingénieuses, concernant les personnes de la société aristocratique, pour l'usage de laquelle ces romans étaient faits avec la plus ennuyeuse prolixité. Il serait bien impossible aujourd'hui de forger une clef pour les noms qui figurent dans ce long et fastidieux ouvrage imité à la fois des romans grecs et des romans de chevalerie: *Le Druide Théodame, la Princesse des îles Baléares, Amenobée, Alcimedon, Iphigénie, Gélaste, Calidon,* etc., se rapportaient peutêtre à des individualités contemporaines de l'auteur, mais ce ne sont pour nous que des ombres incolores, nées d'une imagination pauvre et grossière. « Ne croyez pas que tout y soit « véritable, dit Pierre de Marcassus « en parlant de son ouvrage, ny que « tout y soit feint et vous croirez ce que « vous devez. » — Le *Timandre* fut dédié à Monsieur, frère du roy, dans le moment même où ce prince s'apprêtait à lever l'étendard de la révolte contre Louis XIII ; il résulte de cette dédicace que le héros du roman *Timandre* représenterait allégoriquement Gaston d'Orléans. »

TIPHAINE, avec une préface de M. *Alexandre Dumas* fils. — Paris, Calman-Lévy, M.DCCC.LXXX, in-12 carré de VII-103 pp. imprimé sur beau papier. Prix 3 fr. 50.

Dans sa préface, M. Alexandre Dumas donne cet ouvrage comme étant une histoire absolument vraie. Trois personnes seulement peuvent connaître le véritable auteur de ce livre : luimême d'abord, puis le héros du récit, enfin l'héroïne *Tiphaine,* cette jeune, jolie, honnête et aimable femme, qui a bien voulu permettre la publication de cette histoire. — Je ne sache pas que jusqu'à ce jour tous ces mystères aient été dévoilés.

TOAST (THE), AN EPIC POEM IN FOUR BOOKS. — Written in Latin by *Frederick Scheffer,* Done in to English by *Perigrine O'Donald.* Esq ; vol. I.

« Si quis erat dignus describi, quod Malus aut *Fur,*
« Quod *Mœchus* foret, aut *Sicarius,* aut alioqui ·
« Famosus ; multa cum libertate notabant. »
         HOR.

Dublin, Printed in the Year, MDCCXXXII, in-8, 96 pp.
Réimprimé à Londres, 1736, in-4, 309 pp.
Nouvelles réimpressions en 1747 et 1754.

Ce poème extraordinaire, ou plutôt cette sanglante satire, est du Dr *William King,* fils de Peregrine King, né en 1685, dans le comté de Middlesex, écrivain facile et élégant, tant en anglais qu'en latin, et qui devint, en 1718, principal du collège de Saint-Mary-Hall, à Oxford. William King, qu'il ne faut pas confondre avec son homonyme, né en 1663, vicaire général du Lord primat d'Angleterre et auteur lui-même de maints ouvrages fort humoristiques, regardait ce libelle comme son meilleur ouvrage ; son poème principalement dirigé contre une célèbre beauté de son temps, Lady Frances Brudenell, ne fût, bien entendu, jamais écrit en latin ; cette indication donnée dans le titre, avec les noms de Frederick Scheffer et de Pérégrine O'Donald, ne furent naturellement destinés qu'à protéger l'incognito du trop mordant auteur et à détourner de lui les soupçons des personnages cruellement satirisés.

M. Octave Delepierre, dans son *Macaronéana* (pages 202 à 206), a donné une analyse aussi décente que possible de « The Toast ; » et *Pisanus Fraxi,* dans son excellent ouvrage intitulé « Centuria Librorum absconditorum »

(London, 1879), a rassemblé, tant sur William King que sur son étrange poème (pages 301 à 325), les renseignements les plus complets. — Après avoir lu l'article qu'il a consacré à « The Toast, » le bibliophile a acquis une connaissance assez étendue de ce livre si rare pour bien savoir ce qu'il contient et avec quelle licence extrême il a été composé. Grâce à une *clef* méthodique bien complète, il n'ignore plus quels sont les personnages visés par le satirique William King et si un hasard inespéré fait tomber entre ses mains un exemplaire de ce hardi pamphlet, il peut l'apprécier en toute connaissance de cause.

Voici la clef de « The Toast » composée par Pisanus Fraxi d'après les annotations manuscrites tracées sur les marges de l'exemplaire offert par W. King lui-même à John Gascoigne, en 1747 :

Lord A, — lord vicomte Allen ;

** (p. 184, v. 437), — Lord Allen ;

Little Ali, — lady Allen, femme du vicomte ;

**** (p. 146), — la même dame ;

Aristo, — Forrester ;

Bocca, — Bowes, solicitor général, plus tard chancelier d'Irlande ;

B—h (p. 147), — allusion au Banc du Roi ;

Clio, — Swift ;

Curculio, — le capitaine Cugley, suppôt de lord Allen ;

C—r (p. 113), — Wyndham, chancelier d'Irlande ;

Clara, — lady Louth ;

Dacus, — sir Edward Crofton ;

Mrs D—, — Mme Denton ;

Elrington, — célèbre comédien de Dublin ;

E—wood, — Dr Elvood, membre du « Trinity college, » de Dublin ;

Dom Fuscus, — le juge Ward ;

G.—et L.— (p. 101), — Gilbert et Lisle ;

H— (p. 91), — Hoare ;

G— (p. 91), — Gideon ;

G— (p. 91), — Gore ;

Hortensius, — Dr Hort, archevêque de Tuam ;

H—t, (p. 93), — le même que ci-dessus ;

M—, (p. 93), — Mawson ;

L—, (p. 93), — Lisle ;

Olok—, (p. 93), — King ;

**, (p. 147), — Hoadley, archevêque d'Armaght ;

*, (p. 147), — Hort, archevêque de Tuam ;

Image of— (p. 113, v. 270, — le même ;

B—l, (p. 113), — Brudenel ;

Lord Jos., — lord Allen (Joshua) ;

—the Jewess, — lady Allen ;

Lord John, — lord John Carteret, devenu plus tard lord Granville ;

Jocco, — Robert Jocelyn, esq. Attorney général, plus tard lord chancelier d'Irlande ;

** *and* * (p. 146), — Jocelyn et Bowes ;

—like and B—s ? (p. 100), — les mêmes ;

—old Chum (p. 100), Dr Monro ;

Milo, — Butler, lieutenant de la garde ;

Myra, — lady Frances Brudenel ;

Mar's chevalier, — sir Thomas Smith, qu'on suppose être le troisième mari de Myra ;

Miracides, — lord Bellew, fils de Myra et de son second mari

Maccar, — M' Carty, amant de Myra ;

D. of O., — duc d'Ormond ;

Ondill, — le conseiller Dillon ;

Ottor, — Dr Trotter, magistrat ;

*O***, — Walpole, comte d'Orford ;

** (p. 285), — le même ;

P—ce (p. 89), — Pierce ;

Lord Pam, — Dr Hort, archevêque de Tuam ;

Piercy, — sir Edward Pierce, intendant général d'Irlande ;

Parasite — (p. 146), — Cugley ;

The Prime—, — Singleton, premier serjeant, depuis lord Chef-Justice ;

P—s (p. 92), — Pelhams ;

P—r D—, — Pierre Daly, avocat irlandais :

Sieur Dill, — le conseiller Dillon ;

Simon, — Charles Withers, Intendant, beau-frère du Dr King ;

S—l—gán, — Stilorgan, demeure de lord Allen ;

Lord Traulus, — lord Allen ;

Trulla, — maîtresse de Butler ;

Volcan, ou *Vol,* — capitaine J. Pratt, député, vice-trésorier d'Irlande, qui détourna, dans cette charge, plus de 750,000 fr. au préjudice de l'Etat ;

Young Viceroy (p. 132), — lord Carteret ;

** (p. 132, v. 438), — duc de Dorset ;

**** (p. 168), — duc de Grafton.

TOMBEAU (LE) DE LA PAUVRETÉ, dans lequel il est traité clairement de la transmutation des métaux et du moyen qu'on doit tenir pour y parvenir ; par un *Philosophe inconnu.*—Francfort, Droullmann, 1672, in-12. — Paris, d'Houry, 1673, in-12. — Paris, 1681, in-12. — Lyon, 1684, in-12.

1.Citons, par exception, bien qu'il en soit déjà parlé dans la préface, cet ouvrage d'Alchimie, qui, suivant l'abbé Lenglet, est l'œuvre du sieur «*d'Atremont,* gentilhomme françois. » — Il rentre dans la catégorie des Livres à clef, car le catalogue Ouvaroff (Sciences Secrètes, Moscou, 1870, in-4), sous le n° 1226, décrit comme suit l'édition de 1681. — «Edition revue et *augmentée de la clef ou explication des mots obscurs* ; avec un songe philosophique sur le sujet de l'art. »—Paris, L. d'Houry, 1681, pet. in-12 de xxiv-163 et xv pp. — Je doute que le « Tombeau de la pauvreté » où l'on traite *clairement* de la transmutation des métaux, soit devenu beaucoup plus clair grâce à la clef susindiquée. Tous les livres d'alchimie auraient d'ailleurs besoin de clefs, même et surtout peut-être ceux qui sont intitulés « La Clef du Sanctuaire, » —

« Les Clefs de la Philosophie Spagyrique, » — « La Clef du Grand Œuvre, » etc., etc.

TOSCANISMO (IL) E LA CRUSCA, o sia IL CRUSCANTE IMPAZZITO, tragicomedia giocosa e novissima. —Napoli, Stamperia Muziana, 1740, in-12 de 156 pp. 1re édition en 1739 ; il y a eu une troisième réimpression.

Cette comédie fort spirituelle, en trois actes et en prose, est généralement attribuée à *Benedetto Marcello,* gentilhomme vénitien ; elle rappelle « Les Académistes, » de Saint-Evremond et ridiculise les membres de la fameuse Académie florentine de la Crusca, déjà fort malmenés précédemment par Girolano Gigli. Les personnages sont *Ser Toscanismo, Monna Crusca, il signor Anticrusco, Messer Quattrocentuccio,* père de Ser Toscanismo, *il signor Neutralio ;* l'auteur avait certainement en vue des personnages vivants en écrivant cette pièce ; sans doute des exemplaires devaient être accompagnés d'une clef manuscrite. (Voir : Catalogue Soleinne, n° 4,713, et Melzi, « Dizionario di opere anonime e pseudonime, » t. III, p. 156.)

TOUR (LA) DE BABEL, comédie en cinq actes et en vers, représentée, pour la première fois, au Théâtre-Français, le 19 juin 1845, par M. *Adolphe Bruant* (M. *Liadières,* député et officier d'ordonnance du roi Louis-Philippe.) Non imprimée, suivant MM. Louandre et Bourquelot.

« L'action était censée se passer en Angleterre, sous le règne de Guillaume III ; — mais la transparence de l'allusion laissait parfaitement apercevoir la France, derrière l'*Angleterre* et Louis-Philippe d'Orléans, roi par la Révolution de 1830, derrière *Guillaume d'Orange, roi par la Révolution de 1688.* Les partis hostiles, coalisés pour une œuvre commune de renversement, se personnifiaient dans *un vieux soldat de Cromwell* (les Républicains), un *marquis Jacobite* (les Légitimistes), auxquels s'alliait un *bourgeois sot et vaniteux* (le Centre gauche et le tiers parti). — Cette pièce, insipide au point de vue de l'intrigue, est transformée en babel politique par un certain *Calloughmore* (?), agent secret du gouvernement, qui sème la désunion parmi les conjurés à l'aide de la corruption qu'il érige en principe. — La comédie de M. Liadières, n'eut que 4 ou 5 représentations et fut atrocement bafouée. (Voir: Th. Muret, Histoire par le Théâtre, t. III, p. 270.)

TOUR (LA) DE BABEL. — Revue jouée aux Variétés, le 24 juin 1834. — Cette pièce n'eut pas moins de *trente pères*, tous fort connus, qui se cachèrent tous modestement sous le triple astérisme de ***.

« Parmi les nombreuses allusions satiriques de cette revue, on remarqua surtout le bon « Constitutionnel, » qui y fut sévèrement drapé sous le personnage d'un vieux goutteux, muni d'un garde-vue vert et affublé du nom significatif de *Pudibond-Rococo.* » — Il y aurait une clef fort amusante à faire pour ce sprirituel ouvrage. (Voir: Th. Muret, Histoire par le Théâtre, t. III, p. 232.)

TOUT CE QUI RELUIT N'EST PAS OR. — Comédie en trois actes (en 5 actes et en prose, suivant la

« Bibliothèque du Théâtre Français. ») — Valenciennes, Gabriel-François Henry, 1713, in-8 de 77 pp. — Très rare.

C'est seulement le programme de ces trois actes, scène par scène, comme « La Peau de beuf » (voir ce titre.) Il y est fait allusion à de puissants personnages dont on a dû déguiser les noms. (Catalogue Soleinne, n° 1658.)

TRAGÉDIE DE LA MARQUISE D'ANCRE...

Voir: La Magicienne Estrangère..

TRAGÉDIE (LA) DES REBELLES, OU, SOUS LES NOMS FEINTS, ON VOID LEURS CONSPIRATIONS, MACHINES, MONOPOLES, ASSEMBLÉES, PRATIQUES ET RÉBELLIONS DÉCOUVERTES, dédiée à la Reyne. — Paris, veuve Ducarroy, 1622, in-8 de 31 ff. — Très rare.

L'argument de cette pièce en cinq actes et en vers, sans distinction de scènes, donne l'explication des allégories et des allusions historiques dont elle est remplie; l'action, calquée sur les événements du temps, se rapporte surtout aux prises d'armes des protestants à l'île de Rhé et à Montauban. — L'auteur est sans doute *Pierre de Brinon*, conseiller au Parlement de Normandie, imitateur de quelques tragédies latines de Buchanan. — La « Tragédie de Rebelles », dans laquelle il n'y a ni intrigue ni dénouement tragiques, est analysée d'une manière très complète dans la « Bibliothèque du Théâtre François » (t. Ier, pp. 540-542). Voici la clef des principales allusions et de la plupart des noms supposés:

Meris, pasteur, — M. de Soubise;

Tircis, pasteur, — M. de Favas;

Les Brebis, — les soldats révoltés ;

Leur mère, — la rébellion ;

Palemon, — M. de la Motte;

Doris, nymphe, — la France ;

Cloris, nymphe, — Paris;

Amilcar, magicien, — le ministre Dumoulin ;

Olimpius, berger, — les rebelles de Montauban ;

Alexis, berger, — les rebelles de La Rochelle;

Menander, berger, — les rebelles du Languedoc ;

Diane, — sans doute la reine Anne d'Autriche.

Cette tragédie est peu intéressante et la versification est des plus médiocres.

TRAGÉDIE DU MARQUIS D'ANCRE... Voir: La Victoire du Phébus françois...

TRAGÉDIE FRANÇOISE A HUICT PERSONNAGES, TRAICTANT DE L'AMOUR D'UN SERUITEUR ENUERS SA MAISTRESSE ET DE TOUT CE QUI ADUINT, composée par M. *Jean Bretog*, de S. Sauueur de Dyue. — Lyon, Noel Grandon, 1571, in-16 de 24 ff.

Cette pièce en vers, sans distinction d'actes ni de scènes, où l'auteur fait paraître *Vénus et Chasteté*, est fondée sur une histoire véritable « depuis trois ans advenue dans Paris... » — Un mari surprend son valet en trop grande liberté avec sa femme: il le fait arrêter et conduire au Prévot, lequel, après l'avoir encouragé à lui répondre avec sincérité, lui demande si le fait dont on l'accuse est vrai; le valet répond :

Las ! Monseigneur, Monseigneur et mon maître,
Je ne pourrois mon péché mesconnoître,
Car il m'a pris encore dans son lit,

Où je venois commettre le délit ;
Mais, je vous pri, ne soyez rigoureux,
Vers moi chetif et poure malheureux.

Pendant que le juge interroge le valet, on vient l'avertir que le mari était mort de chagrin, ce qui le détermine, ayant eu l'aveu du criminel, à le condamner à être pendu; la sentence s'exécute. — L'auteur a rimé, à la fin de son drame, « le récit d'aucuns propos (passablement égrillards) tenus lors de l'exécution dudit serviteur. » — On trouverait sans doute la clef de l'histoire dans quelque vieux recueil d'arrêts. (Voir la « Bibliothèque du Théâtre-François, » t. I, p. 161), et le Catalogue Soleinne, n. 750.

TRAGEDY (THE) OF TRAGEDIES, or THE LIFE AND DEATH OF TOM THUMB THE GREAT, with annotations by *Scriblerus Secundus*, 1731, s. l., in-8.

Cette pièce gaie, spirituelle et d'un burlesque achevé, fut jouée d'abord, en 1730, sur le petit théâtre Hay-Market, puis à Drury-Lane. C'est à proprement parler une suite à « The Rehearsal » du duc de Buckingham ; l'auteur y critique avec beaucoup de bonheur l'enflure et le mauvais goût des auteurs tragiques du temps. Dryden y est de nouveau mis en cause: la scène entre *Glumdalca* et *Huncamunca* est une excellente parodie de son célèbre dialogue entre Octavie et Cléopâtre dans sa comédie intitulée « All for love. » — La « Tragédie des Tragédies » abonde en allusions fines et satiriques; il faudrait une bonne clef pour la bien apprécier maintenant comme elle le mérite. (« Biographia Dramatica, » t. II, p. 377.)

TRAVELS INTO SEVERAL REMOTED NATIONS OF THE WORLD, BY LEMUEL GULLIVER.

Voir: Voyages de Gulliver.

TRIBUNS (LES) DU PEUPLE.
Voir : L'Année MDCCLXXXIX.

TRIOMPHE (LE) DE LA GRACE DANS LA CONVERSION ET LA MORT DE BASILISSE. — S. l. (Paris), 1699, pet. in-8.

Pièce fort rare. Barbier, qui l'attribue à *Fr. Gastaud*, avocat au Parlement de Provence, en cite une autre édition sous ce titre : « ORAISON FUNÈBRE DE Mme T..., EXÉCUTÉE POUR AVOIR ATTENTÉ A LA VIE DE SON MARI, » 1699, in-8. En effet, *Basilisse* n'est autre que Mme Tiquet, qui voulut empoisonner et faire assassiner son mari, conseiller au Parlement de Paris. — Son procès fit grand bruit et sa fin, relativement édifiante, donna de grandes satisfactions aux dévots d'alors. — Un magnifique exemplaire de ce livre, aux armes du marquis de Coislin, figurait à la vente de M. Bazin (1852, n° 1789).

TRIOMPHE (LE) DE LA LIGUE, tragédie nouvelle en cinq actes (et en vers), dédiée à très illustre et très magnifique Seigneur Samuel Korecki, comte de Korec. — Leyde, Thomas Basson, 1607, pet. in-8 de VIII-136 pp.

Cette tragédie, attribuée successivement à Pierre Mathieu ; puis à N. Rapin, paraît être en réalité de *R.-J. Nérée*, « dont le nom pourrait bien n'être qu'un pseudonyme francisé d'après le latin *Nereus* ou le grec Νήριον, etc., » dit M. P. Lacroix (Catalogue Soleinne, n° 920). — Les « Supercheries Littéraires » (t. III, col. 433) rejettent cette supposition et semblent accepter pour auteur véritable R.-J. Nérée. Ce n'est point ici le lieu de discuter les diverses conjectures relatives à la paternité de cet ouvrage, dont Nodier s'était déjà occupé au point de vue des imitations de certains vers faites par Racine dans *Athalie*. Il n'est fait mention ici du « Triomphe de la Ligue » qu'au point de vue de la clef des personnages ; or, la tâche est bien facile : En effet, la « Bibliothèque du Théâtre Français » (t. I, p. 401), dit que « pour l'intelligence de cet ouvrage il est nécessaire de savoir que les noms des acteurs sont déguisés sous des anagrammes ; ainsi *Giesu*, c'est Guise ; *Jeusoye*, c'est Joyeuse ; *Numiade*, c'est du Maine ; *Valardin*, c'est Lavardin ; *Visteie*, c'est Jésuite. » Il convient d'ajouter que tous les noms des personnages ne sont pas anagrammatisés ; tels sont, par exemple, ceux de « Constance et Nicomède, bons serviteurs du Roi. » — Pour établir une clef bien complète de cette intéressante tragédie, toute royaliste et que l'on a cru avoir été composée d'après les ordres d'Henri IV, il faudrait en faire une étude spéciale, tâche qui n'offrirait pas moins d'attrait à l'homme de lettres qu'à l'historien.

TRIOMPHE (LE) DE SOPHO-CLE, comédie (en un acte et en prose), dédiée à M. de Voltaire, par M. *Ch. Palissot de Montenoy*. — Londres et Paris, J.-Fr. Bastien, 1778, in-8, n'a jamais été jouée.

« L'auteur prétendait faire jouer cette misérable platitude, le jour de la septième représentation d' « Irène, » à laquelle assista M. de Voltaire *(Sophocle)*. Les acteurs ne jugèrent pas à propos de la recevoir et ils eurent raison. C'est une des plus froides méchancetés qui soient sorties de la plume de M. Palissot. Les Philosophes, et nommément M. d'Alembert qu'il a voulu désigner sous le nom de *Nicias*, y sont représentés comme des hommes bassement jaloux des hommages rendus à M. de Voltaire. » — (Correspondance Littéraire, de Grimm et Diderot, juin 1778.)

TRIOMPHE (LE) DE TRAJAN,

tragédie lyrique en trois actes, par *Joseph-Alphonse Esménard* ; musique de *Persuis* et *Lesueur*. — Paris, Ballard, 1087, in-8. — Cette pièce, retouchée en 1814 par M. *Vieillard*, est restée au Théâtre.

Ce drame lyrique, rempli d'allusions à l'égard de Napoléon Ier (*Trajan*), a été représenté pour la première fois, le 23 octobre 1807, sur le théâtre de l'Opéra. — En voici le sujet : « Un prince des Daces, *Sigismar* et son neveu *Décébale* conspirent contre *Trajan* ; une lettre de Décébale à Sigismar est saisie ; elle renferme contre eux une preuve irrécusable de trahison. Sigismar, Décébale et *Elfride*, fille de Sigismar sont là, confondus devant l'empereur et croient qu'il va frapper sans pitié. Mais la clémence l'emporte en lui sur une sévère justice ; le feu de l'autel est allumé, il y brûle la lettre accusatrice et dit : « César n'a plus de preuve et ne peut condamner. » — C'est là le trait bien facile à reconnaître de Napoléon à Berlin : Le prince de Hatzfeld, chef de l'administration municipale de cette ville pendant l'occupation française, allait être traduit devant une commission militaire pour avoir adressé aux généraux prussiens qui tenaient encore la campagne une lettre dans laquelle il donnait d'importants renseignements. La princesse de Hatzfeld éplorée vint se jeter aux pieds de Napoléon qui, après lui avoir montré la lettre accablante, lui dit de la jeter au feu. Les allusions étaient aisées à saisir et dans le cortège triomphal de Trajan, on lisait sur les bannières des soldats les inscriptions suivantes : La

Dacie conquise (Prusse), les *Sarmates* vengés (Pologne), les *Scythes* repoussés (Russie), etc., etc. » — (Voir : Th. Muret, Histoire par le Théâtre, t. I, p. 251.)

TRIOMPHES (LES) DE LA GUERRE ET DE L'AMOUR, PAR HUMBERT.

Voir : Cléodonte et Hermelinde.

TRIUMPHES (LES) DE LA NOBLE ET AMOUREUSE DAME ET L'ART DE HONNESTEMENT AYMER,

Composé par le Traverseur des voyes perilleuses. — Paris, imp. G. de Bossozel, 1536, in-folio, réimprimé également à Paris en 1541, 1545 et 1555, in-8.

Le fécond *Jean Bouchet* est l'auteur de cet étrange ouvrage ; il a emprunté ce pseudonyme au titre de son premier écrit : « Les Regnards traversans les perilleuses voyes des folles fiances du monde » (voir « Niceron, » t. XXVII, p. 5). — Il semblerait que les « Triumphes » soient un ouvrage de galanterie ; mais il n'y a rien moins que cela. » C'est une allégorie continuelle, en vers et en prose, tirée de la conduite de l'âme depuis qu'elle est unie au corps, jusqu'au moment de sa séparation. La *Noble et amoureuse Dame*, c'est l'âme, l'*Art de honnestement aymer*, c'est l'amour de Dieu. Il se trouve de bizarres imaginations dans cette allégorie mystique, peu récréative et surtout beaucoup trop longue.

TROIS (LES) ANNEAUX, CONTE EN VERS.

Voir : Les Trois Justaucorps.

TROIS (LES) C. (COQUINS), CONTE MÉTAPHYSIQUE, IMITÉ DE L'ESPAGNOL ET AJUSTÉ, SOUS DES NOMS FRANÇAIS,

POUR LA COMMODITÉ DE CEUX QUI N'ENTENDENT PAS LE FLAMAND. Par l'auteur du colporteur (*Fr.-Ant. Chevrier*). — Nancy (La Haye), Henry Gouvest, 1762, in-12 de 64 pp., y compris le titre et 2 ff. préliminaires non chiffrés.

Voir : Les Amusements des Dames de B***.

TROIS (LES) JUSTAUCORPS, CONTE BLEU, tiré de l'Anglois du Révérend M. *Jonathan Swift*, ministre de l'église Anglicane, docteur en théologie et doïen de la cathédrale de Saint-Patrice de Dublin. — *Avec les Trois Anneaux*, nouvelle tirée de *Bocace*. — A Dublin (Hollande ?), M.DCC.XXI, pet. in-8 de IV-88 pp.

Réimprimé dans les « Pièces échappées du feu, » et dans le « Recueil de pièces sérieuses, comiques et burlesques. » — Hollande, 1721, 2 part. in-8. Il y a eu aussi des exemplaires tirés avec une pagination séparée.

Cet ouvrage est de *René Macé*, ce n'est point une traduction, mais bien plutôt, pour employer l'expression de nos voisins d'Outre-Manche, une *adaptation* française du fameux « Conte du Tonneau, » de Swift (Voir ce titre). — La donnée, les noms sont exactement les mêmes; seulement, René Macé a transporté le lieu de l'action en France et à Paris; il en profite pour railler divers usages et certains personnages d'alors. A ce titre; « Les Trois Justaucorps » sont peut-être plus intéressants pour nous que la traduction de *Van Effen*. Il y a des noms initialisés : le *duc de La*

*F**** (La Force); — le *marquis de S****; — le *comte d'O***; — le *maréchal de V*** (Villeroy); etc., etc. — *Les trois anneaux* (pp. 80-88) sont un conte en vers dont le sujet est, très en abrégé, le même que celui du « Conte du Tonneau. »

TROIS (LES) VOLUPTÉS.
Voir : Cléodamis et Lelex.

TROMPEUR (LE), OU LA DÉFIANCE TROMPÉE, tragi-comédie (en 5 actes). — Lille, Ignace Fiévet et L. Danel. — S. d., in-8 de 28 pp. et 1 f.

Programme d'une pièce très rare. Mêmes observations que pour « la Peau de beuf. » (Voir ce titre.)

TURLUBLEU, HISTOIRE GRECQUE TIRÉE DU MANUSCRIT GRIS-DE-LIN TROUVÉ DANS LES CENDRES DE TROYE. — Amsterdam, 1745, in-12 de II-104 pages.

Ce petit ouvrage allégorique, attribué souvent à l'abbé C.-H. de Fusée de Voisenon, est en réalité de *N.-E. Menin*, conseiller au Parlement de Metz. C'est, dit la « Biographie Michaud » (t. XXVIII, p. 307), l'histoire de M. Bonier, déguisé sous le nom de *Ctésiphon*. — Il est encore question de Menin, dans cette étude, à l'article « Cléodamis et Lelex. »

TURNUS AND DRANCES; being an attempt to show who the two real persons were that Virgil intended to represent under those two characters. — London, print. W. Owen, 1750.

C'est-à-dire :

TURNUS ET DRANCES ; essai dans lequel on examine quelles étaient les personnes que Virgile a voulu peindre sous ces deux noms.

L'auteur de ce singulier écrit s'efforce de prouver que, sous le personnage de *Turnus,* Virgile a eu l'intention de représenter Marc-Antoine et Cicéron, sous celui de *Drances.* Cette petite dissertation est d'ailleurs ingénieuse et amusante. (Voir : *Petit-Réservoir,* t. II, n° 21, p. 351. Berlin, 1750, pet. in-8.)

L'auteur de « Turnus and Drances » n'est pas le seul anglais qui se soit avisé de faire la clef de Virgile ; un autre écrivain de la même nation a donné : « An Essay on Virgil's celebrated Gates of Sleep as well as on Homer's similar Gates, and at the close of it *a true key to the Æneis,* » by *Theodore Delafaye.* — London, 1743, in-8. (Voir : « Lownde's Manual, » t. IV, p. 2,786.)

TYRANNICAL GOVERNMENT ANATOMIZ'D, or A DISCOURSE CONCERNING EVIL COUNSELLORS : being the Life and Death of John the Baptist, and presented to the King's most excellent Majesty, by the Author (anonymous), 1641, in-4. — Rare.

Cette pièce semble avoir été composée pour donner un avertissement au roi Charles Ier, alors entouré de perfides conseillers, au moment même où les troubles éclataient de toutes parts dans son royaume : « La vie et la mort de *Saint-Jean-Baptiste* » retracées dans cette production est une allusion au célèbre et malheureux Thomas Wentworth, comte de Strafford, que le roi venait de laisser périr sur l'échafaud (15 mai 1641) ; le personnage d'*Hérodiade* qui cause la

mort de Jean-Baptiste semble se rapporter à l'influence que la reine exerçait alors sur le faible Charles Ier (« Biographia Dramatica, » t. II, p. 387.)

ULAMOR ET FELTIDIE, HISTOIRE ALLÉGORIQUE ; traduit de l'arabe, par *R...*—Paris, 1789, 2 vol. in-12.

Traduction supposée ; ce petit ouvrage a été composé en réalité par *Antoine - Joseph - Nicolas de Rosny,* fécond auteur de livres aujourd'hui bien oubliés, pour la plupart. La clef de cette allégorie est facile à saisir ; elle consiste dans la traduction des anagrammes de : *Ulamor,* l'amour, et de : *Feltidie,* fidélité.

UN DERNIER FILS DE ROI, HISTOIRE D'UNE RÉPUBLIQUE DE SINGES. Par *Edouard Grimard.* — Paris, Sagnier, 1872, in-12, 1 fr. 25.

C'est une espèce de pamphlet, parfois spirituel et souvent mordant, destiné à ridiculiser les divers gouvernements de la France, depuis Louis XVIII jusqu'à nos jours. Les allusions sont faciles à saisir.

UN GRAND HOMME DE PROVINCE A PARIS.

Voir : Œuvres de Balzac.

UN PALMER AU TESTAMENT.

Voir : L'École du Journalisme.

UNCLE TOM'S CABIN, by Mrs. *Harriet Beecher Stowe.* — Boston, 1852, 2 vol. in-12.

LA CASE DE L'ONCLE TOM ou, pour traduire plus exactement, LA CABANE DU PÈRE TOM, a eu, comme on sait, un nombre incroyable d'éditions et de réimpressions. Ce célèbre roman a été traduit dans presque toutes les langues européennes, notamment en français ; on en compte, dans cette langue, plus de vingt traductions. Aucun livre peut-être n'eut un succès aussi rapide et aussi mérité d'ailleurs ; il en fut tiré, en Amérique, 305,000 exemplaires la première année. — Une telle émotion s'expliquait, aux États-Unis, par l'intérêt, la gravité de la question de l'esclavage que l'auteur abordait et tranchait, au nom du sentiment et de l'humanité, sans égard aux institutions. A l'étranger, on ne vit qu'un généreux plaidoyer, écrit avec le cœur, en faveur d'une noble cause. Madame Stowe publia, peu de temps après, *La clef de la Case de l'Oncle Tom* (A key to Uncle Tom's Cabin. — Boston, in-12), pour prouver que ses récits étaient empruntés tout entiers à la réalité.

Cette clef a été traduite en français sous ce titre: «LA CLEF DE LA CASE DE L'ONCLE TOM, contenant les faits et documents originaux sur lesquels le roman est fondé, avec les pièces justificatives, par Mistress *Harriet Beecher Stowe* ; — traduit par *Old Nick* et *Adolphe Joanne*. — Paris, aux bureaux du Magasin Pittoresque, 1853, in-8, 6 francs.»

Cette *clef*, qui forme un très gros volume, ne peut pas même être analysée ici ; elle explique l'immense portée du livre qui, fondé sur des faits absolument véritables, eut plus d'influence que cent traités ou dissertations solennelles, pour amener les esprits à accepter enfin cette généreuse et juste idée de l'abolition de l'esclavage. Après l'Évangile, peu de livres sortis de la main des hommes ont fait autant de bien que ce modeste ouvrage à clef.

UNE CONJURATION D'AUTREFOIS. — Voir : Une Révolution d'autrefois.

UNE JOURNÉE DE PICK DE l'ISÈRE, suivie de QUELQUES AVENTURES DU GIL-BLAS DE LA LIBRAIRIE FRANÇAISE ; par *Fernand Desnoyers*. — (Paris, fin 1863 ou janvier 1864.)

M. Eugène Pick, de l'Isère, libraire-éditeur à Paris, sous le second Empire, s'était voué d'une façon spéciale aux publications de colportage, notamment aux ouvrages impérialistes dont il inondait la province. Entre autres livres édités dans sa maison, qu'il avait intitulée « La Librairie Napoléonienne, » on peut citer : 1º « Les Fastes de la grande armée d'Orient, histoire politique, militaire et maritime des campagnes de Crimée et de la Baltique, etc., etc. » — Paris, in-8, avec portraits et gravures, 6 fr. ; et : 2º « Les Gloires, triomphes et grandeurs de la France impériale, véritable musée national du peuple et de l'armée, etc., etc. » — Paris, 1864, in-12, 3 fr.

Qu'avait pu faire ce brave éditeur au malicieux Fernand Desnoyers ? je l'ignore. Toujours est-il que ce dernier se moqua singulièrement du pauvre homme dans l'opuscule ci-dessus décrit : C'est une espèce de grand dialogue divisé en douze scènes, dans lesquelles le bon Pick est représenté dans toute sa dévorante activité. La « Petite Revue » (nº du 20 février 1864) donne un extrait assez étendu de cet écrit satirique et assure que les interlocuteurs de Pick ne sont nullement des personnages imaginaires. Il n'est pas difficile, en effet, de reconnaître M. Charles Monselet dans l'*Homme de lettres*, auteur de « l'Almanach des Gourmands » ; mais qui dévoilera les noms véritables de *Pallas*, de *Clodomir*, de la *Dame Auteur* et surtout de cette superbe *Négresse*, qui joue un rôle si palpitant dans la scène XII ? — Le livret de M. F. Desnoyers doit être aujourd'hui extrêmement rare, il était tiré à très petit nombre et ne se vendait pas.

UNE MÉCHANTE FEMME, par *Hippolyte Bonnelier*. — Paris, Dumont, 1833, in-8 de 400 pp. Prix : 7 fr. 50.

Dans un très court avant-propos, l'auteur de ce roman fait entendre qu'il n'a rien inventé dans son récit et qu'il n'a fait que peindre des caractères d'après nature. Il déclare même que si on lui présente une clef des noms véritables de ses personnages, il ne la reniera point. — Si cette déclaration si nette est fondée voici encore un roman à clef ; — mais je ne sache point qu'on se soit jamais rendu à l'appel de l'auteur et il est bien probable, qu'à moins de retrouver des notes de M. Bonnelier, on ne pourra jamais découvrir les véritables noms des personnages mis en scène dans une histoire qui date de près de cinquante ans.

UNE RÉVOLUTION D'AUTRE-FOIS, ou LES ROMAINS CHEZ EUX, pièce historique en trois actes et en prose. Par *Félix Pyat* et *Théo (Théodore Burette, professeur d'histoire).* — Paris, Paulin, 1832, in-8 de 84 pp.

La Révolution mise en scène est celle qui renversa Caligula pour élever Claude au trône impérial. Cette pièce fut jouée, pour la première et unique fois, le 1er mars 1832, sur le Théâtre de l'Odéon. Elle fut interdite dès le lendemain par ordre de police, en raison des scandales qui s'étaient produits la veille. Le public excité et turbulent avait cru ou voulu voir, dans *Caligula* détrôné, Charles X et dans son successeur *Claude* « gros,

gras et bête, » le roi Louis-Philippe. Cette pièce, assez pitoyable d'ailleurs, fourmille d'anachronismes et d'invraisemblances. Il est plus que douteux que les auteurs aient voulu se livrer à des allusions aussi imméritées, car leur pièce n'était qu'une sorte de réédition d' « UNE CONJURATION D'AUTREFOIS, drame en trois actes et en prose, qu'ils avaient tous deux publiés neuf ans auparavant dans la « Revue des Deux-Mondes » (1823, t. III, n° 6). On peut dire que MM. Félix Pyat et Th. Burette ont fait là un drame à clef, sans le savoir.

UNE RÉVOLUTION. SOUVENIRS INÉDITS, 1847-1848. Par *Madame Jaubert.* — Articles publiés dans la « Revue de France. » (Mars-avril 1880.)

L'auteur de ces Souvenirs a donné à ses personnages, faciles à reconnaître d'ailleurs, des noms de roman. (Note de M. G. Brunet.)

UNE SUCCESSION A L'AMÉRICAINE. Voir : L'École du Journalisme.

UPS (THE) AND DOWNS OF LIFE. — A FRAGMENT. — « All the world's a Stage », etc. — London, Printed for the Booksellers, 1867. Le second titre porte : MY LIFE : THE BEGINNING AND THE END A VERITABLE STORY, in-8 de 110 pp. orné de huit figures coloriées. — Un frontispice et 7 lithographies en couleur, le tout érotique et mal exécuté. Prix : 2 guinées. — Dans l'origine, ce livre devait recevoir 20 illustrations, mais l'éditeur, W. Dugdale, les trouvant trop nombreuses, se contenta de choisir les 7 moins mauvaises, avec le frontispice qui ne manque pas d'originalité et porte le premier titre du volume : « LES HAUTS ET LES BAS DE L'EXISTENCE. »

C'est un livre qui n'est nullement mal écrit et qui contient une véritable autobiographie de son auteur le capitaine *Edouard Sellon*, qui en a fait aussi les dessins. Dans le manuscrit primitif les noms réels des personnages sont donnés en toutes lettres, mais l'éditeur a jugé prudent de les modifier. — Muni de la clef, cet ouvrage offrirait assurément un grand intérêt, en raison même de la personnalité de l'auteur Edward Sellon, écrivain érotique fort connu en Angleterre. — *Pisanus Fraxi* dans sa « Centuria Librorum Prohibitorum » a donné (pp. 379-396) de longs extraits de cette curieuse production.

USAGES (LES), par *M. Tr. D. V.* (Treyssac de Vergy), citoyen de Bordeaux. — Genève (Paris), 1762, in-8.

« Ce piquant ouvrage, dit M. P. Lacroix dans le « Bulletin du Bibliophile » (année 1851, n° 1,128), ce piquant ouvrage a certainement donné à Mercier l'idée de son *Tableau de Paris* ; mais le citoyen de Bordeaux, en faisant ce tableau de la société parisienne, s'est attaché à esquisser des portraits, d'après nature malheureusement ; à l'exception de quelques types très reconnaissables, nous serions en peine de nommer ses modèles. — Il s'est surtout occupé des femmes galantes et de leurs mœurs, qu'il paraît avoir étudié de près. — *Il faudrait faire une clef* pour bien comprendre les peintures historiques de ce livre qui rappelle les « Lettres Persanes, » que le compatriote de Montesquieu s'efforce d'imiter. »

USURPATEUR (L'), ou TESTAMENT HISTORIQUE ET POLITIQUE D'ALOMPRA, EMPEREUR DES BIRMANS DANS L'INDE. Traduction libre de la traduction latine du *Père Lebret*, jésuite portugais, par M. *le baron de B****. — Paris et Bruxelles, Germain Mathiot, 1818, 3 vol. in-8, 18 fr.

Ceci est une traduction supposée ; l'ouvrage du Père Lebret a été réellement composé par *Charles Doris*, de Bourges, ennemi acharné de la famille Bonaparte, sur laquelle il a écrit plusieurs ouvrages aussi scandaleux que remplis d'assertions de mauvaise foi. — *Alompra*, empereur des *Birmans* est l'histoire, sous des noms supposés ou travestis, de Napoléon Ier, empereur des Français. Cette indication suffit pour donner la clef de tout l'ouvrage.

USURPATION (L') ET LA PESTE. Voir : Le Brasseur Roi.

VALESIANA, ou PENSÉES CRITIQUES, HISTORIQUES ET MORALES, ET LES POÉSIES LATINES DE M. DE VALOIS, RECUEILLIES PAR SON FILS. — Paris, 1694, in-12, fig.

Ce volume, dont M. Quérard n'a parlé que trop succinctement (p. 166), est un des *Anas* les plus estimés ; Peignot le cite avec éloge et la Biographie Michaud (t. XLVII, p. 402), ne le traite pas moins favorablement, tout en s'étonnant « de la liberté qui règne dans quelques-unes des poésies latines » recueillies par le fils d'Adrien de Valois, Charles de Valois de La Mare. Cet intéressant ouvrage serait, par malheur, fort obscur aujourd'hui, comme beaucoup de recueils du même genre, si M. Albert de la Fizelière, de regrettable mémoire, n'avait « par une rencontre fortuite et tout à fait inespérée, mis la main sur un exemplaire broché du « Valesiena, » préparé par M. de Valois, le fils, pour fournir une nouvelle édition du livre de son illustre père, » et rempli de notes qui ¦ont servi à établir la clef que l'on va lire. Bien des Bibliophiles possèdent le « Valesiana ; » tous n'ont pas à leur disposition immédiate la volumineuse collection du « Bulletin du Bibliophile, » aussi ne regrettera-t-on pas de trouver transcrite ici, d'après l'intéressant journal de M. Techener (mois d'avril 1869, pages 144 à 151), la *Clef du Valesiana* ou pensées critiques, historiques et morales de M. Adrien de Valois. Paris, Florentin et Pierre Delaulne, 1694.

Pages

1, ligne 1. — *Monsieur... qui est le plus savant théologien de ce siècle ;* lisez: M. Mommignon,. docteur en théologie et curé de Saint-Nicolas-des-Champs ;

12, ligne 1. — *Le païs des... est un terrain si glissant ;* lisez : le païs des Finances ;

15, ligne 16. — *M. D... est fort laid et n'a pas bonne grâce à faire les cérémonies d'église ;* lisez : M. de la Vrillière, archevêque de Bourges ;

26, ligne 3. — *Comme M. D... qui en donne pour ainsi dire la corvée à son valet de chambre ;* lisez : le chevalier de Montcheurat ;

33, ligne 21. — *Un jour m'entretenant aux C... avec le P. J... qui était de mes grands amis ;* lisez : aux Chartreux avec le P. Jubinot ;

35, ligne 15. — *M. D... me contoit icy l'autre jour que Madame L... avait mis son mari sur un si bon pied ;* lisez : M. Dardet, écuyer, sieur de Montarsy, me contait

icy l'autre jour que Madame le Tanneur... etc.;

36, ligne 3. — *Nous avions, mon frère et moi, un ami commun qui était d'Anjou ;* lisez : un ami commun, M. l'abbé Ménage, qui était d'Anjou, etc.;

42, ligne 7. — *Un des premiers de la ville, qui l'a vûe m'a dit ;* lisez : un des premiers de la ville, M. Le Roy, mon oncle maternel, échevin de Bourges, qui l'a vûe, m'a dit, etc.;

47, ligne 8. — *M. B... étoit un petit homme tout de feu et qui ne s'est pas endormi à faire sa fortune ;* lisez : M. Berryer ;

Et plus bas, ligne 25. — *M. B... est un bon petit bidet de service, mais il lui faut bien de l'avoine ;* lisez aussi : Berryer est un bon petit bidet, etc.;

86, ligne 25. — *M. M... a la veüe fort basse ;* lisez : M. Ménage a la veüe fort basse ;

87, ligne 21. — *Madame F... à 82 ou 83 ans mandoit au P. capucin, etc.;* lisez : Monsieur Leroux, avocat au conseil, à 82 ou 83 ans, mandoit, etc.;

90, ligne 11. — *M. T... étant à l'extrémité, etc.;* lisez: M. Henri de Valois l'aîné, mon frère, étant à l'extrémité, etc.;

92, ligne 3. — *M. G... disait il y a quelque temps en bonne compagnie, etc.;* lisez : M. Gille Ménage disait il y quelque temps, etc.;

Plus bas, ligne 6. — *Qu'il avoit dessein de faire bâtir un hôtel pour y loger M. P..., M. N.., et luy ;* lisez : qu'il avoit dessein de faire bâtir un hôtel pour y loger M. Pélisson, M. Nublé et luy ;

94, ligne 9.—*Dans le tems qu'on voïoit tous les jours des arrests nouveaux pour le changement de la monnoie, M. P... me vint voir ;* lisez: dans le tems qu'on voïoit tous les jours des arrests nouveaux pour le changement de la monnoie, M. Poya, agent de change, me vint voir ;

Plus bas, ligne 12. — *Il me dit qu'il sortoit de chez M. L... extrémement riche et à l'article de la mort ;* lisez : il me dit qu'il sortoit de chez M. Launay-Moreau, banquier, etc.;

96, ligne 17. — *M. F... qui étoit de mes grands amis ;* lisez : M. Fontéine, docteur régent et professeur en médecine, qui étoit de mes grands amis ;

99, ligne 1. — *Une princesse sur le point d'épouser un grand prince alla dire adieu à son oncle qui étoit un grand prélat ;* lisez ; Marie de Médicis sur le point d'épouser Henri IV alla dire adieu à son oncle qui étoit Pape.

104, ligne 15. — *C'est M. l'abbé M... qui l'a faite sur M. et Madame qui s'appellent par un excès de tendresse, mon divin, ma divine ;* lisez : c'est M. l'abbé Mallet qui l'a faite sur M. Vaugangueil et Madame Tiquet, etc.;

105, ligne 1. — *Appelle à ce qu'on dit, Lycoris sa divine ;* lisez : appelle à ce qu'on dit, la Tiquet sa divine ;

106, ligne 13. — *M. le duc de M... me dit-il, M. le C. D... et moi, nous étions derrière le fauteuil du Roi ;* lisez : M. le duc de Montausier, me dit-il, M. le comte de Roussy et moi, etc.;

117, ligne 4. — *M... avoit emploïé le mot poteretur pour potiretur ;* lisez : Ménage avoit emploïé le mot de « poteretur, » etc.;

124, ligne 13. — *M. M... avoit toujours l'esprit si rempli de chicane ;* lisez : M. Le Fèvre, avocat fiscal de Saint-Calez, avoit toujours l'esprit si rempli de chicane.

125, ligne 4. — *... pour être entendu de M. C... qui me l'a raconté ;*

lisez : pour être entendu de M. Clopet, président à l'élection et grenier à sel de Brie-Comte-Robert, qui me l'a raconté ;

182, ligne 8. — *M. D... étoit fort gaillard et avoit choisi pour confesseur le P*** B...;* lisez : M. de Polliac, avocat, étoit fort gaillard et avoit choisi pour confesseur le P*** Barnabite ;

135, ligne 18. — *Il se trouva ces jours passés dans une compagnie où M... voulant soutenir une nouvelle, etc.;* lisez : il se trouva ces jours passés dans une compagnie où M. l'abbé de Sainte-Beuve voulant soutenir une nouvelle ;

139, ligne 2. — *Un ancien reprend cet abus en ces termes ;* lisez : un ancien, Aulu-Gelle, reprend cet abus en ces termes ;

141, ligne 17. — *M. S... logeoit dans une maison qui appartenoit à M. M...;* lisez : M. Scarron logeoit dans une maison qui appartenait à M. Mérault ;

142, ligne 5. — *Monsieur M... vous donne le bon jour ;* lisez : Monsieur Mérault vous donne le bon jour ;

160, ligne 3. — *M. T... étant icy il y a quelque tems ;* lisez : M. Thibert, avocat, oncle de M. Thibert, notaire, étant icy il y a quelque tems.

VEILLÉES (LES) DU MARAIS,

ou Histoire du grand prince Oribeau, Roi de Mommonie, au pays d'Evinland ; et de la vertueuse princesse Oribelle, de Lagenie : Tirée des anciennes annales irlandaises, et recenment translatée en français : Par Nichols-Donneraill, du comté de Korke, descendant de l'auteur. — Imprimé à Waterford, capitale de Mommonie, 1785, 4 part. en 2 vol. in-12 de 496 et

556 pp. (par *Nicolas-Edme Restif de la Bretonne*).

Réimprimé, six ans après, sous ce titre :

« L'INSTITUTEUR D'UN PRINCE ROYAL, TIRÉ D'UN OUVRAGE IRLANDAIS INTITULÉ : O. RIBEAU ET O. RIBELLE, PUBLIÉ SOUS LE TITRE DE VEILLÉES DU MARAIS, » — Paris, veuve Duchesne, 1791 (ou 1792), 4 vol. in-12. Suivant M. Ch. Monselet, c'est exactement le même ouvrage que le précédent. — Tous deux très rares.

Ce roman est un de ceux que l'auteur a eu le plus de peine à faire approuver par la censure. L'abbé *Terrasson*, qui était le premier censeur de l'ouvrage, devina que Restif avait voulu faire de malicieuses allusions sous des noms supposés, que ces allusions n'épargnaient pas même la famille royale. On imposa de nombreux cartons à l'auteur qui obtint un nouveau censeur, *Toustain de Richebourg;* ce dernier ferma les yeux sur les anagrammes assez transparentes dont le livre est rempli. L'ouvrage fut imprimé, mais la police entrava sa publication. Ce ne fut que longtemps après que Restif déclara que les allusions à la famille royale « tant redoutées par Terrasson » étaient réelles. Il donna en même temps, dans son « *Monsieur Nicolas* » (pp. 4,726 et suivantes), la clef de certains noms imaginaires ou anagrammatisés. — Cette clef est malheureusement très incomplète et il en faudrait une nouvelle pour n'être pas arrêté à chaque instant par ces obstacles, dans la lecture de ce livre parfois incompréhensible. Voici toutefois, les indications que j'ai pu recueillir dans les belles études sur Restif de MM. *Ch. Monselet* et *P. Lacroix*, ainsi que dans l'essai de *Quérard :*

Sipar, — Paris ;

Tanisnorohé, — Saint-Honoré ;

Iratlove, — Voltaire ;

Mac-Yllus, — Sully ;

Lœlubelem, — La Baumelle ;

Lugbonoe, — Boulogne ;

Ussuœro, — J.-J. Rousseau ;

Evidletho, — Hôtel-Dieu ;

Funfbo, — Buffon ;

Mac-Capcoup, — Richelieu ;

O-Finfinelli, — Mazarin ;

O-Rhudábord, — Louvois ;

O-Ribeaumagne, — Louis XIV ;

O-Faćfac, — Louis XV ;

Mac-Errick, — Henri IV ;

Mac-Artlove, — Colbert ;

Mac-Wasp, — Fréron ;

Sacripandidondanuck, — le duc de Choiseul ;

Toddire, — Diderot ;

Malbreted, — d'Alembert ;

Trado, — Dorat ;

Nollicres, — Crébillon père ;

Illobreuc, — Crébillon fils ;

Wocfulla, — la Pitié (?) ;

Roscomond, — Voltaire (?) ;

L'Eropa, — l'Opéra ;

Le Fricansau, — Théâtre-Français ;

Saletini, — les Italiens ;

Thomame, — Mahomet ;

Kanile, — Le Kain ;

Liosée, — « Héloïse » ;

Ossiplat, — Palissot ;

Folisefos, — les Philosophes ;

Canguaceroup, — Pourceaugnac ;

Rimolee, — Molière ;

Origaf, — Figaro ;

Rue *Chantdure,* — du Chantre ;

Rue *Dquoc,* — du Coq ;

Rue *Fortfardem,* — Mouffetard ;

Hospice de l'*Aitipé,* — la Pitié ;

Nalleade, — Lalande ;

Dadarnu, — d'Arnaud ;

Bocconiri, — Mme Riccoboni ;

Ipis, — de Piis ;

Rébra, — Barré ;

Eppo, — Pope ;

Siduc, — Ducis ;

Ledesli, — Delille ;

Nunecadi, — la Dunciade ;

Ubraamid, — Mirabaud ;

Radepelar, — de La Harpe ;
Rureletoun, — Letourneur.

Et bien d'autres noms *Chœbeval-rissea, Altebouerde, Elebeufdertico-mure*, etc., etc., dont les anagrammes ne paraissent pas aisées à découvrir.

VERTUS (Les) des quarante sangsues.

Voir : Ah ! que l'on va rire.

VICOMTE (LE) **DE BARJAC**, ou Mémoires pour servir a l'Histoire de ce siècle. — A Dublin, de l'imprimerie de Wilson, et se trouve à Paris, chez les libraires qui vendent des nouveautés.—M.DCC.LXXXIV, 2 vol. in-18 de 166 et 163 pp. — Une clef imprimée de 6pp. manque à beaucoup d'exemplaires. — Plusieurs éditions différentes la même année ; l'une d'elles porte sur le frontispice : « Par M. C... de L... (Choderlos de Laclos), auteur des « Liaisons dangereuses, » ce qui est une fausseté.

Le marquis de Luchet est le véritable auteur de ce roman fort oublié, qui se recommande cependant à la curiosité du public par les allusions satiriques expliquées dans la clef que voici : — Tome 1ᵉʳ :

La comtesse Lanoue, — la comtesse de La Noue ;
Le marquis de C..., — le marquis de Culan ;
Le comte de B..., — le comte de La Noue ;
Un abbé..., — de Very ;
M. R..., — M. Robinet ;
Le marquis de T'..., — le marquis de Thibouville ;
Mˡˡᵉ Alison, — Mˡˡᵉ Arnould ;
Elmire, — Mˡˡᵉ Dubois, première femme de Beaumarchais ;

Le marquis de Barages, — le marquis de Gamaches ;
Cet heureux marquis..., — le marquis de Villette ;
Le ministre fait par Pesay,—M.Necker ;
Infidélités de Madame de M..., — Mᵐᵉ de Maurepas ;
B..., — Beaumarchais ;
L..., — Linguet ;
F..., — Fréron ;
Un être amphibie, — Poaÿs ;
Un chevalier, — de Boufflers ;
Un marquis, — le duc d'Orléans ;
Un abbé charmant, — l'abbé de Breteuil ;
Un grand d'Espagne,—de Lauragais ;
Le chevalier de M..., — Matabrel ;
La comtesse de Berlitz, — Mᵐᵉ de Mirabeau ;
Madame de Rosefort, — Mᵐᵉ de Rochefort ;
Le chevalier de Mars, — le chevalier de Saint-Marc, officier retiré de la marine ;
Curtius, — Beaumarchais ;
Scévola, —le chevalier de Chastellux ;
Ineptie des Grands Seigneurs, — les gentilshommes de la Chambre ;
Un jeune fat, — le comte de Châlons, ministre à Cologne ;
M. de V..., — M. de Vergennes ;
Un lieutenant-colonel prussien, — M. Pirch ;
Une femme de la Cour, — la princesse de Soubise ;
Une comtesse, — Mᵐᵉ de Coustin ;
Mᵐᵉ Orithie, — la même personne ;
Socrate, — M. de Sontdevelle, à quelques égards, et M. le comte de Valbelle, à d'autres ;
Militaire à l'uniforme rouge, — c'est un officier allemand.

Tome second :

Eloge de Colbert par une main financière, — M. Necker ;
Le baron de W.., — Willepinte ;
Actrice française célèbre à son aurore, — Mˡˡᵉ Raucour ;
Sophie, — Mˡˡᵉ Arnould ;
Julie, — Mˡˡᵉ Clairon ;

Le duc de Morsheim, — le prince de Conti d'alors; .

La comtesse Williska, — princesse Polonaise, bel esprit et fort c...n, qui était à Paris vers cette époque.

Cette clef est encore bien incomplète ; il reste encore bien des noms à dévoiler, tels d'abord que le *vicomte de Barjac* lui-même qui a été retracé d'après un modèle vivant, puis le *prince Koroki,* la *comtesse de F...,* *D...,* chansonnier grivois, l'escroc *Scheffer* l'orgueilleux *Corilla,* le fou *Zacottin,* l'avide *Caterve,* le systématique *Sovernis,* l'escroc *Guychène,* l'industrieux *Lyconis,* etc., etc.

Il est vraisemblable que la clef qui précède est applicable, en tout ou en partie, à l'ouvrage du même auteur qui a pour titre : « MÉMOIRES DE LA DUCHESSE DE MORSHEIM, OU SUITE DES MÉMOIRES DU VICOMTE DE BARJAC. » — Dublin, 1786, 2 vol. in-18. Ce sont les mêmes noms et les mêmes personnages que dans *Barjac.*

VICOMTE (LE) DE BARJOLEAU, OU LE SOUPER DES NOIRS. — S. l. (Paris), de l'Imprimerie du Vicomte (26 juin 1790).

Cette comédie en 2 actes et en vers, assez plate d'ailleurs, est « dédiée au club des Jacobins. » L'auteur, demeuré inconnu, y tourne en ridicule les membres du clergé, *les noirs,* dépouillés de leurs bénéfices et privilèges de toutes sortes, et que l'Assemblée nationale venait d'astreindre à la prestation de serment. Le *vicomte de Barjoleau,* c'est Mirabeau, et *Mimy* représente l'abbé Maury. (E. Jauffret, Théâtre Révolutionnaire, p. 62.)

VICTIMES (LES), POEME EN IV CHANTS.

Voir : Les Innocens.

VICTOIRE (LA) DU PHÉBUS

FRANÇOIS CONTRE LE PYTHON DE CE TEMPS. — Tragédie où l'on voit les desseings pratiques, tyrannies, meurtres, larcins, mort et ignominie dudit Python. — Rouen, Thomas Mallard, s. d., in-8 de 31 pp.

Réimprimé textuellement sous ce titre :

TRAGÉDIE DU MARQUIS D'ANCRE, OU LA VICTOIRE DU PHÉBUS FRANÇAIS CONTRE LE PYTHON DE CE TEMPS. — Paris, jouxte la coppie imprimée à Rouen chez Thomas Mallart, s. d., 31 pp.

Cette pièce fort rare, en quatre actes et en vers, reproduit, sous la forme dramatique, les détails historiques de l'assassinat du fameux Concini, maréchal d'Ancre, sur le pont-levis du Louvre, par Charles d'Albert, duc de Luynes, Vitry et autres agents du jeune roi Louis XIII. Voici la clef des principaux personnages :

Python, M. D., — Concini, marquis (?) d'Ancre ;

Phébus, R. de F., — Louis XIII, roi de France ;

Lydor de G., — le duc de Guise ;

Antimars de V., — le maréchal de Vitry ;

Galligay, — la marquise d'Ancre ;

Ruburo Demou, — Montalto, astrologue vénitien ;

Cleridam de L., — le duc de Luynes ;

Théocrat de V., — Villeroy ;

Arlin de M., — le duc du Maine ;

Toléon de N., — le duc de Nemours ;

Alcé D. D., — Poète ?

Il serait possible que l'auteur se fût mis en scène sous le nom du poète *Alcé D. D.;* ces deux initiales représenteraient alors le nom de *Deimiers,* auteur de « La Liberté royale de Marseille, » ouvrage publié à Paris, en 1615, avec les mêmes initiales.

M. *P. Lacroix* a donné d'intéressantes indications sur cette pièce conçue dans le même esprit que la Magicienne Estrangère, dont il a été parlé plus haut. (Voir aussi le catalogue de Soleinne, nos 3729-3731.)

VIE D'EROSTRATE, découverte par *Alexandre Verri*, auteur des « Nuits Romaines » et des « Aventures de Sapho. — Traduite de l'italien par *A.-C.* (sans doute *Jacques-Auguste-Simon Collin*, plus connu sous le nom de *Collin de Plancy*). — Paris, Mongie, 1820, in-12 de 14 feuilles 1/2.

Déjà traduit par *L.-F. Lestrade*, avec des notes historiques et critiques. — Paris, Béchet aîné, 1818, in-12.

Ce que Lestrade, qui s'est pourtant livré à une consciencieuse étude de cet écrit, n'a pas dit, ou n'a pas su comprendre, c'est que cet ouvrage n'est autre chose qu'une violente satire dirigée contre Napoléon Ier, personnifié par *Erostrate*. (Voir: « Correspondance de Stendhal » (Henry Beyle.) — Paris, Lévy, 1855, t. I, p. 224.)

Vie (la) de Bohême.
Voir : Scènes de la Vie de Bohême.

VIE (LA) DE NICOLAS, pot pourri, par *M.-C.-J. R. (de D.)*. — De l'imprimerie de Cellot (Paris, 1814). — Se vend chez J. Louis, libraire, rue de Savoie, 14 pp. in-8. Au milieu du titre, un fleuron aux armes impériales renversé.

Ce pamphlet, en 35 couplets, publié après la chute de Napoléon Ier, est assez lestement tourné. Les allusions sont faciles à saisir : *Nicolas*, c'est l'empereur déchu, la *mère Lajoie*, Mme Lœtitia, etc., etc.

On peut joindre à cet écrit : « La Constitution de Nicolas, nom d'un Diable, en vingt-deux articles, » 7 pp in-8, s. l. (Paris, 1814). — Nicolas, Empereur des Lanternois, désigna également Napoléon Ier.

« La Queue du Dragon » (Paris, 1814, 4 pp. in-8) se rattache aux deux libelles qui précèdent et a pour objet de ridiculiser « certains personnages en Simarre » maintenus en leurs fonctions après la chute du *Dragon*, autrement dit Bonaparte.

Vie et Aventures d'Euphormion.
Voir : Euphormionis Lusinini partes quinque.

VIE ET AVENTURES DE SENS COMMUN, histoire allégorique, traduite de l'Anglois sur la seconde édition. — « Veluti in speculum » (sic) s. l. (Paris ?) 1779, pet. in-8.

Encore un écrit à classer dans les allégories plutôt que dans les ouvrages à clef. « C'est une généalogie de *Wisdom*, ou de la Sagesse, de la Vérité, du sens commun, de la prudence, du génie, de l'esprit, de la vanité, de la gaîté, etc.; ou plutôt c'est le cadre de quelques réflexions assez communes sur les principaux événements de la France et de l'Angleterre, sous le règne de Louis XIV. — L'auteur ne paraît pas avoir des relations fort particulières avec la famille dont il prétend avoir retrouvé les titres et les origines. » (« Correspondance de Grimm), » septembre 1779.)

VIE (LA) ET LES AVENTURES SURPRENANTES DE BRID'OISON, le représentant de tout le monde, depuis son émancipation politique jusqu'à son avénement au pouvoir de fait, et sa souveraineté par intérim en l'an III de la régénération sociale soi-disant. Par M. *Delisle*. — Paris, Hivert, Dentu, 1833, in-8 de 40 pp.

Cette brochure est une satire des hommes nouveaux parvenus au pouvoir dans les premiers temps de la monarchie de Juillet ; elle est écrite dans un sens favorable à la monarchie légitime déchue depuis trois années. L'auteur Delisle, ou de l'Isle, l'envoyait gratuitement aux abonnés de la feuille quotidienne qu'il dirigeait alors : « *Le Brid'oison*, journal des Folies du siècle, » qui eut de fréquents démêlés avec le ministère. M. Delisle a publié, cette même année 1833, par demi-feuilles in-4, des factums satirico-politiques qui ne manquaient pas d'indépendance. On remarque entre autres celui qui a pour titre : « *Les fausses infidélités de Barthe*, » et dans lequel il s'agit non pas de l'auteur comique, mais du ministre de ce nom. (Voir : « La Littérature contemporaine, » t. III, p. 197.)

VIE (LA) ET LES OPINIONS DE TRISTRAM SHANDY.

Voir : Sentimental Journey through France...

VIEILLES (LES) LANTERNES, CONTE NOUVEAU ; OU ALLÉGORIE FAITE POUR RAMENER LES UNS ET CONSOLER LES AUTRES ; étrennes pour tout le monde : Avec une clef pour rire et des notes pour pleurer.

« ... Et levis hæc insania quantas
Virtutes habeat, sic collige. »
                        HORAT.

A Pneumatopolis, chez Lucrain ; et se trouve chez tous les débitants des vérités à la mode, 5871. — (Paris, 1785). Avec permission des fous et des sages, in-8 de 100 pages.

Ce bizarre écrit, dont je ne connais pas l'auteur, est destiné à reproduire, en faveur du Dr Deslon, Doyen de la Faculté de médecine de Paris, les arguments de ses défenseurs, dans sa fameuse querelle, d'abord avec Mesmer, puis avec ses confrères eux-mêmes, au sujet des baquets magnétiques. On sait que Mesmer réussit à séduire plusieurs hommes de science par ses soi-disant merveilles magnétiques. Parmi ses admirateurs, Deslon fut peut-être le plus ardent. Tous deux s'associèrent pour l'exploitation des baquets magnétiques ; ils se brouillèrent bientôt pour des questions d'intérêt et leur querelle, dans laquelle Mesmer ne paraît pas avoir joué le plus beau rôle, partagea aussitôt la Cour et la Ville. On peut suivre, presque jour par jour, les phases du procès dans « L'Histoire du Merveilleux dans les Temps modernes » de M. Louis Figuier. (Tome III, le magnétisme animal, Paris, 1861.) Un nombre prodigieux de libelles et de factums parurent alors pour ou contre Mesmer ; celui qui est décrit en tête de cet article fut publié en faveur du pauvre Deslon.

L'exemplaire fort joli que j'ai entre les mains et qui provient de la bibliothèque du Dr Desbarreaux-Bernard, contient bien, de la page 61 à la page 67, la *clef pour rire* annoncée sur le titre ; mais cette clef n'est d'aucune utilité pour l'intelligence de l'ouvrage, elle a besoin elle-même d'être interprétée ; on va pouvoir en juger, car je vais la reproduire ci-dessous en y joignant sous toutes réserves, d'ailleurs, les significations que mes re-

cherches m'ont mis à même de découvrir :

Lutèce, — Paris ;

Menser, — Mesmer ;

Lénos, — Deslon ;

Grande Hercinie, — L'Allemagne,
d'où venait Mesmer ;

Réverbères, — le système thérapeuti-
que de Mesmer ;

Vieilles Lanternes, — la médecine
ordinaire, enseignée par la Faculté
royale ;

Ferblantiers, — les médecins :

Marchands d'huile, — sans doute les
charlatans qui abondaient alors
comme aujourd'hui ;

Charpentiers, — les chirurgiens ;

Faiseurs de mèches, — les droguistes
et les apothicaires ;

Allumeurs de Lanternes, — ?

Rue aux Épreuves, — la demeure de
Mesmer, à Paris ;

Les Miopses, — la société parisienne,

Tailleurs, — les gens d'épée ;

Traiteur, — le clergé ;

Banquier, — les gens de robe ;

Le ministre Gévernis, — M. de Vergennes (?) ;

Les Pénitents, page 35, — ? ..

Théthrou, page 37, — ?

Le célèbre prédicateur de la Tolérance,
— Voltaire, page 37.

Miracles de Saint-Pisar, — Le diacre
Paris ; page 51 ;

Saint-Madre, page 51, — l'église
Saint-Médard ;

Le grand ferblantier, — l'illustre médecin ;

Habrevore, p. 93, — Boërhaave.

A coup sûr, cette brochure est devenue aujourd'hui bien insignifiante ;
elle mérite cependant d'être conservée
encore comme une curiosité de l'histoire des sciences médicales et surtout comme un modèle de polémique
baroque.

**VIRGILE EN FRANCE, ou LA
NOUVELLE ENÉIDE,** poème héroï-
comique en style franco-gothique,
orné d'une figure à chaque chant,
pour servir d'esquisse à l'histoire
de nos jours, par *Le Plat du Temple.*
— Bruxelles, Weissenbruck, 1807,
2 vol. in-8, ou : [Offenbach, Brede,
1810, 4 vol. in-8, 18 fr.

C'est une violente satire dirigée
contre la Révolution, contre Napoléon
et sa famille et contre les principaux
fonctionnaires de son gouvernement.

Voici ce que dit de ce bizarre ouvrage une note de M. A. de L., insérée dans le « Bulletin du Bibliophile » (1868, p. 1067-68, n° 529) :
« Ces deux volumes, les seuls qui
aient paru, contiennent les six premiers chants de l' » Enéide » de Virgile et les six premiers chants de la
« Nouvelle Enéide. » — Les poursuites dont cet ouvrage fut l'objet dès
son apparition empêchèrent l'auteur de
le continuer.—L'édition presque entière
fut saisie et détruite à Bruxelles même,
sur l'ordre de la police française :
cela explique l'extrême rareté de ce
singulier ouvrage dont quelques
exemplaires à peine ont échappé à
l'incendie juridique. Des eaux-fortes
de *P. Leroy,* non moins curieuses que
le texte, accompagnent chaque chant,
et ajoutent encore, par un attrait
analogue à celui des *rébus,* au caractère énigmatique de cette étrange production. — L'auteur avait d'abord
écrit son livre en langue flamande
(Bruxelles, 1802, 3 vol. in-8), mais,
enthousiasmé, dit-il, par la solénnité
du sujet, il l'a traduit en français, ou,
pour parler plus exactement, en un
langage grotesque qui n'a d'égal que
le style du « Tremblement de Terre
de Lisbonne. » Il suit pas à pas les
vers de l' « Enéide » et remplace partout, en conservant la forme et les
images de Virgile, *Enée* par Napoléon,
Troie par la France, etc., etc. Il
trouve à chaque vers du poète latin
des allusions aux événements qui se

sont passés en France ; mais comme ces allusions, si transparentes qu'elles puissent être, risqueraient de ne point être saisies par tout le monde, l'auteur a bourré ses vers de renvois à dés notes explicatives qui forment bien le plus étonnant répertoire d'érudition qui ait jamais été composé. — Le Plat, ou Le Plaet du Temple a échappé aux recherches des biographes et c'est un tort, car ce poète hétéroclite fournirait sans aucun doute un chapitre curieux à l'histoire des fous sérieux.

VISION DE BUONAPARTE.

Voir : Rêve ou Vision de Buonaparte.

VISION DE SYLVIUS GRAPHA-LETES, ou LE TEMPLE DE MÉMOIRE. — Londres, aux dépens de la Compagnie (Hollande), 1707, 2 vol. in-8. (Le premier volume contient la « Vision ; » le second renferme des poésies et opuscules divers). Le premier tome a été réimprimé sous ce titre :

LE TEMPLE DE MÉMOIRE, ou VI-SIONS D'UN SOLITAIRE. — Londres et Paris, Ruault, 1775, in-8 de II-174 pages.

L'auteur de cet ouvrage est incontestablement *Claude-Marie Giraud,* médecin et littérateur, né à Lons-le-Saunier, en 1711, mort à Paris, vers 1780 (« Dictionnaire des Anonymes, » t. IV, col. 675 et 1,038, et Quérard, « France Littéraire, » t. III, p. 370). Giraud, qui a publié divers écrits aujourd'hui bien oubliés (« Diabotanus, » « La Procopade, » « La Peyronnie aux Enfers, » etc , etc.) eût mérité, dit l'abbé Sabatier, d'obtenir une place distinguée dans son « Temple de Mémoire, » s'il l'eût construit

avec un peu plus de soin et plus de goût. On y trouve quelques traits agréables ; mais ses jugements sont durs et parfois injustes et l'ouvrage n'est réellement qu'une très faible imitation du « Temple du Goût » de Voltaire. — Voici la clef de la « Vision de Sylvius, » que m'a communiquée M. G. Brunet ; les personnages sont en général désignés par la ou les premières lettres de leur nom :

*A d***,* — Adam, sculpteur ;
A..., — l'abbé Alary ;
Au..., — l'abbé Aubert ;
Bal..., — Balechou, graveur ;
Bou..., — Boucher, peintre ;
Buf..., — Buffon ;
C. Van..., — Carl Vanloo, peintre ;
Certain chevalier, — de la Condamine, chevalier de Saint-Lazare ;
Chantre (le) fortuné, — Voltaire ;
Co..., — Cochin, graveur ;
Col..., — Colardeau ;
D. C., — Mme du Châtelet ;
Darn..., — l'abbé d'Arnaud ;
Desf... M..., — Desforges Maillard ;
Desh..., — Deshayes, peintre ;
Dol..., — l'abbé d'Olivet ;
Dor..., — Dorat ;
Dup... de S. M., — Dupré de Saint-Maur ;
F..., — Franque, architecte ;
F..., — Falconet ;
G. et L..., — les abbés Guyon et Lambert ;
Gr..., — Greuze, peintre ;
Graphalètes, — qui écrit la vérité (l'auteur) ;
Un gros chanoine, — l'abbé de L'Attaignant ;
H..., — le président Hénault ;
Un homme célèbre par sa vaste érudition, — d'Alembert ;
Un homme de mine agréable, — Helvétius ;
Lap..., — La Place ;
Le B..., — Le Bas, graveur ;
Le B .., — Le Brun ;
Le F..., — Le Franc de Pompignan ;
La P..., — l'abbé de La Porte ;
Ma..., — Marie, architecte ;

Mari..., — Marivaux ;
Marm..., — Marmontel ;
May..., — Mayrand ;
M. de M., — Moreau de Maupertuis ;
Un marquis auteur, — Mirabeau père ;
Moy..., — Moyreau, graveur ;
Pal..., — Palissot ;
Pier..., — Pierre, peintre ;
Pig..., — Pigale, sculpteur ;
P..., — Piron ;
Un personnage plus curieux, — J.-J. Rousseau ;
Rest..., — Restant, peintre ;
Rous..., — Rousseau, jurisconsulte ;
Sed..., — Sedaine ;
Th..., — Thomas ;
Tr..., — l'abbé Trublet ;
Van..., — Vanloo, peintre ;
Ver..., — Vernet, peintre ;
V..., — Voltaire.

VISION PROPHÉTIQUE D'UN PERSAN.
Voir : Le Dernier cri du Monstre.

VISIONS (LES) D'UN PÈRE SPECULATIF.
Voir ci-après.

VISIONS (LES) DU PÈRE HYPARQUE, religieux provençal du couvent des Saints-Pères d'Aix, avec la lettre d'un Provençal à un Languedocien sur les visions. — (Aix), 1649, in-4.

Réimprimé sous ce titre :

LES VISIONS D'UN PÈRE SPÉCULATIF, religieux provençal du couvent des P. P. P. P. (Pères Prêcheurs) d'Aix, 1650, in-4.

M. C. Moreau, dans son excellente « Bibliographie des Mazarinades » (t. III, p. 271), s'exprime ainsi : « Voici ce que dit Pilton de ce pamphlet, à la page 130 de son « Histoire d'Aix » : « Le plus insolent de tous (les pam « phlets) fut celui qu'on fit paroître « sous l'habit d'un moine, et qu'on « appela *le Père Hyparque,* si paysan « et si rustre, qu'ayant perdu toute « sorte de respect, il n'en a pas même « pour la meilleure et plus ancienne « noblesse d'Aix. Il visite toute la « Provence, de laquelle il en décrit « toutes les villes sous les noms em « pruntés des plus belles dames, aux « quelles il ne fait point difficulté de « demander de trousser la cotte pour « voir ce qu'elles portent de plus ca « ché. »

En somme, cet ouvrage, mêlé de vers et de prose, est une allégorie composée en faveur du comte d'Alaïs, gouverneur de Provence ; c'est surtout un libelle insolent dirigé contre la noblesse d'Arles. Les « Visions » sont au nombre de neuf représentant chacune une ville dont le nom est déguisé sous une qualification spéciale. Ainsi, *Mélancolique* désigne Aix ; *Esclave,* Salon ; *Coquette,* Arles ; *Amazone,* Tarascon ; *Possédée,* Marseille ; *Zelée,* Brignolles ; *Moresque,* Hyères ; *Nymphe,* Toulon. — Le comte d'Alaïs est appelé *l'Aigle-Royal.* — Il n'a pas été possible de savoir quel est l'écrivain frondeur qui s'est caché sous le nom du *Père Hyparque.* — Les Bibliographies ne mentionnent point ce curieux et étrange libelle.

VISIR (LE), OU HISTOIRE AMUSANTE DU PREMIER MINISTRE FAVORI DU ROI DE KABOUL, ETC., par *J.....* *K...t P. R.* — Bassora, chez Ouzoun Harou. — (Paris, impr. Gueffier), 1820, in-8 de IV-255 pp.

Cet ouvrage satirique, aujourd'hui fort rare, raconte, sous des noms supposés, l'histoire du duc Decazes (*le Vizir*), ministre de Louis XVIII (*le roi de Kaboul*). — Il serait fort intéressant d'avoir une bonne clef de ce curieux libelle, dont un superbe exemplaire

, figurait à la vente O. de Béhague (1880, — IIe partie, — n° 1097).

VISITES (LES). Par Madame D*** K***. — Paris, 1792, in-8.

Ce petit roman assez rare est ordinairement suivi d'une clef imprimée, qui manque cependant à beaucoup d'exemplaires. On y trouve des allusions à des personnages bien connus au début de la Révolution. Suivant Quérard, « Les Visites » sont l'œuvre de *Marie-Françoise Abeille*, femme de Louis-Félix *Guinement de Kéralio*; suivant Barbier et M. G. Brunet, cet ouvrage a été composé par la fille des précédents, *Louise-Félicité de Kéralio*, plus connue sous le nom de *Mme Robert*, auteur de nombreux ouvrages et qui voulut jouer un rôle politique en 1790.

VITA GARGILII MAMURRÆ PARASITOPŒDAGOGI.

Voir : Histoire de Pierre de Montmaur.

VITTORIA SAVORELLI, ISTORIA DEL SECOLO XIX. — Parigi, dai torchi di Béthune et Plon, 1841, in-8 de 20 feuilles.

Les « Supercheries littéraires « (t. I, col. 168) — donnent de bien curieux renseignements sur cet ouvrage. C'est, paraît-il, une réelle histoire de famille. — Le jour même où ce livre pénétra en Italie, un prince D., qui ne joue pas un beau rôle dans cette histoire, fit acheter et détruire l'édition entière. — On n'aura donc jamais la clef de « Vittoria Savorelli ». — Mais le plus piquant de l'affaire, c'est que M. Edmond About s'est servi d'un exemplaire échappé à la destruction et qu'il croyait unique, pour traduire cette

histoire et la publier, en 1855, sous le titre de *Tolla*. La supercherie fut découverte et donna lieu à une polémique très vive. (Voir l'ouvrage de Quérard, *loc. cit.*)

VIVIAN GREY. — London, 1826. Voir : Romans politiques de D'Israëli.

VOL (LE) PLUS HAUT, ou L'ESPION DES PRINCIPAUX THÉATRES DE LA CAPITALE, contenant une histoire abrégée des acteurs et actrices de ces mêmes Théâtres, enrichie d'observations philosophiques et d'anecdotes récréatives. — Memphis (Paris), chez Sincère, libraire réfugié au puits de la Vérité, 1784, in-8 de 142 pp.

Cet ouvrage, que le « Dictionnaire des Anonymes » (t. IV, col. 1,052) attribue au comédien *Dumont*, auteur du « Désœuvré mis en œuvre, » serait plutôt, suivant le savant rédacteur du Catalogue Soleinne (N° 534, t. V, 1re partie), des auteurs du « Chroniqueur désœuvré, » c'est-à-dire de *Mayeur de Saint-Paul, Théveneau de Morande* et *Poultier Delmottes*. — C'est un pamphlet mordant, dans lequel les personnages satirisés sont tantôt désignés sous des noms anagrammatisés, tantôt nommés en toutes lettres : Ainsi, pour n'en citer que quelques exemples, *Tineras* (p. 60), c'est M. de Sartine fils ; — *Niclug*, de Clugny ; — *Melota*, Amelot, fils du ministre ; — *Un prince voluptueux et brave*, ayant à Pantin une petite maison, c'est M. de Soubise, dont le nom est plus loin écrit en toutes lettres ; — *Sophie*, Mlle Arnoult ; — *Rosalie*, Mlle Le Vasseur ; — *Vestrallard*, Vestris ; etc., etc.

VOLTARIANA, ou ÉLOGES AMPHIGOURIQUES DE FR.-MARIE

ARROUET DE VOLTAIRE, gentilhomme ordinaire, conseiller du Roi en ses conseils, historiographe de France, etc., etc., etc., etc., etc., discutés et décidés pour sa réception à l'Académie française. Nouvelle édition, augmentée d'une pièce très intéressante. — A Paris, CIƆCCCCCCCXXXXIIII, 2 part. en un vol. in-8 de IV ff. 229 et 272 pp., plus 28 pp. pour la pièce finale. La première édition est de 1748.

Ce recueil satirique, dont l'épître dédicatoire est signée : *Timorowitz Allabew*, a été publié par *Travenol* et *Mannory*, suivant Barbier, ou par l'abbé *Baston*, d'après une note manuscrite sur l'exemplaire de la Bibliothèque nationale.

La clef de ce volume, composé de pièces en vers et en prose, est bien facile : Partout où l'on trouve les initiales : *V****, *M. de V****, *Similor V****, *D. V.*, il faut lire Voltaire ; — *D. F.*, c'est l'abbé Desfontaines ; — *le Président de B****, c'est M. de Bernières ; — *la Belle Emilie*, c'est la marquise du Châtelet; *Midas, le Petit Sardanapale, le Faquin du dernier bail*, c'est le fermier général La Popelinière; etc. — « La pièce très intéressante, » intitulée LA MALLE-BOSSE, nouvelle nuit de Straparole, est fort satirique.

VOYAGE A CEILAN, ou LES PHILOSOPHES VOYAGEURS ; ouvrage publié par *Henriquès Pangrapho*, maître ès-arts en l'Université de Salamanque. — Amsterdam et Paris, de Hansy, 1770, 2 part. in-12.

Réimprimé sous le titre de :

«LES PHILOSOPHES AVENTURIERS, » par M. T***. — Amsterdam et Paris, 1780, 2 vol. in-12.

Cet ouvrage, dont l'auteur véritable est François-René de Turpin, est analysé et critiqué dans la « Correspondance de Grimm » (septembre 1770). Il y a des allusions à des personnages du temps, et l'on y trouve, entre autres choses, l'éloge d'Helvétius, sous le nom de *Helvidius* et la satire amère d'un sieur Pelletier, ancien fermier général, sous le nom de *Fercœur*.

VOYAGE AU ROYAUME DE COQUETTERIE.

Voir : Histoire du Temps, ou Relation du Royaume...

VOYAGE AU SÉJOUR DES OMBRES. A Mme D... (Par l'abbé *H.-Jos. de La Porte*). — La Haye, 1750, in-8, 90 pp., autres éditions. — Paris, 1751, in-12 et 1777.

Réimprimé avec beaucoup d'augmentations sous le titre de :

VOYAGE EN L'AUTRE MONDE, ou NOUVELLES LITTÉRAIRES DE CELUI-CY. — A Londres et se trouve à Paris, 2 part. in-12 de 215 et 216 pp. y compris une table détaillée des matières. Orné d'un frontispice et d'un titre entièrement gravé de C. Eisen. Ces deux planches sont ravissantes tant par la grâce de l'invention que par la finesse de l'exécution.

« Il y a dans ce livre, dit la « Nouvelle Bigarrure » (t. IX, novembre 1753, pp. 62 et suivantes), de la Morale, de la Galanterie, du Romanesque, du Sérieux, du Plaisant, des Eloges, des Critiques, même des Satyres. Mais ce qui domine dans ce livre, c'est l'état présent de notre littérature et il est certain que les étrangers qui ne sont pas à portée de le connaître apprendront beaucoup de choses dans ce voyage. Il y a d'excellentes leçons pour la critique, où M. l'abbé de La Porte n'épargne pas lui-même sa profession et expose au grand jour les tours et les ruses des auteurs des ouvrages périodiques. Ce qu'il y a de répréhensible, c'est que l'auteur a adopté et rappelé dans son Livre les calomnies que l'on a débitées sur le compte de feu M. l'abbé Desfontaines. »

Le « Voyage au Séjour des Ombres » est en prose mêlée d'un certain nombre de pièces de vers; il y a aussi des dialogues. L'exemplaire que je possède, édition de 1752, a appartenu à Mme de Pompadour; il paraît avoir été souvent feuilleté; je doute que ce soit par la célèbre marquise. J'y remarque cette particularité : les titres des deux parties portent bien : « Voyage en l'autre monde ou Nouvelles littéraires de celui-ci, » mais, d'un bout à l'autre de l'ouvrage, le titre courant est « Voyage au Séjour des Ombres. »

La plupart des auteurs, loués ou critiqués, sont nommés en toutes lettres; quelques-uns cependant, plus sévèrement critiqués, ne sont désignés que par des initiales. L'ouvrage d'ailleurs fourmille d'allusions; il faudrait plusieurs pages pour en donner la clef complète. Je me bornerai, à titre de spécimen, à dévoiler les initialismes d'une malicieuse pièce de soixante-cinq vers, qui occupe les pages 76 à 78 de mon exemplaire, où les noms ont été complétés à la main :

Mor..., — Morand ;
Pal....., — Palissot ;
M....., — Mauger ;
R...., — Du Rosoy ;
Des M...., — Des Mahis ;
M....., — Moissi ;
R...., — Robbé de Beauveset ;
T......, — Trublet ;
La M......, — La Morlière ;
D'A....., — D'Arnaud ;
Lac....., — Lacaille ;

M....., — Maquer ;
Ch....., — ? — Il s'agit d'un médecin de médiocre réputation.

En résumé, cet ouvrage semble vraiment trop oublié aujourd'hui.

VOYAGE D'AMATHONTE, OUVRAGE MÊLÉ DE PROSE ET DE VERS, 1750, in-8.

Cet ouvrage, plus que rarissime, est de *Clément-Ignace de Rességuier,* chevalier commandeur de l'ordre de Malte, né à Toulouse, le 23 novembre 1724, mort pendant l'occupation de Malte par les Français. Cet écrit satirique, dirigé contre Mme de Pompadour, fut saisi et supprimé par la police aussi exactement que possible. L'auteur fut enfermé au château d'If et n'en sortit, sur les sollicitations de son frère, conseiller-clerc au Parlement de Toulouse, que par l'intervention de la favorite elle-même. Cette grâce ne toucha guère le chevalier de Rességuier, qui ne cessa, après sa libération, de poursuivre Mme de Pompadour de ses épigrammes et de ses injures. On ne connaît que fort peu d'exemplaires du « Voyage d'Amathonte ». Le sieur Delatour, ancien imprimeur, possédait l'exemplaire de M. Berryer, lieutenant général de police, et y avait ajouté une deuxième partie manuscrite qui ne fut jamais imprimée.

Pour bien connaître ce mordant pamphlet, il faut lire l'intéressant ouvrage édité par M. Edouard Rouveyre et qui a pour titre : « *La Société galante et la littérature du* xviiie *siècle,* » par M. *Honoré Bonhomme* (Paris, 1880, pet. in-8°).

On trouve, à la fin du chapitre consacré au « chevalier de Rességuier et à Mme de Pompadour, » la note suivante que je transcris ici textuellement :

« La Bibliothèque de l'Arsenal possède un exemplaire imprimé du *Voya-*

ge d'*Amathonte* en tout semblable à celui dont nous avons fait l'analyse, mais auquel on a ajouté quelques feuillets manuscrits où se *trouve* la *clef* ou désignation des personnages qui figurent dans ce poème. Cette clef est comme la plupart de celles dont on s'est ingénié à accompagner certains ouvrages analogues, c'est-à-dire qu'elle est arbitraire, fantaisiste, et ne doit pas dès lors être considérée comme un guide sûr, comme une explication définitive et satisfaisante. Quoi qu'il en soit, nous la donnons ici à titre de curiosité :

Adrante, — le duc de Richelieu ;
Amon, — M. d'Argenson ;
Cydalise, — Mᵐᵉ de Pompadour (appelée aussi *Ermise*) ;
Epaminondas, — M. de Turenne.
Périclès, — le prince de Condé ;
Thersandre, — le comte de Clermont ;
Simon, — le Roi ;
Crysippe, — le cardinal de Tencin ;
Phydamas, — le maréchal de Saxe ;
Ménandre, — le maréchal de Lowendal ;
Eʒon, — M. d'Argenson ;
Ariste, — M. de Rouillé ;
Périclès, — M. de Turenne ;
Amon, — le maréchal de Belle-Isle ;
Oʒiris, — le cardinal de Fleury ;
M. le duc, —   Id.
Ippias, — l'évêque de Mirepoix ;
Egyste, — Mᵍʳ le Dauphin ;
Arion, — le cardinal de Tencin. »

Voyage de Humphry Clinker.
Voir : Expedition of Humphry Clinker.

VOYAGE (LE) DE LA LIBERTÉ, pièce mêlée de chants (en 4 actes et en prose), par *L.-M. Fontan, Ch. Desnoyer* et *Müller*. — Paris, 1831, in-8.

Cette pièce allégorique a été jouée, pour la première fois, au théâtre des Nouveautés, le 14 juillet 1831, jour anniversaire de la prise de la Bastille. — Les deux personnages principaux sont : *Jacques Perrin*, qui représente la Révolution, et M. *Pattu*, emblême vivant de l'idée contraire. Or, M. *Pattu* représentait un homme fameux alors, M. Cottu, conseiller à la Cour royale de Paris, fougueux champion de la monarchie pure et absolue, bien qu'il fût magistrat sous une monarchie constitutionnelle, et qui avait publié un mémoire pour inviter nettement le roi à prendre en main la dictature. On juge si le pauvre conseiller fut raillé, tympanisé, turlupiné sur sa belle proposition. M. Cottu, ou *Pattu*, et son inséparable parapluie, se retrouvent, le premier sous le nom de *Qu'as-tu*, dans la « Cocarde tricolore » (voir ce titre). — Le ministère dont il est question dans le « Voyage, » à propos de la Pologne, est celui qui fut connu sous le nom de « Ministère du Treize mars » dont M. Casimir Périer fut le chef. (Th. Muret. « L'Histoire par le théâtre, » t. III, p. 144.)

VOYAGE DE NICOLAS KLIMIUS DANS LE MONDE SOUTERRAIN ; contenant une nouvelle théorie de la terre et l'histoire d'une cinquième monarchie inconnue jusqu'à présent, ouvrage tiré de la Bibliothèque de M. *B. Abelin*, et traduit du latin par M. de *Mauvillon*. — Édition seconde, augmentée, avec privilège. — A Copenhague et à Leipsic, chez Frédéric-Chrétien Pelt. — M.D.CC.LIII, in-12. — Réimprimé dans la collection des « Voyages imaginaires. »

Ce livre curieux est du célèbre littérateur danois *Louis de Holberg* ; il fut d'abord écrit en latin et non dans la langue maternelle de l'auteur, en raison des hardiesses qu'il contenait. Depuis, il a été traduit en danois, en allemand, en anglais, en hongrois, et dans presque toutes les langues européennes. C'est une allégorie ingénieuse, dans le genre des romans de Lucien, de Quevedo, de Swift; bien d'autres auteurs, Wilkins, Cyrano de Bergerac, Rétif de la Bretonne, etc., etc., ont exploité la même idée. — Klimius (ou *Niel Klim*), qui pourrait bien être la personnification de l'auteur lui-même, rencontre en général, dans la planète intérieure qu'il visite, le contre-pied de ce qui existe chez les nations civilisées ; il y trouve des êtres, tels que les arbres, qui, animés de passions semblables à celles des humains, ont la manie des titres et recherchent avec ardeur tous les hochets de la vanité. On découvre, dans cette relation un peu longue, des idées ingénieuses et des portraits satiriques, qui certainement s'appliquaient à des pédants, des prêtres, des magistrats et même des princes qui devaient être bien connus de l'auteur ; ces allusions, aujourd'hui très obscures, devaient cependant être assez intelligibles alors, malgré les prudentes précautions qu'avait prises Holberg, pour ne pas trop divulguer ses pensées. — Le « Voyage de Nicolas Klimius » semblerait mériter une nouvelle réimpression, où l'on pourrait supprimer quelques longueurs, et à laquelle, avec un peu d'étude, on pourrait joindre une clef des allusions, sinon des portraits, qui ajouterait beaucoup d'intérêt à la lecture de cette remarquable production.

VOYAGE (LE) DES PRINCES FORTUNEZ...., par BÉROALDE.

Voir : Aventures de Floride...

VOYAGE DU GÉNIE ALACIEL.

Voir : L'Isle taciturne et l'Isle enjouée.

VOYAGE (LE) DU VALON TRANQUILLE, NOUVELLE HISTORIQUE, par *F. Charpentier*, des Académies française et des inscriptions et belles lettres. Nouvelle édition, avec une préface et des notes servant de clef. — A Paris, 1796, petit in-12 de XXIII-112 pages et 36 f. liminaires.

Cette réimpression d'un opuscule paru en 1673, in-12, sous le pseudonyme d'*Ergaste*, a été faite par les soins d'*Adry* et de *Mercier*-Saint-Léger ; elle est fort jolie et doit être assez rare aujourd'hui. L'ouvrage lui-même est agréablement écrit et mérite d'être placé dans la « Collection de petits Voyages » qui fut publiée au siècle dernier; il perdrait toutefois beaucoup de l'intérêt qu'il peut offrir sans la clef, encore assez incomplète, et sans les notes qu'y ont jointes les nouveaux éditeurs. Voici cette clef:

Amaxite, — François Charpentier, auteur du livre ;
Aurélien, — le duc d'Orléans ;
Le château de la montagne, — Versailles ;
Ergaste, — autre pseudonyme de l'auteur ;
L'Hermitage blanc, — Prémontré ;
Nicandre, — Vincent Hotman, conseiller au Grand Conseil ;
Ophigénie. — Marie Colbert, parente du fameux ministre et femme de V. Hotman ;
Le palais d'Apollon, — Marly ;
Les peuples de la mer, — les Hollandais ;
Septentrionale, —
Poliorcète, — le Grand Condé ;
Palais de Poliorcète, — Chantilly ;
La Roche des Lions, — l'ancien château de Coucy;
Le Roi des Trois Iles, — le roi d'Angleterre ;
Sinea, — anagramme de la rivière l'Aisne;

La Tente Royale, — Compiègne ;

Théodat, — Louis XIV ;

Le château du Vallon Tranquille, — Fontenay, terre et résidence de V. Hotman ;

La ville Forestière, — Senlis ;

La ville Impériale, — Paris.

Ces indications rendent plus facile la lecture de notre opuscule ; il reste cependant encore bien des allusions obscures pour le lecteur moderne, allusions sans doute fort transparentes pour les amis auxquels le grave Charpentier destinait son ouvrage et qui devaient reconnaître à merveille les personnes désignées sous les noms des princesses *Æmilie, Caroline, Eonie, Eromène, Hestiopée, Larisse, Nicope*, etc., etc.

M. G. Brunet n'a consacré que quelques lignes de son essai (p. 172) à cette production légère dans laquelle Charpentier s'est plu à retracer tous les petits incidents de sa visite au château de M. Hotman.

VOYAGE EN BUBATERBRO, AU PAYS DES JOLIS BŒUFS. —

Traduit de l'anglais de lord Humour, par *Edmond Thiaudière*. — Paris, librairie centrale, 1874, in-12, 75 centimes.

Lord Humour est un nom supposé ; l'ouvrage n'a jamais paru sous une forme autre que cette prétendue traduction et est bien entièrement composé par M. Thiaudière, avocat, directeur de la « Revue des idées nouvelles, » auteur de divers ouvrages publiés presque tous sous des pseudonymes. C'est un esprit ingénieux et bizarre, comme on peut s'en rendre compte par la lecture de son « Apprentissage de la Vie, avec une dédicace à la mort » (Paris, Garnier, 1861, in-12), paru sous le nom d'*Edmond Thy.*

Le « Voyage au Bubaterbro » est une satire politique contre le gouvernement de la France, au commencement de la présidence de M. le maréchal de Mac-Mahon. Les allusions et les critiques y abondent ; elles sont d'ailleurs aussi faciles à saisir que celles d'un deuxième écrit satirique, dont il est parlé plus loin, et intitulé : « Voyages de lord Humour a l'Ile de Servat-Abus. (Voir cet article.)

Voyage en l'Autre Monde…

Voir : Voyage au Séjour des Ombres.

VOYAGE ET CONSPIRATION DE DEUX INCONNUES, histoire véritable, extraite de tous les mémoires authentiques de ces temps-ci. — Paris, Valade, 1792, in-8 de 52 pp.

Ecrit allégorique contenant des allusions aux hommes et aux événements de l'époque, attribué par Barbier à *P.-V. Malouet*. Toutefois, la note suivante, empruntée à la Feuille de correspondance du Libraire, année 1792, semble détruire cette assertion : « Cette petite histoire est très agréablement écrite, seulement on aura de la peine à la croire véritable, par les faits incroyables qu'elle contient ; en effet, qui pourra jamais croire que la raison ait été en correspondance de lettres avec M. *Mal… du P…* (Mallet du Pan) ? — Comme c'est sur de telles aventures que roulent tous les détails du roman, nous sommes bien aises d'en prévenir nos lecteurs afin que les charmes du style ne les séduisent pas. »

VOYAGE MERVEILLEUX DU PRINCE FAN-FÉRÉDIN DANS LA ROMANCIE. Par le *P. Bougeant*. —

Paris, Lemercier, 1735, in-12 de 275 pp. sans la dédicace et la table. Plusieurs fois réimprimé, notamment dans le tome XXIX des «Voyages imaginaires. » — Paris, 1788, pp. 1 à 156, fig.).

C'est une ingénieuse critique de l' « Usage des Romans, » de l'abbé Lenglet-Dufresnoy. « La description de ce voyage imaginaire, dit le dernier éditeur, celle des productions chimériques, des animaux bizarres et des mœurs singulières des habitants de cette terre, demandaient beaucoup d'esprit, de goût et une imagination féconde. Le lecteur ne sera pas trompé dans son attente ; il trouvera une critique fine et ingénieuse des romans et des lieux-communs qui sont la ressource ordinaire avec laquelle les romanciers suppléent à la stérilité de leur imagination. » — On y trouve de nombreuses allusions à des romans connus et de malicieux coups de patte à l'égard de leurs auteurs. Un des plus curieux chapitres est le douzième : « Des ouvriers, métiers et manufactures de la Romancie, » où sont passés en revue les *enfileurs*, les *soufleurs*, les *brodeurs*, les *ravaudeurs*, les *vrais peintres* qui sont fort rares, les *lanterniers*, les *montreurs de curiosités*, etc., etc. Les *Enseignes* sont très drôles et toutes ont trait à des contes et romans célèbres. On rencontre çà et là quelques personnalités déguisées telles que : *Tancrebsaï*, Crébillon fils ; *l'armateur L. D. F.*, l'abbé Desfontaines ; *D. P.*, l'abbé Prévost ; *L. M.*, Houdart de Lamotte, etc.

VOYAGE SENTIMENTAL EN FRANCE ET EN ITALIE.

Voir : Sentimental Journey through France.

VOYAGES (LES) D'ARLEQUIN, par *Ernest Prarond*. — Paris, Michel Lévy, 1850, in-12 de VII-103 pp.

Petit roman qui n'offre rien de bien remarquable ; c'est une allusion continuelle aux travers de la société d'alors. L'auteur vise surtout la France, aux derniers jours du règne de Louis-Philippe et au commencement de la deuxième République. — La scène se passe dans la capitale du royaume des lumières, à *Lampiko* (Paris). — L'allégorie n'est pas des plus récréatives ; il y a toutefois quelques allusions qu'il serait piquant de dévoiler. Qui est, par exemple, le *Pirate devenu ministre grâce à la Révolution ?* Ce petit ouvrage n'est point une œuvre de parti, c'est plutôt une critique sans malveillance, un plaidoyer en faveur des idées de conciliation.

VOYAGES DE GULLIVER, par *Jonathan Swift*.

Les éditions, tant du texte anglais que de la traduction française de cette célèbre allégorie sont, comme on sait, extrêmement nombreuses : bornons-nous donc à transcrire ici les titres du premier texte et de la première traduction.

TRAVELS INTO SEVERAL REMOTED NATIONS OF THE WORLD, IN FOUR PARTS, BY LEMUEL GULLIVER, first a surgeon, and then a Captain of several ships. — London, B. Motte, 1726-1727, 2 vol. in-8, avec portrait et gravures par Sturt.

VOYAGE DU CAPITAINE LAMUEL GULLIVER EN DIFFÉRENTS PAYS ÉLOIGNÉS, traduit de l'anglois par l'abbé (*Guyot-*) *Desfontaines*. — La Haye (Paris), Guérin, 1727, 2 vol. in-12,

Les titres anglais et français ont souvent été modifiés, mais le nom de *Gulliver* suffit pour rappeler de quel ouvrage il s'agit. — Tout le monde connaît *Gulliver*, livre chéri des enfants, qui y trouvent des contes très propres à les amuser ; mais les esprits judicieux et graves démêlent facilement, à travers toutes ces folies, l'intention préméditée de jeter le ridicule sur toutes ces institutions qui servent de base à la société humaine ; ce livre, plus bizarre qu'amusant en somme, eut et a encore beaucoup de vogue en Angleterre ; il contient une foule d'allusions et même de portraits, aussi piquants pour les Anglais d'alors que peu intéressants pour les Français d'aujourd'ui ; Walter Scott en a donné la clef. Voici ce qu'en dit M. G. Brunet dans son essai sur les livres à clef : Diverses éditions renferment un morceau intitulé : OBSERVATIONS ADRESSÉES A M. SWIFT, par CAROLINI DI MARCO (Dʳ John Arbuthnot?) ; elles sont divisées en quatre chapitres, et, au bas du premier, on a mis ces mots : « Clef du voyage de Lilliput. » — Cette expression n'est pas bien exacte ; toutefois, il y a dans ces observations des indications qui permettent de saisir le sens de quelques-unes des allusions où se plaisait l'atrabilaire doyen de Saint-Patrick ; ainsi : *L'aimant de la Caverne des Astronomes,* — ce sont les manufactures de toile et de laine, l'une des principales bases de l'industrie et du commerce en Angleterre ; *Biscuit réduit en poudre pour nourrir les petits moutons de Gulliver,* — acte du Parlement qui donna quelque vigueur aux actions des Compagnies commerciales ; — *l'Empire de Blefuscu,* l'Ecosse ; — *Campagne de Lilliput, contrée qui ne paraît qu'un seul jardin,* — le parc de Saint-James ; — *Caverne des Astronomes,* — le Parlement d'Angleterre ; — *Dame de la Cour qui s'enfuit avec son laquais,* — allusion à la mésaventure de John Dormer ; sa femme se fit enlever par son laquais, Thomas Jones ; ce fut alors un bruyant scandale ; — *les danseurs de corde,* — les courtisans et les coureurs de places ; — *l'Empereur de Lilliput,* — probablement Jacques II ; — *trois fils de soie, l'un de pourpre, l'autre jaune et le dernier blanc, que les Lilliputiens gagnent en sautant et en rampant,* — ce sont les ordres de la Jarretière, du Chardon et du Bain ; Swift doutait que ces distinctions fussent alors exclusivement le prix du mérite et des services rendus ; — *Gloub douddrid,* ou *Ile des Sorciers,* — c'est l'Histoire, d'où l'on évoque plusieurs morts anciens et modernes ; — *l'Ile volante,* — critique dirigée contre l'ouvrage « *Le Monde dans la Lune,* » de l'évêque de Chester, *John Wilkins,* et « *Les Châteaux en l'air,* » autre livre du même genre ; — *Lagano, capitale de Balnibardi, où tout est en agitation et en confusion,* — allusion à Compagnie anglaise des mers du Sud ; — *langue des Laputiens, tout en mathématiques et en musique,* — autre critique de *Wilkins,* sur son livre intitulé : « *Essay towards a real Character and a philosophical language* » (London, 1666, in-folio) ; — *Portrait des habitants de Laputa,* — critique des mathématiques et de ceux qui sont exclusivement concentrés dans les sciences exactes ; — *la ville de Mildendo,* — Londres ; — *les Petits moutons de Gulliver,* — Actions des Compagnies commerciales ; — *Mucrodi, habitant de Lagano, qui augmente ses richesses par l'économie,* — le duc Ch.., S. ; — *ceux qui cassent les œufs par le bout étroit,* — les Anglicans ; — *ceux qui cassent les œufs par le bout large,* — les catholiques ; — *Placets présentés au roi de Laputa par le moyen de ficelles,* — encore une critique de *J. Wilkins,* sur son ouvrage intitulé : « *Mercury, or the secret and Swift Messenger* » (London, 1641) ; — *Les Struldbruggs,* — vieillards qui sont immortels, qui n'ont pas la faculté de mourir ; Swift paraît avoir eu en vue les Ordres religieux, composant une famille où il ne naît et ne meurt personne ; — *les Slamecksan*, — les Wighs ; — *les Tramecksan*, — les Torys ; — *talons hauts et talons bas*, — la haute et la basse Eglise ; — *Temple ancien souillé par un meurtre qui révolte la nature*, — la salle des banquets, à Whitehall, devant laquelle Charles Ier eut la tête tranchée. » — Il est à noter que rien n'est moins justifié que les attaques de Swift contre *J. Wilkins*, personnage doué d'une intelligence vigoureuse et d'une érudition solide. Ajoutons que le *ministre Flimnap* est un portrait peu flatté de sir Richard Walpole, qui ne le pardonna jamais à l'auteur ; — dans le *scandale que cause la façon dont Gulliver éteint l'incendie du palais*, on a vu une allusion à la disgrâce dans laquelle tomba le doyen par suite de la publication de son « Conte du Tonneau ; » — *l'ingratitude du gouvernement qui force Gulliver à s'enfuir*, passe pour une allusion aux lords d'Ormond et Bolingbroke, obligés de se réfugier en France ; — inutile d'ajouter que *Lilliput* est une représentation de l'Angleterre d'alors ; la satire la plus générale est dans le « Voyage de Brodingnag. »

Il y a beaucoup à dire sur la clef des « Voyages de Gulliver, » qui ont donné lieu à de nombreux écrits ; citons au moins les plus importants pour les curieux qui voudraient faire à ce sujet de plus amples recherches :

— « GULLIVERIANA, OR A FOURTH VOLUME OF MISCELLANIES, being a sequel to the three volumes published by Pope and Swift, etc., etc. » — London, J. Roberts, 1728, in-8, front.

— « A KEY BEING OBSERVATIONS AND EXPLANATORY NOTES UPON THE TRAVELS OF LEMUEL GULLIVER, » by signor Carolini, a noble Venetian, in a Letter to Dean Swift. » — (L'auteur est très probablement le médecin *John Arbuthnot*.) — London, 1726, in-8.

— « MEMOIRS OF THE COURT OF LILLIPUT » — London, 1727, in-8, carte et front. — Ce petit ouvrage, qui n'est pas de Swift, est une espèce d'histoire allégorique qui rentre dans la catégorie des livres à clef.

— « A LETTER FROM A CLERGYMAN TO HIS FRIEND, With an account of the Travels of Captain Lemuel Gulliver, and a character of author, to which is added the True Reasons why a certain Doctor was made a Dean. » — London, 1726, in-8.

— « CRITICAL REMARKS ON CAPTAIN GULLIVER'S TRAVELS, » by Dr *Bantley*. — Cambridge, 1735, in-8.

On sait que l'abbé *Desfontaines* a donné une espèce de suite à l'ouvrage de Swift, elle a paru sous le titre de : « LE NOUVEAU GULLIVER, OU VOYAGE DE JEAN GULLIVER, traduit d'un manuscrit anglais, par *M. L. D. F.* » — Paris, Clousier, 1730, 2 vol. in-12. — Mais cette grossière supercherie n'a trompé personne.

Ne quittons point Jonathan Swift sans citer, pour mémoire, au moins les titres de quelques-uns de ses ouvrages, qui offrent des initialismes à compléter et qui rentrent ainsi dans le cadre de cette étude :

— « A SHORT CHARACTER OF T. E. OF W. L. L. OF J.. with an account of some smaller facts, during his government, which will not be put in to the articles of Impeachment. » — London, 1710, in-8.

Il s'agit de Thomas, comte (Earl) de Wharton, lord-lieutenant d'Irlande ; ces initialismes et plusieurs autres sont reproduits dans le corps de l'ouvrage.

— « THE CHARACTER OF RICH ST—LE, Esq., With some remarks, by Toby, Abel's Kinsman ; or according to. M. Calamy A. F. and N., in a letter to his Godfather. » — London, 1713 in-8.

Cet opuscule, consacré à Richard Steele, est attribué à Swift, par *Smedley*, qui pense toutefois que *Wagstaffe*, y a grandement participé.

— « A Preface to B—p of S—r—m's INTRODUCTION TO THE THIRD VOLUME OF THE History of the Reformation of the Church of England. By *Gregory Miso-Sarum.* » — London, 1713, in-8.

Il s'agit ici de *Gilbert Burnet,* évêque (*bishop*) de Sarum.

— « A Vindication of his Excellency lord C—t, from the charge of Favouring non but Tories, High church-men and Jacobites. » — London, 1730, in-8.

Lord C—t, c'est lord Carteret.

— « A Libel on Dr D—y and a certain great lord ; etc., etc. » — London, 1730, in-8.

Dr D—y, c'est Patrick Delany.

VOYAGES DE LORD HUMOUR. — LE PAYS DES RÉTROGRADES. — ILE DE SERVAT-ABUS. Par M. *Edmond Thiaudière.* — Paris, Aug. Ghio, 1876, in-12 de xvi-304 pp., 3 fr.

Comme le « Voyage en Butaberbro, » dont il est parlé plus haut, cet ouvrage est une satire mordante, parfois peu juste, de la France contemporaine et de ses institutions. Un officier anglais entreprend un voyage de découverte ; il fait naufrage et est recueilli par un vaisseau que montent des êtres étranges ; ils ont tous un corps humain, mais les uns ont des têtes de *renard* et les autres, bien plus nombreux, des têtes de *chien.* Les premiers représentent ce qu'on appelle aujourd'hui les classes dirigeantes ; les seconds personnifient le peuple ou les « nouvelles couches. » *L'Ile de Servat-Abus* (la France) est une sorte de monarchie constitutionnelle gouvernée par la reine *Adikia-Pronomion* (la République), qui tour à tour prend pour amant ou pour mari un prince d'une dynastie déchue, tantôt *Nobruob* (Bourbon), tantôt *Etrapanob* (Bonaparte), tantôt encore *Snaëlro*

(Orléans) ; elle est d'ailleurs continuellement en butte aux obsessions des *Tricornes* (le Clergé). Tout le roman est une peinture de nos mœurs politiques et retrace les divers incidents qui se sont produits depuis le 4 septembre 1870, principalement les luttes des partis pendant la période du Septennat. Par lui-même, ce livre est assez piquant ; mais on se fatigue à la longue de voir tant de mots imprimés à rebours, ce qui constitue toute la clef de l'ouvrage ; il faut donc lire les mots incompréhensibles en employant ce procédé : Ainsi *L'Avid Ittap,* la diva Patti ; — *Ebba,* Abbé ; — *Téferp ed Ecilop,* Préfet de Police ; — *Ruettalf,* Flatteur ; — *El Etuped Efutrat,* le député Tartufe ; — *M. Dralbuor,* M. Roublard ; — *Tnias-Ruetnem,* Saint-Menteur ; — *Aloyol,* Loyola ; — *Al Trom l'Etilarommi'l ed Elgia'l,* là mort et l'immortalité de l'aigle, etc. Il y a des pages entières écrites d'après ce système ; il faudrait presque un quart du volume pour former une clef complète. — Ce livre contient des traits fort vifs contre le clergé et contre le parti clérico-conservateur.

A la fin de ce deuxième voyage imaginaire, M. Thiaudière annonce qu'il publiera plus tard la relation du « Voyage aux iles Fœderis, » où son héros aborde après avoir quitté l' « Ile de Servat-Abus. » Je ne sais si l'auteur a donné suite à son projet.

VOYAGES ET AVENTURES D'ALMANARRE, publiés par *J.-G. Prat.* — Paris, Marpon et Flammarion, 1880, in-12 de vii-364 pp.

Ces voyages, imaginaires bien entendu, sont écrits avec beaucoup de vivacité et d'humour. Il s'y trouve un certain nombre de mots anagrammatisés, notamment page 179, où l'auteur passe en revue les adhérents de l'école éclectique d'aujourd'hui. La clef est bien facile à faire ; ainsi, le galant (!)

Anckfr, c'est M. Franck ; — le circonspect *Netja*, M. P. Janet ; — le pénétrant *Rotvache*, M. Vacherot ; — le papa *Rinousson*, M. Nourrisson ; — le douceâtre *Nauré*, M. E. Renan ; — le gracieux *Erscher*, M. Scherer ; — l'austère *Eisw*, c'est M. Weiss, et l'on ne peut méconnaître M. de Broglie, sous le nom de l'éminent duc *Brocoli*.

Voyageur (le) Grec.
Voir : Candidamentor.

VOYAGEUSE (LA) EXTRAVAGANTE CORRIGÉE, comédie en un acte et en prose. — Paris, 1791, in-8 de 63 pp. Anonyme, inconnue à Barbier.

« Pièce d'une grande rareté, qui est sortie d'une imprimerie clandestine, puisqu'elle semble avoir été tirée avec une petite presse à main. C'est une allusion amère plutôt que cruelle à la fuite du roi et de la reine, ainsi qu'à leur arrestation à Varennes. — Marie-Antoinette est seule mise en scène, sous le nom de *Madame Bertrand, parisienne ;* mais on représente sans cesse le roi comme esclave des volontés de sa femme, comme un pauvre imbécile : « Il suffit qu'il veuille rester à Paris, pour qu'elle fasse le diable pour demeurer à la campagne. » (Cat. Soleinne, nº 2,398.)

VRAYE (LA) HISTOIRE COMIQUE DE FRANCION. — Composée par *Nicolas de Moulinet*, sieur *du Parc (Charles Sorel).* — Rouen, 1641, in-8.

Autres éditions, sous le titre de Histoire comique de Francion. — Rouen, 1663 ; Paris, Besongue, 1673 ; Leide, Drummond, 1685 ; Leyde, 1688-1721, 2 vol. in-12, etc.

— La première de toutes les éditions, datée de 1623, suivant Barbier, est introuvable ; elle ne contient que sept livres ; les suivantes en contiennent douze. La meilleure de toutes est celle donnée par M. *Emile Colombey*, en 1858. — (Paris, A. Delahays, in-12 de 539 pp., front. grav.)

« Malgré les désaveux de Ch. Sorel, qui traite ce livre d'ouvrage licencieux, sans art et sans goût, c'est à lui qu'on attribue généralement « l'Histoire comique de Francion : » c'est le premier en date de nos romans de mœurs ; il passe en revue toute la société du temps ; il reproduit des tableaux vivants et animés qui attestent à la fois l'intelligence et la finesse de l'auteur. Un passage fort intéressant est celui consacré aux gens de lettres de l'époque ; *Francion* nous a buriné l'un après l'autre ces auteurs, ces poètes, ces poètereaux, et derrière chacune de ces caricatures se trouve un nom, un portrait ressemblant. — Sorel se rattache positivement à Rabelais, dont il a parfois quelques traits, un peu trop de badinage par moments, mais comme lui, il flagelle impitoyablement ses contemporains, et ce caractère donne à son livre une sérieuse valeur morale. »

M. *Victor Fournel*, dans son excellente « Introduction » mise en tête de son édition du « Roman comique » (« Bibliothèque Elzévirienne, » Paris 1857), a fort bien étudié et jugé ce roman picaresque, et, en même temps a soulevé quelques-uns des masques introduits dans l'ouvrage. Ainsi, il nous apprend (pp. XIV à XVI) que le héros du roman, *Francion*, est, sinon pour les aventures, du moins pour les idées et le caractère, — on le reconnaît à divers traits, — l'incarnation de Ch. Sorel lui-même ; — dans le dixième livre, l'aventure des *trois*

Sallustes, est celle des trois Racan, que Tallemant des Réaux et Ménage ont mise en récit et Boisrobert en comédie ; — dans le cinquième livre, Boisrobert lui-même est représenté, avec son effronterie et ses procédés ingénieux pour s'enrichir aux dépens des seigneurs, sous les traits du joueur de luth *Mélibée ;* — le pédant *Hortensius*, avec sa fatuité naïve et son orgueil béat, n'est autre que Balzac. — Bien d'autres allusions, à Porchères, à l'Augier, etc., etc., sont contenues dans *Francion*, « pour lequel, dit M. V. Fournel, il n'existe pas de clef proprement dite ; mais les auteurs contemporains, en particulier Tallemant, peuvent y suppléer jusqu'à un certain point. »

Disons encore que *Francion* n'est point le seul ouvrage de Sorel que l'on puisse considérer comme un livre à clef ; dans la plupart de ses écrits romanesques, il a introduit des personnages réels : pour n'en citer qu'un seul, il est plus que probable que son ouvrage intitulé : « *Polyandre,* » Histoire comique (Paris, 1648, 2 vol. in-8°), faisait allusion à des personnes alors faciles à reconnaître. Cette « Histoire comique, » beaucoup moins libre que celle de *Francion*, « renferme, dit « Sorel lui-même, les aventures de « cinq ou six personnes de Paris, qu'on « appelle des originaux..... Il y a « l'homme adroit, le poète grotesque, « l'alchimiste trompeur, le parasite, « le fils de partisan, l'amoureux uni- « versel. » C'est une clef curieuse à retrouver.

VULGUS BRITANNICUS : or THE BRITISH HUDIBRAS. In fifteen Cantos. — Containing the secret history of the London Mob ; their Rise, progress and suppression. Internix'd with Civil-Wars betwixt High-Church and Low-Church, at the time : Being a continuation of the Late Ingenious M. Butler's *Hudibras.* — In five Parts compleat in one volume. By the Author of the « London Spy. » — The third edition, adorn'd with cuts and a Table to the whole. — London, Printed for Sam-Briscoe, and sold by James Woodward and John Morphew, 1711, in-8 de III-180 pp., 5 fig.

Le long titre de ce poème satirique fait suffisamment connaître son objet ; l'auteur, qui se nommait *Edward Ward*, était né en 1667, dans le comté d'Oxford ; il tint à Londres une maison publique montée sur un pied élégant, et où se réunissaient les adversaires de l'administration whig ; lui-même amusait la société par des anecdotes littéraires dont sa mémoire était abondamment pourvue. Il écrivit de nombreux ouvrages politico-satiriques dont le Manuel de Lowndes donne la liste à peu près complète. Pope ayant attaqué Ward dans sa « Dunciad » eut lieu de s'en repentir par la vivacité avec laquelle Ward repoussa l'attaque, avec d'autant moins de réserve d'ailleurs que le soin de sa réputation ne le gênait pas. Ward mourut le 20 juin 1731. C'était en somme un assez vilain personnage. On cite, parmi ses principaux écrits, « L'Espion de Londres, » description grossière mais souvent fidèle des mœurs déréglées de la capitale ; « Le Ton d'un Café, » comédie piquante ; « Le Caprice d'Apollon » et divers poèmes dans le genre d'« Hudibras. » — La plus célèbre de ces compositions satiriques est le « Vulgus Britannicus » (la Canaille anglaise) dont il s'agit ici. Cette mordante production est remplie de traits méchants contre des personnages alors bien connus appartenant en général à la Haute ou à la Basse Eglise. — Beaucoup de noms sont simplement initialisés mais faciles à reconnaître ; ainsi *H...y*, c'est le Dr Benjamin Hoadly ; — *D. F..*, le célèbre De Foe ; — *S........l*, le Dr Sacheverel ; — *B.....s*, Burgess ; — *H.....d*, la Hollande ; — *Q...n*, la Reine ; etc., etc. — La plupart des écrits satiriques de Ward rentrent dans la catégorie des Livres à clef.

WARS (THE) OF THE GULLS ; AN HISTORICAL ROMANCE IN THREE CHAPTERS. — I. How the Gulls went to war. — II. How the Gulls make the deep boil like a pot. — III. How the Géneral of the Gulls goes forth to play the game of *Hull-Gull* **in Upper Canada,**

> « And from the pinnacle of Glory,
> Falls headlong in to' Purgatory. »

New-York, Shakespeare, 1812, in-8 de 36 pp.

Cet amusant petit ouvrage, devenu très rare, est une allégorie politique fort mordante, dirigée principalement contre le général américain *William Hull.* On y trouve de nombreuses allusions à des faits et à des personnages contemporains. Le rôle du général Hull ne paraît pas avoir été bien net dans les affaires du temps ; l'auteur inconnu de ce petit poème lui reproche d'avoir été « démocrate » sur terre et « fédéraliste » sur mer :

> « A *Demo*, on land, and a *Fed*, on the water. »

WASPRIE (LA), OU L'AMI WASP, REVU ET CORRIGÉ. — Berne, aux dépens de M. de Wasp, 1761, 2 part. in-12 de 132 et 152 pp.

Cet écrit souvent attribué, mais à tort, à Etienne Le Brun, est réellement du poète Ponce-Denis-Escouchard Le Brun, son frère. — C'est une satire contre Fréron (*Wasp*, frelon). — Le pauvre critique est souvent cité sous ce nom dans les écrits du xviiie siècle, notamment dans les ouvrages de Voltaire. Dans la *Wasprie* (ou *Waspiade*), Baculard d'Arnaud n'est pas mieux traité que Fréron par Le Brun, qui avait sans doute contre lui des motifs d'animosité personnelle. L'auteur de la « Wasprie » avait déjà durement attaqué Fréron dans son *Ane littéraire* (Voir ce titre).

WIEN UND BERLIN. — S. l. n. d., in-8 de 200 pp. environ. Extrêmement rare.

« Pamphlet ordurier et antifrançais publié, de 1806 à 1808. Ce qu'il offre de plus curieux, c'est la gravure du frontispice qui représente, en caricature, Napoléon Ier, placé, dans une attitude des moins réservées, entre deux donzelles personnifiant les deux capitales de l'Allemagne, Vienne et Berlin. — Cet opuscule, dans lequel on trouve le récit de quelques aventures *galantes* dont les personnages ne sont désignés que par des initiales, doit être à peu près introuvable aujourd'hui. » (« Bulletin du Bibliophile, » 1871, p. 155.)

WORKS (THE GENUINE) OF WILLIAM HOGARTH, ILLUSTRATED WITH BIOGRAPHICAL ANECDOTES, A CHRONOLOGICAL CATALOGUE AND COMMENTARY. — By *John Nichols*, **and the late** *George Steevens.* **— London, 1808-1817, 3 vol. in-4.**

Le troisième volume de cet ouvrage, publié après les deux autres, manque à la plupart des exemplaires ; il en est cependant le complément indispensable, car il contient la *Clavis Hogarthiana.* Hogarth, dont on connaît la juste célébrité, a mis en scène, dans ses innombrables planches, un nombre considérable de personnages dessinés d'après nature et qui sont de véritables portraits ; beaucoup de dessins seraient aujourd'hui incompréhensibles sans les notes qui font connaître les noms de ces héros et qui donnent la clef des allusions faites par le peintre, aux mœurs, à la littérature, à la politique de son temps. Ce commentaire nécessaire, indispensable pour l'intelligence des caricatures de cet artiste si cher aux Anglais, a été publié, sous une autre forme encore, avec ce titre :

« Clavis Hogarthiana. » Illustrations of Hogarth, from passages in Authors he never read, and could not under-stand. London, 1816, in-8.

Hogarth n'est pas le seul dessinateur ou caricaturiste qui a tracé les portraits de personnages vivants. Chez nous, un artiste qui eut plus de talent et non moins d'esprit, *J.-J. Grandville,* a laissé une œuvre immense dont il serait bien utile de faire la clef, pendant qu'il en est temps encore, car bientôt beaucoup de ses *types* seront entièrement oubliés.

ZÉLINDIENS (LES). Par *M*^{lle}*F***. — Paris, pet. in-8, 1762.

Suivant la « Correspondance de Grimm » (juin 1762), cette brochure serait de *M*^{lle} *Fauque,* mais cette attribution est fort douteuse. C'est un petit conte allégorique passablement insipide. « Les *Zélindiens* sont les Parisiens ; on y parle beaucoup des Zélindiennes ; c'est un recueil de petites peintures, de mesquineries, de platitudes, qui affadissent l'esprit et le cœur. » On y a reconnu quelques portraits.

ZEST POUF, HISTORIETTE DU TEMPS. — De l'imprimerie de la veuve Nicolas Mazuel. — Paris, (1711). — Réimprimé dans la « Bibliothèque Elzévirienne. » Variétés

historiques et littéraires (t. VI, p. 167).

Ce petit écrit, que l'on peut ranger dans la catégorie des *canards,* colportés alors en si grand nombre dans les rues, est le récit très véridique d'une anecdote qui fit beaucoup de bruit à cette époque. Un nouveau marié, *Théador,* s'est engagé à ne répondre que les mots *Zest* et *Pouf,* pendant un temps déterminé, à sa jeune femme *Céphise* et à quiconque lui adresserait la parole ; il gagne sa gageure et obtient ainsi une forte somme de son oncle *Palmis,* à la grande satisfaction de son père, *Florame.* A moins de trouver un exemplaire annoté par un lecteur d'alors, on ne saura jamais quels étaient les vrais noms des bons bourgeois de Paris désignés par ces pseudonymes.

ZET-NAZ-BÉ, on LES JEUX EN ACTION. Drame historico-fantastique, en cinq actes et en quinze tableaux. Traduit du chinois, par M. D.-S.-F. (de Saint-Félix). — Paris, Barba, 1837, in-8.

Pièce satirique dirigée contre les maisons publiques de jeu et surtout contre un célèbre fermier des jeux, M. Bénazet (*Zet-naz-bé*).

ZOLOÉ ET SES DEUX ACOLYTHES (sic), ou quelques décades de la vie de trois jolies femmes ; histoire véritable du siècle dernier, par un contemporain. — A Turin (Paris). De l'imprimerie de l'auteur. Thermidor an VIII, pet. in-12 de XII-142 pp. Orné d'un frontispice gravé représentant les trois héroïnes du livre en tuniques flot-

tantes, se démasquant devant le Génie de l'histoire.

Réimprimé intégralement à Bruxelles, en 1867 et en 1870.

Ce petit livret est généralement attribué au fameux marquis *de Sade*, et bien qu'il ne figure pas parmi les ouvrages de ce fou débauché que mentionnent Quérard et la « Biographie Michaud, » tout porte à croire que cette attribution est bien fondée.

Cet ouvrage, écrit en style très négligé et incorrect, n'est autre chose qu'une violente satire contre Joséphine de Beauharnais (*Zoloé*), alors épouse du Premier Consul ; les deux *acolytes* sont Mmes Tallien (*Lauréda*) et Visconti (*Volsange*) ; on reconnaît Bonaparte sous les traits du *baron d'Orsec;* Barras, dans le *vicomte de Sabar*, et Tallien sous le masque de *Fessinot*, l'heureux époux de *Lauréda; le comte de nouvelle date*, c'est le comte de Cabarrus, père de Mme Tallien ; le *comte de Barmont* ne peut être que le feu comte de Beauharnais, premier mari de Joséphine. Il y a plusieurs autres masques à soulever dans ce pamphlet, notamment ceux du *sénateur S..,* libertin et fripon, du *représentant C***,* ivrogne incorrigible, de l'*ex-capucin Pacôme* (Est-ce Fouché ?), de la *marquise de Mirbone*, de l'*ex-domestique Parmesan*, etc., etc. Les noms réels de ces personnages, aujourd'hui difficiles à découvrir, étaient sans doute fort transparents à l'époque du Consulat. Aussi la police fit-elle rechercher et détruire avec soin les exemplaires de ce libelle ; quant à l'auteur, Napoléon le fit enfermer, peu de temps après l'apparition de *Zoloé*, à Charenton, où l'odieux écrivain resta jusqu'à sa mort, arrivée en 1814. Les exemplaires de l'édition originale de ce pamphlet sont devenus très rares et déjà ceux de la réimpression bruxelloise ne sont plus communs.

On trouve sur *Zoloé* et sur son au-teur d'intéressants détails dans le « Journal de l'amateur de Livres » (Paris, Jannet, t. III), et M. Gustave Brunet a donné une nouvelle analyse de ce triste roman dans ses « Fantaisies Bibliographiques. » (Paris. J. Gay, 1864.)

ZOMBI (LE) DU GRAND-PÉROU, ou la comtesse de Cocagne. Nouvelement imprimé le quinze février 1697, s. l. — (Rouen ?) pet. in-12 de 2 ff. et 145 pp. plus 6 pp. pour le portrait (en vers) de la comtesse.

« Roman assez libre de *P. Corneille de Blessebois*, qui y a raconté une aventure personnelle et s'est mis en scène sous l'initialisme *M. de C...* (Corneille). — Le *Zombi*, en patois créole, signifie un fantôme, un sorcier ; le *Grand-Pérou* désigne une habitation fort connue dans une des possessions françaises des Antilles. Quant à la *Comtesse de Cocagne*, il serait probablement fort difficile de soulever le voile qui recouvre ce pseudonyme, en admettant qu'il y eût quelque intérêt à le faire. » (E. Cleder, notice sur C. Blessebois, p. xxxviii.)

Le *Zombi du Grand-Pérou*, réimprimé en dernier lieu, il y a six ans, par les soins de Mme *Marc de Montifaud* (Mme Quivogne), a eu plusieurs éditions citées par la Bibliographie Gay (t. VI, p. 462-464), qui donne en outre l'analyse de l'ouvrage.

ZOROASTRE, HISTOIRE TRADUITE DU CHALDÉEN (publiée par le chevalier *de Méhégan*). — Berlin, à l'enseigne du roi Philosophe, 1751, in-18.

Réimprimé, la même année, sous le titre : « De l'origine des Guèbres, ou la Religion naturelle misé en action ; » ainsi que dans l' « Abeille du Parnasse » (t. V, n°s 3 et 5, 1752), et dans les « Pièces fugitives » de l'auteur.

Le but de cette allégorie philosophique, très hardie pour l'époque, était de conseiller la destruction des couvents en France. Les allusions sont faciles à saisir. L'auteur, bien qu'ayant débuté par prendre le petit-collet, professait assez ouvertement le déisme. Son « Zoroastre » lui valut d'être embastillé, ainsi qu'un pauvre garçon imprimeur nommé Dufour, qui lui avait prêté son concours pour l'impression dudit ouvrage.

SUPPLÉMENT ET ADDITIONS

ABSALOM AND ACHITOPHEL.
— A poem. — ... Si proprius stes,
Te capiet magis. — London,
H. Hills, 1708, in-8 de 24 p. C'est
une des nombreuses réimpressions
de l'édition de 1681. (Addition,
voir col. 5 à 7.)

Voici la clef complète de cette célè-
bre satire de *John Dryden*, telle que
W. Davis l'a reproduite dans son livre
« A Journey round the Library of a
Bibliomaniac (p. 63-64) :
Abethadin, — le lord chancelier;
Absalom, — le duc de Monmouth;
Anabel, — la duchesse de Monmouth;
Achitophel, — le comte de Shaftes-
bury;
Adriel, — le comte de Mulgrave;
Auriel, — sir J. Seymour;
Barzillai, — le duc d'Ormond;
Bathsheba, — la duchesse de Ports-
mouth;
Corah, — Titus Oates;
The Good old cause,— les Têtes-Ron-
des;
Gath, — les Flandres, ou la France;
God-like David, — le roi Charles II;
Hebrow, — l'Écosse;

Hot Levites, — le clergé presbytérien;
Hushai, — le comte de Rochester et
Hyde;
The Sober part of Israel, — l'Angle-
terre;
Old Jerusalem, — l'Angleterre;
Jebusites, — les catholiques;
The Jews, — les Anglais;
Jonas, — sir W. Jones;
Jotham, — le marquis d'Halifax;
Ishbosheth, — Richard Cromwell;
Isachar, — T. Thynne;
Michal, — la reine Catherine :
Pharoah, — le roi de France;
Sagan of Jerusalem, — l'évêque de
Londres;
Sanhedrin, — le Parlement;
Saul, — Cromwell;
Shimei, — le lord-maire de Londres;
Solyman Rout, — la populace de Lon-
dres;
These Ad. Wits, — les beaux-esprits
anglais;
The Jewish Rabbins, — les évêques an-
glais;
The Egyptians Rites, — l'église ro-
maine :
Zimri, — le duc de Buckingham.

Ajoutons enfin qu'un commentaire
explicatif et critique de cette satire

fameuse a été publié, par *John Nesse*, sous le titre suivant : « A Key (with the whip) to open the mystery and iniquity of the poem called, Absalom and Achitophel. Shewing its scurrilous reflections upon king and Kingdom. » — S. l. 1682, in-4 de 11-40 p.

ALMAHIDE, ou l'Esclave Reyne, par *de Scudéry*. — Paris, Courbé, 1661-63, 3 parties en 8 vol. pet. in-8, avec figures.

Ce roman, généralement attribué à Mlle de Scudéry, mais que M. Ch. L. Livet, contrairement à l'opinion de Brunet, croit être de son frère Georges de Scudéry, présente, tant au point de vue de l'histoire en général que de l'histoire littéraire en particulier, des mémoires absolument exacts et toute une autobiographie de l'auteur. M. Livet, dans la critique qu'il a consacrée à cet Essai (voir *Le Livre*, décembre 1885, page 640), s'exprime ainsi à son sujet : « Nous préparons une étude sur « ce livre, et nous ferons ressortir le « secours qu'il apporte à l'étude des « événements du temps. Tous les noms « ne sont pas également faciles à re- « trouver ; tantôt ils sont de pure « fantaisie, tantôt ce sont de simples « anagrammes. Parmi les premiers, si « l'on parle d'une femme qui n'avait « que quatorze ans de plus que sa « fille, comment ne pas reconnaître « la duchesse de Lesdiguières ? Si l'on « parle du poète qui a écrit *le Grand* « *Exemple*, comment ne pas reconnaître « Scudéry lui-même, qui a composé « sous ce titre un poème compris « dans le volume de ses poésies ? « Parmi les seconds, nul ne trouvera « difficile de voir Condé dans *Denoc*, « Armand, cardinal de Richelieu, dans « *Mandar*, Mazarin dans *Niramaz* ; « c'est là, disons-le enfin, que nous « avons pris le long extrait publié « dans le *Figaro*, où sont racontés « pour la première fois les rapports

« d'*Abindarrays*-Scudéry avec la *Je-* « *bar*-Bejar ou Bejart. L'histoire de « l'amour de Scudéry pour la Béjart « commence à la page 1536 du tome V « de notre exemplaire. » — Grand merci à M. Livet de l'intéressante indication qu'il a donnée là ; puisse-t-il ne pas nous faire trop attendre son Etude sur *Almahide*.

ALSATIANA, ou la Princesse Fidèle. — Conte de fées de l'année 1881. Par *Emile Wendling*, professeur de langues vivantes à l'Université de Durham, auteur de « La Voix de l'Alsace, » etc., etc. — Paris, G. Fischbacher, éditeur, et Londres, E. Marlborough et Cie, 1881, pet. in-8 de 44 p. Prix : 60 centimes (imprimé à Londres, chez W. Clowes et fils.)

Cet ouvrage, publié d'abord en anglais, et qui a obtenu le plus grand succès en Angleterre, est dû à la plume d'un français, animé des sentiments les plus patriotiques. Sous le voile d'une allégorie très simple, M. Wendling retrace nos malheurs en 1870-71. La reine *Bellafrancia* (la France), mère d'*Alsatiana* (l'Alsace), la plus jeune et la plus belle de ses filles, avait pour ministre, depuis dix-huit ans, l'artificieux *Penolano* (Napoléon III), qui la tyrannisait grâce au concours du fameux magicien *Tanaso* (Satan, le diable). Le perfide ministre déclara la guerre au roi *Barberousse*, son voisin (Guillaume de Prusse). Ce dernier, puissamment aidé par ses conseillers *Sibmarack* (M. de Bismarck) et *Omoléteck* (le maréchal de Moltke), remporte d'éclatantes victoires et se fait livrer *Alsatiana*. Des années de souffrance s'écoulent. *Bellafrancia*, bien conseillée, bien servie par le jeune et sage *Bamaghetta* (Gambetta), par les sages et vertueux *Tieri* (Thiers) et *Gherevi* (J. Grévy), redevient un jour assez forte pour vaincre à son tour le roi Barberousse et délivrer enfin sa chère fille Alsatiana, que soutenait et consolait sa compagne de captivité *Speranza* (l'Espérance). Plaise à Dieu que le charmant conte de M. E. Wendling devienne de l'histoire !

ALPHONSE DE COUCY, ou Quelques Scènes de la campagne de Russie, par A. P. N. F. — Métz, 1819, in-12.

L'auteur, Anne-Philibert-François Claude, dit Nancy, depuis directeur du Musée d'artillerie, à Paris, a raconté ses aventures pendant cette mémorable campagne, dans ce livre où il s'est mis en scène sous le nom d'*Alphonse de Coucy*.

AMOUR (L') ÉCHAPPÉ, ou les Diverses Manières d'aimer, contenues en quarante histoires, avec le Parlement d'Amour. — Paris, 1669, 3 tomes pet. in-12.

C'est encore à la critique de M. Ch.-L. Livet que nous devons de connaître cet écrit, « curieux ouvrage de la litté- « rature précieuse (dit l'éminent cri- « tique), où nous avons relevé un « grand nombre de noms avec leur « clef; nous en citerons quelques- « uns: *Aretas*, le marquis d'Alluye ; « — *Monbar*, M. de Montluc, son « frère ; — *Valerian*, le marquis de « Valavoir ; — *Cléobis*, la marquise de « Valavoir ; — *Nerbal*, M. d'Anglure ; « *Artamas* et *Eurydice*, le duc et la « duchesse d'Arpajon ; — *Lerine*, « deuxième du nom, Mᵐᵉ Aubry de « Courcy ; — *Ozerine*, Mˡˡᵉ d'Aumelas, « d'Aix ; — *Mégasite*, Mᵐᵉ de Barben- « tane ; — *Argelinde*, Mᵐᵉ de la Basi- « nière ; — *Ovide*, Benserade ; — *Si-*

« *landre*, M. de Brancas ; — *Honorine*, « la comtesse de Brégis ; — *Erinice*, « Mᵐᵉ de la Calprenède ; — *Calpur-* « *nius*, Chapelain ; — *Mescène* et *Ho-* « *norie*, M. et Mᵐᵉ de Montausier, etc. — « On remarquera que les mêmes per- « sonnages et beaucoup d'autres figu- « rent sous d'autres noms de guerre, « dans le *Dictionnaire des Prétieuses*, « de Somaize. »

AMOURS (THE), ADVENTURES, AND INTRIGUES OF TOM JOHNSON. Written by himself, — London, 1770.

Réimprimé en 1870, 2 vol. in-8 de 64 et 48 p.; 16 mauvaises figures coloriées qui ne se rapportent pas au texte.

Cet écrit libertin, assez maussade et sans aucune valeur littéraire, offre cependant quelque intérêt comme livre à clef. Il y est fait allusion à des personnages contemporains, désignés par des lettres initiales et finales. Ainsi, *E—r S—n* désigne Esther Sanson ; — *Harriet W—n*, c'est la « fameuse Henriette Wilson, » bien connue alors par ses galanteries.

ANTROPOPHAGIE (L'), ou les Antropophages. — Amsterdam (Paris), 1764, in-8 de 37 p., fig.

M. P. Lacroix (« Bulletin du Bibliophile, » 1858, p. 1109) dit ce qui suit au sujet de ce petit poème: « On lit dans les « Mémoires de Bachaumont, » à la date du 8 novembre 1764 : « Un de ces forcenés, dont le génie satirique ne peut rester circonscrit dans les bornes de l'honnêteté, vient de faire une sortie affreuse contre les fermiers-généraux, dans un poème qu'il appelle *les Antropophages*. Ce libelle pitoyable attire les sévérités de la police et en reçoit tout son lustre. Il y a eu des libraires de Rouen envoyés à la Bastille, des colporteurs arrêtés. » — Bachaumont, qui était l'écho fidèle de tous les bruits des salons et des clubs de Paris, n'a pas nommé l'auteur de ce pamphlet, parce que cet auteur n'eut garde de se faire connaître, en présence des ordres rigoureux du roi, portant défense d'écrire sur des matières de finances. On avait pourtant arrêté et mis à la Bastille un nommé *Darigrand*, auquel on attribuait *l'Anti-Financier*, qui paraît avoir été écrit par la même plume que *les Antropophages ;* mais il fut relâché avant la mise en circulation de ce dernier libelle. »

ASCANIUS, or THE YOUNG ADVENTURER ; a true history. London, 1746, in-12. Autre édition, 1769.

ASCANIUS MODERNE, ou l'Illustre avanturier. — Edimbourg, 1763, 2 part. in-12, avec figures.

ASCANIUS, ou le Jeune Avanturier. Histoire véritable, etc., etc. Traduite de l'anglois (par *d'Intraiguel*). — Lille, Jacquet, et Lyon, De Ville frères, MDCCXVII, pet. in-8 de 144 p.

Ce livre, tombé aujourd'hui dans un discrédit complet, n'est autre chose qu'un récit plus ou moins romanesque des aventures d'*Ascanius*, autrement dit le prince prétendant, Charles-Edouard Stuart, dans le nord de l'Ecosse, depuis la bataille de Culloden, avril 1746, jusqu'au mois de septembre de la même année. Quelques noms semblent plutôt estropiés que déguisés. Le plus grand nombre des personnages figurent sous leurs noms véritables.

ASSAUT DE PROVERBES, ou UNE COMMISSION. — Première séance,

proverbe en un acte, dramatico-historico-comique , par *Sancho-Pança* en tournée et une société de gens de lettres. — A Saint-Valéry-en-Caux, de l'imprimerie royale d'Yvetot, chez Véridique Doucet, s. d. (Liège, 1850), in-8 de 12 p.

Pamphlet rempli de personnalités locales, dit la « Bibliographie Liégeoise, » qui, malheureusement, ne donne pas la clef des allusions.

AVANTURE HISTORIQUE. — A Paris, l'an 679, mense Aug., in-18 de 56 p.

Tel est le titre exact de ce livret, dont il est déjà parlé plus haut (col. 108). Il y a quelque temps, M. A. Voisin a eu l'obligeance de m'en communiquer un exemplaire, peut-être celui de G. Peignot ? que j'ai pu examiner avec soin. Voici le résultat de mes observations :

L' « Avanture Historique, » malgré la rubrique *Paris*, doit avoir été imprimé en Hollande ; le texte fourmille de fautes de français et même de solécismes. Ce rarissime livret n'est pas sans intérêt historique : sous les noms supposés d'*Agésilas* et de *Clorinde* on y trouve l'histoire du mariage d'un prince de Zell avec une jeune française, demoiselle d'honneur de la princesse de La Trémouille. Le prince et la princesse de La Trémouille, qui faisaient profession de la religion réformée, ayant dû quitter la France, à la suite de la révocation de l'Edit de Nantes, se retirèrent en Hollande, où ce prince possédait de grands biens et où il prit du service. Clorinde suivit sa maîtresse, et grâce à sa beauté, à ses charmes, à ses talents et surtout à sa vertu, fut bientôt l'objet des vœux et des hommages des plus grands seigneurs. Un seul, le duc régnant de

Zell *(Agésilas)*, sut lui faire partager son amour et contracta avec elle un mariage morganatique. Il lui fit prendre le nom de comtesse de Harbourg, et, par la suite, l'épousa publiquement, avec l'agrément de l'empereur. Le duc eut de *Clorinde* une fille qui épousa un des princes de l'empire et succéda à son père. Cette histoire, assez péniblement racontée, n'offre plus grand intérêt aujourd'hui. L'auteur en est inconnu ; mais peut-être a-t-elle été dictée par la duchesse de Zell elle-même ; c'est du moins ce que pourrait faire croire ce sous-titre, imprimé à la première page seulement : « Ecrite par l'ordre de Madame ***. » En effet, dans le courant du livre, *Madame* *** désigne constamment *Clorinde*, comtesse de Harbourg, princesse de Zell.

La page 57 contient une clef de 27 noms (et non 17, comme l'indique le catalogue Peignot). Cette clef est assez peu claire et fort mal orthographiée ; la voici, corrigée et augmentée d'indications indispensables :

Page Ligne

1	16	*La princesse de* ***, — de La Trémouille ;
15	15	*Le prince de* ***, — de La Trémouille ;
16	16	*La ville où le prince possédait un gouvernement,* — Bois-le-Duc ;
19	16	*Agésilas, duc de* ***, — le prince de Zell ;
20	14	*Sa sœur, la princesse de* ***, — Elisabeth de Cassel ;
25	12	*Son frère aîné* ...., — Christian-Ludowig ;
26	14	*Le prince son puîné,* — Jean-Frédérick ;
27	15	*Sa belle-sœur* ..., — la duchesse d'Osnabruck ;
28	4	*Envoyer quérir Clorinde...,* — à la Haye ;
28	7	*Avec un train....,* — par M. Melleville ;
30	11	*La cour d'un puissant prince....,* — Zell ;

Page Ligne

33	15	*Le plus beau gouvernement,* — Harbourg ;
35	12	*Madame de* ***, — Clorinde, devenue Madame de Harbourg ;
37	2	Id.
37	15	*L'enfant qu'elle lui laisseroit...,* — la princesse Sophie ;
38	13	*La duchesse de* ***, — Brunswick-Wolfenbüttel ;
40	12	*Une conquête qu'il avoit faite...,* — Stadt ;
41	15	*Madame de* ***.., — Harbourg ;
43	6	*Il entra en campagne...,* — en Alsace ;
47	17	*Un prince de sa maison...,* — le duc Antoine Ulrich ;
48	7	*Une seule princesse voisine,* — de Lauenbourg ;
48	12	*Ce jeune prince...,* — le fils aîné d'Antoine Ulrich ;
49	7	*Au siège de...,* — Philippsbourg ;
54	3	*Aux sérénissimes neveux...,* — les princes d'Osnabruck ;
54	15	*Le frère cadet,* — M. l'Evêque d'Osnabruck ;
56	3	*Ces trois illustres frères...,* — les ducs de Zell, Hanover et Osnabruck.

Telle est, *in extenso*, la clef de ce livret rarissime ; elle offre encore une grande lacune : c'est le nom véritable de l'héroïne du livre, cette belle et charmante *Clorinde*, qui parvint d'un rang si modeste à de si hautes destinées.

AVENTURES DE FEMMES, par Ernest Daudet. — Paris, Dentu, 1886, in-18 de 331 p., 3 fr. 50.

Sept nouvelles fort dramatiques composent ce volume. La première, intitulée *Minna-Taniska*, est l'histoire d'une espionne qui se lie avec un ministre pour lui voler des papiers contenant un secret d'Etat. Ce récit émouvant rappelle singulièrement une histoire analogue, qui fit grand bruit, il y a peu d'années, et que l'on n'a pas oubliée ; nous voulons parler du général de C..... et de la fameuse baronne de K....a, femme divorcée du colonel Y....

AVENTURES (LES) DE LA FILLE D'UN ROI, racontées par elle-même. « Que mon nom soit caché puisqu'on le persécute » (Volt., Tancrède). — Paris, Delaunay, Ponthieu et Pélissier, libraires, 1820 (1ʳᵉ édition), in-8.

Cet ouvrage de *Jean*, dit *Julien Vatout*, a eu plusieurs éditions ; il se compose de trois chapitres publiés séparément et assez difficiles à réunir. L'exemplaire que je possède a été dédié par « l'Auteur à son père. » Les marges sont couvertes de notes manuscrites, formant la clef complète de ces trois fascicules, dont voici la description :

Chapitre premier, — 4ᵉ édition ; Paris, Delaunay, etc.; avril 1821, in-8 de 2 ff.-42 pp.

Second chapitre. — Paris, Delaunay, etc.; 27 mars 1821, in-8 de 30 pp.

Troisième chapitre, — id., id., 25 avril 1821, in-8 de 44 pp.

Ces trois parties, imprimées chez P. Dupont, coûtaient chacune 1 f. 25. On connaît une espèce de suite à cet ouvrage : « *la Nièce d'un roi*, » Paris, 1826 ; mais cette dernière partie ne paraît pas être l'œuvre de Vatout.

Cet ouvrage allégorique n'est autre chose que l'histoire de la charte donnée aux Français par Louis XVIII. Il serait bien long de transcrire ici toutes les indications portées en marge de mon exemplaire ; la plupart des allusions, le sujet étant connu, deviennent faciles à saisir ; qu'il suffise donc de reproduire les notes les plus importantes de la clef que j'ai sous les yeux, qui semble avoir été composée par l'auteur lui-même.

La Charte, *fille* du *roi* Louis XVIII, a eu pour *mère* la constitution d'Angleterre ; elle a été présentée au peuple par une *assemblée de prétendus sages*, le Sénat. Ses aventures forment le sujet des trois chapitres, dans lesquels on rencontre maints personnages plus ou moins ridiculisés ; ainsi, *un ancien abbé de toilette*, c'est Talleyrand ; — *un homme à qui la charte ne plaisait pas*, c'est Villèle ; — *un homme de grande réputation ayant voyagé dans les deux mondes*, Châteaubriand ; — *le chef d'une île sauvage*, Bonaparte à l'île d'Elbe ; — *l'amant poétique mais inconstant*, encore Châteaubriand ; — *un homme qui avait mêlé du sang à ses holocaustes*, Fouché ; — *un jeune seigneur bien fait*, Decaze ; — *un ancien maître d'hôtel du roi*, Blacas ; — *des écrivains courageux*, Etienne, Benjamin Constant ; — *une femme admirable*, Mᵐᵉ de Staël ; — *une femme distinguée*, Mᵐᵉ Gay ; — *un jeune seigneur qui avait puisé ses principes à une excellente école*, de Broglie ; — *un vieillard dont la jeunesse avait eu un éclat malheureux*, Grégoire ; — *un exécrable forfait*, l'assassinat du duc de Berry ; — *l'homme d'un certain âge à bas violets*, de Pradt ; — *une aimable veuve*, Mᵐᵉ de Nansouty ; — *un marquis, homme d'esprit quand même*, Fontanes ; — *un illustre général*, Foy ; — *un marquis ambassadeur*, Caraman ; — *un lettré de l'esprit le plus distingué*, Guizot ; — *le chef des lettrés*, Corbières ; — *un jeune citoyen, seigneur impromptu*, Pastoret ; — *un avocat plein de talent et de probité*, Lainé, etc. Tout ce qui précède ne représente guère que le tiers de la clef de cette curieuse brochure.

BÉOTIENS (LES). Par Henri Nizet. — Bruxelles, H. Kistemaeckers, janvier 1884, in-18 de 350 p., 3 fr. 50.

Dans ce roman curieux, l'auteur a retracé les mœurs de la bohême littéraire de Bruxelles. Hormis le principal héros du livre, *Sergery*, les autres personnages sont généralement peu flattés ; si ce sont des portraits, les originaux n'ont pas à se louer des aménités du romancier. Voici une clef partielle, que nous communique M. O. U., d'après des notes qui lui ont été remises à Bruxelles même :

Sergery, — Franz Mahutte ;
Lenormand, — Picart, avocat ;
Bernard Jeancoi, — Camille Lemonnier ;
Schumacher, — Rodenbach ;
Culinsky, — Giraud ;
Petouls, — Solvay ;
Pitteux, — Eckhoud ;
Broubal, — Max Wales ;
Jude, — Franck ;
Machiabeau, — Ducarme ;
Vermeulen, — Renson ;
Kergemans, — Lagye ;
Royannès, — Léon Cladel ;
Van Biebuyck, — Giraud (?) ;
Marmers, — Maus.

Enfin, *l'Echo de la Senne* et *Bruxelles-Artiste* désignent deux journaux belges, « l'Europe » et « l'Art Moderne. »

CALLOPHILE, Histoire traduite de Scythe en latin, par un vieux philosophe Visigoth, et mise en françois par un jeune avocat du Languedoc. — A Eutaxie, 1759, pet. in-8 de 78-12 p.

Cette médiocre production est due à l'avocat Barthès, de Narbonne. Il a eu pour but de tracer un tableau des usages, des mœurs, des caractères et de l'état de sa province natale. La clef est facile à faire : *Callophile*, c'est Barthès lui-même, — *Semnopolis*, Tou-

louse, — *Terpsipolis*, Narbonne, — *Philène* et *Arétie*, les père et mère de l'auteur, — *le Sénat*, le Parlement de Toulouse, — *l'Académie de l'Imagination*, l'Académie des Jeux-Floraux, — *les Scythes*, les Languedociens, etc. Tout cela est sans intérêt maintenant et n'apprend rien sur le pays décrit avec complaisance par Barthès ; il trouve tout bien, en effet, ou à peu près, et justifie ainsi l'épigraphe qu'il a choisie :

« ...Ubi plura nitent, non ego paucis
Offendar maculis. »

CÉLÉRITÉ ET DISCRÉTION. Par E. Légé-Bersœur. — Paris, Calmann Lévy, 1886, in-18, 3 fr. 50.

Encore un roman inspiré par un procès retentissant. Il s'agit des hauts faits du chef d'une agence interlope de renseignements et des persécutions qu'il dirige contre une honnête femme pour la déshonorer. Exaspérée, celle-ci tue l'odieux coquin ; le jury l'acquitte. — Tout le monde a reconnu, dans ce récit très *arrangé*, l'affaire de Mme J.-C. — H.—, née R—, et de l'agent M—, tué à coups de revolver dans l'enceinte même du Palais de Justice. — Dans le roman, ils sont désignés sous les noms d'*Emma Martineau*, dame *Deleuze* et de *André Cavelli*.

CHEVALIER (LE) BORDELOIS, ou les Aventures du chevalier Membrot. — Amsterdam (Paris ?), 1711, in-12.

Ce livre est assez insignifiant ; divers passages font connaître que l'auteur, inconnu à Barbier, avait assez longtemps habité Bordeaux. Plusieurs personnages sont désignés par des initiales qu'il doit être bien difficile de compléter aujourd'hui. Tels sont *M. de S....*, gouverneur de la province, homme d'esprit,— *H....*, jeune avocat, — *N....*, maîtresse du chevalier Membrot, — *le B....*, poète, — *le comte d'A....*, etc. — C'est une clef à rechercher.

CHRYSAL, or THE ADVENTURES OF A GUINEA. By *Charles Johnston*, etc., etc. — (Addition, voir col. 199-200.)

Voici la clef donnée par W. Davis, dont il est parlé dans l'article susvisé. Elle s'applique à l'édition de 1768, en 4 volumes :

VOL. I

Pages
52　*Commander of an English man of War*, — le capitaine Powlett, plus tard duc de Bolton ;
100　*Observe that person*, — lord Chesterfield ;
101　*Important places of State*, — le lord lieutenant d'Irlande ;
125　*The general had slept off the fumes*, — lord Ligonier ;

VOL. II

24　*Entered her Graces Levee*, — la comtesse de Yarmouth ;
50　*Who sold glyster-pipes*, — le docteur Henzie ;
55　*High Priest of the conventicle*,— Whitfield ;
»　*Momus*, — Foote ;
57　*Hunchback*, — Squintum ;
58　*Mrs. Brinstones, Mrs. Cole*, — la fameuse mère Douglas ;
»　*The person*, — Foote ;
60　*In my Ballads*, — Minor ;
78　*Finished all the pamphlets*, — Remarques critiques et chrétiennes sur le poète Minor ;
79　*Parson of the Parish*, — l'archevêque de Cantorbéry ;
»　*Direction of the squire*, — le Roi ;
80　*Went directly to her Grace*, — la comtesse de Huntingdon ;

Pages
98　*My new Master*, — M. Pitt ;
102　*August person*, — George II ;
104　*Found a person waiting*, — le général Wolfe ;
108　*A young lady, Mrs. Lowther*, — plus tard duchesse de Bolton ;
188　*Bulgaria*, — la Prusse ;
194　*Apostate*, — l'archevêque Bower ;
220　*Motions of the Army*, — la bataille de Minden ;

VOL. III

2　*He immediately came to a right understanding*, — lord H. Powlett ;
3　*A mighty Fleet*, — l'expédition contre la Havane ;
5　*He was lolling in a listless manner*, — sir G. Pocock ;
7　*Wo had been guilty of impardonable, etc.*, — l'amiral Knowles ;
12　*When the officer next to him*, — l'amiral Keppell ;
17　*Said my master to the general*, — lord Albermarle ;
21　*In my patron's time*, — le duc de Cumberland ;
29　*In so advantageous a light to one*, — Ch. Townshend ;
34　*Though the captain of the ship*, — le capitaine Campbell ;
44　*A youth who had made* — (cette histoire paraît entièrement imaginaire) ;
120　*The parson of the Parish*, — l'évêque de Derry ;
122　*Gave me to an admiral*, — l'amiral Matthews ;
127　*To wait upon the general*, — ceci semble s'appliquer à lord Howe ;
»　*Of making regular sieges*, — lord London ;
128　*Yes interrupted an officer*, — lord Charles Hay ;
130　*Impatient to see in brother*, — lord Howe ;

J'ignore si cette clef, donnée par W. Davis, est la même que celle que l'auteur avait composée lui-même et remise à lord Edgcumbe, chez lequel il avait écrit son livre satirique.

CŒUR (LE), par Félicien Champsaur. — Paris, Victor Havard, 1886, in-18 de IV-269 p., 3 fr. 50.

Comme dans *Dinah Samuel* (voir ci-dessus, col. 277-280), l'auteur semble s'être dépeint lui-même sous les traits du principal personnage du livre, *Patrice Montclar.* On retrouve, dans cette œuvre intéressante et appréciée, maintes individualités qui figurent déjà dans *Dinah Samuel ;* la même clef peut servir pour les deux ouvrages.

COMICAL (THE) HISTORY OF THE MARRIAGE BETWIXT FERGUSIA AND HEPTARCHUS. — S. l. MDCCVI, in-4.

Cet ouvrage, vraisemblablement imprimé en Ecosse, et dont l'auteur est *William Wright,* est une espèce d'allégorie politique. Lowndes (« Biblio- « grapher's Manual, » t. III, p. 2213) fait connaître que cet écrit assez facétieux se rapporte aux événements contemporains, notamment aux préliminaires de l'union de l'Angleterre et de l'Ecosse, désignés par W. Wright, sous les noms de *Fergusia* et d'*Heptarchus.*

COMTE (LE) DE GERMISY, mœurs cléricales du grand monde.

(Quatrième partie des « Mystères du Confessionnal. ») Par Léon Picard. — Paris, librairie du Progrès, 1883, in-18, 2 fr.

« Cet ouvrage, a dit un critique, n'a même pas le triste mérite de tenir les promesses équivoques de son titre et de sa couverture illustrée. Une intrigue écœurante de banalité, greffée sur un procès scandaleux d'avant-hier (celui du comte L.... de G....), constitue tout le volume. L'auteur glisse sur les mœurs antiphysiques de presque tous ses personnages avec une discrétion qui serait méritoire si elle prenait sa source ailleurs que dans une crainte salutaire du parquet. C'est un livre à éviter si on peut.

CONFESSIONS (LES) DE JEAN-JACQUES ROUSSEAU. (Addition. Voir col. 724-725.)

Malgré l'observation générale que nous avons faite au sujet des « Œuvres de J.-J. Rousseau, » il n'est ni sans intérêt ni sans utilité de reproduire ici une clef des « Confessions » qu'un digne libraire, l'éditeur Maradan, avait fait imprimer à part, dans la crainte de se voir distancé par des concurrents moins scrupuleux que lui ; la voici, précédée d'un petit avertissement qui ne manque pas de saveur :

AVIS IMPORTANT AU PUBLIC

Maradan, libraire à Paris, rue Saint-André-des-Arts, hôtel de Châteauvieux, avoit cru, par respect pour les intentions de J.-J. Rousseau, ne pas devoir imprimer tout au long les noms qu'il avoit ordonné de taire jusqu'à une certaine époque : des contrefacteurs s'étant permis cette licence, dans une édition peu soignée de la suite des confessions, ayant en outre tronqué presque tous les noms, ce libraire s'est vu forcé de faire imprimer cette clef, dont il garantit l'authenticité.

De B..e, — de Bose.
De B......l, — de Buzenval.
De B.....e, — de Broglie.
D...n, — M. et Mme Dupin.
S....l B.....d, — Samuel Bernard.
F......e, — Fontaine.
La T....e, — la Touche.
Duc de K......n, — Duc de Kingston.
M. le P....e de C...i, — M. le Prince de Conti.
D...y, — *
F........l, — M. et Mme Francueil.
M........, — le Chev. et le Comte de Montaigu.
B...s, — Binis.
F.....y, — de Froulay.
M..i, — Mavi.
Z.....o, N..i, — Zanetto, Nani.
L'H.....l, — de l'Hôpital.
C........e, — de Castellane.
De L.....e, — de Larnage,
D'.....y, née D^{lle} des C........s, — d'Epinay, née D^{lle} des C.
De L....e de B........e, — de la Live de Blainville.
Mlle d'E..e, — d'Ette.
Le Chevalier de V....y, — *
Comtesse de H........, — comtesse de Houdetot.
Le P....e de S...-G...., — le Prince de Saxe-Gotha.
De C......l, — de Choiseul.
Mlle de B........e, — Mlle de Blainville.
P........r, — Pompadour.
G...., — Grimm.
C........x, — Chenonceaux.
P........e, — Popelinière.
Comte de F....., ou de F....e, — Comte de Friese.
De R..........t, — de Rochechouart.
De L........g, — de Luxembourg.
D'H....h, — Baron d'Holbach.
H..........e, ou H....chique, et quelquefois *H.........s,* — Holbachique, Holbachiens, la même chose.
De S.......g, — De Schomberg.
Mlle F.., — Mlle Fel.
C.....c, — Cahusac.

La C.......e, — la Chevrette.

E....y, — Epinay, terre près la Chevrette.

S....., — Saurin.

D'A........, — d'Argenson.

G.........t, — Gauffecourt.

Le Jeune V....., — le Jeune Vernes.

Le prof. V....., — le professeur Vernet.

C......., — Chappuis.

Un T........., — un Théologien.

M..... de M......., — Marcet de Mezieres.

M......, — Moultou.

Le R......t de F....., — le résident de France.

V........., — Versailles.

C......'n, — Crommelin.

T......., — Tronchin.

........, — d'Asservir.

Mad. d'A........n, — Mad. d'Aiguillon.

*Le Commandeur de G......e *, le Commandeur de N.....t *,* deux noms très peu importants et qui ne paroissent qu'une fois.

*De la B..... **

De St.-L...... ou St.-L.....t, — de St-Lambert.

De C......s, — de Castries.

M......y, — Margency.

Vicomte de P......c, — Polignac.

B......r, — Berthier.

T.....t, — Trublet.

C......, — Coindet.

J......e, — Jonville.

De L........ de M.........s, ou M.........s, — de Lamoignon de Malesherbes, ou Malesherbes.

T........, — Thélusson.

Marquis de V......n, — Verdelin.

*A.. **

F....y, — Formey.

B....., — Bordeu, médecin.

De L........n, — de Lamoignon.

Mad. D...., nièce de V......., — Mad. Denis, nièce de Voltaire.

D'E.....s, — d'Etioles.

Les B.....s, — les Bernois.

J........, dans une note et ailleurs.

De C........s, — de Chauvelins.

Mgr le C........r, — le Chancelier.

Le jeune Mar. de V......., — de Villeroy.

De M.......x, — de Mirepoix.

De M...n, — de Miran.

B.y de la T..r, — M. Boy de la Tour, ailleurs Isabelle Boy de la Tour.

R....n, — Roguin.

D'A .....t, — d'Alembert.

Procureur général T......., — Tronchin.

L.....d, — Laliaud.

S.....r de St.-B.....n, — Séguier de St-Brisson.

D...c, — Deluc.

d'Y......s, — d'Yvernois.

B.., — Boy.

G........r, — Girardier.

D. ou du P. ou D.....u, — Du Perou.

B....t, — Bonnet.

Du T......x, — du Terreaux.

Duchesse et Comtesse de B.......s, — de Boufflers.

Et l'Abbé de B.......s, — Idem. L'abbé de Boufflers.

S...., — campagne près de Montmorency.

L.....y (Chevalier de), — Lorenzy.

Mlle de G...........d.

D'A..e.

N. B. Les noms marqués d'une * nous sont inconnus.

Signalons en outre un petit livre fort exploité depuis sa publication par les divers éditeurs et annotateurs de Rousseau. Il est intitulé :

Confessions de J.-J. Rousseau. Noms qui ne sont indiqués que par des lettres initiales dans les éditions imprimées. Morceaux inédits ou différences qui se trouvent entre le manuscrit offert à la convention par *Thérèse Levasseur* et les éditions de Rousseau. — Le manuscrit de Thérèse Levasseur porte l'épigraphe suivante, qu'on ne trouve dans aucune des éditions : *Intus et in cute.* Se vend à Paris, chez Vincent Lebreton, Pichard, Desenne. S. d., in-18 de 93 pages.

Ce livret, devenu rare, est rempli de notes curieuses. On a suivi, pour sa rédaction, l'édition de Genève, in-8, 1782. La clef, dressée par ordre alphabétique, est malheureusement beaucoup trop longue pour pouvoir être reproduite dans cet essai. Comme nous l'avons dit, du reste, elle n'est plus aussi nécessaire pour les éditions modernes.

CORRESPONDANCE SECRETTE DE PLUSIEURS GRANDS PERSONNAGES ILLUSTRES, dans laquelle on découvre les causes qui divisèrent les membres de la famille royale pendant les dernières années du règne de Louis XVI et de l'inimitié qui existoit entre la reine et Philippe d'Orléans. — A Londres, et se trouve à Paris, chez Lerouge, imprimeur-libraire, cour du Commerce, passage de Rohan, quartier Saint-André-des-Arts, 1802, in-8 de VIII-279 pages. (Orné d'un fort joli portrait d'Armand-Louis Biron, duc de Lauzun, qui ne se trouve pas dans tous les exemplaires.)

L'auteur de cette compilation est, suivant le « Dictionnaire des Anonymes, » *P.-J.-A. Roussel*, avocat, fécond écrivain et éditeur de plusieurs ouvrages relatifs à la période révolutionnaire. Quelques-unes de ses productions, au dire de la « Biographie Michaud, » sont pleines de détails romanesques. En parcourant sa « Correspondance secrète, » il est permis de se demander si quelques-unes des lettres qui y sont recueillies ne sont pas purement et simplement le fruit de son imagination. Ce livre, toutefois, offre cette singularité que tous les noms propres et même les noms de lieux y sont déguisés. Quérard fait connaître, dans sa « France littéraire » (t. VIII, p. 238), que l'éditeur Lerouge, l'un de ses collaborateurs, s'était

amusé à en faire la clef. Cette clef fut même imprimée, car dans l'exemplaire que j'ai sous les yeux, elle remplit les deux premiers feuillets, visiblement ajoutés au volume après coup. La voici :

Alexandrine, — Elisabeth.
Alibi, — Bailly.
Antiges, — Destain.
Alexandres, — le prince de Condé,
Apius, — d'Orléans.
Bijou (le), — Collier (le).
Bejamen, — Cardinal (le).
Benaüs, — Bourbons.
Basibas, — Pays-Bas.
Beshermal, — Malherbe.
Calios, — Cagliostro.
Caroline, — Victoire.
Chessedarchi, — Archiduchesse.
Cinq-Tours, — Le Temple.
Dreuliva, — Vaudreuil.
Dervon, — Vermont (abbé).
Déliade, — Adélaïde.
Domen, — Meudon.
Durton, — La Tour du Pin.
Drusepe, — Roi de Prusse.
Dimonmet, — Montmédy.
Elos, — le Roi.
Elbe, — Bellevue.
Entzéo, — Coblentz.
Eris, — Sire.
Eulise, — Louis.
Firnalo, — Florian.
François, — d'Artois (comte).
Gien, — Genlis.
Gouimo, — Lamoignon.
Gourlem, — Luxembourg (duc de).
Gourlem, — Ville de Luxembourg.
Henry, — Biron.
Hypolite, — Decrosne.
Irla, — la Reine.
Julie, — Marie-Antoinette.
Julius, — Mme de Polignac.
Illa Moféï, — Famille royale.
Irla Dramef, — Reine de France.
Kirnec, — Necker.

Longuille, — Aiguillon.
Lestans, — les Tantes.
Luxel, — Bruxelles.
Ledivo, — Voidel.
Laume, — Manuel.
Lorsans, — Orléans (ville d').
Martinore, — Antoinette.
Martinore de Rancef, — Antoinette de France.
Menquar, — Monarque.
Maleas, — Lambesk.
Maubary, — Mirabeau.
Merno, — Kellerman.
Marius, — Marie-Thérèse.
Mors, — Worms.
Manesdalles, — Allemandes.
Nesba, — Besenval.
Niven, — Vienne.
Ninas, — Naples.
Nicias, — Rohan.
Oriben, — Brienne.
Olympius, — Royale.
Outremil, — Montreuil.
Peltas, — Lamotte.
Paumas, — Maupoue.
Philippine, — Lamballe.
Philippe, — Bouillé.
Plébein (le comte), — Mirabeau.
Phinedeau, — Dauphine.
Plendirsème, — Despresmenil.
Préjas ou Préjos, — Joseph II.
Retteville, — .....
Riber, — Berry.
Raumi, — Maury (l'abbé).
Ricarniécha, — Marie-Charlotte.
Reschini, — Marie-Christine.
Richard, — Calonne.
Rimon, — Montmorin.
Rusel, — Tourzel.
Rendragny, — Henri IV.
Sirmen, — Monsieur.
Salta ou Salca, — Laclos.
Sulosée, — Madame Louise.
Soulac, — Châlons.
Sorlesi, — Les Rois.
Sirdem, — Despresmenil.
Suma, — Mons.
Séjis, — Syès.
Torve-Tesmas, — Votre Majesté.
Treben, — Breteuil.
Tersi, — Silleri.

Tiourca, — Liancourt.
Tercud, — Ducret.
Tricas, — Maréchal de Castries.
Théodore, — Lafayette.
Tanaüs, — Tantes (les).
Tosbris, — Brissot.
Trambermal, — Bertrand-Motleville.
Vixolüs, — Louis XVI.
Vosenat, — d'Ouessant.
Vesna, — Varenne.
Vempre, — Penthièvre.
Victorine, — Christine.
Zilas, — Metz.

COURT-SECRET (THE). a Melancholy Truth. Now first translated from the original Arabic. By an Adept in the oriental Tongues. — London, T. Cooper, MDCCXLI, in-8 de 50 p. Prix : 1 schilling.

Cette production satirique, qui a toute l'allure d'un pamphlet, serait, d'après une note manuscrite placée sur mon exemplaire, l'œuvre de *Lord Lyttelton*. Cette attribution me paraît assez téméraire. Le fond de la brochure roule sur une intrigue de cour compliquée d'une intrigue galante. Une clef manuscrite donne les indications suivantes :

Le sultan, — le roi George II ;
Sultana, — la comtesse de Yarmouth ;
Le vizir, — Robert Walpole, premier ministre ;
Ibrahim, — P. Hervey, membre du conseil privé ;
Fatima, — la veuve du duc de Manchester, amante d'*Achmet* ;
Achmet, — P. Scarborough ;
Osmyn, — l'amiral Vernon ;
Behemoth, — le duc de Newcastle.

CRIME (LE). Drame en cinq actes, par MM. *Albin Valabrègue* et *Bertol-Graivil*, **représenté à Paris au théâtre des « Menus-Plaisirs, » le 9 décembre 1882.**

Ce drame, intitulé d'abord « *le Crime du Pecq*, » n'est autre chose que la mise à la scène de l'horrible assassinat, commis au Pecq, par les époux Fenayrou, sur la personne du pharmacien Aubert. Les détails de cette épouvantable affaire, qui avait récemment ému tout Paris, sont encore présents à toutes les mémoires. Les débats judiciaires ont été sténographiés et insérés dans la « Gazette des Tribunaux » de la même année. — Les noms des personnages seuls ont été changés : ainsi Aubert, la victime du crime, devient dans la pièce *Georges Grandval* ; — l'assassin Fenayrou, l'ex-associé d'Aubert, se nomme *Véran* ; — sa femme Gabrielle, l'ancienne maîtresse du beau pharmacien, devient *Henriette Véran*. — Le drame de MM. Valabrègue et Graivil, joué d'abord en Belgique, avec un certain succès, ne put être représenté en France qu'après diverses modifications imposées par la censure.

DAME (LA) DE SAINT-TROPEZ,

drame en cinq actes, par Anicet Bourgeois et d'Ennery. — Paris, Tresse, 1844, in-8 de 40 p. Plusieurs réimpressions.

Il est à peine besoin de rappeler que l'héroïne de ce drame émouvant n'est autre que Mᵐᵉ Lafarge, née Marie Cappelle, née à Paris, en 1816, condamnée à la prison par la cour d'assises comme coupable d'empoisonnement sur la personne de son mari, morte aux eaux d'Ussat en 1852, après avoir publié deux ouvrages, *Heures de prison* et *Mémoires*, où elle a retracé ses angoisses et ses douleurs et protesté de son innocence. On sait que ce procès célèbre commença la réputation de son avocat, le regretté Mᵉ Lachaud, qui parvint à sauver la tête de l'accusée.

DÉGRINGOLADE (LA). Drame

en cinq actes, représenté, à Paris, en avril 1881, au théâtre du Château-d'Eau.

Cette pièce, plus que médiocre, dont l'auteur jugea à propos de garder l'anonyme, avait pour but de flétrir les hommes du second empire. — Le « Monsieur de l'Orchestre » terminait en ces termes la spirituelle critique qu'il fit de cette singulière production :

« Ajoutons cependant que l'auteur « inconnu de *la Dégringolade* y a mis « une certaine réserve, puisque c'est « sous des pseudonymes qu'il nous a « présenté les hommes d'État, les ministres et autres collaborateurs de « Napoléon III., Il faudra avoir une « VRAIE CLEF pour deviner que *le comte* « *de Cambelaine* n'est autre que le duc « de Morny, et que *M. Robeyot* pourrait bien être M. Emile Ollivier. « Avec de tels procédés, il sera facile « de faire croire aux amateurs qu'il y « a de la politique dans nos pièces de « théâtre et que le succès de la *Mascotte*, par exemple, vient de ce que « tout le monde a reconnu M. Jules « Ferry dans le personnage de *Pippo*. » (Voir le « Figaro » du 3 avril 1881).

DÉMOCARE (LE) SANGLANT,

enrichy d'un bois mystique où sont les tombeaux des plus parfaits amants de France. Dédié à M. du Sauzey, par le sieur de Livet. — Lyon, Vincent de Cœursilly, 1623, pet. in-12 de VI-131 p., front. gravé par J. Zettre.

Suivi de :

LA NAÏADE DE SORNIN ou chant de louanges aux Nymphes de ceste belle rivière. Dédié à Madame Austrem, par le même. — Lyon, id., 1623, in-12 de IV-71 p.

Paul Lacroix, qui, le premier, a fait connaître et décrit ces étranges productions, déclare n'y avoir rien compris du tout. Le *Démocare sanglant*, dit-il, est un imbroglio écrit dans le langage le plus entortillé, le plus alambiqué, le plus prétentieux qu'on puisse rencontrer dans un roman d'amour de cette époque. C'était pourtant, paraît-il, une allégorie pleine d'à-propos, comme nous l'apprennent ces vers de Filiand Cavillon, un des prôneurs de Livet :

> Sous l'écorce de ton histoire,
> Mon cher Livet, tu nous fait voir
> Du roi la triomphante gloire
> Et de ses efforts le pouvoir !

Quant à la Naïade de Sornin, c'est un recueil de sonnets et de stances adressés aux dames et aux demoiselles qui habitaient sur les bords du Sornin, petite rivière du comté de Dombes. Les *Nymphes* du sieur de Livet se nomment *Charis, Floridie, Calis, Laris*, etc.; on les reconnaissait sans doute sous ces noms de guerre et d'amour ; la *Naïade* est évidemment madame la présidente Austrem, dame de Jarnosse, à qui le volume est dédié. (Voir pour plus de détails l'article de P. Lacroix, « Bulletin du Bibliophile, » XIVe série, page 1149).

DESCRIPTION HISTORIQUE D'UN MONSTRE SYMBOLIQUE

pris vivant sur les bords du lac Fagua, près Santa-Fé, par les soins de *Francisco-Xaveiro de Meunrios*, comte de Barcelonne, et vice-roi du Nouveau-Mexique, envoyé à un Parisien, son ami. — Santa-Fé, et se trouve à Paris, rue Neuve-des-Petits-Champs, et sous les Portiques du Mystère, 1784, in-8 de 29 p., avec deux gravures représentant le monstre mâle et femelle. Rare.

« Cette brochure allégorique et satirique est dirigée, selon les uns, contre le magnétisme, selon les autres, contre le ministère de M. de Calonne. Une opinion accréditée parmi les bibliographes, et conservée par tradition depuis l'époque où la brochure circula dans le public, l'attribue à Monsieur (*Meunrios*), frère de Louis XVI, depuis Louis XVIII. Il existe aussi deux représentations du même *monstre* allégorique mâle et femelle, dont on trouve la figure au commencement et à la fin de la brochure, toutes deux très médiocres d'exécution, format in-4 oblong, avec un texte explicatif au bas de ces deux gravures : l'une est noire et représente une espèce de harpie mâle vue de profil ; l'autre est coloriée et représente la femelle du même monstre vue en trois quarts. Le visage de forme humaine indique des traits qui ne paraissent pas entièrement de fantaisie. On suppose que l'idée de ces caricatures a pu sortir de chez Monsieur, et que c'est d'après cette première donnée que quelqu'un se sera permis de faire circuler sous son nom la brochure qu'on lui attribue peut-être trop légèrement. Il existe une autre brochure qui paraît avoir quelques rapports avec la précédente, ornée comme elle d'une caricature monstrueuse, dans un style analogue. Elle est intitulée : « Traces du magnétisme. » A La Haye, 1784, in-8 de 48 p. » (Mahul, Annuaire de 1824).

DEUX AMIES (LES PARISIENNES).

Par *René Maizeroy*. — Paris, Victor Havard, 1884 (1885), in-12 de 282 p., 3 fr. 50.

Ce roman, qui fit du bruit lors de sa publication, roule sur certaines mœurs jadis fort usitées à Lesbos et dont « Mademoiselle Giraud, ma femme, » avait signalé la renaissance parmi nos contemporaines ; le texte n'a rien d'indécent, mais le fond est fort scabreux et, si nous avons bonne mémoire, a éveillé l'attention du parquet. C'est un livre à clef ; à côté de divers personnages secondaires tels que M. *Denys Moncoq* (M. Charles Lecoq) et Mlle *Suzette Rivière*, l'étoile d'opérette du théâtre des Nouveautés (sans doute Mlle Janne Granier), on rencontre plusieurs noms de fantaisie masquant des personnages réels ; tels sont, par exemple, ceux d'*Eva Moïnoff*, *Jeanne de Luxille* plus tard *Mme de Tillenay*, *Mme Luce Thiaucourt*, *la baronne de Millemont*, etc. On comprend, d'après la donnée du livre, qu'il ne saurait être question de dévoiler ces personnes très connues et fort reconnaissables dans un certain monde.

DEUX (LES) CHRYSIPPES, ou LE STOÏCIEN DÉMASQUÉ. ROMAN COMIQUE. Pour servir d'introduction à l'essai de paraphrase de la nouvelle Apocalypse du nouvel Apôtre de l'Amour, connue sous le nom du Fragment sur les principes du vrai bonheur, discours à Lysimaque. Selon la copie de l'imprimerie de l'Université de Louvain. — A Leyden (ou Vérone, suivant certains exemplaires, en réalité : à Louvain), pour Henri Coster, à la montagne du Sinaï. S. d. (vers 1764), in-8 de 125 p.

Cette brochure au long titre plus pédantesque que facétieux, n'est autre chose qu'une satire dirigée contre *Corneille-François de Nelis*, originaire de Malines, évêque d'Anvers, avant la Révolution française, mort à Parme, le 21 août 1798, dans le couvent des Calmadules. Ce bon prélat, qui a composé divers ouvrages pieux, dont quelques-uns assez singuliers, avait fait paraître, à Louvain, en 1763, un « Fragment sur les principes du vrai bonheur » (anonyme, in-12), ouvrage passablement alambiqué et bizarre de la part d'un évêque. L'auteur inconnu des « Deux Chrysippes, » imagina de rééditer ce fragment accompagné d'un commentaire, dans lequel il applique à l'amour terrestre tout ce que Nelis avait dit de l'amour divin. La satire n'est pas fort piquante ; elle est surtout bien longue. Qu'il suffise de dire ici que sous les noms de *Chrisippe le jeune* et du *Stoïcien démasqué,* l'auteur a voulu désigner Corneille-François de Nelis.

DISPENSARY (THE). A poem. — London, 1699, in-4 de 84 p. 2e édition : The Dispensary transversed, or the Consult of Physicians. — London, 1701, in-8. Nombreuses éditions et réimpressions.

Ce poème satirique est de sir *Samuel Garth*, docteur en médecine, qui avait formé le projet de fonder un établissement charitable pour soigner les pauvres malades et leur fournir gratuitement des médicaments. Cette idée fut combattue avec le plus vif acharnement par la respectable corporation des apothicaires et même par la plupart des membres du Collège de médecine. C'est à cette occasion que Garth composa son petit poème en six chants, où il ne ménage ni ses confrères, ni les pharmaciens. La plupart des premières éditions sont anonymes. Mais l'œuvre eut un succès immense en raison des malices qui y sont prodiguées et l'on sut bien vite qui en était l'auteur. Dès 1703, la cinquième édition parut avec une clef ; une clef beaucoup plus complète fut publiée par Garth lui-même pour la 7e édition. La voici d'après la dixième réimpression. (Dublin, 1730, in-18 de xvi-63-14 p.) Nous n'en donnerons toutefois que les indications principales ; elle est trop longue pour qu'on puisse la reproduire *in extenso* ici ; beaucoup de noms dévoilés d'ailleurs n'offrent plus grand intérêt maintenant.

Mirmillo, — le Dr Gibbons ;
Stentor, — Dr Goodall ;
Bard, — sir Rich. Blackmore ;
Celsus, — Dr Bateman ;
Machaon, — Dr Millington ;
Atticus, — le lord chancelier Somers ;
Carus, — Dr Tyson ;
Querpo, — Dr How ;
Brutus, — le lord chief-justice Holt ;
Horoscope, — Dr Barnard ;
Magus, — le même ;
Colocynthis, — Dare, apothicaire ;
Vagellius, — Darnell, sergent ;
Colon, — Lee, apothicaire ;
S...., — Dr Sands ;
M....n, — Methwin ;
Br....w, — Brownlow ;
Sa...ns, — Dr Salmons ;
Ascarides, — Bridges et Parrot ;
C....s, — Dr Collins ;
Scribarius, — Dr Lyster ;
Psylas, — Dr Woodward ;
C...h, — Colebatch, chirurgien ;
O....v, — Onely, curé de St-Martins ;
A...on, — Addison ;
Umbra, — Dr Gould ;
C...t, — sir H. Colt ;
R..., — Row ;
C...ls, — Cecils ;
Delegate, — le Dr Garth lui-même ;
P...ps, — Phillips ;
Guiacum, — Dr Hobbs ;
Ch....ll, — Churchill ;
Mulciber, — Thomas Foely ;
Chiron, — Dr Gill ;
Lucine, — Dr Chamberlayn ;
D....s, — Dennis ;
D....n, — Dryden ;
Nassau, — le roi Guillaume ;
Diasewna, — Figge, apothicaire ;
Bur....ss, — Burgess, pasteur ;
Mordant, — le comte de Petersborough ;
Querpoïdes, — le fils du Dr How ;
The Heroe, — le Dr How ;
Olivia, Rufilla, Cœlia, — dames à la mode fort connues alors ;

F....son, — Ferguson ;
Etc., etc.

Il y a beaucoup de noms qui n'ont pas été dévoilés ; tels sont par exemple ceux de *Spadillio, Hermes, Talthibius, Trismegistes,* qui désignent des médecins que l'auteur n'a pas fait connaître plus clairement.

DIT (LE) DE LA PANTHÈRE D'AMOURS, par *Nicole de Margival.* Poème du xiiie siècle publié d'après les manuscrits de Paris et de Saint-Pétersbourg, par *Henry A. Todd.* — Paris, Firmin Didot, 1883, in-8 de xxxix-116 p., 10 fr. (Publication faite par la Société des anciens textes français.)

Ce poème de 2,665 vers, dont j'ai rendu compte dans *Le Livre,* lors de sa publication, n'est autre chose qu'une de ces longues productions allégoriques si fort en faveur au moyen âge. Après avoir dédié son ouvrage à la dame de ses pensées, l'auteur raconte que, s'étant endormi une nuit à Soissons, il fut ravi par des oiseaux et transporté dans une forêt peuplée de divers animaux. Là, il est frappé de la beauté d'une bête que toutes les autres, excepté le dragon, semblaient chérir. Guidé par l'Amour qui se présente à lui, il se met à suivre la trace de la bête merveilleuse et l'aperçoit enfin à quelque distance, cachée dans une fosse au fond d'une vallée et entourée d'une haie. Le dieu lui explique alors le sens de tout ce qu'il vient de voir. La bête qu'il a rencontrée est une *panthère,* symbole de la dame de ses pensées. Les autres bêtes recherchent la panthère parce que sa douce haleine les guérit de tous leurs maux, comme l'exemple de la dame guérit de tous leurs vices ceux qui la suivent. Pour ce *dragon* dont elle est détestée, c'est l'image des envieux. La *Vallée* où se retire la panthère signifie l'humilité. La *fosse* est l'image de la simplesse. Les *ronces* et les *orties* représentent les pensées amoureuses, et par les *épines*, il faut entendre les cruelles attaques des médisants. N'insistons pas davantage sur cette allégorie où figurent maints autres personnages symboliques tels que *Doux-penser*, *Heur* et *Malheur*, *Fortune* et *Adversité*, *Espérance* et *Souvenir*, etc., etc. Nous ne pouvons mieux faire, du reste, que de renvoyer les lecteurs à l'intéressante préface de M. Henry A. Todd.

DRUIDE (LE). Par Gyp. — Paris, Victor Havard, 1885, in-18, 3 fr. 50.

« Roman à clef, à scandale et surtout fort ennuyeux, a dit un critique; était-il besoin que l'auteur d' « Autour du mariage » et du « Petit Bob » vînt conter au public sceptique, gouailleur et blasé ses petites mésaventures intimes ? » Nous sommes tout à fait de cet avis et nous nous abstiendrons, quant à présent, de publier la clef, qui a circulé sous le manteau, de ce livre où Mme la comtesse de M..., avec plus d'esprit que d'utilité, a retracé les ennuis qui lui ont été causés par certaines personnalités du *Druide*, autrement dit « Le Gaulois. »

ΕΙΚΩΝ ΒΑΣΙΛΙΚΗ, or THE CHARACTER OF EGLON KING OF MOAB, AND HIS MINISTRY. Wherein is demonstrated the advantages of christianity, in the exercise of civil goverment. From Judges III, 22. And the dirt came out. By the Author of Sermons to Asses. — Newcastle, MDCCLXXIII, in-8.

Ce livre, attribué à *James Murray* par le Dictionnaire de Laing, n'est autre chose qu'un pamphlet relatif aux affaires politiques du temps ; *Eglon* désigne vraisemblablement Georges III et *Moab* signifie l'Angleterre.

ENFANT (L') DU TROU DU SOUFFLEUR, ou l'AUTRE FIGARO. Par A.-A. Beaufort. — Paris, Ouvrier, 1803, 2 vol. in-12.

Réimprimé à Bruxelles, par J.-J. Gay, 1883, 2 vol. in-12 de VI-169 et 176 pp., 2 fig. Prix: 10 fr.

Cet ouvrage qui ressemble assez à une autobiographie est l'œuvre de l'auteur-acteur-directeur *Alphonse-Aimé de Beaufort d'Auberval*, connu surtout, comme littérateur, par ses « Contes en vers érotico-philosophiques » (Paris, 1818, 2 vol. in-8), réimprimés, avec grand luxe, à Bruxelles, en 1882. Ce livre, lestement écrit, contient des faits réels, entremêlés d'épisodes purement romanesques. Si l'on accepte l'hypothèse très vraisemblable d'une autobiographie, on peut considérer comme exacte la clef suivante : L'Enfant du trou du Souffleur, le héros du livre, *Alphonse-Aimé de Tragipsicor*, n'est autre que l'auteur, Beaufort, dit d'Auberval ; sa mère, l'actrice *D****, serait la célèbre Marie-Françoise Marchand, dite Dumesnil ; la demoiselle *C**** est sans doute la non moins célèbre tragédienne Claire-Josèphe Legris de Latude, si connue sous le nom de Mlle Clairon ; la *V.....s*, serait Rose-Marie Gourgault-Dugazon, plus tard Mme Vestris ; La *R......t* serait la fameuse Sophie Raucourt ; *Fanchette*, c'est la femme de l'auteur, Mme Beaufort ; l'avocat *Bonnefoi*, M. Bonico, l'abbé *Grillot*, qui jouent un si triste rôle dans le livre, paraissent être des personnages réels ; enfin, les autres noms, désignés sous des initiales dans cet amusant ouvrage, doivent être assez faciles à retrouver pour qui connaît bien l'histoire du Théâtre-Français à cette époque.

ÉPITRE D'UN CONSTITUTION-NAIRE AUX ÉVÊQUES DE FRANCE (En vers). S. l. (Paris?), 1755, in-8 de 31 pages.

Cette production poétique, due à l'abbé *Louis Guidi*, rentre dans la catégorie des livres à clef; tous les noms sont de fantaisie et ont été dévoilés dans une clef manuscrite jointe à un exemplaire qui figurait, sous le n° 471, au catalogue d'une vente faite par le libraire Miard, le 10 avril 1865.

ÉTATS (LES) GÉNÉRAUX D'É-SOPE, traduction des manuscrits de l'assemblée générale des Bêtes, tenue dans l'empire d'Ésope. — A Athènes (Paris), 1789, in-8 de 24 pp.

Je ne saurais dire si ce pamphlet, dont l'auteur m'est inconnu, est la même chose que : « *Les Etats généraux des bêtes* » (S. l., 1780, in-8) de *J.-N.-M. Deguerle* ; je pense que c'est au moins fort douteux. L'avis de l'éditeur est signé *P. La Courboistouerade*, cadet, nom de fantaisie qui ne figure ni dans l'ouvrage de Quérard, ni dans le Dictionnaire de Barbier. Cet écrit, conçu dans un sens peu favorable à la Cour et très hostile au duc d'Orléans, retrace, d'une façon assez décousue et sous force allégories, les premiers événements de la Révolution. Il est suivi d'une longue clef, qui occupe les pages 22 à 24 du libelle et qui, à elle seule, est beaucoup plus piquante que tout le reste ; la voici :

Les Poissons, — le Clergé ;
Les Quadrupèdes, — la Noblesse ;
La Volatile, — le Tiers-État ;
Pied-Ferré, — Louis XV ;
Le Bœuf, — Louis XVI ;
La Louve, — Marie-Antoinette ;
L'Eléphant, — le comte de Maurepas ;
Le Geai des bois, — M. de Vergennes ;
L'Anguille, — l'archevêque de Sens ;
La Chouette, — Calonne ;
Le Bouc, — Lamoignon ;
Le Chevreau, — Lamoignon, fils ;
Le Renard, — Breteuil ;
Le Pou, — Necker ;
Les Oies, — les Agioteurs ;
Le Cochon, — le duc d'Orléans ;
Les Dindons, — les Parisiens ;
Les Canards, — la Commune de Paris ;
Les Corbeaux, — les Gardes françaises ;
Le Tigre, — M. de la Clau ;
Le Chameau, — M. de la Touche ;
Le Paon, — M. de Limon ;
Le Morpion, — Mirabeau ;
Le Singe, — le marquis de Sillery de Genlis ;
La petite chatte angora, — la comtesse de Buffon ;
Les Goujons, — Les Curés ;
Le Léopard, — La Fayette ;
La Perche, — l'archevêque de Paris ;
L'Ecrevisse, — l'abbé Fauchet ;
La Punaise, — d'Esprémenil ;
Le Daim, — Lally-Tollendal ;
Le Coucou, — Bergasse ;
La Baleine, — l'abbé Maury ;
Le Crapaud, — Sieyès ;
Les Buses, les Etourneaux, les Cormorans, les Loutres, — le Peuple et les brigands ;
Le Crocodile, — Talleyrand ;
Le Requin, — l'archevêque de Vienne ;
Le Caméléon, — l'archevêque de Bordeaux ;
Le Dauphin, — le cardinal de Larochefoucault ;
Le Lion, — Montmorency ;
La Fouine, — Montesquieu ;
Le Cheval, — le comte de Clermont ;
Les Rats, — MM. de Lameth ;
Le Cerf, — le prince de Condé ;
Le Taureau, — le comte d'Artois ;
Le Baudet, — le prince de Conti ;
L'Ecureuil, — le duc de Bourbon ;

Le Mouton, — Monsieur (le comte de Provence) ;

Le Serpent, — le duc de Polignac ;

L'Ours, — le prince de Lambesc ;

Le Sanglier, — le maréchal de Broglie ;

Le Ver de terre, — Bezenval ;

La Taupe, — Barentin ;

Le Crabe, — l'abbé de Vernon ;

La Cantharide, — M. Thierry ;

Le Merle, — Malouet ;

Le Rossignol, — Mounier ;

Le Perroquet, — Bailly ;

Le Lièvre, — de Launay ;

La Tortue, — Foulon ;

Le Chardonnet, — de Flesselles ;

Les Scorpions, — la milice à cheval ;

Le Rhinocéros, — M. de Montboissier ;

Le Piver, — Chapelier ;

Le Coq, Target ;

La Pupu, Barnave ;

Le Colibri, — Rhedon ;

La Caille, — Du Fraisse ;

La Grive, — Bouche ;

L'Ortolan, — Ribeyrolles ;

Le Hibou, — de Biauzat ;

La Chauve-souris, — Hébrard ;

On voit que l'auteur de ce libelle révolutionnaire n'était pas tendre pour tout ce qui, de près ou de loin, tenait pour le parti du roi.

ÉTRENNES (LES) DE LA SAINT-JEAN. — Troyes (et Paris), 1739, in-12. Souvent réimprimé, avec de notables augmentations, sous la rubrique de : « Troyes, vᵉ Oudot, » notamment en 1742, 1745, 1750, 1751, 1757, 1758, in-12, et dans le tome X des « Œuvres badines » de Caylus, in-8.

La « Gazette Bibliographique » de 1868-1869 (Paris, A. Lemerre, in-12), contient (pages 248-252), un curieux article intitulé « Une clef des Etrennes de la Saint-Jean. » Cet article, qu'il serait trop long de reproduire ici,

et qui rentre plutôt dans le cadre du « Dictionnaire des Anonymes, » nous apprend que *Moncrif* a laissé de la quatrième édition des « Etrennes de la Saint-Jean » un exemplaire portant un nom d'auteur à la marge de chacune des pièces badines qui composent ce petit volume. Ces indications sont d'autant plus précieuses qu'elles émanent d'un membre actif de l'Académie facétieuse du sein de laquelle sont sorties les « Etrennes » et autres productions poissardes. Bornons-nous ici à lever les principaux masques : ainsi *Cassandre* cache Moncrif lui-même ; — *Minerve* sert de déguisement au Grand prieur ; — *Gormas* est le masque de Duclos ; — *Le Satyre* nous dérobe M. Salley, ou Sallé, — et sous *Leyandre* grimace Crébillon fils.

EUDÉMIA. Jani Nicii Erythræi Eudemiæ Libri decem. Coloniæ Ubiorum. — (Amsterdam), apud Jodocum Kalcovium et socios, CIƆ-IƆ-C.XLV, pet. in-8 de XIX-253 pages, avec le portrait fort bien gravé sur cuivre, de l'auteur. — Autres éditions : Leyde ou Amsterdam, 1637 ; Cologne (Amsterdam), 1645 ; Cologne, 1740.

Jean-Victor Rossi, savant biographe et philologue, plus connu sous les noms de « *Janus Nicius Erythræus,* » qui ont la même signification en grec latinisé, est l'auteur de ce curieux roman satirique. Né à Rome, en 1577, il mourut, le 13 novembre 1647, après une longue vie abreuvée de dégoûts et de chagrins qui avaient singulièrement altéré son caractère. Sa vieillesse fut heureusement plus calme, grâce aux bienfaits du cardinal Chigi. Il a laissé un grand nombre d'ouvrages encore estimés aujourd'hui. Son *Eudemia,* fort élégamment écrite en latin, eut plusieurs éditions. C'est une satire ingénieuse et souvent mordante des vices de la cour de Rome à cette époque ; elle n'a point été, je crois, traduite en français ; mais elle mériterait de faire l'objet d'une bonne étude analytique. L'*Eudémie* serait, de nos jours, peu intelligible si l'on n'en avait une clef, non pas celle promise par Aprosio, mais une autre que l'on va extraire et traduire littéralement du livre de *Chrétien Gryphius* : « De scriptoribus Historiam seculi XVII illustrantibus. » (Lipsiae, 1710, pages 491 à 495).

« …Parmi les auteurs de fables milesiennes qui retracèrent l'histoire véritable sous des noms imaginaires, il n'en est guère de plus remarquable que Jean-Victor *Rossi*. Son *Eudémie* publiée, réimprimée à Amsterdam, en 1645, augmentée de deux livres, n'est autre chose qu'une satire des plus ingénieuses contre la Cour de Rome ; on la relirait encore aujourd'hui avec grand plaisir si l'on avait la clef qu'avait promise *Ange Aprosio de Vintimille*, moine augustin, qui, sous le nom de *Cornelius Aspasius Antivigilnii*, publia à Bologne, en 1637, une Bibliothèque italienne, format in-12 (la Biblioteca Aprosiana). Mais puisque nous n'avons point encore vu ce travail, contentons-nous de donner ici le résultat de nos observations personnelles. Nous nous servons pour les huit premiers livres, de la 1ʳᵉ édition précitée, en marge de laquelle nous avons noté tout ce qui nous a paru de nature à éclaircir le sens véritable de l'*Eudémie*.

« Tout d'abord, disons qu'*Eudémie* désigne la Cour romaine et que les *Dynastes* ne sont autres que les cardinaux, que l'auteur raille avec finesse en racontant sur leur compte des historiettes peu édifiantes ; ce qui lui attira la disgrâce des Romains, ainsi qu'il le laisse clairement entrevoir dans les lettres adressées à *Tyrrhène*, son bienfaiteur, le cardinal Chigi.

Enfin *celui qui est représenté comme mathématicien prodigieux*, c'est le Jésuite Scheiner, à qui l'on attribue l'invention du télescope.

Voilà tout ce que nous avons pu noter jusqu'à présent. D'autres feront peut-être plus et mieux.

FACTION DISPLAY'D. A Poem. — London, 1709, in-8 de 16 p. — MODERATION DISPLAY'D. A Poem. — London, 1709, in-8 de 16 p.

Ces deux petits poèmes politiques souvent attribués à Daniel Defoë, sont en réalité de *William Shippen*, né en 1672, mort en 1743, longtemps membre du Parlement, où sa loyauté et son intégrité lui assurèrent une certaine autorité. Il publia un bon nombre de pamphlets et petits poèmes sur les affaires du temps ; suivant l'usage anglais, la plupart des noms propres n'y sont indiqués que par des initialismes (*P—ton*, pour Pinkerton, — *C—g—ve*, pour Congreve, — *W—e*, pour R. Walpole, etc.) Il faudrait beaucoup de temps et de recherches pour faire la clef complète de ces courts opuscules.

FACTUM, ou MÉMOIRE qu'était destiné à être prononcé dans une affaire contentieuse, où il s'agissait de deux têtes, l'une en plâtre et l'autre en marbre. — Gand (Bogaërt), 1802, in-12 de 95 p.

Cette spirituelle facétie fut écrite à propos d'une discussion qui avait pris naissance au sujet d'un concours ouvert par l'Académie de Gand, pour le buste de Jean Van Eyck, sur le véritable portrait duquel on n'était pas d'accord. L'auteur n'est autre qu'*Egide Norbert Cornelissen*, d'Anvers. Voici la clef des initiales que l'on rencontre dans cette brochure, sur laquelle il faut bien se garder de juger le mérite littéraire de l'auteur :

Pages III : — *E*, — Engels, ou Jos. Inghels ; — *C*, — Calloigne, sculpteur à Bruges ; — 58 : — *C*, — Cornelissen ; — 61 : — *V*, Van Crombrugghe ; — *H*, — Hellebaut, professeur à l'Université de Gand ; — *V*, — Vervier, docteur, ou Van Toers, avocat ; — 62 : — *M*, — Massez ; — *A*, — Van Albroeck ; — *DH*, — d'Hoop, ancien pensionnaire du Conseil de Flandre ; — *C*, — Cannaert ; — *B*, — Pierre Botte ; — *V.C.*, — Van Crombrugghe, bourgmestre de Gand ; — *V. T.*, — Van Toers, conseiller municipal ; — *W*, — Wallez ; — 63 : — *C*, — l'avocat Cannaert ; — *V* et *K*, — Van Rotterdam et Kluyskens ; — *P*, — Pisson, architecte de la ville de Gand ; — 65 : — *BB*, — Beyts ; — *W*, — Wauters ; — 69 : — *F*, — Fox, ministre anglais ; — 70 : — *DG*, — de Gralve, conseiller ; — *C*, — Cornelissen ; — *C*, — Cannaert ; — *B*, — de Bradandere ; — *M*, — Metdepenningew ; — *D*, — d'Hoop ; — 71 : — *C*, — Cannaert ; — 72 : — *L. V. D. H.*, — Louis Vander Hecke ; — 75 : — *D*, — de Graeve ; — 79 : — *D B*, — de Bast ; — 84 : — *B*, — Bertini, professeur de piano ; — *O*, — Ots, professeur de chant.

Cette clef a été donnée telle quelle par M. J. Delecourt, dans ses Recherches sur les anonymes et pseudonymes belges.

FAIR (THE) CONCUBINE, or THE HISTORY OF THE FAIR VANELLA. S. l. — (London ?), 1732, in-8.

D'après une note de M. G. Brunet, un exemplaire de ce volume peu commun figurait au catalogue Beckford (4e partie, no 979). Ce n'est autre chose qu'un libelle satirique dirigé contre une maîtresse de Frédéric, prince de Galles, désignée sous le nom supposé de *Vanella*.

FAMEUX (LE) CHINOIS, par M. *Du Bail*. — A Paris, chez Nicolas de Sersy, MDCXLII, pet. in-8 de v f. et 545 p., plus un feuillet pour la clef.

Cet ouvrage du fécond Du Bail, dont il a été parlé plus haut (col. 175-176), est un roman historico-politique, dans lequel figurent, sous des noms supposés, maints personnages contemporains de Henri IV et de Louis XIII. Les faits réels et la fiction y sont si singulièrement amalgamés, qu'on ne sait s'il est fait allusion aux évènements de la Ligue ou aux conspirations formées du temps de Louis XIII. Je n'entreprendrai point d'analyser cet ouvrage mortellement ennuyeux, divisé en quatre livres, sans dictinction de chapitres. Qu'il suffise de dire que le feuillet final qui manque à la plupart des exemplaires contient une clef, du reste, assez incomplète ; la voici :

Dorilas, — le duc de Guise ;
Lisante, — l'amiral de Villars ;
Dorame, — la comtesse d'Auventiers ;
Podavie, — le duc de Nemours ;
Florinde, — la comtesse de Puy-de-Fou ;
Méandre, — le comte de Soissons ;
Périandre, — le baron de la Roche des Aubiers ;
Aristène, — le Roy (Henri IV ou Louis XIII ?) ;
Callirée, — la Reyne (Marie de Médicis ou Anne d'Autriche ?) ;
Clorimax, — le prince de Condé ;
Caliste, — le duc de Mayenne ;
Palamion, — le maréchal de la Force ;
Belanis, — le comte du Hallier ;
Arpasax, — le marquis de Vignoles ;
Belican, — le baron de Terme ;
Briseline, — le comte Zamet ;
Tirène, — le duc de Chevreuse ;
Filistin, — le duc de Rohan ;
Alcipe, — le duc de Savoie ;
Eusèbe, — le prince Thomas (?) ;
Orgone, — le duc de Lorraine ;

Il va sans dire que la *Chine*, c'est la France, et que *Paquin* (Pékin) repré-

sente Paris. Mais qui pourrait dire quels personnages sont désignés sous les noms de *Mélinte, Carmélie, Dorimène, Féonice, Florise, Certafilan, Astasie, Almidon, Trasile, Florimen, Parténice, Oraste*, etc., etc. ? Quant au grand et invincible *Alcidor*, le principal héros du livre, c'est peut-être le comte Josias de Rantzow, maréchal de camp des armées du Roy, à qui Du Bail a dédié, en termes pompeux, « Le Fameux Chinois. »

Tout cela offre bien peu d'intérêt aujourd'hui.

FAMILLE (LA) RIDICULE, comédie Messine, revue, corrigée et augmentée ; achevée d'imprimer pour la première fois en 1720. — Berlin, Jean Toller, s. d., in-8 de 76 pages.

Cette pièce satirique, en cinq actes et en vers, composée en dialecte messin, est généralement attribuée à *J. Le Duchat*, le fameux éditeur de Rabelais, né à Metz, en 1658, et réfugié à Berlin, dans les dernières années de sa vie. Quel que soit l'auteur de cette comédie, il est certain que sous le nom de *Felipe Mitonno*, on a voulu y tourner en ridicule un subdélégué de l'intendance de Metz et sa famille. C'est une clef à rechercher.

FEMALE (THE) JOCKEY-CLUB, or a Sketch of the history of the age. — London, 1794, in-8 de XXXVIII-196 p.

Cette production satirique, dont l'auteur n'est pas connu, renferme une série de portraits malicieux de dames appartenant à la haute société du temps. Elles sont désignées par des initiales qui ne devaient pas être fort énigmatiques pour les lecteurs contemporains et qu'on peut compléter parfois très facilement ; par exemple, *Her R—y—l H—n—ss D—c—ss of Y—k* désigne clairement son Altesse royale la duchesse d'York, *G—de D—ch—ss of B—f—d* ne peut signifier que Gertrude, duchesse de Bedford, etc.

FEMALE (THE) SPEAKER ; or

THE PRIESTS IN THE WRONG : a poem. Being an epistle from the celebrated Mrs. D—mm—d to Dr St—b—g and Mr. F—t—r, occasioned by their dispute on the subject of heresy. — London, 1735, 22 p. in-folio.

L'auteur de ce poème polémico-religieux ne serait autre que la sœur de Drummond, d'Edimbourg. Il s'y trouve maintes allusions à des personnages contemporains ; les initialismes du titre doivent être complétés ainsi : MM. *D—mm—d*, Mme Drummond ; Dr *St—b—g*, Stebbing ; M. *F—t—r*, Foster.

FEMMES (LES) D'AUJOUR-D'HUI. — ESQUISSES. — Par le comte *Guy de Charnacé*. Paris, Lévy frères, 1866, in-12, 5 fr. — NOUVEAUX PORTRAITS. LES FEMMES D'AUJOURD'HUI. — Seconde galerie, — Par le comte *Guy de Charnacé*. Paris, mêmes éditeurs, 1869, in-12, 5 fr.

Ces piquants volumes, devenus rares et dont le prix est plus que doublé maintenant, obtinrent un succès de curiosité lors de leur apparition ; ils contiennent de nombreux portraits de femmes célèbres dans les arts, les sciences, les lettres ou simplement dans le monde, mais dont les vrais noms sont, pour la plupart, déguisés sous des pseudonymes. Voici une clef partielle qui m'a été obligeamment signalée par M. Jules Richard :

Adine, — Mme Adelina Patti ;
Aurore, — Mme de Girardin ;
Marcella, — Duchesse Colonna ;
Les Marchesine, — Mmes du Mis de Poilly, sœurs ;
Imperia, — Mme Walewska ;
Erato, — Mme Grandval ;
Adelina, — Mme Moulton ;
Wilda, — Duchesse de Sesto, précédemment duchesse de Morny ;
Myrrha, — Mlle Canrobert ;
Fernande, — Comtesse Fernandino ;
La Reine-Verte, — Princesse de Metternich ;
Régine, — Mme Carrette, née Boudet ;
Eglée, — Mlle de Lagrenée ;
Sally, — Mme Musard ;
Mmn Barbe-Bleue, — Mme Sapinaud ;
Elba, — Comtesse de Molck, née Seebach.

FIANÇAILLES (LES) AUX COURSES. Opérette, jouée à Pesth en 1883.

Citons, au moins, à titre de curiosité, ce petit ouvrage qui démontrera que, si les productions à clef sont le plus souvent facétieuses ou piquantes, il en est aussi qui peuvent avoir de bien funestes conséquences. Voici l'entrefilet que publiait, au sujet de l'écrit ci-dessus, le journal « Le Figaro », du 23 octobre 1883 :

Mort du comte Batthyany

« Pesth, 22 octobre.

« Un duel au pistolet a eu lieu ce matin à Temesvar, entre le comte Etienne Batthyany et le docteur Jules Rosenberg. Le comte Batthyany a été tué raide d'une balle dans la tempe.

M. le comte Batthyany, jeune homme presque sans fortune, avait épousé, il y a quelques jours seulement, la fille d'un riche négociant anobli de Buda-Pesth, M. Henri Schossberger de Tornya, dont la fille aînée est mariée au baron de Bornemisza. Les deux jeunes filles, en se mariant, s'étaient converties au catholicisme. On dit que, quelques mois avant son mariage avec le comte Etienne Batthyany, Mlle Schossberger s'était fiancée à un de ses coreligionnaires, M. Jules Rosenberg, un jeune avocat israélite, et que c'est la volonté expresse des parents qui empêcha leur union. Il n'était douteux pour personne qu'une rencontre surviendrait, car toute cette histoire était connue à Buda-Pesth et on jouait même au *Chat bleu*, espèce de café-concert, une mauvaise opérette sous ce titre : *Les Fiançailles aux courses*, qui était bourrée d'allusions très transparentes. »

FILLE (LA) DE LA PÊCHEUSE, par Bionstierne Biornson ; traduit du norvégien par Ch. Derosne. — Paris, K. Nilsson, 1883, in-18. 3 fr. 50.

Petra, l'héroïne du livre, est une pauvre enfant de l'amour qui, après une jeunesse remplie de douloureuses épreuves, se consacre au théâtre et devient une actrice célèbre. Bien des gens ont voulu reconnaître, sous les traits de *Petra*, l'éminente cantatrice Mme Christine Nilsson ; mais cette attribution nous semble bien fantaisiste.

FOX (THE) UNCAS'D ; or Robin's Art of Money, catchig. Ballet-opera, as it is privately acted near Saint-James's. — S. l., 1733, in-8.

Cette facétie politique n'est autre chose qu'un de ces nombreux pamphlets dirigés contre Robert Walpole (*Robin*), alors au pouvoir.

FUMETS (LES). Vaudeville composé à l'occasion de la Saint-Jean, par *Louis Schoonen*, pour une réunion d'artistes. S. l. n. d. — (Belgique, 18....?), in-8 de 6 p.

Ce curieux écrit, mentionné par Ch. Delecourt dans son « Essai sur les pseudonymes belges », a été composé pour les personnages suivants, désignés seulement par des initiales, et qui font chacun le sujet d'un couplet :
Jean R..., — Robie, peintre de fleurs ;
Léopold S..., Sawcke, avocat ;
B..., — Bodé, ingénieur ;
François T..., — Tasson, peintre décorateur ;
Antoine D..., — Daems, négociant.
B..., — Billoin, peintre de portraits ;
S..., — Schubert, lithographe ;
Gustave S..., — Simonneau, lithographe ;
F..., — Fourmois, paysagiste ;
Victorine T..., — Mme Tasson ;
Flore D..., — Mme Daems ;

GÉNÉRAL (LE). Par Vast-Ricouard. — Paris, Paul Ollendorff, 1883, in-18. 3 fr. 50.

On s'est plu à faire entendre que ce roman contenait une histoire véritable sous des noms déguisés. Il est fort possible que les auteurs, comme cela se produit si fréquemment aujourd'hui, se soient inspirés des circonstances mystérieuses de la mort alors récente du général N..., pour écrire un récit émouvant ; mais il semble bien douteux que l'histoire singulière qu'ils racontent soit totalement fondée sur des faits réels ; aussi les clefs qu'on a pu faire pour ce livre doivent-elles n'être acceptées que sous toutes réserves.

GÉRARD DE STOLBERG. (Première partie de l'ouvrage en 6 vol. intitulé « Le faubourg Saint-Germain. ») Par le comte *Horace de Viel-Castel*. — Paris, Ladvocat, 1837, 2 vol. in-8.

Dans ses « *Mémoires* » posthumes, dont la publication (1882) a donné lieu à des revendications si légitimes de la part de sa famille, M. *de Viel-Castel* fait connaître que *Marie de Menou,* l'héroïne de « Gérard de Stolberg, » n'est autre que Mme la vicomtesse de Luppé.

HARRIS'S LIST OF COVENT-GARDEN LADIES, or a New Atlantis for the year…, or Man of Pleasures Kalendar for the year… — London, printed for H. Rouger, in-12. (Il existe, dit-on, d'autres sous-titres.)

De 1760 à 1793, dit la « Bibliographie Gay, » il parut régulièrement, chaque année, un volume de cet almanach lubrique qui finit par être supprimé. Les publications similaires publiées chez nous, telles que « Les demoiselles Chit-Chit du Palais-Royal et des différents quartiers de Paris, » — les divers « Tarifs des filles du Palais-Royal avec leurs noms et demeures, leur mérite, leur âge, leur beauté, leur taille, leur tournure, leur caractère, etc., etc. », donnent une idée assez exacte des *List* publiées par *James Harris* et continuées, après sa mort (1780), par quelque libraire éhonté. Ces petits livres, de 100 à 150 pages, dont on ne connaît pas, paraît-il, de collection complète, donnent tous les renseignements *utiles* aux débauchés, sur les filles à la mode ou « demi-mondaines » du temps et contiennent maints portraits, anecdotes et détails singuliers. Harris, toujours fort indiscret dans les détails très intimes qu'il donne sur ces « Cypriennes, » n'a pas fait imprimer leurs noms en entier ; il s'est borné à en supprimer les voyelles. M. G. Brunet, qui possède les années 1784 et 1788 de cette collection, a bien voulu me communiquer les noms suivants, complétés à la main par un lecteur du temps. Ce sont :

Miss P—lm—r, — Palmer ;
Miss W—d, — Wood ;
Miss L-nds—y, — Lindsay ;
Miss C—k, — Cook ;
Miss H—r—s—n, — Harison ;
Miss L—st—r, — Lister ;
Miss H—ll—dd, — Holland ;
Miss B—rn, — Burn ;
Miss L—v—r, — Lever ;
Miss R—ss, — Ross ;
Miss D—v—np—rt, — Davenport ;

En voilà assez pour faire connaître cette scandaleuse production où l'auteur, du reste, a bien pu entasser autant de calomnies que d'immoralité.

HÉRÉSIE (L') IMAGINAIRE DES AVOCATS, ou les Jérémies de ce temps. S. l., 1731, in-12 de 24 p.

Ce curieux opuscule, relatif aux affaires religieuses de l'époque, est accompagné d'une clef imprimée qui ne se trouve pas dans tous les exemplaires ; en voici un échantillon : *Le gros ventre,* c'est l'archevêque de Paris, — *l'Efféminé,* le cardinal de Rohan, — *l'Ignorant,* l'évêque de Laon, — *les Réprouvés,* les Jésuites, — *l'Hydre,* le corps des évêques, etc., etc.

HEVREVSES (LES) INFORTVNES DE CELIANTE ET MARILINDE, VEFVES PVCELLES. Par le sieur *des Fontaines.* — A Paris, chez Nicolas Trabovlliet. au Palais, en la Gallerie des Prisonniers à la Tulippe, MDCXXXVIII, avec privilège du roy, pet. in-8 de 8 ff. et 350 p. (Addition, voir col. 423.)

Ce roman que l'auteur, dans son épître dédicatoire à Mme de la Baveme, marquise de Grimault, affirme être une histoire très véritable, est divisé en cinq livres. On y trouve la clef imprimée suivante :

Cambises, — le roy de France ;
Protosilas, — Monsieur le prince ;
Evandre, — M. le comte de Soissons ;
Ericlée, — Mme de Chalais ;
Melidor, — M. de Preüil ;
Celiante, — Mme de Charny ;
Marilinde, — Mme de Marigny ;
Meriphile, — M. de Charny ;
Philange, — M. de Nouveau ;
Filanire, — Mme Sevin ;
Angelie, — la présidente de Desembray ;
Thelame, — M. du Macé ;
Berenice, — Mme Prestalois ;
Leonide, — la présidente Malle ;
Ericine, — Mlle Doignon ;
Belinte, — M. de Lingendes ;
Araspe, — M. de la Ciette ;
Poliante, — M. Boisset ;
Palinice, — Mme Boisset ;
Babylone, — Paris ;
Nicopolis, — Dijon ;

Cette clef ne contient que les noms les plus importants du récit ; il y en a bien d'autres non éclaircis, tels que : *Thersandre, Tanclade,* cavaliers ; *Ménalie,* sœur cadette de Marilinde ; — puis des noms de lieux, l'*Etolie,* les ports de *Sydon,* de *Taginiste,* le golfe de *Cyrrha,* la ville de *Sarrenie,* etc.; c'est toute une géographie.

Dans la bienveillante critique qu'il a pris la peine de consacrer à la première partie de cette étude (voir *Le Livre,* décembre 1885, page 642), M. Ch.-L. Livet émet l'opinion que la clef que je viens de reproduire *in extenso* semble faite pour dépister le lecteur plutôt que pour le guider. Il ajoute qu'on établit entre plusieurs personnages une parenté qui n'existe pas, et qu'on parle, en 1662, de Saint-Preuil, décapité en 1642, comme d'un personnage vivant. Sur ce dernier point, il ne semble pas que la clef soit forcément erronée, puisque le roman des « Heureuses infortunes » a paru *dès 1638.* Cette circonstance m'a déterminé à donner cette longue addition à l'article de la colonne 423 ;

elle permettra au lecteur assez curieux et assez patient pour lire entièrement le roman en question de juger si le sieur Des Fontaines ne nous a réellement prêté qu'une fausse clef.

HISTOIRE DE EURIALUS ET LUCRESSE. (Addition à l'article Æneæ Sylvii, poetæ senensis, etc. Voir ci-dessus, col. 14.)

« On a, dit M. Gustave Pawlowski (catalogue A. F. Didot, juin 1878, n° 648), l'habitude de classer ce roman parmi les romans de chevalerie, et bien à tort, car on devrait savoir que l'auteur y a retracé, sous des noms imaginaires, l'histoire touchante des amours de son ami Gaspard Schlick, chancelier de l'empereur Sigismond, et d'une noble dame de Sienne. »

HISTOIRE DE LA CONSPIRATION POUR L'ÉGALITÉ DITE DE BABEUF. Par Philippo Buonarotti. — Publiée en Belgique, en 1828, réimprimé à Paris, en 1849, in-8, et en 1850, in-32.

Philippe Buonarotti, descendant de l'immortel Michel-Ange, né à Pise, le 11 novembre 1761, mort à Paris en 1837, naturalisé français en 1792, par décret de la Convention, joua, on le sait, dans les affaires de la période révolutionnaire, un rôle important qui le fit proscrire sous le Consulat, l'Empire et la Restauration. C'est pendant son exil qu'il publia cet ouvrage sur le procès auquel donna lieu la conspiration du fameux Babeuf, dont il avait été l'ami politique. Dans la première édition de son livre, des motifs de prudence le déterminèrent à anagrammatiser les noms des conjurés qui partagèrent les vues et les dangers de Babeuf. Huit années après, ces raisons n'existant plus, il envoya la clef de ces anagrammes à Brouterre, qui fit paraître, à Londres, une traduction anglaise de l' « Histoire de la conspiration pour l'Egalité » (1836, in-12 de 482 pages). — Voici cette clef, telle qu'elle est reproduite dans un très intéressant article de « la Petite Revue » du 18 février 1865 :

Bedon, — Debon ;
Hannac, — Chanan ;
Sombod, — Bodsom ;
Glartou, — Goulard, imprimeur ;
La Tilme, — Maillet, homme de loi ;
Lauyen de Dorimel, — Jullien de la Drôme ;
Chintrard, — Trinchard, menuisier ;
Vélor, — Révol, imprimeur ;
Golscain, — Solignac, tanneur ;
Rivagre,—Gravier, marchand de vins.
Lihppi, — Phlip, marin.
Tirmiot, — Mittois, homme de lettres ;
Lussorillon,—Roussillon, chirurgien ;
Reuf, — Féru de Toulon ;
Eriddi, — Didier, serrurier ;
Filipe de Rexelet, — Félix Le Pelletier ;
De Naumbet, — Baudement ;
Adery, — Deray ;
Eris, — Reys, sellier ;
Crexel, — Clerex, tailleur ;
Le Hining, — Guilhem, courrier ;
Perrino, — Pierron ;
Alligonet, — Lignelot, ex-conventionnel ;
Enduchoi, — Choudieu, id.
Sasemy, — Massey, id.

Inutile d'ajouter que l'édition originale de cette importante pièce historique est devenue presque introuvable.

HISTOIRE DE NICOLAS, Roy du Paraguay. — A Saint-Paul (?), 1756, in-12.

Contrairement à l'opinion d'un savant libraire, ce livre n'est point une violente satire contre Louis XV. Une lecture attentive a révélé à un correspondant de l'*Intermédiaire* (novembre 1883) que ce n'est autre chose qu'un pamphlet mordant contre l'établissement, au Paraguay, de la Société de Jésus, personnifiée sous le nom du *Roy Nicolas.* Mais il y a bien d'autres allusions à dévoiler dans ce livre à clef ; qui sont, par exemple, *Roubioni, dona Maria della Cupidita, Victor Fontieri,* le *Père Mascarès,* dom *Louis de Marica, Mario,* la ville de *Saint-Paul* ou *Paratininga ?*

HISTOIRE DE PŒQUILON ET D'OLIMPIE.

Voir : La Nouvelle Lune...

HYSTÉRIQUE (L'), par Camille Lemonnier. — Paris, G. Charpentier et Cⁱᵉ, 1885, in-18, 3 fr. 50.

Dans ce roman, dont les péripéties ont pour théâtre un béguinage belge, l'auteur a retracé l'émouvante histoire d'une religieuse extatique, *Sœur Humilité,* pauvre fille hystérique odieusement exploitée par un terrible prêtre espagnol, l'abbé *Orlea.* On a voulu reconnaître dans les aventures de *Sœur Humilité,* l'histoire, fort arrangée, du reste, de la fameuse stigmatisée Louise Lateau, qui fit tant de bruit il y a quelques années.

ISIDORE BAUREL, ou LES MYSTÈRES DU THÉATRE IDALIEN. Conte Chinois.

Quand le malheur ne serait bon
Qu'à mettre un *homme* à la raison,
Toujours serait-ce à juste cause
Qu'on le dit bon à quelque chose.
                              LA FONTAINE.

Paris, 20, rue du Croissant (Léopold, imprimeur-libraire-éditeur), (19 avril) 1884, in-18 de 136 pages.

Ce méchant pamphlet, tiré, prétend-on, à 5,000 exemplaires, aurait été composé par une actrice qui voulait se venger des dédains de M. Maurel, le célèbre chanteur, alors directeur du Théâtre Italien installé dans la salle de l'ancien Théâtre-Lyrique, place du Châtelet, pour la saison d'hiver 1883-1884. C'est un libelle odieux, ignoble ; les personnages, à peine déguisés et facilement reconnaissables, sont accusés de chantage, vol, escroquerie, proxénétisme, etc., enfin toute la gamme du vice. Voici quelques indications sur les principaux noms travestis de personnes ou de choses : *Isidore* et *Nana Baurel*, M. et Mme Maurel ; — *Pékin*, Paris ; — *la Chine*, la France ; — *Le Pékinois*, le « Figaro », ou le « Gaulois » ; — *Idalie*, Italie ; — *Théâtre Idalien*, Théâtre Italien ; — *Marion Masse*, Mme Marie Sasse, de l'Opéra ; — *Maure*, M. Faure ; — *Don V'lan*, « Don Juan » ; — le rôle de *Belzébuth*, Méphistophélès dans « Faust » ; — « *Hemlat* », Hamlet » ; — *Belkorbeil*, M. Vaucorbeil ; — *rue Laure Tripon*, rue de Lauriston ; — *le faubourg Germinois*, le faubourg Saint-Germain ; — *Lamber-père*, M. Lambert, de l'Odéon ; — *Tanin Jonchières*, M. Victor Joncières ; — *Ballandard*, M. Ballande ; — *le Chalet*, le Théâtre du Châtelet ; — *Fida Devria, femme du dentiste Gelder*, Mme Fidès Devriès, femme de Adler ; — *Chimonbouchanegra*, « Simon Boccanegra, » opéra joué par M. Maurel ; — *Nerdi*, Verdi ; — *le bonze Bassinet, auteur du « Pharaon »*, M. Massenet, auteur « d'Hérodiade » ; — Mme *Miardot*, Mme Viardot ; — *Lady Backay, richissime océanienne*, Mme Mackay ; — *Albionie*, l'Angleterre ; — *Naïda*, l'opéra « d'Aïda » ; — *le prince régnant*, M. J. Grévy ; — *Pinson*, M. Wilson ; — *la compagnie de Fô*, les Jésuites ; — *Jeanne Charnier*, Mlle Granier ; — *le Dr Karlalbert*, le Dr Ricord ; — les eaux de la *Bredouille*, la Bourboule ; — *la belle mandarine*

Pothereau, Mme Gautreau ; — *Jeanne Brindos*, Mlle Brindeau, actrice ; — *la mandarine Flauveule*, Mme C........? — *Balanzier*, M. Halanzier, ancien directeur de l'Opéra ; — *Lina Balti*, Mlle Zina Dalti, actrice ; — *Théo Levide, auteur de Bakmé*, M. Léo Delibes, auteur de « Lackmé » ; — *Framboise de Rémini*, « Françoise de Rimini », opéra ; — *Frigoletto*, « Rigoletto », opéra ; — *Enricuit*, « Henri VIII », opéra ; — *Augustin Ritu*, M. Auguste Vitu ; — *Pithiviers*, M. Périvier, journaliste ; — *Marton*, l'opéra de « Martha » ; — *Hector Videder*, Hector Berlioz ; — *les quakers de Pellini*, « I Puritani, » opéra de Bellini ; — *Népada*, Mlle Névada, cantatrice ; — *Payarré*, M. Gayarré, chanteur ; — *le café Biche*, le café Riche ; — *Lasallas*, M. Lassalle, chanteur ; — *le Bateau-Spectre*, « le Vaisseau-Fantôme » de Richard Wagner ; etc., etc. — Il y a peut-être plus de cent autres noms aussi maladroitement travestis dans cette écœurante production, dont l'auteur anonyme ne s'est pas plus mis en frais d'esprit que d'imagination.

JACQUES VINGTRAS, par Jules Vallès. — Paris, 187., in-18.

D'après une note publiée par M. Ranc lui-même, en 1885, peu de temps après la mort de Jules Vallès, voici la clef de ce roman qui fit un certain bruit lors de sa publication :

Jacques Vingtras, c'est Jules Vallès ; *Matoussaint*, c'est Charles-Louis Chassin, l'auteur de *Petœfi* et des *Cahiers de la Révolution*, l'un des journalistes qui, pendant l'Empire, n'ont jamais désarmé ; *Boulimier*, c'est le poète Joseph Boulmier, mort aujourd'hui, qui a laissé une monographie curieuse d'Etienne Dolet et un beau volume de vers ; *Championnet*, c'est M. Edouard Lambert, professeur actuellement au collège de Romans ; *Legrand*, c'est Poupart-Davyl, l'auteur de la *Mai-*

tresse légitime ; Renoul, c'est Arthur Arnould ; *Rock,* c'est M. Ranc.

JARDINIER (LE), ou Cécile et Urbin, comédie-vaudeville en un acte, par Prosper Frédéric. — Pàris, Delavigne, 1826, in-8 de 31 p.

L'auteur, dans sa préface, déclare que le sujet de sa pièce est rigoureusement vrai ; les faits qu'il a mis en scène se sont produits, en 1820, chez M. D***; l'un de ses amis, dans un village des environs de Paris. Il s'agit du mariage de Mlle Cécile D***, avec Urbin. Bien entendu, l'auteur a déguisé ,les noms véritables sous des pseudonymes.

JEU (LE) DES VERTUS, Roman d'un auteur dramatique, par *le vicomte Henri de Bornier.* — Paris, E. Dentu, 1886, in-18 de 290 p., 3 fr.

Dans ce livre émouvant et plein de charme, l'auteur a manifestement esquissé certains de ses personnages d'après des personnalités réélles. Ainsi, il est permis de penser qu'il a bien mis quelque chose de lui-même dans la sympathique figure de son héros, *Robert de Salemberry.* Il ne serait sans doute pas très dificile de reconnaître le *général d'Acérac, Maria Orfano,* la comédienne célèbre, *Jacques Alençon,* le directeur d'un grand théâtre, *Pierre Robès,* le venimeux rédacteur du journal *la Vipère,* et toutes ces autres individualités du monde littéraire et théâtral, peints de main de maître par M. de Bornier. C'est une clef curieuse à faire pour plus tard.

LISE FLEURON, roman de M. *Georges Ohnet,* publié d'abord dans le *Figaro* (avril 1884), et paru depuis en un vol. in-18.

Voici ce qu'écrivait un chroniqueur au sujet de cet intéressant feuilleton, au moment même où il paraissait :—
« *M. Georges Ohnet* fait, en trois coups de plume, les portraits de quelques-uns de nos confrères. Les masques qu'il leur donne sont faciles à soulever :

Maxime Faucheron (maxime boucheron), vaudevilliste à figure monacale, abritant sous ses lunettes ses yeux malins.

(Notons, en passant, que depuis quelques mois la « figure monacale » de notre aimable confrère porte une paire de moustaches).

Pierre Devanves (pierre décourcelle), grand et beau garçon, à qui deux succès, remportés coup sur coup, dans deux genres très différents, ont fait ouvrir les portes de tous les théâtres.

Frédéric Verney (francisque sarcey), gros homme très myope, d'une franchise implacable frappant sur ses amis aussi fort que sur ses ennemis, prompt au blâme et à l'éloge, adorant le théâtre, et à cheval sur la scène à faire.

Adolphe Angu (auguste vitu), très chauve, le regard fin, la moustache cirée, écrivain plein d'érudition, archéologue distingué, financier remarquable, traitant avec autant de talent une question dramatique qu'une question économique, mine inépuisable d'anecdotes et de souvenirs qu'il conte avec un esprit charmant.

Henry Fauquet (henri fouquier) chroniqueur politique et critique dramatique à la fois, Athénien de Marseille, très élégant et très disert.

La Fourneraye (henri de lapommeraye), le fameux conférencier qui, avec ses longs cheveux et ses moustaches pendantes, semble un Vercingétorix en costume moderne.

Gendron (léon chapron), républicain de l'école sceptique, chroniqueur d'une grande originalité, ancien avocat ayant jeté la robe aux orties, enragé contre la magistrature, qu'il connaît bien, et traînant le boulet de la critique, en se lamentant sur la longueur des spectacles, la stupidité des pièces et la vieillesse des actrices.

Jean Dax (LOUIS GANDERAX), le jeune critique de la Revue, élégant et mondain qui se contente d'écrire des articles taillés à facettes, jusqu'au jour où il fera un livre ou une pièce qui le placera au premier rang.

François Dobbée (COPPÉE), le poète au regard doux, au front pensif.

Armand Sylvain (SYLVESTRE), beau garçon barbu, à la mine réjouie.

Et enfin *Bienpassant* (GUY DE MAUPASSANT), un des plus brillants romanciers de la jeune école.

On voit que M. Georges Ohnet n'a pas mis la moindre méchanceté dans l'esquisse légère de ces quelques portraits.

LIVRE (LE) FAIT PAR FORCE, OU LE MYSTIFICATEUR MYSTIFIÉ ET CORRIGÉ, par un Persiffleur persifflé.

— A Mystificatopolis (Lausanne), chez Momus, à la Marotte, MMMMM.DCC.LXXXIV (1784), in-8 de XVI-286 pages, avec un curieux frontispice.

Ce bizarre ouvrage, dont je n'ai pu découvrir l'auteur, est une satire de la déplorable fécondité des nombreux petits écrivains du XVIIIᵉ siècle, composant une foule de livres inutiles, plats, sans valeur, sans autre objectif que le lucre ou la vanité. Il rentre dans la catégorie des productions allusives, au moins pour les chapitres 21, 22, et 23, où divers écrivassiers du temps ont pu se reconnaître à certains traits malicieux. C'est une clef à rechercher.

LOUIS BRONZE ET LE SAINT-SIMONIEN (erratum).

A la dernière ligne de la colonne 551, au lieu de Vincent-de-Paul (qui vivait sous Louis XIII), lire *François de Paule*, qui fut en effet contemporain de Louis XI. — Le lecteur a sans doute déjà corrigé ce *lapsus calami*.

MACARISE, or LA REINE DES ISLES FORTVNÉES, histoire allégorique contenant la philosophie morale des stoïques sous le voile de plusieurs aventures agréables en forme de roman, dédiée au Roy, par Messire *François Hedelin, abbé d'Aubignac.*

— A Paris, chez Jacques Dv-Brveil et Pierre Collet, M.DC.LXIV, 2 vol. in-8 de 812 et 584 pages, non compris les titres, préfaces, tables, clefs, etc., le tout divisé en sept parties et orné de nombreuses gravures de F. Chauveau. Assez rare en bon état. (Addition. Voir col. 564.)

Voici au complet la clef de cette très étrange production ; elle servit sans doute de modèle, un siècle plus tard, à l'auteur de la « Sarcothée » voir col. 876). Je la reproduis ici, d'abord, parce que rien n'est plus propre à donner l'idée exacte du mauvais goût, du pédantisme, de la puérilité amphigourique de certains *beaux esprits* du grand siècle, puis, parce qu'elle peut servir aussi à des productions analogues de la même époque :

PREMIER VOLUME

Adaine, L'IGNORANCE, du mot Grec qui signifie *sans discipline*, ou *sans instruction*.

Adelian, L'INCERTITVDE DE L'ESPRIT, du mot Grec qui signifie *obscur, douteux ou incertain*.

Agatide, L'APPARENCE DES FAVX BIENS, de deux mots Grecs qui signifient *bon et apparent*.

Agrypine, LA VIEILLE, du mot Grec de mesme signification en transportant l'I.

Alcandre, VN SEIGNEVR, DE LA COVR.

Anaxie, LA REYNE MÈRE DV ROY, du mot Grec de même signification.

Antimachvs, LA DISPVTE, du mot Grec qui signifie *combattant* ou *disputant*.

Arcomène, L'HOMME CONTENT, OU VRAY PHILOSOPHE, du mot Grec qui signifie *content*.

Arianax, LE HÉROS AMANT DE LA SAGESSE, de deux mots Grecs qui signifient *Roy foible*, comme il est expliqué dans l'Abrégé de la Philosophie, p. 36.

Arisman, LE CARDINAL MASARIN, par anagramme sans aucun changement.

Aristocles, LE VRAY HONNEVR, OU LA BONNE GLOIRE, de deux mots Grecs de mesme signification.

Armacie, LA DOCTRINE, OU LA SECTE DES STOÏQUES, du vieil mot Grec qui signifie *Galerie*, comme *Stoa*, qui leur donna le nom de Stoïques.

Ascolies, LES VAINES OCCVPATIONS, du mot Grec qui signifie *occupation*.

Asirée, L'HÉRÉSIE, par anagramme auec quelque changement.

Astande, LE BON GÉNIE DE CLÉARTE, d'ı mot Latin qui signifie estre *présent*, et tousjours prest à seruir, comme les Anges ont dit eux-mêmes qu'ils sont deuant Dieu.

Bascanin, L'ENVIE, du mot Grec de même signification.

Bvronte, TVBERON, par anagramme sans aucun changement. Ce fut vn Romain que les Stoïques donnent pour exemple de frugalité.

Calistrate, CHEF DE L'ECOLLE, de deux mots Grecs qui signifient *bon combattant*.

Canorthe, LA DROITE RAISON, de deux mots Grecs qui signifient *Reigle droite*.

Cholek, L'VNIVERSITÉ, du mot Hebreu de même signification.

Cinais, LA PASSION, de l'assemblage des premieres lettres de deux mots Grecs qui signifient *mouuement, et sens*; la passion n'estant que le mouuement et le trouble des sens.

Clearte, ZENON, Autheur de la doctrine des Stoïques ; de deux mots Grecs qui signifient *Gloire et Vertu*, en retranchant vn *E*, comme ayant esté l'honneur de la vertu qu'il a mise en vn si haut poinct.

Clodomire, LE ROY TRES-CHRESTIEN, d'vn nom vsité en la premiere race de nos Roys.

Darmestan, AMSTERDAN, par anagrame sans aucun changement.

Demalie, L'ERREVR PVBLIC, de deux mots Grecs qui signifient *peuple et erreur*.

Dinaʒel, LE BON GÉNIE D'ARIANAX, de deux mots Grecs qui signifient *Conseil négligé*, parce qu'il n'y a rien que les insensez qui negligent dauantage que les Conseils de leur bon Genie.

Dioclé, LA RELIGION CHRESTIENNE, de deux mots Grecs qui signifient *Gloire de Dieu*, parce que la Religion est pour rendre honneur à Dieu.

Diomede, LE BON CONSEIL, de deux mots Grecs qui signifient *Dieu, et Conseil*, parce que les bons conseils viennent de Dieu selon les Stoïques.

Doxane, mere de Cinaïs, L'OPINION, du mot Grec qui signifie *opinion*, que les Stoïques nomment source de toutes les passions.

Epitides, LE STVDIEVX, du mot Grec de mesme signification.

Esmon, EXACTITVDE, OU EXACTE CONSIDERATION, du mot Grec qui signifie *Soigneux*.

Evcelie, LE REPOS DES PEVPLES, du mot Grec qui signifie *repos*.

Evmathes, L'AMATEVR DE LA SCIENCE, du mot Grec qui signifie *bien instruit*, ou capable de toute bonne doctrine.

Gramates, GRAMMERIENS, du mot Grec de même signification.

Helimene, LA VERITÉ, de deux mots Grecs qui signifient *le Soleil de l'es-*

prit, parce que sans elle il demeure dans les tenebres de l'ignorance.

Hermesile, LA SCIENCE, de deux mots Grecs qui signifient *interprete, et obscur*, parce que la Science explique les choses obscures.

Hesperie, ITALIE, d'vn ancien nom de cette Prouince.

Leandre, LE PAPE, par vn retranchement de deux lettres A et X du nom d'Alexandre.

Livie, vne DAME DE LA COVR.

Lvgie, OBSCVRITÉ, du mot Grec qui signifie *mauuaise veuë*, parce que les ignorants ne voyent jamais les choses clairement.

Lvsiel, LELIVS, par anagrame sans aucun changement. Ce fut vn Philosophe Stoïque d'humeur douce, et fort retenu.

Macarise, LA SAGESSE, du mot- Grec qui signifie *donner la félicité*.

Malhiane, LA HAINE DV VICE, par anagrame de ces deux mots françois *mal et haine*.

Méabbides, LA PRODIGALITÉ OU LE PRODIGVE, du mot Hebreu, qui signifie *dissipateur* ou *qui perd tout*.

Melame, VN PEDANT, du mot Hebreu qui signifie *docteur*.

Meledon, LE MAVVAIS SOIN, ou SOVCY, du mot Grec qui signifie *soin*, ou *chagrin*.

Mendacin, LE MENSONGE, du mot Latin qui signifie *menteur*.

Mimelithe, L'IMITATION DES FOVS, de deux mots Grecs qui signifient *imitation et fol*.

Mores, LES FOVS, ou VICIEVX, du mot Grec de même signification. Voyez l'Abbr. de la Philosophie, page 32.

Nearine, LA NOUVEAVTÉ, du mot Grec qui signifie *nouueau*.

Olonte, LE MONDE, OU LA NATVRE, de deux mots Grecs qui signifient *l'estre vniuersel*.

Olympe, LA PVISSANCE CELESTE, OU DIVINE, du mot Grec qui signifie *le Ciel*.

Ophthanes, LA PREEVENTION, du mot Grec auec son article qui signifie *homme preuenu*.

Orgelivs, LA PRESOMPTION, par anagrame du mot françois *orgueil*, auec l'addition d'vne S.

Paleodice, ANCIEN DROICT, de deux mots Grecs qui signifient *ancienne justice*.

Pamphile, LE DIVIN AVTHEVR DE LA RELIGION CHRESTIENNE, du mot Grec qui signifie *aimant toutes choses*.

Pyracmon, LE FEV DE LA IEVNESSE, de deux mots Grecs qui signifient *feu et adolescent*.

Pythorade, LE CREDVLE, de deux mots Grecs qui signifient *croyance facile*, auec quelque retranchement d'vne S.

Sannatele, FIN DE FOLIE, de deux mots Grecs qui signifient *folie, et fin*.

Scénapion, SCIPION L'AFRICAIN, du mot Grec qui signifie la mesme chose que Scipion.

Sicambriens, LES HOLANDOIS, parce que les Sicambriens ont autrefois possédé toutes les terres du Rhein iusqu'à son emboucheure.

Siphalme, L'ERREVR, du mot Grec de même signification en aioûtant vn I.

Synethas, LA COVSTVME, du mot Grec de même signification.

Thanate, LA MORT, du mot grec de même signification.

Themire, L'INCONSTANCE, du mot Hebreu qui signifie *Inconstant*.

Thinopolis, DVNKERQVE, de deux mots Grecs qui signifient *ville de Dunes*, ou de petites montagnes comme celuy de Dunkerque.

Tinacriens, LES ANGLOIS, du nom que l'on donnoit aux Siciliens, parce qu'ils habitoient vne Isle de figure triangulaire comme est l'Angleterre.

Typhon, LE FASTE, du mot Grec de même signification.

Uticares, CATON D'VTIQVE, ainsi nommé du nom de la ville où il mourut de sa propre main.

DEUXIÈME VOLUME

Agathe, ou *eav d'agathe*, LE VRAYBIEN ; qu'Epictete nomme LA SVB-

STANCE DV BIEN, du mot Grec de même signification.

Alcarinte, LA CRAINTE ; du mot François par Anagrame sans aucun changement.

Alogie, LA VIE DE CEVX QVI NE SE CONDVISENT PAS PAR LA RAISON ; du mot Grec qui signifie *sans raison*.

Andros, LES HOMMES ; du mot Grec qui signifie *Homme*.

Anthisthenes, L'AVTEVR ET LE CHEF DE LA PHILOSOPHIE CYNIQVE.

Archenome, LE PRINCIPE NATVREL DE IVSTICE, de deux mots Grecs qui signifient *Principe de Loy ou de Iustice.*

Archonde, LES PRINCIPES NATVRELS DES QVATRE VERTVS CARDINALES, du mot Grec qui signifie *Principe*.

Aretvses, LES QVATRE VERTVS CARDINALES ADIOVSTÉES AVX PRINCIPES NATVRELS DE BIEN FAIRE, de deux mots Grecs qui signifient *Vertu essentielle*.

Armide, LA VERTV ACQVISE DE FORCE, du mot Latin ou François qui signifie *Armes*.

Artephyse, LA BONNE NATVRE EN GENERAL ; de deux mots Grecs qui signifient *intégrité de nature*.

Ascandide, CRATES FILS D'ASCANDE, excellent Philosophe cynique, Maistre de Zenon.

Ascholies, LES VAINES OCCVPATIONS, du mot Grec qui signifie *occupation*.

Cenomanes, MOECENAS, par Anagrame. Ce fut vn Romain viuant dans les delices, dont ie change ainsi le nom, pour sauver l'anachronisme ou le renuersement des temps, ayant vescu long-temps apres la naissance des Stoiques.

Chronion, LE TEMPS, du mot Grec qui signifie la même chose auec quelque petit changement.

Chrysalie, LA RICHESSE ; de deux mots Grecs qui signifient *or et erreur*.

Cittie, vn petit Bourg en l'Isle de Cypre, où n'âquit Zenon surnommé Cittien, Prince *des Stoiques*, et que ie suppose estre Roy d'vn grand Païs.

Cynobie, LA PHILOSOPHIE CYNIQVE ; de deux mots qui signifient *vie de Chien*, ou *de Cynique*, ainsi nommez à cause de leur impudence.

Dicaste, LE IVGEMENT NATVREL ; du mot Grec qui signifie *Iuger*.

Dicée, LA VERTV ACQVISE DE IVSTICE, du mot Grec qui signifie la même chose.

Edone, LA PHILOSOPHIE DES EPICVRIENS ; du mot Grec qui signifie *Volupté*, qu'ils mettoient pour le souuerain bien.

Eldorise, LA BONNE VOLONTÉ auant la corruption de l'homme ; de deux mots Grecs qui signifient *Désir et iuste*.

Epagone, LA VOLVPTÉ EN GENERAL, du mot Grec qui signifie *Atraiant*.

Ephestine, L'OCCVPATION DES AFFAIRES DOMESTIQVES ; du mot Grec qui signifie, *Domestique*.

Erotime, L'AMBITION, de deux mots Grecs qui signifient *Amour et honneur*.

Evdecrates, LA FOIBLESSE ET IMPVISSANCE, OU HOMME SANS POVVOIR. De deux mots Grecs qui signifient *Rien et pouuoir*, auec quelque changement.

Evpolite, L'OCCVPATION DES AFFAIRES PVBLIQVES, de deux mots Grecs qui signifient *Bonne politique*.

Gennorate, LE PRINCIPE NATVREL DE PRVDENCE, de deux mots Grecs qui signifient *Veüe*, ou *connoissance naturelle*, auec quelque changement.

Geronte, VN VIEILLARD, OU LA VIEILLESSE, du mot grec qui signifie la mesme chose.

Isles fortvnées, LA FELICITÉ.

Istorie, L'HISTOIRE, du nom Grec par le retranchement de l'aspiration.

Laomanie, LA FOLIE PVBLIQVE, de deux mots Grecs qui signifient *Peuple et Folie*.

Megarine, LA PHILOSOPHIE DES MEGARIENS.

Megistée, LA PROVIDENCE ETERNELLE, de deux mots Grecs qui signifient *grande Deesse*, auec quelque retranchement de lettres.

Melite, LA MEDITATION, du mot Grec

qui signifie la mesme chose, en transportant de lieu l'I, et le second E.

Mercvre, LA BONNE INSTRVCTION, parce qu'on le fait le Dieu des Sçauants.

Noarée, LA FOIBLESSE D'ESPRIT, de deux mots Grecs qui signifient *Esprit et foible*.

Nogas, LVMIERE, OU HAVTE CONNOISSANCE, du mot Hebreu qui signifie *lumiere*.

Ophir, LE PAÏS DE LA RICHESSE, du mot Hebreu que l'on croit signifier *le Perou*.

Oracle des modèles, LES MAVVAIS EXEMPLES.

Oranvs, LA VEVE DE L'ESPRIT, de deux mots Grecs qui signifient *Voir et Esprit*.

Orgies, DEBAVCHE PVBLIQVE, du nom des Festes de Bachus, le Dieu de la débauche.

Orménie, LES MOVVEMENS DE L'AME, de deux mots Grecs qui signifient *Agitation*, ou *Mouuement et Esprit*, auec quelque retranchement.

Oronte, LA VERTV ACQVISE DE PRVDENCE, du mot Grec qui signifie *Voir* ou *connoistre*.

Oxartes, SOCRATES, par Anagramme, en conjoignant le C, et l'S, en X, qui est une lettre double.

Pandore, L'VNIVERS, de deux mots Grecs qui signifient *Don de toutes choses*.

Pantaxe, LE DESTIN, de deux mots Grecs qui signifient *Tout et Ordre*.

Peniphobe, LA CRAINTE DE LA PAVVRETÉ, de deux mots Grecs qui signifient la mesme chose.

Philenias, LE PRINCIPE NATVREL DE TEMPERANCE, de deux mots Grecs qui signifient *aimer et frein*, ou *modération* auec quelque changement.

Polimarque, LE PRINCIPE NATVREL DE FORCE, de deux mots Grecs qui signifient *Combat et Prince* ou *Principe*.

Sarcolante, LA VEVE CORPORELLE, du mot Grec qui signifie *chair* ou *corps*, auec quelque addition.

Sophie, LA SAGESSE EN GENERAL, du mot Grec qui signifie *Sagesse*.

Sophronie, LA VERTV ACQVISE DE TEMPERANCE, du mot Grec qui signifie la mesme chose.

Synese, L'ENTENDEMENT, du mot Grec qui signifie la mesme chose.

Synomile, LA CONVERSATION, du mot Grec qui signifie la mesme chose.

Tarchane, LA DOVLEVR DE L'ESPRIT, d'vn mot Grec qui signifie la mesme chose.

Theane, LA NATVRE HVMAINE, OU L'AME DE L'HOMME, du mot Crec qui signifie *Diuine*.

Vrbanie, LA CIVILITÉ, OU COVRTOISIE, du mot Latin qui signifie la mesme chose, auec quelque retranchement de lettres.

Zenorie, LES OCCVPATIONS DES AFFAIRES D'AVTRVY, de deux mots Grecs qui signifient *Estranger et considérer* en changeant vn X en Z, pour la douceur de la prononciation.

MADONE (LA), ROMAN PARISIEN, par Jacques Normand. — Paris, Paul Ollendorff, 1886, in-18 de 318 pages, 3 fr. 50.

Dans ce roman intéressant et bien conduit, l'auteur, à l'occasion d'une fête chez un peintre à la mode, passe en revue, sous des noms déguisés, les célébrités du Tout-Paris artiste et littéraire. Les pseudonymes sont transparents ; ainsi, *Meynessier*, c'est Meissonnier, — *Karl Laurent*, Carolus Duran, — *Moyrat*, Bonnat, — *Marmier*, Ch. Garnier, — *Valleuse*, Carrier-Belleuze, — *Ménaget*, Massenet, — *Desribes*, Léo Delibes, — *Jean Legrand*, G. Petit, — *Vulpis*, Albert Wolf, — « *Le Beaumarchais,* » « Le Figaro, » etc., etc. — Ces personnages épisodiques n'étant point mêlés au drame, il serait superflu de multiplier ces citations.

MARÉCHALE (LA), MŒURS PARISIENNES, par *Alain Bouquenne*,

avec lettre-préface, par *Alphonse Daudet*. — Paris, Paul Ollendorff, 1883, in-12, 3 fr. 50.

Dans ce roman, fondé en grande partie sur des faits véritables, l'auteur, sous des masques plus que transparents, a mis en scène les personnages d'un récent procès à scandale (1882), dont parlèrent tous les journaux. *La Maréchale*, n'est autre que la vieille princesse de la Moskowa, dont on retrace les démêlés avec sa famille. Ceci dit, il sera facile, plus tard, de dresser la clef de ce livre et de retrouver les noms véritables de *Clémentine Hussenot*, du général *Jarry*, duc de *Varèse*, de la baronne *Simier*, de *Varon Bey*, et de maints autres personnages qui traversent ce roman, dont les pénibles incidents sont moins tristes encore que les réalités auxquelles l'auteur a fait allusion.

MARIAGE (LE) DE ROSETTE,

par *E. Texier* et *C. Le Senne*, — Paris, Calmann Lévy, 1881, in-12 de 418 p.

Cet intéressant roman, qui s'appuie par endroits sur des données réelles, a trait d'une façon générale à l'une des plus sympathiques sociétaires de la Comédie-Française, Mlle Samary, mariée quelque temps avant l'apparition de ce livre. Les noms déguisés abondent dans cet ouvrage où l'on voit figurer nombre d'écrivains contemporains et presque tout le personnel du Théâtre-Français. — Les masques sont faciles à soulever, comme on peut le voir dans la clef suivante qui, bien qu'assez longue, n'est point encore complète.

Rosette Kowstrom, l'actrice rieuse, c'est Mlle Samary ; — *MM. Kowstrom*, père et fils, sont le père et le frère de *Rosette ;* — « *La fille du Connétable,* » pièce en vogue où Rosette eut tant de succès, c'est « La Fille de Roland. » — Voici maintenant les hôtes de la maison de Molière : *Bertin*, le Directeur, M. Perrin ; — l'austère bonhomme *Poirier*, M. Got ; — l'ingénue *Capella*, Mme Baretta ; — la jeune première *Emmeline*, Mlle Reichemberg ; — *Augusta Dinan*, la *Célimène* d'antan, Mme Augustine Brohan ; — la solennelle *Magdalena*, Mme Madeleine Brohan ; — *Bertha Reinhardt*, Mme Sarah Bernhardt ; — Les *Piperlin*, aîné et cadet, MM. Coquelin, frères ; — *Fortunio*, M. Delaunay ; — la majestueuse *Loog*, Mme Lloyd ; — la sévère *Duval*, Mme Jouassin ; — *Vigneron*, M. Thiron ; — *Beaumanoir*, M. Maubant ; — *Amanda Lys*, Mlle Jeanne May ; — *César Duval* ne peut être que M. Alexandre Dumas ; — *Paul de Graissessac*, M. de Cassagnac ; — *Adrien Burq*, M. Adrien Marx ; — *Tardiviau*, M. Taschereau ; — *Abraham David*, peut-être M. Sarcey ; enfin « *Paris-Boulevard,* » c'est le « Figaro, » et « *Le Mouvement Parisien,* » c'est le journal l' « Evénement ; » — etc., etc.

MILITAIRE (LE) EN SOLITUDE,

ou le Philosophe chrétien. Entretiens militaires édifiants et instructifs. Ouvrage nouveau par M. *D****, chevalier de l'ordre militaire de Saint-Louis. — S. l., 1735, 2 vol. in-12.

Contrairement à l'avis de Formey et de Barbier qui attribuent ce livre à M. *de Creden*, officier irlandais, M. *H. Menu*, dans un de ses récents catalogues dit formellement que « le Militaire en solitude » est l'œuvre de *Jacques-Ignace de La Touche-Loisy*, né à Châlons-sur-Marne. « L'auteur, ajoute M. Menu, selon la mode du temps, procède par dialogues et discours, amplement développés, sur des sujets historiques et variés. *Les noms des interlocuteurs sont déguisés*, mais il serait relativement facile à un bibliophile châlonnais de restituer les noms propres des amis de M. de La Touche. » C'est donc encore une clef à retrouver.

MIRAME. Tragi-comédie.
Voir : Ouverture du Théâtre...

MODERATION DISPLAY'D.
Voir : Faction Display'd.

MONSIEUR GENDRE, par Gaston d'Hailly. — Paris, 1885, in-18, 3 fr. 50.

L'auteur de ce roman dit avoir eu pour but de retracer l'histoire de la décomposition morale de notre; époque ; cette visée est assez prétentieuse si l'on en juge par tous les cancans intercalés dans son livre. La clef est facile à faire ; il n'est pas malaisé de découvrir M. J. Grévy sous le nom de l'avocat *Gervy*, non plus que de trouver le nom du président de la Chambre des députés qui reçoit une dépêche d'une dame... aimable au milieu de la fameuse interpellation sur la police de Paris. Il est d'autres noms moins commodes à traduire et surtout à révéler, ceux, par exemple, d'*Hermann Simon* et de *Starke*, gens de finance et d'industrie qui ne jouent pas précisément un beau rôle dans le roman. — C'est une clef à réserver pour beaucoup plus tard.

MONSIEUR LE DÉPUTÉ DE CHAVONE, par Félix Narjoux. — Paris, E. Plon et Nourrit, 1885, in-18 de 277 p., 3 fr.

M. F. Narjoux qui, dans un précédent ouvrage, *Monsieur le Préfet des Hauts-Monts*, avait dévoilé les détails familiers de la vie officielle en province, s'est proposé, dans ce livre, d'initier le public aux petits côtés et à certains dessous de la vie parlementaire. *Marcel Talvas*, le député de Chavone (département des Bas-Plateaux), est un médiocre et vaniteux avocat de petite ville, arrivé à la députation par toutes sortes de compromis et de mesquineries. A Paris, ses instincts de jouisseur s'éveillent et, comme il n'a pas les moyens de les satisfaire, il se jette dans des tripotages financiers fructueux d'abord, mais qui l'amènent bientôt sur les bancs de la police correctionnelle. L'auteur a manifestement voulu mettre en scène *un député*, poursuivi naguère pour des méfaits de ce genre, et dont la condamnation fit scandale.

MONSIEUR MYSTÈRE, par *Marc de Montifaud* (Mme *Marie Quivogne*). — Paris, Félix Demelmans, imprimeur-éditeur, février 1885, in-12 de 257 p., avec couverture en couleur représentant un homme en habit noir, masqué, flirtant avec une femme à peu près nue, couchée sur une branche d'arbre, 3 fr. 50.

Pamphlet immonde et inepte dirigé principalement contre M. Louis Andrieux, ancien préfet de police, ancien ambassadeur en Espagne, membre de la Chambre des députés. L'auteur, à qui ce genre de production ne déplaît pas, a reproduit dans son livre tous les *potins*, méchamment altérés ou amplifiés pour la plupart, colportés sur le compte de M. Andrieux, lors de son passage aux affaires. La clef est des plus faciles ; en voici un échantillon :

M. Mystère, — M. Andrieux ;
Louis Andelmar, — id.

Le prince d'Eryn, — le prince de Galles ;

Mme Leriche, — la femme Leroy, en-tremetteuse ;

Bish ou *Bish-obscène,* — M. Bichoff-sheim ;

De Tellière, — le baron Sellières ;

Francis Teignard, — M. Francis Ma-gnard ;

Prince de Kreuss, — le prince de Reuss ;

Duchesse douairière, de Saragosse, — la reine Isabelle ;

La belle Mme Rougé, — Sans doute Mme Gautreau ;

Le baron, — M. de Rothschild ou M. Erlanger ;

De Salmon, secrétaire, — sans doute M. Olivier du Taiguy, secrétaire de M. Andrieux ;

Jules Piercy, — M. Jules Ferry ;

Saragosse, — Madrid ;

« *Le Barbier,* » — « *Le Figaro* » ;

Philippe XII, — Alphonse XII ;

Comte de Sion, — M. de Dion ;

Carlamasse, — M. Camescasse ;

Léonce Arnault, — M. Léon Renault ;

Mme Ardant, — Mme Edmond Adam, si connue dans les Lettres sous le nom de « Juliette Lamber » ;

Cramponia, — id.

Louise Esden, — la d° Eyben, dont l'arrestation causa maints ennuis au préfet de police.

En voici bien assez et peu importe de savoir qui l'auteur a voulu dési-gner sous les noms de *Mme d'Outreval, comtesse de Prekowska, marquise de Preciosa, comtesse Lupanof,* etc., etc. Si j'ai bonne mémoire, M. Andrieux avait fait connaître son intention de poursuivre l'auteur de ce scandaleux écrit, mais j'ignore s'il a donné suite à ce projet.

MOYEN (LE) DE PARVENIR A FABRIQUER DES LIVRES avec les idées et le style d'autrui, entrelar-dées de billevesées personnelles.

Découvert et pratiqué par *un pro-fesseur extraordinaire* à l'Université de Pékin, expert en contrefaçon et plagiat, révélé et mis en lumière par *Henri Lejugeneutre,* étudiant en mosaïque. — A Pékin et à Bru-xelles, chez tous les libraires, 1858, in-8 de 30 p.

Ce violent pamphlet, dont l'auteur se nomme véritablement *Hubert,* réfugié politique français, est dirigé contre M. Bastiné, avocat à la cour de cassa-tion et professeur de droit notarial à l'université de Bruxelles, à propos de son livre «.Théorie du droit fiscal dans ses rapports avec le notariat, etc. » (Bruxelles, Labrone, 1856. — in-8).

MYSTERES (LES) DE MAR-SEILLE, par Emile Zola, nouvelle édition. — Paris, Charpentier et Cie, 1884, in-18, 3 fr. 50.

Ce roman, publié en 1867 dans le « Messager de Provence », est brodé, dit l'auteur, d'après tout un ensem-ble de documents exacts, sur des dra-mes judiciaires dont la Provence s'était naguère émue.

Naiade (la) de Sornin.

Voir : Le Démocare sanglant.

NI CHAIR NI POISSON, par Camille Lemonnier. — Bruxelles, Auguste Braucart, 1884, in-18.

Recueil de nouvelles assez apprécié. La première, qui a donné son titre au volume est le tableau ridicule et con-venablement grotesque d'une petite cour d'Allemagne. On prétend qu'il s'y trouve de nombreuses allusions à des personnages réels.—Le récit le plus long du livre est une histoire de chats, *Les*

Maris de Mlle Nounouche. Les chats sont des hommes et l'histoire est une satire ! L'auteur a trouvé le moyen de vêtir en chats les personnages du dernier empire qui ont préparé la catastrophe finale.

NIGHT-MARE ABBEY.
Voir ci-après : Peacok's Collected Works.

NON-JUROR (THE). A comedy, by Colley Cibber. Acted at Drury Lane. — London, 1718, in-8. Nombreuses réimpressions.

Cette pièce, représentée pour la première fois en 1717, valut à son auteur autant d'inimitiés que de succès ; c'est une imitation du *Tartuffe* de Molière, mais accommodée aux mœurs anglaises et dirigée contre les *jacobites*, qui causaient alors d'assez vives inquiétudes aux partisans de la maison de Hanôvre, pour le triomphe de laquelle Cibber avait combattu dans sa jeunesse. *Le Non-Jureur* est fort inférieur à *Tartuffe*, mais sa portée politique et les allusions aux jacobites qui y sont contenues, lui assurèrent dès le début autant de célébrité qu'il conserve aujourd'hui d'intérêt au point de vue historique. Le héros de la pièce, le Dr *Wolff* (Tartuffe), *Sir John Woodvill* (Orgon), représentent des personnages véritables. On trouvera l'explication de toutes ces énigmes dans une brochure intitulée : « *A compleat key to the Non-Juror.* Explaining the characters in that play, with observations thereou, by *M. Joseph Gay* (Alexandre Pope). » — London, 1718, in-12 de 25 pages.

NOUVELLE (LA) LUNE, ou HISTOIRE DE PŒQUILON, par M. *Le B*.** — Amsterdam et se trouve à Lille, chez J.-B. Henry, MDCCLXX, 2 vol. in-12 de VII-191 et IV-166 p.

— Autre édition, avec des modifications dans la 2ᵉ partie, sous le titre : *Histoire de Péquilon et d'Olimpie.* — Paris, Mme Balleu, an VII (1799), 2 vol. in-12 de 144-IV et 147-IV p.

Cette production politico-allégorique est d'*Alexis-Jean Le Bret*, avocat et censeur royal, né à Beaune en 1693, mort à Paris, le 7 janvier 1779. — C'est un ouvrage bizarre et passablement libertin. Dans les merveilleuses aventures de son héros, — Pœquilon, — l'auteur a passé en revue les vices et les ridicules de la société d'autrefois. L'éditeur anonyme qui, en l'an VII, s'est emparé sans façon de l'ouvrage, y a introduit de nouvelles allusions appropriées aux événements de la Révolution. — Tout cela ne signifie pas grand chose et il n'y a pas de profit à tirer de ce livre, dont le seul mérite aujourd'hui est la rareté. Voici la clef des principaux noms déguisés.

La Sélénie, — la Lune ;
Sélénos, — Dieu ;
Taurijovie, — l'Europe ;
Piramidustrine, — l'Afrique ;
Héliopolie, — l'Asie ;
Péristérique, — l'Amérique ;
Eutochie, — les Terres Australes, ou le Paradis terrestre ;
Verticéphalie, — Paris ou la France ;
Akolouthétique, — la Seine ;
Scyracrise, — Orléans ;
Les édifiants, — les Moines ;
Aphrodise, — la V...le ;
Stivalo, — l'Italie ;
Paterne, — le Pape ;
Porphyriens, — les cardinaux ;
Triangles, — les Anglais ;
Le Crible, — la Tamise ;
Antofolie, — Florence ;
Périfanie, — l'Espagne ;
Pitho, — le Portugal ;
Agouthokine, — Lisbonne ;
Zinʒibri, — Goa ;

Fécratie, — l'Inquisition ;
Fécrates, — les théologiens ;
Lipodermistes, — les Juifs ;
Pays des gondoles, — Venise ;
Amphibie, — la Hollande ;
Stauffacres, — les Suisses ;
Sindikocratie, — Genève ;
Stratiocratie, — la Prusse ;
Céʒarie, — la Russie ;
Cyclamores, — l'empire d'Autriche ;
Hérogine, — Marie-Thérèse ;
Kavalkadeski, — la Pologne ;
Têtes blanches, — les Turcs ;
Corps bleus, — les nègres de la Guinée.

ŒUVRE (L'), par Emile Zola. — Paris, Charpentier, 1886, in-18 de 491 pages, 3 fr. 50.

Ce volume forme le quatorzième tome de la série des *Rougon-Macquart* (voir plus haut, col. 866). C'est une belle étude de la vie d'artiste ; les portraits y sont nombreux. Contentons-nous de noter que M. Zola s'y est dépeint lui-même sous le personnage de l'écrivain *Sandoʒ* ; il y raconte quinze ans de sa vie et de celle de ses contemporains ; de tous ses livres c'est vraisemblablement celui où il a mis le plus de lui-même.

ŒUVRES (LES) DE JACQUES POILLE, sieur de Saint-Gratien, conseiller au Parlement de Paris, divisées en onze livres: Rome en sept livres, la Grèce en un, les Barbares, les grands Rois, les grands Seigneurs et les derniers Hérésiarques en un livre ; l'*Icare françois* en deux. — Paris, Thomas Blaise, 1623, in-8.

Tout ce gros volume, dit M. Viollet-le-Duc, se compose de 919 sonnets, dont 105 sont consacrés à l'*Icare François,* qui n'est autre que le fa-

meux maréchal de Biron ; l'auteur ne le nomme pas, mais il donne la date de sa mort malheureuse, le 31 juillet 1602. Ce livre doit être d'une lecture bien agréable !

OUVERTURE DU THÉATRE DE LA GRANDE SALLE DU PALAIS CARDINAL : Mirame, tragi-comédie en cinq actes et en vers, dédiée au Roy, par Desmarets de Saint-Sorlin. — Paris, Henry Le Gras, 1641, in-folio, figures. Autres éditions, in-4, in-8 et pet. in-12. — Paris et Hollande, 1641-1642.

Cette pièce, plus fameuse par le nom de son véritable auteur et par les circonstances qui y ont donné lieu, que par son mérite littéraire, est, comme l'on sait, du *Cardinal de Richelieu.* Le vindicatif ministre, repoussé par la reine Anne d'Autriche, à laquelle il avait osé exprimer son amour, composa, de concert avec Saint-Sorlin qui signa la pièce, cette tragi-comédie, ou plutôt ce roman dialogué, où sont retracées les intrigues supposées de la reine avec l'ambassadeur d'Angleterre Buckingham. La donnée en est fort simple : l'héroïne de la pièce, *Mirame* (Anne d'Autriche) méprise l'hommage du *roi de Phrygie* (le cardinal) et lui préfère *Arimant* (Buckingham), favori du *roi de Colchos* (le roi d'Angleterre) ; Arimant finit par être battu par le prince dédaigné. Les Mémoires de Tallemant des Réaux, dans le chapitre consacré à Richelieu, ne laissent aucun doute sur l'auteur réel de la pièce, non plus que sur les allusions qu'elle renferme. La pauvre reine, que le ministre jaloux avait presque contrainte à assister à la première représentation, dut être cruellement blessée par de nombreux passages du drame et notamment par celui-ci, où le poète fait supposer qu'elle ne fut pas insensible aux soins du ministre anglais :

« Je me sens criminelle, *aimant un étranger*
« Qui met pour mon amour cet Etat en danger. »

PARIS CANAILLE. Mœurs contemporaines. Par *Edouard Ducret*. Paris, Henry Oriol, éditeur, 1883 (imp. chez D. Bardin, à Saint-Germain), in-12 de 358 p. Prix : 3 fr. 50.

Ce roman a d'abord été publié en feuilleton, dans le journal « Le Réveil » (avril-juin 1883). C'est, comme le titre l'indique, un tableau des dessous de Paris ; crimes de toute espèce, assassinats, vols, prostitution, débauche, il y a de tout dans ce livre qui est un des spécimens les plus complets du roman policier, genre très goûté, actuellement, d'un certain public. Pour les besoins de son sujet, l'auteur a mis en scène des fonctionnaires et magistrats faciles à reconnaître : ainsi M. *Massin* n'est autre que M. Macé, le chef du service de sûreté, si justement apprécié par les Parisiens, pour sa finesse et son extrême amabilité ; M. *Barbot* est sans doute M. H. Guillot, un des juges d'instruction les plus considérés au Palais. A côté de ces personnages honorables, figurent, dans le livre de M. Ducret, divers coquins et coquines, vraisemblablement peints d'après nature et dont les dossiers judiciaires pourraient sans doute faire connaître les véritables noms ; mais il n'y a véritablement aucune utilité à s'occuper davantage ici de ces misérables.

PEACOK'S (THOMAS LOVE) COLLECTED WORKS : Including his Novels, Fugitive Pieces, Poems, Criticisms, etc. Edited by *Henry Cole*, with Preface by Lord *Houghton*. With a Biographical Sketch by his Grand-Daughter. — London, Richard Bentley and son, 1875, 3 vol. in-8, portrait. Prix : 31 sh. 1/2.

Plusieurs écrits de cet auteur, peu connu en France mais fort estimé en Angleterre, rentrent dans la catégorie des livres à clef. Pour n'en citer qu'un exemple, dans « *Night-Mare Abbey* » (l'Abbaye du Cauchemar), Peacok a placé des personnages réels sous des noms supposés. Ainsi, *Flockey*, c'est Coleridge, appelé aussi *Mystic*, dans un autre écrit ; *Scythrop*, c'est le poète Shelley, qui fit des vers en l'honneur de notre auteur ; *Cypress*, c'est lord Byron, etc., etc. On trouve dans la Revue d'Edimbourg (juillet 1874) une intéressante étude sur Peacok et sur ses œuvres.

PETITE (LA) DUCHESSE, par *Alexis Bouvier*. — Paris, Marpon et Flammarion, 1883, in-18, 3 fr. 50. SOLANGE DE SAINT-LUC, par *Albert Delpit*. — Paris, Paul Ollendorff, 1885, in-18, 3 fr. 50.

Ces deux volumes ont été inspirés par le même procès célèbre. Il s'agit de l'instance en déchéance de tutelle intentée à la requête de Mme la duchesse douairière de Chevreuse contre sa bru Mme la duchesse de Chaulnes, morte peu de temps après la clôture de ces tristes débats. La première de ces productions n'est guère qu'une mise en œuvre des comptes-rendus de la « Gazette des Tribunaux » ; on y voit la belle-mère et la *Petite duchesse* se disputer avec acharnement les millions attachés à la tutelle des enfants du duc de Chaulnes. — Le livre de M. Albert Delpit, beaucoup plus littéraire, peint d'une manière très sympathique *Solange de Saint-Luc*, autrement dit madame de Chaulnes, dont il se montra toujours pendant le procès, l'ardent et respectueux défenseur.

PISTOLET (LE) DE LA PETITE BARONNE, par *Marie Colombier*. Préface par *Armand Silvestre*. — Paris, C. Marpon et E. Flammarion, 1883, in-12 de ix-255 p. Prix : 3 fr. 50.

Ce livre qui a fait quelque bruit lors de sa publication, eût fait bien plus de tapage encore si les vrais noms des personnages qui y figurent eussent été dévoilés. Mme *Marie Colombier*, actrice bien connue du théâtre de l'Odéon, et femme de lettres à ses heures, est l'auteur de ce récit, dont le fond repose, assure-t-elle, sur des faits véritables. Elle se met elle-même en scène sous le nom de *Marion*, et raconte les aventures de son amie la *Petite Baronne*. Or, cette héroïne, qui joue un triste rôle dans le livre où elle se nomme *Julia Fédora Warineff*, femme du baron *Alexis de Fedemberg*, ne serait autre que la baronne de B.....dorff, que la colonie russe de Paris a bien connue. Dans ce récit, qui contient une peinture trop réaliste des vices d'un certain monde et de la prostitution parisienne, on voit passer beaucoup de personnages simplement épisodiques. Ainsi le comte de *Trémarks*, c'est le comte de Bismarck, fils du chancelier allemand ; — *Gaston*, du *Lynx*, c'est M. Gaston Vassy, du « Figaro » ; — *Rosina*, c'est Mme Adelina Patti ; — *M. de G.*, Emile de Girardin ; — *Esther*, Mme de Brimont, si connue jadis dans le monde de la galanterie ; — la marquise *Ypava*, Mme de Païva ; — *La Chauve*, la matrone de la rue Duphot ; — le prince de *Crosnach*, *M. de Crillon*, *Koral*, *Turner*, etc., sont également des personnages réels, dont il est inutile de dévoiler les vrais noms ; — enfin, certains noms de lieux sont déguisés aussi ; la *Principauté d'Allemagne*, où le baron représente son pays, c'est Berne ; *Dieppe*, où se suicide la baronne, c'est Boulogne-sur-Mer.

En résumé, ce livre, qui repose sur des réalités, mais que ne réclamaient ni la littérature ni la morale, donnera plus tard une triste idée des mœurs actuelles, qui, hâtons-nous de le dire, ne sont heureusement encore l'apanage que d'une portion corrompue de notre société.

POETICAL WORKS OF PERCY BISSHE SHELLEY. — London, Moxon, 1839, 4 vol. in-8. Nombreuses éditions et réimpressions. Une traduction complète est en cours de publication à Paris (1886.)

Dans diverses productions de ce fameux poète de l'athéisme, des personnages réels sont mis en scène sous des noms supposés. Tels sont, par exemple, le poème satirique *Peter Bell III* et *Julien et Maddalo*, sous les noms desquels on a facilement reconnu Byron et Shelley lui-même.

PORTRAITS SÉRIEUX, GALANTS ET CRITIQUES, par le sieur ***. Jouxte la copie. — A Paris, J.-F. Broncart, s. d., avec privilège du Roy, in-12 de 289 p. et 5 p. de table.

Réimprimé à Liège, en 1724, sous le titre : *Portraits sérieux, galants et critiques, par le sieur B***,* in-12 de 289 p.

Le premier de ces portraits, dit M. de Theux (Bibliographie Liégeoise, p. 166), est celui de Louis XIV, les autres, s'ils s'adaptent à des personnages historiques, sont tous sous le voile de l'anonyme ou de noms imaginaires. L'auteur est M. *Brillon*.

PRÉCIEUSES (LES) DE MACON, par *Brice Bauderon,* manuscrit inédit.

On trouve de curieuses indications sur cette production dans l'excellente notice mise, par M. Emile Chasles, en tête de sa belle édition des Œuvres posthumes de Bauderon de Sénecé (Bibliothèque elzévirienne, Paris, P. Jannot, 1855, in-18, p. 6 et suivantes). Parmi les manuscrits laissés par Sénecé, M. Chasles a découvert cette pièce de six grandes feuilles remplies jusqu'au bord, qu'il attribue, non pas au poète Sénecé, mais à son parent, le magistrat Brice Bauderon. C'est une série d'une vingtaine de crayons faits sur le modèle des « Portraits » fameux que Segrais réunit chez Mademoiselle et publia par la suite. Brice Bauderon, dans ces pages qui forment un tableau presque entier de Mâcon, ne nomme directement ni les personnes, ni les villes voisines dont il parle. Ainsi, *Molusium,* c'est Mâcon ; — *Clusium,* Cluny ; — *Milet,* Lyon ; — *Athènes,* Paris ; — l'église devient le *Temple des Druides* et le curé, le *grand sacrificateur.* — Il est regrettable que M. E. Chasle n'ait pu donner la clef de cette intéressante composition et faire connaître les noms véritables des *Charite, Géliodante, Polygène, Grimaldus,* etc., qui figurent dans cette galerie de portraits.

PRÉCIS HISTORIQUE DES CAUSES qui ont amené la Révolution présente dans l'empire de la Cochinchine, par un *observateur impartial*, petit neveu de l'Arrétin. Wimbledon, 1791, in-8. Rare.

Une de ces mille productions allégoriques que fit éclore la Révolution.

Il va sans dire que la *Cochinchine* c'est la France. On trouve dans cet écrit curieux maintes allusions satiriques aux événements des dernières années du règne de Louis XIV, de la Régence, de Louis XV, etc.

PRINCE (LE) ZILAH, roman parisien, par *Jules Claretie.* — Paris, E. Dentu, 1884 (Imp. P. Dupont), in-12 de IV-438 p., 3 fr. 50.

En tête de ce livre, dont on n'a pas oublié le succès, l'auteur a mis la préface suivante : « Tous les détails de ce récit sont exacts. Ce ne sont pas là des miettes ramassées dans la chronique, ce serait, à vrai dire, presque de l'histoire. Et maintenant, criez au romanesque ! Ce qu'il y a de plus romanesque au monde, c'est la vie. » — Une clef partielle a paru dans le « Figaro » du lundi 7 juillet 1884, sous la signature *Parisis ;* en voici les principales indications : L'hospitalière baronne *Dinati,* serait cette grande dame cosmopolite, qui s'est tour à tour appelée Mme Solms, puis Mme Rattazzi, et qui porte maintenant un nom espagnol ; — le japonais *Yamada,* qui fait des opérettes pour la Renaissance, aurait été dépeint par M. Mased Maëda, jadis ministre du Japon à Paris ; — le type fier et sympathique de *Varhély,* rappelle absolument le hongrois Szarvady, que M. Claretie a beaucoup connu ; — le reporter *Jacquemin* représente fidèlement le pauvre Hippolyte Nazet, de bruyante mémoire ; — dans *Marsa* la Tzigane, on devrait reconnaître la fière allure de Mlle Dica-Petit, l'actrice si aimée à Pétersbourg, morte en wagon, d'une embolie, il y a peu de mois, au moment où elle se rendait pour la dernière fois en Russie ; — enfin le mariage, si étrangement accidenté du prince *Zilah,* ne serait pas sans analogie avec l'union contractée jadis par le fameux Garibaldi. — Dans tout cela, on le voit, il y a de nombreuses adaptations de souvenirs, mais les personnages peints d'après nature par l'éminent romancier et si bien intercalés dans son attrayante fiction, n'ont rien de commun avec les rôles joués par leurs sosies.

PROSPECTUS D'UN MIRACULEUX SAINT ROCH, par *Fanfan la Tulipe*, canule major de la garde civique de Saint-Valéry-en-Caux, et une Société de gens de lettres. — De l'imprimerie royale d'Yvetot, chez Véridique Doucet, s. d. — Liège, 1850), in-8 de 11 p.

Ce livret cité par la « Bibliographie Liégeoise » n'est autre chose qu'un pamphlet contenant des personnalités locales. Il est à regretter que M. De Theux n'ait donné aucune indication sur les personnages satirisés, ni fait connaître le nom de l'auteur qui doit être sans doute aussi l'écrivain de « Assaut de Proverbes, » brochure dont il est question plus haut, et de l' « *Eloge de la canule, essai d'un jeune apothicaire,* » autre écrit satirique publié à Liége, la même année.

PUCELLE (LA) DE PARIS, poëme en douze chants et en vers. — A Londres (Paris ?), MDCCLXXVI, in-8 de x-202 p. Joli front. de Desrais.

Cet ouvrage badin est d'*Alphonse du Congé de Dubreuil*, greffier au Parlement et auteur de l'opéra d' « Iphigénie en Tauride, » mis en musique par Gluck. La donnée du poème n'est pas fort relevée : *Louison,* cuisinière d'un notaire de Paris, est courtisée par deux clercs rivaux, *Molet* et *Grattepapier.* Après bien des incidents comiques, Molet est près de triompher de la vertu de Louison, quand un mauvais

tour de la déesse *Alirrhée* (la colique) le fait piteusement échouer dans sa galante entreprise. Cet ouvrage d'une versification assez faible est rempli de curieux détails sur les mœurs bourgeoises du temps. Dans sa préface, l'auteur atteste que le fait qu'il a mis en vers était arrivé douze années auparavant. *Louison* et *Molet* sont des personnages réels dont les vrais noms sont demeurés inconnus. Quelle perte pour l'histoire !

RAGALETTE (L'). Armoant ein patois d'Mons, pubié sous l'aprobation dé tous lès geins d'esprit éié sous l'patronâche du sinche du Grand-Garte. — Mons, Levert, 1862, in-32.

Voici ce que dit au sujet de ce livret M. Ch. Delecourt, dans son « Essai sur les pseudonymes belges » : — « Ce petit almanach n'a paru que pendant trois ans, de 1860 à 1862. Il est loin, bien loin de valoir, et comme style et surtout comme fond, l'armonac de Mons, du curé Letellier. Cette *Ragalette* (mot wallon qui veut dire crécelle et qui, au figuré, s'emploie comme synonyme de bavard), dont le style est excessivement plat, ne renferme que des personnalités dont quelques-unes étaient trop transparentes ; à la suite d'un procès intenté contre l'auteur-éditeur, *Levert*, imprimeur à Mons, par un avocat par trop malmené, la *Ragalette* fut condamnée et cessa de paraître. » Il est fâcheux que M. Ch. Delecourt ne nous ait pas laissé quelques indications sur ces « personnalités trop transparentes. »

RÉFLEXIONS, SENTENCES ET MAXIMES MORALES DE LA ROCHEFOUCAULD, nouvelle édition conforme à celle de 1678... avec des notes nouvelles par G. Duplessis.

— Paris, P. Jannet, 1853. (Bibliothèque Elzévirienne), in-18 de XXIV-320 p.

Inutile d'insister sur ce livre célèbre et sur ses innombrables éditions. — Bornons-nous à mentionner ce que dit *Vigneul-Marville* (Dom *Bonaventure d'Argonne*, chartreux) dans ses « Mélanges d'histoire et de littérature, » (T. I, p. 280-281), au sujet de la clef des Maximes :

« J'ai, dit le savant religieux, un exemplaire de ces *Maximes*, avec une clef de la plupart de ceux dont l'auteur a voulu parler. Par exemple, on a marqué M. le duc d'Epernon à côté de cette maxime, qui est la 342 : « *L'accent du païs où l'on est né demeure dans l'esprit et dans le cœur, comme dans le langage.* » (D'autres ont vu là une allusion soit à Mazarin, soit à Mme de Rohan, abbesse de Malnoue.) A côté de cette autre, qui est la 393 : « *L'air Bourgeois se perd quelquefois à l'Armée ; mais il ne se perd jamais à la Cour* » ; on a marqué M. Le Tellier. » (D'autres ont cru reconnaître Colbert.) — La 71e maxime de la seconde partie : « *Il faut demeurer d'accord, à l'honneur de la vertu, que les plus grands malheurs des hommes sont ceux où ils tombent par les crimes,* » a été faite par M. le chevalier de Rohan. Je laisse les autres. »

Comme le faisait judicieusement observer M. G. Duplessis, la clef que possédait Vigneul-Marville devait être bien sujette à caution, ainsi que le dénotent les additions que nous avons mises entre parenthèses. Il en est, hélas ! de même pour bien des clefs ; mais cela ne nous empêche pas de regretter vivement que la clef du bon chartreux ne soit pas venue jusqu'à nous. Il y a là un essai d'interprétation et d'application bien curieux à faire et bien digne de tenter quelque patient et sagace érudit.

REINS (LES) CASSÉS, par Ernest Daudet. — Paris, Plon, 1885, in-18, 3 fr.

Dans ce roman, publié en 1883 dans « le Gaulois, » l'auteur a mis en scène tout le monde de la finance et dévoilé tous les tripotages des boursicotiers. — Les portraits, assure-t-on, abondent dans ce volume ; on s'est plu notamment à reconnaître le fameux M. Phil.., dans le héros du livre, le financier effronté, dont M. Ernest Daudet a dépeint l'apothéose et la chute finale.

RELATION DE CE QUI S'EST PASSÉ DANS LA NOUVELLE DÉCOUVERTE DU ROYAUME DE FRISQUEMORE. — Paris, Thomas Jolly, 1662. In-12 de v f. et 118 p. avec une carte.

Ce petit volume, généralement classé parmi les Voyages imaginaires, n'est autre chose qu'une production allégorique dont M. P. Lacroix a découvert la clef en lisant la page 61. — « Le royaume de Frisquemore, y est-il dit, est ainsi appelé par les habitants du païs d'un mot hébreu corrompu qui signifie *froid.* » C'est en effet le royaume de la froideur et les provinces qui le composent ne sont autres que des personnes de la connaissance de l'auteur : La *Sainctyonide,* Saint-Yon ; — la *Clauzellique,* Clauzel ; — la *Touronnide,* Touron ; — la *Dufresnence,* Dufresne, etc. Il s'agirait maintenant de retrouver quelques renseignements relatifs à ces types de la froideur. Quant à l'auteur, qui signe *de S.,* ajoute M. P. Lacroix, la dédicace à messire Gaston Goth, duc d'Epernon, sire de Lespare, marquis de Rouillac, c'est certainement *Charles Sorel de Souvigny,* auquel on doit déjà un ouvrage allégorique du même genre : « Relation de ce qui s'est passé au royaume de Sophie, depuis les derniers troubles excités par la Rhétorique et l'éloquence. » Paris, 1659, in-12. (« Bulletin du Bibliophile, » 1858, p. 903-904.)

ROBE (LA) DE MOINE, par Francis Poictevin. — Paris, Sandoz et Thuillier, 1882, pet. in-8.

Ce livre, écrit dans une langue singulière, a été assez sévèrement jugé par la critique, qui a reproché avec raison à l'auteur d'y avoir mis en scène, non pas en biographe véridique, mais en dénaturant les faits, un personnage vivant, connu de tous. Sous les traits peu flattés du *P. Hysonne*, il a représenté, d'une manière aussi peu discrète que peu exacte, le P. Hyacinthe Loyson, ex-carme, dont l'évolution religieuse et le mariage ont fait tant de bruit.

ROI (LE) DE THESSALIE, par *Ary Ecilaw*. — Paris, Alphonse Lemerre, M.DCCC.LXXXVI (1885), in-12 de II ff.-455 p., 3 fr. 50.

Cette intéressante et touchante histoire n'est autre chose que le récit très dramatique d'une aventure qui fit grand bruit, il y a peu d'années, dans les cours étrangères. L'auteur dont le nom est anagrammatisé, si ce n'est même un pseudonyme complet, y a raconté le mariage morganatique d'un prince allemand avec une grande dame russe, mariage qui fut injustement annulé, par suite de la faiblesse du prince et en raison de certaines considérations politiques. D'après une note parue dans le journal « Le Matin, » au mois de novembre 1885, *Le Roi de Thessalie Charles-Ferdinand XVIII*, n'est autre que le prince régnant de H..., et sa femme morganatique, madame de *Mineleko*, se nommait en réalité Mᵐᵉ de K.......; — les autres

personnages sont faciles à reconnaître : ainsi, l'*Empereur du Caucase*, c'est le czar Alexandre III, — l'*Impératrice des Hindoustans*, c'est la reine d'Angleterre, Victoria Iʳᵉ, impératrice des Indes, — *le prince de Delhi*, le prince de Galles, — *le prince de Babylone*, le prince impérial d'Allemagne, etc., etc. — C'est un livre sur lequel il sera curieux de revenir plus tard.

ROLAND, par Ary Ecilaw. — Paris, A. Lemerre, 1885, in-18, 3 fr. 50.

Comme le précédent, ce livre rentre dans la catégorie des ouvrages à clef. C'est du moins ce qu'atteste *Parisis* dans le « Figaro » du 21 avril 1885, sous la rubrique « Un drame princier. » Le spirituel chroniqueur soulève à peine un coin du voile qui couvre les personnages de « Roland ; » ce qu'il dit suffit à faire comprendre que la clef de ce récit ne saurait être publiée maintenant.

ROMANT (LE) DE JEHAN DE PARIS, Roy de France ; revu pour la première fois sur deux manuscrits de la fin du quinzième siècle, par M. Anatole de Montaiglon. — Paris, A. Lemerre (collection Janet-Picard), in-18 de XLVIII-160 pages. 2 fr. 50.

Cette charmante production, qui a toujours joui d'une grande popularité et dont l'auteur pourrait bien être *Pierre Sala*, est un des meilleurs et plus anciens romans français dans le genre comique. Dans la préface de cette excellente édition, M. A. de Montaiglon, mettant à profit et résumant avec une sûre critique les travaux et découvertes de ses devanciers, a démontré que c'est une œuvre absolument originale, qui ne doit rien aux chansons de geste et qu'il ne convient plus de classer parmi les romans de chevalerie. Il a établi, en outre, que c'est, sous des noms supposés, une histoire véritable, dont le sujet est le mariage de Charles VIII avec Anne de Bretagne ; la victime de la verve comique de l'auteur, le concurrent évincé, n'est autre que le vieil archiduc Maximilien d'Autriche. Bornons-nous à renvoyer, pour plus amples détails, à l'édition de M. de Montaiglon, qui doit se trouver aux mains de tous les bibliophiles.

ROUGE (LE) ET LE NOIR, chronique du xix° siècle, par de Stendhal (Henri Beyle). — Paris, Levavasseur, 1830, 2 vol. in-8, 15 fr.; ou 1831, 6 vol. in-12, 15 fr. Fréquemment réimprimé depuis.

Nous empruntons, sur ce roman fameux, l'article suivant publié dans le *Journal des Débats* du 23 mars 1886 :

« Le Rouge et le Noir, » roman a clef

« Nous trouvons dans la dernière livraison du *Curieux* l'article suivant qui démontre que *le Rouge et le Noir* est un roman à clef. Voici ce que nous apprend M. Nauroy :

Une note de Stendhal, placée à la fin de son roman *le Rouge et le Noir,* donne à entendre qu'il n'a fait que raconter une histoire vraie ; et, en effet, c'est un roman à clef. Il parut en 1830, et les faits qu'il retrace se passèrent en 1827 et 1828. Stendhal habitait alors le château de Thuellin (Isère), et non loin de là se trouve le château de Brangues, où a vécu celle qu'il appelle *Mme de Rénal,* de son vrai nom Mme Michoud, alors fort jolie, et qui est morte vieille (ce qui n'arrive pas dans le roman). Elle était la belle-sœur du conseiller à la Cour de Grenoble, Michoud, qui fut élu député de l'Isère en 1827.

La famille Michoud, qui existe encore, était dès lors influente dans le pays. Mme Michoud avait trente-six ans en 1827 ; son mari en avait cinquante-deux, quand tous deux reçurent sous leur toit, comme instituteur de leurs enfants. *Julien Sorel,* de son vrai nom Antoine Berthet, âgé de vingt-cinq ans, fils du maréchal-ferrant de Brangues (1822), entré au petit séminaire de Grenoble en 1818.

Mme Michoud aima Berthet et en fut aimée ; avant un an, le mari renvoya Berthet. Il entre alors au petit séminaire de Belley, y reste deux ans, puis au grand séminaire de Grenoble, d'où il est renvoyé ; il revient chez sa sœur, mariée à Brangues, d'où il écrit à Mme Michoud des lettres de reproche, de jalousie. Puis il se place comme précepteur chez M. de C.., (Certeau : *La Mole* dans le roman), est aimé de Mlle de C.... qui lui fait des aveux comme dans le roman. Tout se découvre ; on le renvoie. Il essaye vainement de devenir prêtre. Il dit alors de Mme Michoud : « Je veux la tuer. » En juin 1827, il entre chez Me Trolliet, notaire à Morestrel, pour 200 fr. de gages. Sa dernière lettre est adressée au mari de Mme Michoud ; on y lit ces paroles bien dignes de *Julien Sorel* et que je ne retrouve pas dans Stendhal : « Il est bien fâcheux que j'aie manqué la carrière à laquelle je me destinais ; j'aurais fait un bon prêtre ; *je sens surtout que j'aurais habilement remué les passions humaines !* »

L'ambition déçue, la jalousie le poussent au crime. Le dimanche 22 juillet 1827, il se rend à l'église de Brangues, se place à trois pas du banc de Mme Michoud, la voit venir avec Mme Marigny, son amie, et tire, au moment de la communion, deux coups, un sur elle, un sur lui (dans le roman, il tire les deux coups sur elle).

Le procès commença à Grenoble le 15 décembre. « Jamais les avenues de la Cour d'assises n'avaient été assiégées par une foule plus nombreuse. On s'écrasait aux portes de la salle. On devait y parler d'amour, de jalousie, et les dames les plus brillantes étaient accourues...

« L'accusé est introduit... On voit un jeune homme d'une taille au-dessous de la moyenne, mince et d'une complexion délicate ; un mouchoir blanc, passé en bandeau sous le menton et noué au-dessus de la tête, rappelle le coup destiné à lui ôter la vie, et qui n'eut que le cruel résultat de lui laisser entre la mâchoire inférieure et le cou deux balles, dont une seule a pu être extraite. Du reste, sa mise et ses cheveux sont soignés ; sa physionomie est expressive ; sa pâleur contraste avec de grands yeux noirs qui portent l'empreinte de la fatigue et de la maladie. » Quand le président lui demande : « Quel motif a pu vous porter à ce crime ? » Berthet répond : « Deux passions m'ont tourmenté pendant quatre ans : l'amour et la jalousie. »

Il fut condamné à mort; son recours en grâce fut rejeté. Le conseiller Michoud vint dans sa prison lui offrir sa grâce s'il voulait écrire quelque chose qui sauvât l'honneur de sa belle-sœur ; il refusa.

L'exécution fut ordonnée, et alors, fait inoui ! le procureur général Guernon-Ranville l'ajourna de son autorité privée et partit pour Paris. Le conseiller Michoud le suivit et l'emporta. Berthet fut exécuté le 23 février 1828, à onze heures du matin sur la place d'Armes de Grenoble, la joue pendante, « au milieu d'une foule immense, composée principalement de femmes de tout âge. » Il mourut avec courage. « Une espèce de cri involontaire, arraché à l'émotion de la multitude, a annoncé que tout était fini. » Le conseiller Michoud lui survécut peu. Le *Moniteur* du 19 mars 1828 annonça sa mort trois semaines après. »

Il est juste de citer aussi la rectification adressée, par la famille Michoud, au même *Journal des Débats*, qui l'inséra dans son numéro du 26 du même mois. La voici :

LE ROUGE ET LE NOIR, ROMAN A CLEF.

« Nous avons publié dans notre numéro du 23 mars un article paru dans le journal *le Curieux*, donnant des détails sur la clef du roman de Stendhal, *le Rouge et le Noir*, article qui avait été déjà reproduit par la revue le *Livre*.

M. M. Michoud, fils de l'ancien conseiller, MM. Henri Michoud, Octave Michoud et Léon Michoud, ses petits-fils, nous adressent une rectification que nous nous empressons de reproduire, en faisant cependant remarquer qu'il n'y avait dans l'article reproduit par nous rien qui pût porter atteinte à la réputation de Mme Michoud, femme du conseiller.

La famille Michoud de La Tour, établie à Brangues, n'avait, en 1827, qu'un lien de parenté au cinquième degré avec M. Luc Michoud, conseiller à la cour de Grenoble, député, lequel était fils unique et n'avait donc pas de belle-sœur portant son nom.

De plus, M. Michoud se récusa lors du procès d'assises de Berthet ; il n'eut à faire aucune démarche pour sauver l'honneur, qui n'était pas en jeu, d'une parente éloignée ; il n'alla jamais à Paris à cette occasion ni même pour remplir son mandat de député, et il ne connut pas l'exécution de Berthet, étant à son lit de mort, par suite d'une fièvre typhoïde contractée au chevet de sa fille qui venait de mourir après avoir été malade elle-même pendant vingt-sept jours.

Mme Michoud de La Tour fut toujours honorée (comme une digne épouse et les débats firent ressortir la parfaite honnêteté de sa conduite. »

J'ai tenu à reproduire ici cette longue notice et la réplique à laquelle elle a donné lieu, d'abord en raison de l'intérêt qu'elles présentent, puis pour démontrer une fois de plus de quelle discrétion et de quelle circonspection doivent user les chercheurs de clefs, quand il s'agit de livres renfermant des allusions à des personnages vivants ou dont les descendants peuvent exister encore.

ROY (LE) DE CONGO. Album de 23 caricatures, dessinées au trait et coloriées, gr. in-8, demi-rel., mar. rouge.

Ce recueil unique est un spécimen étrange et des plus curieux de la caricature au XVIIIe siècle. M. Aubry, qui le possédait en 1875, l'offrait, dans son « Bulletin du Bouquiniste, » au prix modeste de 40 fr. Les 23 sujets, fort bien dessinés à l'aquarelle et au lavis, qui le composent, paraissent être une image satirique d'une cour d'Europe. Il serait intéressant de savoir quels personnages l'artiste inconnu a voulu ridiculiser sous les traits du Roi du Congo et de sa cour.

ROYAUME (LE) DE NAUDELIT, ou LA FRANCE RESSUSCITÉE PAR LES ÉTATS-GÉNÉRAUX, par un Solitaire. — S. l., 1789, in-8 de VII-94 p.

Cet écrit, dont l'auteur m'est inconnu, a été sans doute inspiré par l'ouvrage cité plus haut (voir col. 486), « Idée d'un règne doux et tranquille, ou Relation du voyage du prince de Montberaud dans l'isle de Naudely. » C'est une production allégorique où l'on trouve maintes allusions aux vertus de Louis XVI, aux malheurs de la France, aux remèdes à y apporter. L'auteur, animé d'excellentes intentions, ne prévoyait guère le peu de chances de succès de son utopie.

SACRIFICES (LES) DE L'AMOUR, ou LETTRES DE LA VICOMTESSE DE SÉNANGES ET DU CHEVALIER

DE VERSENAY. — Paris, Delalain, 1771, 2 vol. in-8, ornés de 2 estampes. — 2e édition : Paris, 1793, 2 vol. in-12. Souvent réimprimé.

Cette fade production est du fameux *Cl.-Jos. Dorat*, dont les nombreux ouvrages sont encore aujourd'hui tant recherchés... pour leurs belles gravures. Grimm, dans sa « Correspondance » (15 février 1772), a donné une analyse aussi juste que peu flatteuse de ce pitoyable roman, qui fit presque fureur au moment de son apparition, parce que le public crut y reconnaître des personnages réels et une histoire véritable. Voici la clef reproduite par le spirituel critique : — *La vicomtesse de Sénanges*, la comtesse de Beauharnais ; — *la marquise d'Ercy*, Mme de Cassini, sœur du soi-disant marquis Masson de Pezay ; — Grimm ne dit pas quel personnage le public avait reconnu sous le nom du *chevalier de Versenay*, amant de Mme de Sénanges.

SAINT-GERMAIN, ou LES AMOURS DE MADAME DE M. T. P., avec quelques autres galanteries. S. l. n. d., pet. in-12. (Addition à l'article *Lupanie;* voir plus haut col. 557.)

Il n'est pas sans intérêt de transcrire ici la note judicieuse que M. Bazin avait mise, en 1852, sur son exemplaire ci-dessus décrit (n° 772 de son catalogue) :

« Cette saleté, faite certainement pour servir quelque vengeance honteuse de petite ville, a pourtant eu l'honneur d'occuper les bibliophiles. Sous le titre qu'elle a ici, un imprimeur a tout simplement reproduit un autre livre portant la date de 1668 et le signe elzévirien de *la sphère*, ayant pour titre *Lupanie*, histoire amoureuse de ce temps, attribuée à un Corneille Blessebois, dont l'existence même est douteuse. Suivant la tradition, les initiales D. M. T. P., qui se trouvent en tête de la réimpression et dans un sonnet placé à la fin, désignaient Mme de Montespan, et on aurait voulu appliquer à cette célèbre favorite de Louis XIV les aventures qui, dans *Lupanie*, concernent une jeune de P. Or, il n'y avait guère possibilité de tromper ainsi que les collecteurs de livres qui ne lisent pas et les faiseurs de catalogues, qui transcrivent les titres. Dans tout ce vilain récit il n'y a pas un mot qui puisse, de près ou de loin, se rapporter à Mme de Montespan : ce sont les scandales obscurs d'un ménage très bourgeois, où le mari est médecin, et cette qualité se retrouve encore dans le sonnet même, où l'on croit avoir trouvé la preuve d'une application plus élevée. Tout le doute est s'il y a là friponnerie ou bévue dans cette interprétation de trois initiales qui peuvent désigner une foule de noms ; mais ce qui n'est pas douteux, c'est que le livre en lui-même ne méritait pas la peine qu'on s'est donnée d'en chercher le sujet ou l'auteur. »

SAINT-JAMES'S PARK : A Satyr.

— London, H. Hills, 1709, in-8 de 16 pages.

Cette satire en vers, dont l'auteur n'est pas cité au Dictionnaire de Laing, est remplie d'initialismes, suivant l'usage anglais ; ainsi *M—g—ve*, signifie sans doute Murlgrave, — *G—d*, God, etc. C'est une clef à rechercher.

SIAM AU VINGTIÈME SIÈCLE,

par *Ed. O'Farell*. — Paris, librairie des Bibliophiles (Jouaust), 1873, in-18 de 91 p.

Cet écrit satirique rentre plutôt dans la catégorie des productions allusives que dans celle des livres à clef proprement dit. C'est une peinture mordante de nos mœurs politiques au lendemain de la Commune et une spirituelle critique de l'état où doit parvenir une société sans Dieu, sans famille, sans lois, affolée d'égalité jusqu'à l'absurde et par dessus tout avide de jouissances matérielles. Quelque exagérées que soient les amusantes fantaisies de l'auteur, elles ne sont pas toutes impossibles ; certaines même semblent commencer à se réaliser. Dans ce livret, bien entendu, *Siam* signifie la France, — les *Bang-Kokins* sont les Parisiens, — l'illustre orateur *Phraʒœur* ressemble assez à M. Gambetta, à moins que ses élucubrations poétiques ne visent Victor Hugo, — la dynastie des *Phra-Paramendr-Mongkut* désigne manifestement les Bonaparte et parmi les grands *Travailleurs de la Pensée*, on ne peut méconnaître Voltaire, sous les traits de *Phra-Gélaste*, — J.-J. Rousseau, sous ceux de *Phra-Dakruste*, — Mirabeau, dans *le plus grand orateur Siamois*, etc., etc.

SOLANGE DE SAINT-LUC.

Voir : La Petite Duchesse.

STRATONICE ET SON PEINTRE,

ou LES DEUX PORTRAITS, conte qui n'en est pas un ; suivi de *Phryné devant l'Aréopage*, de *Pradon à la Comédie*, etc. — Paris, 1800, in-8.

Ce conte satirique est de *Jean-Nicolas-Marie Deguerle*. — *Stratonice, Phryné*, c'est Mlle Lange, dont *le Peintre*, Girodet, avait exposé un portrait épigrammatique au Salon de l'an VII. La mésaventure de la célèbre merveilleuse fit beaucoup rire alors.

SYBILLE (LA), par M. *Léon Laurent-Pichat*. — Paris, Librairie nouvelle, 1859, in-12, 3 fr.

« J'ai écrit ces pages avec une tendresse profonde ; j'y ai mis tout mon amour pour l'indépendance d'une nation que j'aime. » C'est ainsi que s'exprime l'auteur, dans la préface de ce roman symbolique, manifestement inspiré par les événements qui se préparaient alors dans la péninsule italienne. Ce livre n'est donc point une fiction ordinaire, c'est un roman politique dont les principaux héros, bien plus patriotes qu'amoureux, n'aspirent qu'à l'indépendance et à l'unité de l'Italie. La comtesse de *Santangelo*, la solitaire exaltée, le moine de génie *Fabio*, la marquise *Gennara*, le jeune et ardent *Giusto*, le fourbe abbé *Cesari*, ne sont point des personnages imaginaires. « Mais, dit M. L. Ulbach, (« Correspondance littéraire » du 5 mars 1859), l'auteur a supprimé les noms historiques et les a remplacés par des noms de fantaisie qui lui donnent plus de facilité pour les évolutions que nécessitait le drame intime qu'il mêle au grand drame de l'Italie. Toutefois, on ne saurait s'y méprendre, et l'incognito que garde Charles-Albert (le prince *Enéas*) ne fait tort ni à l'histoire, ni à la fiction. » — Il y a là une clef bien curieuse à reconstituer.

TATIANA LEILOF, roman parisien, par Edouard Rod. — Paris, Plon et Nourrit, 1886, in-18 de 284 pages, 3 fr. 50.

Tatiana Leïlof est une jeune Russe venue à Paris à la suite de revers de fortune. Des amis dévoués, qui ont cru découvrir en elle l'étoffe d'une grande artiste, lui procurent un engagement à la Comédie-Française. Son début aboutit à un bruyant échec. Par dépit, elle se donne, ou plutôt elle se vend à un viveur à la mode, le beau de Quenneville, qui, ne l'aimant même pas, n'a recherché sa conquête que par vanité et bientôt, lassé, l'abandonne. Ecœurée, révoltée, Tatiana tente de sortir de la fange où elle est tombée en se relevant dans un deuxième début. Cette fois encore elle échoue complètement ; désespérée, elle se tue. Il n'est pas difficile de reconnaître, dans ce livre, l'histoire de M\
le Feyghine (*Tatiana Leïlof*) et du jeune duc de M...., (*de Quenneville*), qui fit du bruit il y a deux ou trois ans.

TCHOU-CHIN-GOURA, ou UNE VENGEANCE JAPONAISE. — Roman Japonais traduit en anglais avec notes et appendice, par *F.-V. Dickins*, traduction française de *Albert Dousdebès*. Paris, Paul Ollendorff, 1886. Beau volume in-8 de II-224 pages, orné de 32 fac-similés sur bois, exécutés au Japon, par des artistes japonais et tiré sur papier japonais, 12 fr. — 50 exemplaires de luxe numérotés à la presse.

J'ai fait connaître, dans le « Journal des Débats ». (14 décembre 1885), la donnée de ce curieux ouvrage, qui n'était pas absolument ignoré du public français. C'est l'épopée si populaire au Japon, des 47 fidèles Rônins, histoire vraie et fort dramatique sur laquelle, depuis près de deux siècles, ont écrit plusieurs auteurs japonais. En voici le sujet : Un puissant personnage, *Moronaho*, a vainement tenté de séduire *Kawoyo*, femme de *Yenya*, seigneur de moins haut rang que lui. Pour se venger des dédains de la femme, Moronaho insulte si gravement le mari, que ce dernier, furieux, se jette sur lui et le frappe d'un coup de sabre. Ce fait, commis dans l'enceinte du palais impérial, entraîne la peine de mort, et Yenya, retiré dans son château, reçoit l'ordre de se suicider ; il obéit, ses biens sont confisqués, tous les hommes de son clan et ses serviteurs sont dispersés. Mais 47 d'entre eux ont juré de venger leur maître, et, sous la direction de *Youranoské*, le confident et l'ami de Yenya, ils se font *rônins* (mendiants, vagabonds), jusqu'à ce qu'ils puissent accomplir leur dessein. Après bien des incidents et des préparatifs, le complot aboutit ; ils envahissent la nuit le palais de Moronaho, le tuent et déposent sa tête sur le tombeau de Yenya, près duquel ils vont à leur tour se donner la mort. — Tel est ce dramatique récit, qui rentre dans le cadre de cette étude, puisque c'est bien réellement un livre à clef. Au Japon, comme chez nous, les auteurs sont tenus à certaines réserves. M. Albert Dousdebès, dans les notes excellentes qui accompagnent sa belle traduction, a pris la peine de soulever les masques des personnages et de nous donner leurs véritables noms ; les voici : *Yenya-Hangwan*, c'est Asano Takoumi no Kami ; — *Wakasanoské*, Kamei Sama ; *Moronaho*, Kira Kodskénoské Yochifousa ; — *Honӡô*, Odjiwava, ou Kachikawa Yosobei ; — *Ohobochi Youranoské*, Ohoïchi Kouranoské ; — *Ohowachi Bounga*, Ohotaka Guengo ; — *Ono Koudayou*, Ono Kourohei ; — *Hayano Kampei*, Kayano Sampei ; — *Amagawa Guihei*, Amano Yarihei. — Enfin, l'action placée par l'auteur japonais au XIVe siècle de notre ère, s'est passée, en réalité, au commencement du siècle dernier. Ne fût-ce qu'à titre de curiosité, ce livre devait figurer ici.

THÉATRE DE MARIONNETTES.

Par *Marc Monnier*. Genève, F. Richard, libraire-éditeur, 1871, in-18 de XI-264 p. Tiré à petit nombre,—assez rare en France.

Ce livre est un recueil de satires dialoguées, en vers, relatives aux événements politiques des trente années qui se sont écoulées de 1830 à 1867, sauf le Roi Babolein, qui est d'une application plus générale. — Ainsi, Polichinelle figure le peuple français, depuis la révolution de Juillet jusqu'au coup d'Etat ; personnages : *Polichinelle*, le peuple, — *le Marquis*, la légitimité, — *Géronte*, l'orléanisme, — *Pancrace*, la révolution de 1848, — *Ignace*, le clergé, — *Sabre-de-Bois*, le bonapartisme, — *La Belle*, personnage muet, la France. — La Princesse Danubia, c'est l'éternelle question d'Orient ; personnages : *Chauvin*, la France, — *Malbrouc*, l'Angleterre, — *Scapin*, l'Italie, — *Sacripant*, la Russie, — *Pantoufle*, la Prusse, — *Kief*, la Turquie, — *Petit-Poucet*, le Piémont. — Régina représente l'Italie en 1859 ; personnages : *Fierabras*, Napoléon III, — *Petit-Poucet*, le Piémont, — *Barbarosse*, l'Autriche, — *Cent-Sous*, la finance, — *Gribouille*, l'Angleterre, — *Gambrinus*, la Prusse, — *Moskoff*, la Russie, — *Régina*, l'Italie. — Le Curé d'Yvetot représenté un pape idéal, comme était le roi de cet heureux pays ; le *Curé Benoît* offre quelques traits de Pie IX. — Paillasse rappelle toutes les culbutes des gouvernements français depuis Louis XIV jusqu'à l'Encyclique ; personnages : *Agnès*, la France, — *Arnolphe*, l'ancien régime, — *Paillasse*, la révolution, — *Horace*, les dernières monarchies. — Enfin, l'Equilibre résume l'histoire européenne depuis Magenta jusqu'à Sadowa ; personnages : *Le Coq*, la France, — *le Loup*, la Prusse, — *le Renard*, l'Autriche, — *l'Agneau*, le Danemark, — *la Poule*, l'Italie. — Il y a beaucoup d'esprit et de bon sens dans ces saynètes qui furent longtemps interdites en France.

TRAVELS (THE) OF HILDEBRAND BOWMANN, esquire, into Carnoviria, Taupiniera, Olfactaria, and Auditante, in New-Zealand ; in the island of Bohommica,

and in the powerful Kingdon of
Luxo-Volupto, on the Great Sou-
thern-continent. Written by himself.
— London, W. Strahan and k.
Cadell, 1778, in-8 de XV-400 pages ;
curieuses gravures.

Cet ouvrage, composé à l'imitation
des « Voyages de Gulliver, » est une
continuelle satire de Londres et de
l'Angleterre. Les allusions sont faciles
à saisir ; j'ignore si l'on a jamais pris
la peine d'en rédiger la clef. Il s'y
trouve des imaginations vraiment originales.

TRUE-BORN (THE) ENGLISH-
MAN, A Satyr., s. l. (London),
Printed in the year, 1708, in-8 de
39 pages.

Célèbre satire politique où les initialismes abondent. Sans doute on en
possède la clef en Angleterre. Elle ne
se trouve pas jointe à l'exemplaire que
j'ai sous les yeux et je l'ai vainement
recherchée.

UN DROLE, par Yves Guyot.
Roman publié par le journal « La
Lanterne », au mois d'octobre 1884,
et réédité depuis en volume.

Sous le nom transparent de *Corbières*, M. Yves Guyot a vivement attaqué
M. G.-B., ancien conseiller municipal,
auquel il ne fait pas précisément
jouer un rôle brillant, dans son œuvre,
non plus qu'à sa maîtresse, Mme X. —
C'est une clef qu'on ne saurait publier
actuellement.

UN ÉCOLIER AMÉRICAIN, par
Th. Bailey Aldrich ; traduit de l'anglais par Th. Bentzon (Mme Blanc),

avec autorisation de l'auteur. Paris,
Hetzel, 1884, in-18, 3 fr.

Cet intéressant petit volume, intitulé
en anglais : *Story of a bad Boy* (Histoire d'un mauvais garçon), n'est, assure-t-on, autre chose qu'une autobiographie. *Tom*, le héros du livre,
trop sévèrement qualifié par le titre,
représente donc M. Th. Bailey Aldrich
lui-même.

UNE DIVA, par Emilie Ambre.
Paris, Paul Ollendorff, 1885, in-18,.
3 fr. 50.

« L'histoire d'une diva imaginaire
contée par une diva des plus authentiques, voilà un livre fait pour piquer
la curiosité et éveiller dans l'esprit
du lecteur de vagues soupçons d'autobiographie. Aussi se demande-t-on
si ce n'est pas elle-même que Madame
Emilie Ambre a voulu peindre dans
sa charmeuse *Yvonne Bertini*. » (« Le
Livre, » 1885).

UPS (THE) AND DOWNS OF
LIFE. A. Fragment. London. Printed for the Booksellers, 1867 (publié par W. Dugdale), in-8 de 110 p.
8 lithographies. Prix : 2 fr. Rare et
tiré à petit nombre.

Ce livre cynique et profondément
immoral n'est autre chose que l'autobiographie de son auteur, le capitaine
Edward Sellon, qui y a raconté sans
le moindre scrupule les particularités
de sa vie. Sellon et ses ouvrages érotiques ont fait l'objet d'une intéressante étude, insérée par l'érudit *Pisanus Fraxi*, dans son excellent « Index
Librorum Prohibitorum. » (London,
1877, in-4, pp. 379-396.) « The Ups
and Downs of Life » est un livre à
clef. P. Fraxi, qui a vu le manuscrit
et les 20 figures originales qui l'ac-

compagnaient, fait connaître que Sellon avait écrit en toutes lettres les noms de ses personnages, mais que l'éditeur avait trouvé bon de les déguiser à l'impression. A en juger par les extraits donnés par Pisanus Fraxi, l'éditeur a fait preuve de prudence et de tact et ce n'est pas de sitôt qu'on pourra publier la clef complète de cette autobiographie.

VIE (LA) DE MARIE PIGEONNIER, par un de ses ***. Préface de J. Michepin. Paris, rue du Croissant, 1884, in-12 de 144 pages, couverture illustrée représentant la « Scène de la cravache. » 1 fr. 50.

On se rappelle le bruit que fit, il y a trois ans, la grande querelle de deux actrices, jadis amies, Mmes Sarah Bernhardt et Marie Colombier. Celle-ci ayant ridiculisé à outrance la première dans un livre qu'elle avait publié, peu de temps auparavant, sous le titre de *Mémoires de Sarah Barnum*, Mme Sarah Bernhardt, qui s'était aisément reconnue sous ce nom, alla faire, au domicile de son ennemie, une scène de violence dont les journaux entretinrent le public pendant au moins quinze jours (quelle belle chose que la presse dite d'information, élevée à cette hauteur !). Des brochures, pour et contre chacune des rivales, furent même publiées à l'occasion de cette grave affaire; *la Vie de Marie Pigeonnier*, dont l'auteur, heureusement pour lui, a gardé l'anonyme, est je crois le dernier factum paru au sujet de cette édifiante histoire. Ce n'est autre chose qu'un pamphlet inepte et ordurier dirigé contre Mme Marie Colombier (*Pigeonnier* dans le livre) et contre le poète Jean Richepin (*J. Michepin*), qui fut bien malencontreusement mêlé à cette affaire. On y trouve en outre des allusions à certaines individualités dont il ne convient pas de dévoiler les

noms véritables ; tels sont, par exemple, *Un comte qui s'est acquis une lamentable renommée* (p. 24), — *Un Juif qui lui ouvrit sa porte et ses bras* (p. 40), — *Un marquis plus ou moins authentique* (p. 55), — *Un secrétaire* (p. 123), — *Un éditeur malin* (p. 126), — *Emma Destigres*, — *Sébastien Colle*, etc.

VIE (LA) ET LES OPINIONS D'UN BIJOU, ouvrage posthume d'un bijou cosmopolite écrit par lui-même et traduit de la langue du Congo, par A. B. C. D..., etc. Paris, Michelet, an XII (1804), 2 vol. in-18.

J. Ferrary est l'auteur de cet ouvrage licencieux et allusif, dont on trouvera aisément la clef en se reportant aux « *Bijoux indiscrets,* » ou à « *Cléon, rhéteur cyrénéen.* »

VULGUS BRITANNICUS : or THE BRITISH HUDIBRAS. In fifteen cantos. Containing the Secret History of the London Mob; Their Rise, Progress and suppression, etc. By the *Author of the London Spy*. — The Third Edition, Adorn'd with cuts, and a Table to the whole. London, Sam Briscoe, James Woodward and John Morphew, 1711, in-8 de 180 pages. 5 curieuses gravures. Nombreuses éditions et réimpressions.

Cet ouvrage est d'*Edward Ward*, poète et littérateur de beaucoup d'esprit dont les nombreux ouvrages furent très goûtés en leur temps. Son « Vulgus Britannicus, » dirigé contre les excès de la populace anglaise et destiné à ridiculiser en même temps les luttes des principaux champions de la haute et de la basse Eglise (High-Church and Low-Church), lui attira bien des inimitiés et lui valut en outre une double condamnation à l'amende et au pilori. Bien qu'il eût pris la précaution de ne les désigner que par des initiales, les noms des personnages qu'il satirisait devaient en effet être faciles à reconnaître ; tels, par exemple, cette brute de *S....*, cette racaille de *L..,.,* le pieux docteur *D....l,* etc. On doit avoir, en Angleterre, la clef de ces initialismes.

WORKS (THE) OF M. JOHN OLDHAM, together with his Re- mains. — London, H. Hindmarsh, MDCXCVIII, in-8.

Bornons-nous à signaler cet ouvrage comme rentrant dans la catégorie des livres à clef. L'auteur, dans ses satires contre les Jésuites, dans ses imitations de Juvénal, d'Horace, de Boileau, a intercalé un certain nombre de personnages de son temps ; mais, plus prudent que ses modèles, il s'est contenté de les désigner par de simples initiales, suivant l'usage anglais, et par crainte, sans nul doute, des dispositions de la *Law against Libels.* — Il y a là une clef curieuse à rétablir, pour les bibliophiles d'outre-Manche.

Maitresses des Poètes

XVIᵉ et XVIIᵉ Siècles

ANGOT, ROBERT. — Le Prélude poétique de Robert Angot, sieur de l'Esperonnière, dédié à Monseigneur le prince de Condé. Paris, Georges Lombard (ou Gilles Robinet), 1603, in-12, avec le portrait de l'auteur alors âgé de 26 ans.

Les Novveaux Satires et Exersices gaillards de ce temps. Divisé en neuf satires. Auxquels est adjousté l'Vranie ou la Muse céleste, par R. Angot, sieur de l'Eperoniere. A Rouen, Michel l'Allemant, 1637, in-8.

Dans les notes qu'il a jointes à son excellente édition de ce dernier ouvrage (Paris, Lemerre, 1877, in-18), M. Prosper Blanchemain fait remarquer que, sous le nom d'*Erice*, Robert Angot célébra, dans son « Prélude poétique, » une demoiselle Erice de Bonfossard, qu'il aima passionnément.

Ce roman amoureux eut un triste dénouement : La belle, vertueuse et savante *Erice* mourut très jeune. Malgré sa douleur, Angot ne lui resta point fidèle, car on rencontre dans la « Muse amoureuse, » qui fait partie de son dernier recueil de poésies, les noms de *Clorinde*, d'*Erice* (soit la même, soit une autre) et de *Nérée*. Notons que cette dernière semble l'avoir payé de retour.

ARNOUL, RENÉ. — L'Enfance de René Arnoul. A Poictiers, 1587, in-4, très rare.

Le titre de ce recueil poétique est fort justement trouvé ; l'auteur avait dix-huit ans au plus quand il publia ce livre, son unique ouvrage. La première partie se compose de sonnets sur les « Amours » du poète qui y célèbre Catherine de la Place. — Suivant M. Louis de Veryières, ces petites pièces ne sont pas sans quelque valeur littéraire.

AUTELZ (GUILLAUME DES). — Amoureux repos de Guillaume des Autelz, gentilhomme charrolois. Lyon, Jean Temporal, 1553, in-8.

Dans ses vers, cet auteur célèbre, sous le nom de *Sainte*, une personne qui n'était assurément pas sa femme, Jeanne de la Bruyère. On sait seulement que cette *Sainte* avait pour prénom véritable *Denise*. C'était une dame du Dauphiné, que des Autelz connut et aima dans un de ses voyages.

BAÏF (JEAN-ANTOINE DE). — Œuvres en rimes de Jan-Antoine de Baïf, secrétaire de la chambre du Roi. Paris, Lucas Breyer. 1573, 2 vol. in-8.

Ce poète, encore célèbre aujourd'hui et dont on a récemment réimprimé les « Mimes, » n'a pas composé moins de sept livres d' « Amours » en sonnets. Entre autres beautés qu'il célèbre, il faut citer une *Meline*, dont le vrai nom est inconnu, et une dame qu'il appelle *Francine*. Le regretté M. Prosper Blanchemain a fort ingénieusement démontré, en s'appuyant sur une « Estrenne » de La Péruse, adressée à une demoiselle F. de G., que la *Francine* de Baïf était la sœur de l'*Admirée* de Tahureau (Voir cet article), et qu'elle se nommait en réalité Francine de Genne.

BARTHELEMY, LUDOVIC (ou Jean-Louis, suivant Brunet), né à Valréas, dans le comtat Venaissin, en 1626, mourut, croit-on, en 1672. Ce poète, dit M. Louis de Veyrières, commit, dans sa jeunesse, de nombreux sonnets et autres pièces en l'honneur d'une *Madeleine*, fille d'un bourgeois de Valréas ; il l'aimait et

allait demander sa main, quand elle trépassa en lui léguant un scapulaire. Barthélemy crut voir un présage de sa propre destinée dans ce simple et chaste don ; il embrassa la vie religieuse et prit l'habit de carme avec le nom de Pierre de Saint-Louis. C'est sous ce nom que le bon poète composa des ouvrages d'un genre bien différent : « La Muse Bouquetière de Nostre-Dame de Lorette » (1672), « La Magdeleine » (1668) et « L'Eliade », poème en l'honneur d'Elie, publié seulement dans ce siècle (1827). — La médiocrité de ces poésies a fait regretter les sonnets, bien faibles cependant, de sa jeunesse.

BAUTER, CHARLES. — La Rodomontade, mort de Roger, Tragédies et Amours de Catherine ; A M. le Lieutenant-civil. Par de Meliglosse, « clarus Vates Operis. » Paris, 1605, in-8.

Charles Bauter, dit de Meliglosse, était Parisien ; on n'a pas d'autres détails sur sa vie ; mais ce qu'on sait bien, c'est que le surnom qu'il s'était donné (*Meliglosse* — langue d'abeille), était fort immérité, car rien n'est plus dur que son style, ni plus médiocre que ses vers. Dans ses Amours de *Catherine*, il semble avoir voulu chanter les charmes d'une beauté dont il tomba amoureux dès l'âge de quinze ans ; vers sa vingtième année, il aima et voulut épouser une autre demoiselle qu'un autre obtint ; enfin, dans un voyage à Bayeux, il connut et aima Catherine Scelles (est-ce la même que celle des Amours ?) et soupira longtemps et vainement pour cette belle, qui mourut prématurément. Il se consola en lui élevant un « Tombeau » de sonnets, stances, odes, élégies, etc., moins divertissant encore que ses Amours.

BEAUJEU (CHRISTOPHE DE). — Les Amours de Christofle de Beau-Jeu, baron dudit Beau-Jeu et seigneur de Jeaulges ; ensemble le premier livre de la Suisse, composé par le mesme autheur. Paris, Didine Millot, 1589, in-4.

Ces vers, qui ne sont remarquables que par une déplorable fécondité, se composent d'élégies, d'odes, de quatrains, de sonnets, de stances, complaintes, etc. L'auteur, exilé en Suisse après s'être distingué dans les guerres de Henri III, se consola de sa disgrâce dans le commerce des muses et des dames. Malheureusement pour les curieux d'aujourd'hui, il a pris soin d'anagrammatiser tous les noms des dames, au nombre de cinq, auxquelles s'adressaient ses vers ; il s'excuse même de quelques rimes inexactes occasionnées par cet excès de précaution. Quel sera l'indiscret chercheur assez patient pour découvrir le secret de ces anagrammes ? .

BEAUVEAU (Louis de). — Le Pas d'armes de la Bergère maintenu au tournoi de Tarascon ; publié d'après le manuscrit de la bibliothèque du roi, avec un précis historique de la chevalerie et des tournois, etc., etc. Paris, G.-A Crapelet, 1828, gr. in-8, avec facsimile et vignette en couleur.

La Bergère dont il s'agit ici est Jeanne de Laval, en l'honneur de laquelle le roi René donna un tournoi à Tarascon, en 1449. L'auteur de ce récit, tout en strophes de douze vers de dix syllabes, est Louis de Beauveau, l'un des tenants du tournoi.

BELLAY (JOACHIM DU). — Les Œuvres françoises de Joachim du Bellay, gentilhomme angevin et poète excellent de ce temps, revues et de nouveau augmentées de plusieurs poésies non encores auparavant imprimées. Au Roy très chrestien Charles IX. — Paris, Fédéric Morel, 1569, 2 vol. in-8.

Telle est la plus estimée des éditions de ces poésies ; elle a été donnée par Guillaume Aubert de Poitiers, avocat au Parlement de Paris. De nos jours, il a été fait d'excellentes réimpressions, partielles ou totales, de ce poète célèbre. — On trouve dans cet ouvrage 115 sonnets que du Bellay composa pour une belle qu'il nomme *Olive*, anagramme de Viole. C'était une Angevine, sa maîtresse, à qui l'on peut dire qu'il a donné une espèce d'immortalité, si l'on en juge par l'enthousiasme que les 115 sonnets de l'*Olive* excitèrent chez ses contemporains. Cet accueil si favorable nous semble aujourd'hui quelque peu excessif.

BÉRENGER DE LA TOUR. — L'Amie des Amies, imitation d'Arioste, divisée en quatre livres, par B. de La Tour d'Albenas, avec d'autres poésies du même. A Lyon, de l'imprimerie de Robert Grandjon, 1558, in-8.

Comme tous ses contemporains, ce poète a beaucoup chanté l'amour ; il est l'auteur de la « Choréide, ou louange du Bal, » et de diverses pièces burlesques, la « Naséide, » la « Maschéide, » qui sont peut-être les premiers spécimens de cette littérature que nous possédions. On trouve dans son « Amie des Amies » un grand nombre de billets de La Tour à sa *Toute,* ou de sa *Toute,* c'est-à-dire adressés à une demoiselle qu'il aimait ou de cette demoiselle. Le nom véritable de cette belle, qu'il désignait par une épithète si significative, ne nous est point connu.

BERNIER DE LA BROUSSE. — ŒUVRES POÉTIQUES DU SIEUR BERNIER DE LA BROUSSE. Poitiers, Julien Thoreau, 1617, in-12, 362 p.

L'auteur de ce gros volume de vers était avocat à Poitiers et neveu de Jean Deplanches, dont il est parlé plus loin. On remarque dans ce livre « les Amours d'Hélène, » en 120 sonnets, « les Advantures de Chloris et de Morphire, » en 27 sonnets ; enfin, «les Amours de Thisbé, » en 124 sonnets. — Il est bien vraisemblable que *Morphire* n'est autre que Bernier de la Brousse lui-même, mais qui pourra jamais dire les vrais noms d'*Hélène,* de *Chloris* et de *Thisbé,* si longuement chantées par ce médiocre poète ?

BERTHRAND ou **DE BERTHRAND, FRANÇOIS,** natif d'Orléans, publia, dit M. Louis de Veyrières, une tragédie intitulée « Priam », fort rare de nos jours ; on lui doit encore LES PREMIÈRES IDÉES D'AMOUR (Orléans, 1599, pet. in-12) ; LA MUSE DES GAULES (Bourges, 1614, in-8) et quatre livres des AMOURS D'EUROPE. — Il a célébré plusieurs femmes dans ses nombreux sonnets, stances, élégies, etc. Mais toutes ces belles dames, non plus que son *Europe,* ne nous sont connues.

BÈZE (THÉODORE DE). — Connu surtout, comme poète, par sa « Traduction des Pseaumes de David » et son sacrifice d'Abraham, a composé aussi quelques pièces légères très faibles d'ailleurs. D'après l'abbé Mersevin (Histoire de la poésie françoise, 1706), Théodore de Bèze adressa plusieurs sonnets à une femme qu'il nomme *Candide,* et qui était de Vezelay. On ne s'attendait guère à voir figurer le fougueux calviniste dans cette galerie.

BIRAGUE (FLAMINIO DE). — LES PREMIÈRES ŒUVRES POÉTIQUES DE FLAMINIO DE BIRAGUE, GENTILHOMME ORDINAIRE DE LA CHAMBRE DU ROY, A MONSEIGNEUR L'ILLUSTRISSIME ET RÉVÉRENDISSIME LE CARDINAL DE BIRAGUE, CHANCELIER DE FRANCE. S. l., 1581, in-16.

Birague a consacré la plupart de ses poésies, dédiées à son oncle le cardinal, à célébrer les charmes d'une demoiselle qu'il nomme *Marie* et qu'il aima passionnément. On ignore qui fut cette belle, mais ce qu'on sait bien, c'est que les vers de Birague sont remplis de galimatias et d'obscurité.

BLANCHON, JOACHIM. — LES PREMIÈRES ŒUVRES POÉTIQUES DE JOACHIM BLANCHON, AU TRÈS CHRESTIEN HENRY III, ROY DE FRANCE ET DE POLOGNE. Paris, pour Thomas Perier, 1583, in-8. Portrait gravé du roi.

« Ce poète limousin est encore un de ces illisibles auteurs d'*amours* en sonnets ; il en a composé deux livres, l'un à *Diane,* de 111 sonnets, l'autre, de 77, à *Pasithée.* Rebuté par les rigueurs de la première, il s'adressa à la seconde, qui ne le traita pas plus favorablement, et, dans son désespoir amoureux, il voulut se retirer dans un *antre* dont il fait une peinture fort peu attrayante. »

BOETIE (ETIENNE DE LA). — Vers françois de feu Estienne de la Boetie conseiller du roy en sa cour de Parlement a Bordeaux. Paris, Fédéric Morel, 1572, in-8.

La Boëtie n'était pas poète dans l'acception élevée du mot ; c'était un homme éclairé et d'un esprit distingué, qui doit surtout sa réputation à l'amitié de Montaigne. On remarque 29 sonnets dans ses vers, où il a surtout célébré la femme qu'il épousa par la suite ; elle se nommait Marguerite de Carde.

BONNEFONS, JEAN. — Pancharis Jo. Bonefonii Arverni. Parisiis. Abel Langelier, 1587, in-12. Charmante réimpression, avec les « Imitations françoises » de Gilles Durant. Paris, Liseux, 1878, in-18. (Avec préface de M. P. Blanchemain.)

Ce délicieux recueil de pièces latines, qui n'ont été égalées que par les « Basia » de Jean Second, est consacré, pour la plus grande partie, à la louange de la femme aimée par Bonnefons. Toutes les recherches faites par M. P. Blanchemain n'ont pu nous faire connaître le nom de l'héroïne à laquelle son amant avait donné un surnom si gracieux et si poétique. Malgré les savantes conjectures de M. Alexis Socard, bibliophile troyen, qui soupçonne, avec une grande apparence de raison, que Bonnefons épousa sa *Pancharis*, le vrai nom de cette belle demeure une énigme dont le nom est à jamais perdu, les anciens registres paroissiaux de Bar-sur-Seine, où Jean Bonnefons exerçait la charge

de lieutenant-général, étant disparus (Voir plus loin Gilles Durand).

BOTON, PIERRE. — La Camille de Pierre Boton, masconnois, ensemble les rêveries et discours d'un amant désespéré. Paris, Jean Ruelle, 1573, in-8.

Obscurs, emphatiques et ridicules, tels sont en général, les vers de Pierre Boton. Cet *amant désespéré* était fort jeune quand il les composa. La hauteur orgueilleuse de sa prose égale la médiocrité de sa poésie. Peut-être n'était-il pas moins irrité des railleries de ses censeurs que des rigueurs de sa *Camille*, car cette belle inconnue, à laquelle il témoigne une ardente passion, ne semble pas, d'après l'ouvrage même, lui avoir été trop favorable. Il avait commencé à l'aimer dès l'âge de 14 ou 15 ans.

BOYSSIÈRES (JEAN DE). — Les premières Œuvres (ou Armes) amoureuses de Jean de Boyssières, Montferandin. Paris, Claude de Montreuil, 1578, pet. in-12 avec un portrait du duc d'Anjou, gravé sur bois. Très rare.

Ce livre se compose de 118 sonnets, 13 doubles sonnets, c'est-à-dire contenant quatre quatrains de suite, suivis de six tercets : forme bizarre inventée probablement par Boyssières, qui n'a pas eu d'imitateurs ; on y trouve encore des odes, des baisers, des adieux, etc., tout cela, dit Viollet-le-Duc, niais, sale et vide, sans un seul vers à citer. » Plus indulgent, M. P. Lacroix a consacré une petite notice à ces poésies dans le « Bulletin du Bibliophile » (1859, p. 116). Il y parle notamment d'une *Sylvie*, que Boyssières adorait, qu'il a constamment chantée et qui paraît lui avoir été toujours cruelle.

BRACH (PIERRE DE). — Les Œuvres de Pierre de Brach, Bourdelois. Divisées en trois livres. — A Bourdeaux, par Simon Millanges, 1576, in-4. Portrait de l'auteur par Thomas de Leu.

Ces poésies, jadis recherchées, ont été admirablement réimprimées de nos jours (Paris. A. Aubry, 1861, 2 vol. petit in-4), par les soins de l'érudit M. Reinhold Dezeimeris, qui y a joint de nombreuses et très intéressantes annotations. Les deux premiers livres, intitulés les Amours d'*Aymée*, se composent de nombreux sonnets, stances, chansons, odes, élégies, etc, d'une dame dont il vante la vertu et loue les attraits, en exaltant son amour pour elle. « Toutes ces pièces, comme il le dit lui-même, ne sont que la même note d'une chanson trop souvent rechantée. » Il épousa l'objet de son amour; mais il eut le malheur de perdre son *Aymée* et continua à la célébrer dans des vers qui ne devaient paraître qu'après sa mort. Ce sont ces poésies que M. Dezeimeris a ajoutées à son excellente édition; elles forment le troisième livre : les Regrets et larmes funèbres sur la mort d'Aymée, » et le quatrième, « Tombeau et regrets funèbres sur la mort d'Aymée. »

BRETIN, PHILIBERT. — Poésies amoureuses réduites en forme d'un Discours de la nature d'amour, par Filber Bretin, Bourgongnon, Aussonois. Plus les Meslanges du mesme Auteur. Φίλη Βάρβιτος. — A Lyon, par Benoît Rigaud, 1576 in-8.

Médecin à Dijon, Bretin compose divers ouvrages relatifs à son art, en même temps qu'il écrivait ses poésies. Il y traite de la « nature d'amour », au moins, autant en médecin qu'en

poète, et il y célèbre en maints endroits les beautés et les charmes de sa *Dame*, autrement dit de sa maitresse. Il ne lui a pas donné de surnom, comme tous les poètes de son temps; il s'est borné à faire connaître, dans un acrostiche en forme de pyramide renversée, que cette *dame*, à laquelle il donne parfois de singuliers conseils, se nommait Marguerite Chapelain. On n'a pas d'autres renseignements sur cette personne.

BUGNYON, PHILIBERT. — Erotasmes de Phidie et Gelasine. Plus le Chant panégyricque de l'Isle Pontine, avec la Gayeté de May (par Philibert Bugnyon, docteur ès-droits, Conseiller du Roy et son Avocat en l'Election de Lyon et pays masconnois.) — A Lyon, Jean Temporal, 1557, in-8.

Ce grave jurisconsulte, auteur de plusieurs autres œuvres poétiques, n'a presque fait que chanter l'amour. Il célébra en d'innombrables vers sa *Gélasine*, « qui vaut autant en françois que *Riante* », et ne fit de vers que pour elle. C'était une demoiselle de Mâcon, sœur, dit l'abbé Goujet, des demoiselles de Chanein et de Feurs. Sous le nom de *Phidie*, il exprime en cent manières sa passion pour celle qu'il recherchait et qu'il ne put obtenir; car, obligé de quitter Mâcon pour s'établir au Présidial de Lyon, il lui fit les plus tendres adieux, non sans espoir de retour, et c'est de cette dernière ville qu'il lui adressa ses « Erotasmes. »

BUTTET, CLAUDE DE… — Les Œuvres poétiques de Marc Claude de Buttet, Savoisien. — Paris, Hierosme de Marnef, 1588, in-8.

« Ce gentilhomme savoyard fit ses études à Paris et fut attaché à la maison de Marguerite de France, lorsqu'elle épousa Emmanuel Philibert, duc de Savoie. Presque toutes ses poésies sont des vers de *circonstance*, inspirés par les événements. On y remarque toutefois « Les Amours d'Amalthée », en 128 sonnets, dans lesquels l'auteur *pétrarquise* son désèspoir amoureux en vers rocailleux et souvent inintelligibles, tant ils sont remplis de mots grecs et latins francisés à sa manière, d'une façon barbare. On ignorera certainement toujours le nom véritable de sa cruelle *Amalthée*. »

CAILLAVET, NICOLAS DE... — Poésies de Caillavet, Condommois; divisées en deux livres et dédiées a sa Melinde, seconde édition. — A Paris, Pierre Targa, 1634, in-4.

Nicolas de Caillavet, ou Cailhavet, sieur de Monplaisir, suivit d'abord la carrière des armes; las de la profession militaire, il se fit recevoir avocat au Parlement de Bordeaux, et, dans cette position plus tranquille, il put paisiblement chanter son amour pour *Mélinde*, sa maîtresse, la seule femme qu'il ait célébrée dans ses deux livres. Il l'avait connue dans le Limousin et lui était demeuré fort attaché. Suivant l'abbé Goujet, cette belle inconnue, satisfaite sans doute des éloges passionnés de son amant, n'aurait pas été étrangère à la publication de ses poésies.

CALLIER, RAOUL. — Les Infidèles fidèles, Fable boscagère, de l'invention du pasteur Callianthe. — Paris, Thomas de la Ruelle, 1613. — Poésies diverses, dont quelques-unes en vers mesurés, par le sieur Raoul Callier. (Se trouve à la suite des Œuvres de Nicolas Rapin).

Ce poète assez médiocre fut parent et peut-être beau-frère de Nicolas Rapin. Ses vers sont disséminés dans la plupart des Recueils du temps. C'est lui-même qu'il désigne sous le nom du Pasteur *Calianthe* (belle fleur); quant à sa bergère, à laquelle il prodigue les stances et qu'il appelle *Philis*, son vrai nom n'est point venu jusqu'à nous.

CAUVIGNY, FRANÇOIS DE..., sieur de coulomby, ou collomby, près de Caen, vient de 1588 à 1648. Il était disciple et parent de Malherbe et fut, qui s'en douterait? membre de l'Académie. Outre une traduction de Justin, on a de lui diverses poésies, insérées dans les recueils du temps. Il chanta une belle, qu'il nomme *Calixte*, et dont il n'eut guère à se louer, à en juger par ses plaintes contre « ceste Ame infidelle. »

CHANTELOUVE, FRANÇOIS GROSSOMBRE DE..., de Bordeaux, chevalier de Malte, avait publié deux pièces de théâtre, quand parut à Paris, en 1576, son recueil de vers, dont les sonnets célèbrent *Angélique*. La dame de ses pensées, dit M. Louis de Veyrières, ne l'inspira point d'une façon poétique.

CHILLAC, DE... — Les Œuvres poétiques de Timothée de Chillac. — Lyon, Thibaud Ancelin, 1599, pet. in-12, avec portrait de l'auteur couronné de laurier.

Timothée de Chillac né, croit-on, en Languedoc, dans la ville du Puy, avait eu pour professeur de poésie un faiseur de vers nommé Pontaymeri, qui s'applaudissait beaucoup d'avoir un pareil disciple. Couronné pour ses vers, à l'âge de vingt ans, Chillac se hâta de les réunir et de les publier. On y trouve : « Les Amours d'*Angélique* (ou *Angeline* ?); le vrai nom de cette belle n'est point venu jusqu'à nous; puis on y remarque encore « Les Amours de *Lauriphile* » : cette seconde pièce est une allégorie où l'auteur montre sa vaine passion, non pour une femme, mais pour les muses et Apollon.

COLLETET, GUILLAUME. — Désespoirs amoureux, avec quelques lettres amoureuses, et Poésies, par le sieur Colletet. — A Paris, Gervais Alliot, 1622, in-12. — Les Divertissements du sieur Colletet. — A Paris, de l'imprimerie de Robert Estienne, 1631, in-8.

G. Colletet, estimé surtout pour son « Histoire générale et particulière des Poètes françois, anciens et modernes », demeurée inédite et dont le manuscrit a été malheureusement détruit en 1871, était, il est vrai, un poète fort médiocre, mais un littérateur fort distingué. On a rassemblé maintes fables sur ce galant homme qui mériterait une large place dans l'histoire des hommes de lettres malheureux. On le dit veuf de trois femmes; la vérité est qu'il n'en eut que deux : la première, mère de son fils François, se nommait Marie Prunelle; la seconde, qui paraît avoir été d'abord sa domestique, était fort belle, et se nommait Claudine le Hain. — C'est elle qu'il célébra sous tant de formes et sous le nom de *Claudine*, dans ses vers amoureux. On sait qu'il lui avait attribué maintes pièces de vers publiées sous ce nom. La mort de

G. Colletet, en rendant muette sa femme, découvrit cette innocente supercherie.

CORNU, PIERRE DE... — Les Œuvres poétiques de Pierre de Cornu, Dauphinois, contenant sonnets, chansons, odes, discours, églogues, stances, épitaphes, et autres diverses poésies. —A Lyon, 1583, in-8.

Charmante réimpression : Turin, J. Gay, 1870, in-18 de XXVII-232 pp. 100 exemplaires.

L'auteur nous apprend que ces œuvres sont « le fruit de sa tendre jeunesse. » — Elles sont généralement pleines de passion et vraiment bien licencieuses pour un futur magistrat, car Pierre de Cornu devint par la suite conseiller au parlement de Grenoble. Dans son premier livre d'« Amours » il chante une *Lucrèce*, qui devint sa femme, et, dans le second, une *Laurine,* nom à peine déguisé de Mme de Laurini, avignonnaise qu'il paraît avoir aimée beaucoup. *Lucrèce* n'était autre que la dame Meraude de Baro, sœur du conseiller de ce nom et veuve de l'avocat Chevalet. Malheureusement pour Cornu, un de ses collègues au parlement, le grave Claude Expilly avait, pendant quatre ans déjà, soupiré pour la même personne, qu'il avait chantée dans ses vers, et dont, de son propre aveu, il ne pouvait trop apprécier les bontés. Cette particularité, connue de toute la ville, permit aux beaux esprits de Grenoble de plaisanter très fort sur le mariage de Cornu, dont le nom servit de texte à maintes joyeuses épigrammes. (Voir plus bas : Expilly). Ce qu'il y a d'assez piquant, c'est que les sonnets de Cornu sont entremêlés de vers de Claude Expilly qui prodigue les flatteries à son... confrère.

Dans le cours de ses petits poèmes, Cornu désigne souvent des personnages réels par des pseudonymes : ainsi *Le Tuscan*, c'est Pétrarque ; *Terpandre*, c'est Ronsard, *Lermot*, Gabriel de Lers, ou de Lerm, grand ami de Pierre de Cornu, qui se met lui-même en scène sous le nom de *Perrot*.

COURTIN DE CISSÉ, JACQUES DE... — Les Euvres poétiques de Jacques de Courtin de Cissé, gentilhomme Percheron. — A Paris, pour Gilles Beys, 1581, pet. in-12.

Ce poète, connu encore par sa traduction des Hymnes de Synésius, n'avait que 21 ans quand il publia ses poésies. Ses livres amoureux d'odes et de sonnets firent beaucoup de bruit alors ; mais on ne peut guère s'expliquer cet engouement aujourd'hui. Il a chanté une *Rosine*, en 149 sonnets tous fort médiocres ; on ignore le nom de cette belle que son amant ne célébra guère davantage, car il mourut, à 24 ans, en 1584, dans toute l'illusion de sa renommée.

DAIX, FRANÇOIS. — Les premières Œuvres du sieur Daix Marseillois, Dédiez a très illustre et très vertueux seigneur, monseigneur G. Duvair, conseilller du Roi en son conseil privé et d'Etat, et premier Président en la Cour de Parlement de Provence. — A Lyon, par Thibaut Ancelin, 1605, in-12.

Dans la première partie de son livre, « *Polydore,* ou le Printemps des Amours du sieur Daix », l'auteur célèbre longuement, en de nombreux sonnets, stances, etc., les charmes de sa maîtresse. Cette belle fille était de Marseille, patrie du poète qui trouvait un double plaisir à chanter à la fois sa ville natale et son amie. Malheureusement, *Polydore* fut inconstante ; après une assez longue absence, elle oublia son poète et donna sa foi à un autre. Daix, d'abord désespéré, finit par se consoler ainsi qu'on en peut juger par diverses pièces de la troisième partie de son volume : « Synthèse, ou Meslange poëtique de diverses Amours. »

DEBASTE, NICOLAS. — Les Passions d'Amour de Nicolas Debaste. Plus : les Meslanges de Carmes latins et françois. — A Rouen, 1589, petit in-12.

Voici certainement l'un des plus vaniteux et plus outrecuidants poètes de son temps. Parmi les belles qu'il a chantées en maints sonnets, il en est une au moins qui ne dut pas être très flattée de ses présomptueux hommages. C'est cette *Jeanne*, à laquelle il adressait un sonnet, cité en partie par M. Louis de Veyrières, et dans lequel on trouve ces gentillesses :

> ..... Je pense estre aussi beau
> Comme vous, vous pensez estre une belle fille...
> Aucun je ne cognois d'une âme plus gentille
> Et mieux fait que je suis, au compas et niveau.

DEIMIER, PIERRE DE... — Les premières Œuvres du sieur Deimier. — Lyon, 1600, in-12.

Ce poète, connu par sa « Néréïde, ou Victoire navale ; Ensemble les Destins héroïques de Cléophile et de Néréclide » (Paris-1605, in 12), a célébré quelques belles dames dans ses élégies et sonnets, notamment une *Parthénie,* dont le vrai nom n'est point venu jusqu'à nous.

DEPLANCHES, JEAN. — Les Œuvres poétiques de Jean Deplan-

CHES, SIEUR DE CHASTELIER ET DE LA BASTONNERIE. — A Poictiers, Julian Thoreau, 1512, in-12 ; rare.

Ce poète, qu'il ne faut pas confondre avec Jean Desplanches, auteur de la *Synathisie*, était l'oncle de Bernier de La Brousse, dont il est question plus haut, et qui prit soin de recueillir ses poésies. On trouve de tout dans ce volume, qui se divise en trois parties. Dans la première, Bernier a réuni les poésies que son oncle avait composées quand il n'était pas encore « prieur de Comblé et soubz-chantre de Sainte-Radegonde de Poictiers. » Ce sont les *amours* de *Marguerite*, en 54 sonnets, d'*Isabelle*, en 29, de *Catherine*, en 3 sonnets, et de *Francine*, en 4. Par malheur, Bernier a totalement oublié de nous dire les noms véritables des beautés célébrées par son oncle, qui produisit encore maintes poésies plus que gaillardes, et qui finit par ne plus composer que des « Œuvres chrestiennes et pieuses. »

DESPORTES, PHILIPPE. — LES ŒUVRES DE PHILIPPE DESPORTES. — — A Paris, Robert Estienne (le fils), 1573, in-4.

Plusieurs réimpressions avec d'importantes augmentations. La meilleure édition est sans conteste celle donnée par les soins de M. Alfred Michiels. — Paris, A. Delahays, 1858, in-12, front. gravé.

Ce poète, homme d'église, le plus riche bénéficier de son temps, a chanté maintes belles, quelques-unes pour son propre compte et d'autres pour le compte d'autrui. Ses passions s'attachèrent aux plus beaux noms et il y aurait beaucoup à dire pour en retracer toute l'histoire. Bornons-nous à faire connaître que la *Diane* des « Premières amours » n'était autre que la belle Diane de Cossé-Brissac, comtesse de Mansfeld, qui, surprise avec un autre amant, le comte de Maure, fut poignardée par son mari. Suivant M. Alfred Michiels et d'après Du Radier, il y aurait aussi dans les « Amours de *Diane* » maintes pièces en l'honneur de Renée de Rieux, dite la belle Châteauneuf, que Desportes chanta, par procuration, pour le duc d'Anjou, depuis Henri III, qui fut son amant. —Dans les « Amours d'*Hippolyte*, » il faudrait reconnaître ou Hélène de Surgères, dernière maîtresse poétique de Ronsard, ou Hippolyte Bouchard, depuis vicomtesse d'Aubeterre. Quant à la *Cléonice* qui inspira les « dernières Amours » de Desportes, ce serait Héliette ou Henriette de Vivonne de la Chastaigneraye. Desportes a célébré aussi *Callirée*, mais cette fois encore c'était au nom d'un autre amant, le roi Charles IX, qui voulait rentrer en faveur près de sa maîtresse, la fameuse Marie Touchet. Desportes en chanta et surtout en aima bien d'autres, depuis la reine Marguerite et Mlle de Senectère, nièce de l'évêque du Puy, jusqu'à Louise de l'Hôpital-Vitry, dame de Sirviers, dont il partagea les bontés avec l'amiral de Villars ; puis c'est aussi une dame Patu, une dame d'Aigroutin et d'autres encore. Quel singulier ecclésiastique que le riche abbé Desportes, s'il faut en croire toutefois les commérages de l'indiscret Tallemant.

DIGNE, NICOLAS LE... — LES FLEURETTES DU PREMIER MESLANGE DE N. LE DIGNE, SIEUR DE L'EPINE-FONTENAY. RASSEMBLÉES PAR ANTOINE DE LA FOREST, ÉCUYER, SIEUR DU PLESSIS. — Paris, Jérémie Février, 1601, in-12.

Après avoir porté les armes dans sa jeunesse et vécu assez longtemps dans le monde, Le Digne embrassa l'état ecclésiastique et obtint les prieurés de Condé et de l'Enfourchure. Il rima toute sa vie et ses poésies se ressentent de sa position au moment où il les composait. Recueillies en plusieurs volumes par son ami Antoine de la Forest, elles contiennent à peu près tous les genres et tous les styles ; les meilleures ne valent pas grand'chose. On y remarque cependant un discours satirique adressé à Béroalde de Verville et dirigé « contre ceux qui écrivent d'amour. » Sans doute, l'excellent prieur avait oublié, en composant cette satire, qu'il avait jadis, dans ses « Fleurettes, » chanté, assez chastement d'ailleurs, les louanges d'une belle qu'il nomme *Blanche*, qui nous est inconnue.

. DUPIN-PAGER. — LES ŒUVRES POÉTIQUES DU SIEUR DUPIN-PAGER. — Paris, Jacques Quesnet, 1629, gr. in-8 ; rare.

Ce poète, dont Viollet-le-Duc a parlé avec estime, est bien peu connu. Les Biographies sont muettes à son égard. On sait seulement qu'il vécut dans l'intimité de Guillaume Colletet, de François Ogier, de Jean Besly et d'autres littérateurs distingués de son temps. Ses œuvres se divisent en deux parties : les poésies françaises et les poésies latines. « Dans les premières il célèbre, sous le nom de *Belinde*, une dame à laquelle il adresse maintes élégies et force sonnets. L'objet de son amour est une femme mariée ; il cherche à atténuer les reproches que s'adresse sa maîtresse avant que de satisfaire à ce qu'il lui demande ; il lui peint son amour, ses transports jaloux et s'efforce de lui prouver que son époux est indigne d'elle ; par un sentiment de délicatesse, d'ailleurs, il a eu l'extrême habileté de laisser supposer que *Belinde* n'était pas encore coupable quand il lui adressait ces vers pleins de passion. »

DUPRÉ, CHRISTOPHE. — LES LARMES DE CHRISTOPHE DUPRÉ, PARISIEN, SIEUR DE PASSY. — Paris, 1577 et 1579, in-4.

On trouve quelques sonnets dans ces poésies très médiocres. Ces « Larmes » sont versées par l'auteur sur la tombe de sa femme.

DURAND, ESTIENNE. — LES ÉPINES D'AMOUR. — Rouen, 1608 (ouvrage en prose et en vers). — MÉDITATIONS DE E. D.— Paris, 1611.

Né à Paris, vers 1590, ce poète, dit M. Louis de Veyrières, eut le titre de « poète ordinaire » de la reine Marie de Médicis. Dans la première partie de ses « Méditations, » il célèbre une belle qu'il nomme *Uranie* et lui adresse des chansons, odes et sonnets. — Etienne Durand est surtout connu par sa triste fin. De concert avec le Florentin Siti, il composa la « Riparographie, » livre si bien supprimé qu'il n'en reste pas un seul exemplaire. C'était un libelle contre le roi, et les deux auteurs furent, pour ce fait, le jeudi 19 juillet 1618, rompus et brûlés devant l'église Notre-Dame de Paris.

DURANT, GILLES. — LES ŒUVRES POÉTIQUES DU SIEUR DE LA BERGERIE ; AVEC LES IMITATIONS DU LATIN DE JEAN BONNEFONS. — A Paris, chez Abel l'Angelier, 1594, in-12. — Les mêmes, avec un Abrégé de sa vie, par M. de La Monnoie.— A Amsterdam (Paris), 1725 et 1727, in-12.

— Voir aussi plus haut : Jean Bonnefons.

Gilles Durant, sieur de la Bergerie,

a publié, en vers charmants, des imitations de la délicieuse *Pancharis* de son ami Jean Bonnefons. Il ne s'est pas gêné, d'ailleurs, pour substituer le nom de sa maîtresse, qu'il appelle *Charlotte*, à celui de Pancharis. M. P. Blanchemain a conjecturé avec ingéniosité que le vrai nom de cette belle était contenu dans ce titre bizarrement anagrammatisé « *L'Isle du chaste Roc,* » dont le retournement donne Charlotte de Soulci (ou Sulci, ou Sucy), que Durant a célébrée ailleurs. L'ami de Jean Bonnefons a encore chanté dans ses « Dernières amours » une *Camille,* sur laquelle nous ne possédons aucun indice.

ELLAIN, NICOLAS. — Les Sonnets de Nicolas Ellain, Parisien (Avec une Épître en vers françois a Eustache du Bellay, Evêque de Paris, par Grégoire Gourdry, Vermandois). A Paris, pour Vincent Sertenas, 1561.

Ellain, homme de loi et comme tel condamné à passer sa vie au Palais, montra toujours peu de goût pour la procédure. Il s'adonna bien plus volontiers à la poésie et célébra, dans ses nombreux sonnets, une *Pandore* dont nous ignorons le vrai nom. Il avait dédié ces vers à l'évêque de Paris, ce qui offusque beaucoup l'abbé Goujet, malgré les raisons données par Grégoire Gourdry pour excuser la hardiesse de son ami Ellain.

ENNETIÈRES, JEAN D'... — Les Amours de Théagines et de Philoxène, et autres Poésies, par J. d'Ennetières. — A Tournay, 1616, in-16.

Jean d'Ennetières, seigneur de Beaunez, Maisnil et autres lieux, a composé encore un poème assez important pour l'histoire de Bourgogne, intitulé : « Jacques de Lalaing, chevalier de la Toison d'Or, » puis des poésies dévotes ayant pour titre : « Les quatre baisers que l'âme peut donner à son Dieu dans ce monde. » Tout cela est beaucoup moins gai que *Théagines* et *Philoxène,* où l'auteur se mettant lui-même en scène, célèbre ses amours pour une beauté sans pareille, à grand renfort de mignardises et de gentillesses galantes, sans tomber cependant, comme beaucoup de ses contemporains, dans la licence et l'obscénité. On remarque encore, dans ses Mélanges, une élégie adressée à Mlle Florence de Catris, qu'il appelle sa fiancée.

EXPILLY, CLAUDE. — Les Poèmes de messire Cl. Expilly. — Grenoble, Pierre Verdier, 1624, gr. in-4.

On trouve dans ce livre « Les Amours de *Chloride,* » entièrement composés pour Méraude de Baro, dont il est parlé plus haut à l'article concernant Pierre de Cornu, qui l'épousa. « Elle estoit très belle, dit Expilly, et « d'une humeur si douce et si attrayante, avec un esprit de femme « si gentil que je l'aimay et servis de « tout mon cœur durant quatre ou « cinq ans, *ayant* eu beaucoup de « part à ses bonnes grâces. » Pauvre Cornu ! — Ajoutons que ce savant magistrat ne soupira point seulement pour cette belle : outre Gabrielle d'Estrées, à laquelle il adressa beaucoup d'encens, il eut encore en vue, dans ses « Diverses Amours, » une beauté nommée *Suzanne* de Granges; puis il fit des stances pour mademoiselle *Lucrèce* de Mirmam ; enfin, dans un de ses Dialogues, il fit ouvertement la cour à une certaine *Eriphile,* dont nous ignorons le véritable nom.

FERRY, PAUL, ministre de la

religion réformée, né à Metz en 1591, y mourut en 1669. Il est surtout connu par son « Catéchisme général de la Réformation, » que Bossuet réfuta complètement. Malgré la gravité de son caractère, dit M. Louis de Veyrières, Paul Ferry a composé en l'honneur d'une *Isabelle* quelconque des stances et des sonnets d'ailleurs extrêmement faibles.

FONTAINE, CHARLES. — Les Ruisseaux de Fontaine. Œuvre contenant épistres, élégies, chants divers, épigrammes, odes et estrennes pour cette présente année 1555. Par Charles Fontaine, Parisien. Plus il y a un Traité des passetemps des Amis avec un translat d'un livre d'Ovide, et de 28 énigmes de Symposius (Lactance), traduits par ledit Fontaine. — A Lyon, par Thibauld Payan, 1555, pet. in-8.

Fontaine, élève et imitateur de Clément Marot, offre encore aujourd'hui de l'intérêt au lecteur. L'abbé Gouget lui a consacré une étude assez étendue et j'ai lieu de croire qu'une réimpression de ses œuvres serait très bien accueillie de nos jours. C'est un des auteurs qui ont contribué à polir notre langue. Dans les nombreuses pièces qui composent son livre, on en trouve une assez grande quantité faites en l'honneur de deux dames qu'il nomme *Marguerite* et *Flora* : ce furent ses deux femmes ; elles étaient toutes deux originaires du Lyonnais. Fontaine paraît les avoir beaucoup aimées.

FORGET, PIERRE. — Les Poesies galantes de Pierre Forget, sieur de la Picardière, se trouvent pour la plupart réunies dans les Délices de la Poésie française. — A Paris, Toussaint du Bray, 1620, in-8.

Ce poète, connu surtout par son « Hymne à la Reine régente, mère du Roy Louis XIII, » et par « ses Sentiments universels, » longue suite de quatrains moraux, a chanté l'amour de *Melice* en douze sonnets, et composé d'autres poésies légères en l'honneur d'une *Chloris*, sa maîtresse, dont il n'avait pas eu à louer la constance. Cette belle infidèle, non plus que Melice, ne nous sont point connues.

FRÉNICLE, NICOLAS. — Les premières Œuvres politiques du sieur H. Frénicle. — A Paris. Toussaint Du Bray, 1629, in-8.

Les Œuvres de N. Frénicle, conseiller du Roi et général en sa cour des Monnoyes. Paris, Toussaint du Bray, 1629, in-8.

Ce fécond auteur, qui devait par la suite composer des poésies si édifiantes (« Hélie, » « Jésus crucifié, » « Hymne à la Vierge, » etc.), débuta par la galanterie. Dans ses premières poésies, le futur magistrat célébra tour à tour une poitevine, nommée *Florice*, puis *Chloris*, puis *Angélique*, beautés dont les noms véritables ne nous sont point parvenus. Plus tard, il continua à cultiver la poésie, mais avec plus de décence, en l'honneur de sa femme, Mlle Cartais, fille du conseiller qui lui avait cédé sa charge. Sans doute Frénicle aima beaucoup sa femme, car il l'a chantée maintes fois sous le nom d'*Isis*, et dans la plupart de ses ouvrages il fit placer en tête le portrait de Mlle Cartais, fort bien gravé, en même temps que le sien.

FULDIÈRE, DE LA... — LA ROSE D'AMOUR DE LA FULDIÈRE, RUTHENOIS. — A Lyon, 1621, in-16 de 92 p.

Ce poète inconnu, même à Rodez, a dédié son petit livre (dont on ne connaît qu'un exemplaire) à Mlle C. Daudad. Il est vraisemblable que cette personne n'est autre que la *Rose* chantée par La Fuldière.

GARNIER DE MONFURON, JEAN-NICOLAS. — RECUEIL DE VERS DE M. DE MONFURON, ABBÉ DE VALSAINTE, DESQUELS LA PLUS GRANDE PARTIE N'A POINT ENCORE ÉTE VUE NI IMPRIMÉE. — A Aix, Estienne David, 1632, in-8.

Voici encore un de ces ecclésiastiques-poètes qui font la désolation de l'abbé Goûjet, le savant littérateur ne pouvant comprendre qu'un homme d'église célèbre si librement de profanes amours. L'abbé de Monfuron fut cependant un modéré, pour le temps; il n'eut, ou du moins ne chanta que deux maîtresses, *Chloris* et *Angélique*, dont nous ignorons les vrais noms, et qu'il célébra, la première surtout, avec une excessive tendresse.

GARNIER, ROBERT, lauréat des Jeux floraux et célèbre auteur de huit pièces de théâtre, publia, en 1565, ses premières poésies. Ce livre, qui contient maints sonnets, parut, dit M. Louis de Veyrières, sous le titre de « Plaintes amoureuses; » ce fut une jeune personne, nommée *Marie*, qui les inspira.

GODARD, JEAN. — LA NOUVELLE MUSE, ou LES LOISIRS DE JEAN GO-DARD, PARISIEN, CY-DEVANT LIEUTE-NANT-GÉNÉRAL AU BAILLIAGE DE RIBE-MON. — Lyon, Claude Morillon, 1618, in-8.

Ce magistrat-poète, qui n'est plus guère connu que par ses pièces de théâtre, a publié, outre sa « Nouvelle Muse », deux volumes d'*Amours*, en vers assez corrects, mais absolument médiocres au point de vue du sentiment poétique. Il y a chanté une *Flore*, dont le nom véritable est demeuré une énigme, ainsi que celui de sa *Lucresse*, à laquelle il n'a pas consacré moins de 156 sonnets et une foule de chansons et élégies; cette dernière dame était de Paris et Jean Godard paraît l'avoir singulièrement aimée, à en juger par toutes les sottises qu'il débite en son honneur.

GRÉVIN, JACQUES. — L'OLYMPE DE JACQUES GRÉVIN, DE CLERMONT-EN-BEAUVAISIS; ENSEMBLE LES AUTRES ŒUVRES POÉTIQUES DUDICT AUTHEUR, A GERARD L'ESCUYER, PROTHÉNOTAIRE DE BOULIN. — A Paris, de l'imprimerie de Robert Estienne, 1560, in-8.

Le Théâtre de Jacques Grévin, de Clermont, etc., etc. : ensemble la seconde partie de l'Olympe et de Gelodacrye. — A Paris, pour Vincent Sertenas, 1562, in-8, portrait de l'auteur.

Cet auteur, dont il est reparlé dans le corps de cette étude, aima plusieurs belles, mais pardessus toute autre, une dame qu'il a nommée *Olympe*. Cette *Olympe*, ou *Olimpe*, n'était autre que Nicole Estienne, qui devint plus tard la femme de Jean Liebault, médecin, professeur de Grevin. Elle était fille de Charles Estienne et nièce de

Robert Estienne, qui imprima les premières poésies de l'auteur. Grévin en devint amoureux dès l'âge de quinze ans. Son « Olympe » est un mélange de sonnets et de chansons, où tout respire la passion qui l'enflammait. Il est à remarquer que, comme Claude de Pontoux, Grévin a composé une *Gélodacrie*, mélange de ris et de larmes, c'est-à-dire de poésies gaies et sérieuses.

GUY, DE TOURS. — Les premières Œuvres poétiques et Souspirs Amoureux de Guy de Tours. Dédiez a monseigneur le grand Escuyer de France. — A Paris, pour Nicolas de Louvain, 1598, in-12.

L'avocat Guy, surnommé de Tours, du lieu de sa naissance, ne se contenta point d'une belle : il en chanta plusieurs et souvent en termes indiscrets. La première qu'il aima et qu'il appelle son *Ente*, ne paraît pas l'avoir payé de retour ; il chanta ensuite *Claude* et *Nérée;* mais celle qu'il célébra entre toutes fut son *Anne*, sans doute Anne de La Salle, à laquelle il consacra quatre livres de ses « Amours ». Cette dame, qu'il semble avoir voulu épouser, ne lui fut sans doute pas favorable, car il se plaint de ses rigueurs, ou plutôt de son indifférence, dans diverses élégies. Le cinquième livre des « Amours » de notre poète se termine par une pièce fort longue intitulée « Le Paradis d'Amour, Aux Nymphes de Tours ». — C'est une allégorie dans laquelle il met en scène maintes belles demoiselles de Tours, parmi lesquelles, comme on pense bien, *Anne* n'est point oubliée.

HABERT, ISAAC. — Les Œuvres poétiques d'Isaac Habert, secrétaire du Roy, dédiées a monseigneur

DE LAUSSAC. — A Paris, par Abel l'Angelier, 1582, in-4.

Des deux livres qui composent ce recueil, le premier est en grande partie employé par Isaac Habert à célébrer ses « Amours » pour *Diane*, c'est-à-dire pour sa maîtresse ; il contient 52 sonnets, des chansons, des stances, des élégies, etc. L'abbé Goujet pense que l'auteur pourrait bien avoir ainsi chanté la femme qu'il épousa par la suite.

Il ne faut pas confondre Isaac Habert avec François Habert, son grand père, poète beaucoup plus fécond et moins digne d'oubli, qui, dans « La Nouvelle *Juno* » (Lyon, Jean de Tournes, in-8, vers 1546), a chanté les louanges de Catherine de Médicis, femme du Dauphin, qui devint roi sous le nom de Henri II.

HABERT DE CÉRISY. — La Métamorphose des yeux de Philis en Astres, par Germain Habert, abbé de Cerisy. — Paris, 1639, in-8, maintes fois réimprimé dans les Recueils du temps.

Ce poème d'environ 700 vers, dit l'abbé Goujet, est l'ouvrage d'une imagination également féconde et délicate. L'abbé Loménie de Brienne, le même qui offrait un louis d'or pour cette pièce sans pouvoir la trouver, dit que la *Philis*, qui en était l'objet, était M\u1d50\u1d49 Seguin, femme du premier médecin de la reine-mère. « Elle se nommait Le Vayer, était très belle, avait beaucoup d'esprit et jouait admirablement du luth. Sur la fin de sa vie, qui fut courte, elle se jeta dans la dévotion et fit de très grandes pénitences. »

HESNAUD, JEAN D'. — Œuvres diverses, contenant la Consola-

TION A OLYMPE SUR LA MORT D'ALCI-MÉDON. L'IMITATION DE QUELQUES CHŒURS DE SÉNÈQUE LE TRAGIQUE. LETTRES EN VERS ET EN PROSE. LE BAIL D'UN CŒUR. DIVERS SONNETS ET AUTRES PIÈCES, PAR LE SIEUR D. H***. — Paris, Jean Ribou, 1670, in-12.

On sait peu de chose sur la vie de Jean Hesnault, ou d'Hénault (car on n'est même pas d'accord sur l'orthographe de son nom), poète fort ordinaire d'ailleurs et que Boileau n'a pas trop bien traité. Ce qu'on se rappellera toujours de lui, c'est qu'il a fait le fameux sonnet de l'« Avorton ». Il a, dans ses écrits, fait figurer plusieurs personnages de son temps sous des noms supposés. Ne sachant pas les noms véritables d'*Olympe* et d'*Alcimédon*, nous nous bornerons à rappeler, d'après l'abbé Goujet, que d'Hénault a encore publié une Eglogue, jadis célèbre, imprimée seulement dans le « Furetierana » et dont les trois interlocuteurs étaient les portraits de trois personnages illustres », désignés sous les noms de *Daphnis, Amarante* et *Philène*. Goujet ignorait qui était *Philène;* mais il affirme positivement que *Daphnis* n'était autre que d'Hénault lui-même et qu'*Amarante* représentait Antoinette du Ligier de La Garde, si connue sous le nom de Madame des Houlières. D'Hénault fait, en effet, son éloge, en vingt endroits, dans les termes les plus flatteurs et c'est elle encore qu'il désigne dans une de ses lettres, sous le nom de *Sapho*. — Puisque nous tenons Mᵐᵉ des Houlières, ne manquons point de nous souvenir que le chevalier de Gramont fit son«portrait» en prose et en vers, sous le nom d'*Amarillis;* que le poète Linières fit également son portrait en l'appelant *Amarante;* enfin, que cette poétesse se désigna encore elle-même sous le nom de *Célimène.* ·

JAMYN, AMADIS. — LES ŒUVRES POÉTIQUES D'AMADIS JAMYN, REVEUES, CORRIGÉES ET AUGMENTÉES EN CETTE DERNIÈRE IMPRESSION. AU ROY DE FRANCE ET DE POLOGNE. — A Paris, par Mamert Patisson, au logis de Robert Estienne, 1579, in-12.

Le second volume des Œuvres d'Amadis Jamyn, secrétaire et lecteur ordinaire de la Chambre du Roy. Au Roy de France et de Pologne. — A Paris, Félix de Mauguier, 1584, in-12.

Telle est l'édition la plus complète des poésies mêlées de cet auteur champenois. Amadis Jamyn, ou Jamin, jouit encore aujourd'hui de quelque réputation et ce n'est point tout à fait à tort; on trouve, dans son œuvre, de bonnes choses au milieu de pas mal de fatras. Il a beaucoup chanté l'amour et, dans ses poésies galantes, on le voit successivement célébrer *Oriane, Callirée* et *Artemise*, beautés dont les vrais noms ne nous sont point connus. Il s'est mis lui-même en scène sous le pseudonyme d'*Eurymédon*. On remarque encore dans ses vers des plaintes contre « la perfidie et l'ingratitude » d'une *Origille,* aussi inconnue que les autres.

JESSÉE, JEAN DE LA... — LES PREMIÈRES ŒUVRES FRANÇOISES DE JEAN DE LA JESSÉE, SECRÉTAIRE DE LA CHAMBRE DE MONSEIGNEUR FRANÇOIS DE FRANCE, FRÈRE UNIQUE DU ROI, DUC D'ANJOU ET DE BRABANT, COMTE DE FLANDRES, ETC. — A Anvers, Christophe Plantin, 1583, 4 vol. in-12.

Jean de la Jessée (ou Gessée, comme

il écrit parfois son nom), était originaire de la Gascogne ; sa vie fut passablement agitée, si l'on en juge par les détails que nous rapporte l'abbé Goujet (tome XIII, pp. 174-195). — Le troisième volume de l'édition ci-dessus décrite de ses œuvres complètes, comprend les « Amours » de l'auteur. On y trouve quatre livres des Amours de *Marguerite*, autrement dit Marguerite de Valois, première femme du futur Henri IV, dont il était devenu amoureux à Blois ; trois livres des Amours de *Sevère*, belle dame qui est demeurée inconnue et deux livres des Amours de *Grasinde*, jeune demoiselle de Paris, que la Jessée paraît avoir particulièrement aimée.

JODELLE, ESTIENNE DE... — LES ŒUVRES ET MESLANGES POÉTIQUES D'ESTIENNE DE JODELLE, SIEUR DU LYMODIN. — Paris, Nicolas Chesneau et Mamert Patisson, 1574, in-4.

Ce poète, qui fut un des plus célèbres adeptes de l'école de Du Bellay et de Ronsard, n'est plus guère connu aujourd'hui que comme auteur dramatique. Ses mélanges poétiques forment cependant les trois quarts au moins de son œuvre. Bien qu'il se soit élevé, souvent avec une verve brutale, contre Vénus et contre l'amour, on trouve dans ses nombreux sonnets (on en compte 160), les louanges d'une *Délie*, demeurée inconnue. Peut-être était-ce encore une pure abstraction, comme on l'a conjecturé pour l'*Idée* et la *Délie* de Claude de Pontoux et de Maurice Scève, dont il est parlé plus loin.

LA HAYE, MACLOU DE... — LES ŒUVRES DE MACLOU DE LA HAYE,

PICCARD, VALET DE CHAMBRE DU ROY. — Paris, 1553, in-16.

On remarque dans les poésies de ce très médiocre auteur dix-huit sonnets d' « Amours » et « vingt vœux aux vingt beautés de l'Amie. » Plus discret que bien d'autres, il ne nous a pas fait connaître, même par un pseudonyme, l'*Amie* dont il célèbre les vingt beautés.

LE CARON, LOUIS. — LA POÉSIE DE LOYS LE CARON, PARISIEN. — Paris, Vincent Sertenas, 1554, in-8.

« Louis Le Caron de Charondas, jurisconsulte et grave conseiller, ami d'Etienne Pasquier, se livra comme celui-ci à la poésie, pour son amusement. Il composa ses vers dans sa jeunesse ; plus âgé, il n'écrivit plus que des ouvrages de droit. Il est difficile de rien lire de plus obscur, de plus pédant, de plus barbare et de moins poétique que ces prétendues poésies. On y remarque cent sonnets et des odes composés en l'honneur de sa *Claire*, et dans lesquels il équivoque à perte de vue sur ce prénom. L'héroïne qui le portait ne nous est pas connue. »

LE ROCQUEZ, ROBERT. — LES PREMIÈRES ŒUVRES DE R. LE ROCQUEZ, CARENTENNOIS, CONTENANT DIVERSES AMOURS, ORNÉES DE PLUSIEURS BELLES FIGURES, ANAGRAMMES, MASCARADES ET AUTRES COMPOSITIONS POÉTIQUES. — A Constances, Jean Le Cartel, 1605, in-16.

Robert Le Rocquez, neveu du poète du même nom, auteur du « Miroir de l'Éternité, » a composé, en l'honneur de sa dame, qu'il nomme *Diane*, 59 sonnets et une multitude de pièces en vers figurés, c'est-à-dire en vers qui, par leur mesure et leur disposition, représentent des pyramides, des cœurs, des ailes, des colonnes, des verres à boire, etc. Tout cela est fort médiocre et d'une grande incorrection au point de vue de l'orthographe et de la prosodie. On y trouve cependant du naturel et de la naïveté.

LOUVENCOURT, FRANÇOIS DE... — Les Amours et premières Œuvres poétiques de François de Louvencourt, seigneur de Vauchelles, a très illustre, belle et vertueuse Princesse, mademoiselle de Longueville, Catherine d'Orléans. — Paris, Georges Drobet, 1595, pet. in-8, extrêmement rare.

Le premier des quatre livres de poésie que contient ce volume se compose de deux cents sonnets à *Aurore*, nom que Louvencourt avait donné à sa maîtresse. C'est le récit ou l'histoire de ses amours heureuses. Il paraît que dans l'intervalle du premier livre au second, la belle avait été infidèle, car l'auteur exprime dès lors ses regrets en élégies pleines de tendresse et de douleur. Par la suite, François de Louvencourt célébra dans ses vers une *Leucothée;* aurait-il été chercher des consolations près de cette nouvelle beauté ? C'est d'autant plus probable qu'il chanta encore une *Mellide* et diverses autres dames dans ses « Meslanges. » François de Louvencourt, qui ne pouvait, comme on voit, se résoudre à la stabilité en amour, fut cependant fidèle à quelque chose, à savoir la médiocrité de ses vers.

LOYER, PIERRE LE... — Les Œuvres et Meslanges poétiques de Pierre Le Loyer, Angevin ; ensemble la Comédie Néphélococugie,

ou la Nuée des Cocus, non moins docte que facétieuse. — Paris, Jean Poupy, 1579, in-12.

Cet auteur, connu encore aujourd'hui par sa « Néphélococugie, » pièce d'une telle obscénité que M. Viollet-le-Duc n'en a rien pu citer, a composé, comme presque tous les poètes du seizième siècle, un livre d' « Amours.» On y trouve 102 sonnets entremêlés de stances, de chansons, d'épigrammes, etc., etc., le tout en l'honneur d'une *Flore* dont on ignore le vrai nom. Tout cela est d'ailleurs fort mauvais et composé dans un français barbare qui en rend la lecture fort pénible aujourd'hui.

MACRIN, SALMON. — Salmonii Macrini Juliodunensis nœniæ. Libri III de Gelonide Borsala uxore. — Parisiis, Vascosan, 1550, in-8, de 144 pp.

Ce poète latin moderne mérite de trouver une place dans cette galerie. Il a composé un très grand nombre de vers latins et quelques rares pièces françaises. Le petit ouvrage ci-dessus décrit est un recueil de vers sur la mort de sa femme, Hélène Boursault, qu'il appelle *Gelonis*. Le volume est divisé en quatre livres, dont les trois premiers sont de notre poète. Le quatrième contient des pièces composées en latin, en grec et en français par ceux des poètes contemporains qui prirent part à sa douleur.

MAGE, ANTOINE. — La Polymnie, ou diverse poésie d'Antoine Mage, sieur de Fief-Melin, divisée en jeux et meslanges. — Poitiers, 1601, 2 vol. in-12. — L'Image d'un Mage, ou le Spirituel d'Antoine

MAGE, ETC., EN SEPT ESSAIS. — Poitiers, 1601, in-12.

Ce poëte, sur la vie duquel on n'a que peu de renseignements, composa la plupart de ses poésies légères dans sa jeunesse; plus tard, il abandonna l'étude de là poésie pour celle du droit, et sans doute il exerça quelque magistrature. Ce ne fut qu'à un âge déjà avancé que, sur les instances d'Anne de Pons, comtesse de Marennes, sa bienfaitrice, il consentit à réunir ses vers; encore en supprimat-il beaucoup des plus légers et des plus galants. Dans sa « Polymnie, » on trouve une « Eclogue contre l'exercice poétique ingrat à son maître, » où il se met lui-même en scène sous le nom de *Thoinet*. Le septième essai de son second ouvrage est composé en l'honneur de « Mage et de sa *Chrestienne*. » Cette *chrestienne*, c'est l'église à laquelle il adresse des vers véritablement amoureux, réminiscence de ceux qu'il avait faits autrefois pour des maîtresses moins idéales.

MAGNY, OLIVIER DE... — Les Amours d'Olivier de Magny, Quercinois, et quelques odes de luy, ensemble un recueil de M. Salel, abbé de Saint-Cheron, non encore veues. — Paris, Vincent Sertenas, 1553, in-8.

— Ses Gayetez. — Paris, P. Jean Dallier, 1554, in-8.

— Ses Soupirs. — Paris, Dallier 1557, in-8.

— Ses Odes. — André Wechel, 1559, in-8.

Dans ses « Amours, » Olivier de Magny a chanté une *Louise* que tout démontre n'être autre que Louise Labbé, la belle cordière, de Lyon, qui lui répondit par des vers. Olivier eut un premier amour pour une *Marguerite*, qui devait être demoiselle d'honneur de la dauphine, Marguerite de France. Plus tard, sous le même nom de *Marguerite*, il chanta une dame que l'on sait être Marguerite de Gordon, comtesse de Cardaillac; ce fut sa plus grande passion.

Dans ses « Gayetez, » on trouve des allusions à d'autres amours : c'est d'abord la fille du sire Brandelis de Gironde, puis une demoiselle de Launay. Enfin, dans ses « Soupirs, » Magny a célébré *Castianire* et d'autres beautés encore. La notice publiée par M. E. Courbet sur ce poète est excellente à consulter.

Puisque nous trouvons ici l'abbé de Saint-Chéron, disons tout de suite que Hugues Salel a chanté sa maîtresse, ou une de ses maîtresses, sous le nom de *Corinne*.

MAILLIET, MARC DE... — Les Poésies du sieur de Mailliet a la louange de la Reyne Marguerite. — Paris, Jean Herault, 1612, in-8.

Les Poésies de M. de Mailliet, dédiées a madame de Jehan. — Bourdeaux, 1616, in-12.

Les Épigrammes de M. de Mailliet, Périgordin, augmentées en cette seconde édition. — Paris, 1622, in-8.

Marc de Mailliet, qui vécut de 1568 à 1628, était attaché à la maison de la reine Marguerite. Vaniteux à l'excès, grotesque et pauvre, il servit à la fois de bouffon à sa maîtresse et de modèle pour le « Poète crotté, » de Saint-Amand. Jaloux de ses confrères, laid et disgracié physiquement, plus d'à moitié fou, il était plus propre à repousser qu'à séduire. Tout cela ne l'empêcha pas d'être passionnément amoureux de Mme de Jehan, autrement dit Anne Olive, dont il avait anagram-

matisé le nom comme suit : « *donne
la vie.* » Malgré, ou peut-être à cause
de ses vers ridicules, *Olive* ne l'aima
point et ce fut justice. Le pauvre
diable mourut dans la misère. Quelques-unes de ses épigrammes sont
fort libres.

MAILLY. — L'Amaranthe du
sieur de Mailly, ensuite plusieurs
stances et sonnets, enrichis de
belles inventions et de pointes
toutes gentilles. — 1560, pet.
in-8.

La beauté célébrée dans ce livre,
dont le titre est au moins peu modeste, n'est autre que mademoiselle
Amaranthe Ester de Cabiane.

Ces poésies sont fort naïves, mais
très peu libres, fait assez rare pour
un poète du seizième siècle, comme
le remarque judicieusement M. Louis
de Veyrières.

MALHERBE, FRANÇOIS DE...
— Les Œuvres de M. François de
Malherbé, gentilhomme ordinaire
de la Chambre du Roi. — A Paris,
Charles Chappelain, 1630, in-4,
nombreuses éditions et réimpressions.

L'abbé Gouget nous apprend (t. XV,
p. 200) que la dame que Malherbe a
le plus ardemment et le plus constamment aimée est celle qu'il célèbre
en maintes pièces de son cinquième
livre, sous le nom de *Caliste.* Cette
belle personne, si souvent louée par
le restaurateur du Parnasse français,
n'était autre que Charlotte des Ursins,
qui épousa Eustache de Conflans,
vicomte d'Auchy. Malgré sa froideur,
Malherbe a encore chanté une demoiselle Renée..., sous le nom de *Nérée.*
M. P. Blanchemain, qui n'a rien trou-

vé sur cette belle, ajoute que Malherbe n'a sans doute jamais aimé,
même un instant, sa femme légitime,
Madeleine de Coriolis, veuve avant lui
de deux maris.

MAROT, CLÉMENT. — Les Œu-
vres de Clément Marot, de Cahors,
valet de chambre du Roi, augmentées d'un grand nombre de ses
compositions nouvelles, par cy-
devant non imprimées. — A Lyon,
chés Estienne Dolet, 1543, in-8.

Marot, dit M. P. Blanchemain, portait ses visées très haut en amour;
mais s'il chassait jusque sur les terres du roi, s'il y faisait même des
conquêtes, il ne savait pas les garder.
Ainsi, Diane de Poitiers, que célèbrent
les pièces réunies sous le titre des
« Amours de *Diane,* » le poursuivit,
dit-on, de sa haine, après l'avoir trop
aimé. Au dire de Lenglet du Fresnoy,
qui a donné une si jolie et si bonne
édition des œuvres des trois Marot
(La Haye, 1731, 6 vol. petit in-12),
Clément adorait, sous le nom d'*Anne,*
la propre sœur de François Ier, Marguerite, duchesse d'Alençon, qu'il appelait sa sœur, et à laquelle il adressait des vers bien compromettants
pour la dame. On a taxé, il est vrai,
cette histoire de pure calomnie. La
personne qu'il nomme *Isabeau* serait
encore Diane de Poitiers ; *Renée,* c'est
Renée de Parthenay, dame de Pons,
que le poète aima passionnément
quand il fut à Ferrare ; *Jane* est sans
doute Jeanne d'Albret, princesse de
Navarre, dont le nom revient plusieurs fois dans les poésies de l'auteur.
Quant aux dames que Marot a célébrées sous leur nom véritable, la liste
en serait bien longue à dresser.

MASLE, JEAN LE... — Les nouvelles Récréations poétiques de
Jean Le Masle, Angevin, contenans

AUCUNS DISCOURS NON MOINS RÉCRÉA-
TIFS ET PLAISANS, QUE SENTENTIEUX
ET GRAVES. — Au premier desquels
est traité des louanges du Droit et
Loix civiles, ensemble de leur origine. Au second, de l'origine et excellence de la noblesse. Et au troisième de l'origine des Gaulois, ensemble des Angevins et Manceaux,
avec plusieurs sonnets, odes et autres œuvres dudit Le Masle. — A
Paris, pour Jean Poupy, 1580, in-18
ou pet. in-12.

Le Masle, bon jurisconsulte et bon
avocat, ennemi de la chicane cependant, ce qui est rare dans le métier,
composa dans sa jeunesse, pour se
délasser de l'étude du droit, d'assez nombreuses poésies en l'honneur de plusieurs demoiselles qui ne
paraissent pas avoir répondu à ses
galanteries. Il s'en consola en épousant à Angers Mlle Le Bigot, fille du
lieutenant général de Baugé; il fut
sans doute très heureux en ménage,
car, dans plusieurs de ses sonnets, il
chante les louanges de sa femme et
lui témoigne une vive amitié.

MASSON, LE... — LES PREMIÈRES
ŒUVRES DE NICOLAS LE MASSON,
ADVOCAT EN LA COUR, DÉDIEZ A LA
REYNE. — Paris, Ollivier de Varen-
nes, 1608, in-12.

Ce poëte, connu seulement par de
trop courtes notices de Viollet-le-Duc
et du marquis de Gaillon (« Bulletin
du Bibliophile, » février 1859, p. 120),
méritait, paraît-il, les honneurs de la
réimpression bien plus que divers auteurs de son époque qui ont eu cet
avantage. Ses œuvres, dédiées à Marie
de Médicis, sont encore assez intéressantes, et surtout fort élogieuses pour

Mantes, ville natale de Le Masson.
Comme la plupart de ses contemporains, il chanta ses « Amours » en 114
sonnets, stances, élégies, etc. Mais il
eut le malheur de perdre la femme
qu'il célébra sous le nom d'*Isabelle*, et,
plus fidèle que bien d'autres, il consacra encore à sa chère morte une
vingtaine de sonnets et autres petites
pièces, réunies dans son livre sous le
titre du « Trespas d'Isabelle. » On
ignorera sans doute toujours le vrai
nom de cette compagne tant aimée.

MATHE DE LAVAL. — UNIQUES
ET CHASTES AMOURS D'ISABELLE, IMI-
TATION DE L'ARIOSTE, PAR ANTOINE
MATHE DE LAVAL. — Paris, 1597.

Ce long poème en l'honneur d'*Isabelle*, dit M. de Veyrières, est suivi de
trente sonnets qui sont loin d'être
méprisables, composés également à la
louange de la même personne. Cette
belle se nommait Isabelle Nicolay ;
elle était d'origine hollandaise et
l'auteur finit par l'épouser.

MESCHINIÈRE, DE LA... — LA
CEOCYRE DE PIERRE DE LA MESCHI-
NIÈRE. — Lyon, Barthelemy Hono-
rat, 1578, in-4.

Sous ce nom tiré du grec et d'une
signification peu claire, *Ceocyre* (quelque chose comme « la maîtresse
perdue »), La Meschinière, amant malheureux, trompé dans son espérance,
ne voulant pas perdre tout le fruit de
son amour, a publié les vers que lui
inspira sa passion et les a dédiés à
messire Jacques de La Fin, qui l'avait
consolé dans son désespoir amoureux.
« Telle est l'origine des 151 sonnets,
des odes, des chansons, églogues et
bergeries qui composent ce volume.
— Quand bien même, dit M. Viollet
le-Duc, les rigueurs de la maîtresse

de Pierre de La Meschinière auraient été, comme il le dit, jusqu'à la cruauté et jusqu'à le bannir de sa présence, cette belle inconnue est vraiment excusable, si elle était forcée d'entendre les vers de cet ennuyeux poète. »

MONIN, DU... — LE PHŒNIX DE JAN ÉDOUARD DU MONIN. P. P. — Paris, Guillaume Bichon, 1585, in-12, très rare.

Ce bizarre auteur de nombreux ouvrages, qui périt assassiné, à l'âge de 29 ans, était né à Gy, en Bourgogne. Très instruit et déjà célèbre à 16 ans, il composa sous le nom du « Phœnix » un horrible poème de 3,500 vers, rempli de rêveries métaphysiques et aussi ennuyeux qu'inintelligible. On trouve à la suite diverses pièces et notamment « l'Anatomie des beautés d'une damoiselle d'Orléans, dont l'anagramme porte que son œil m'a dardé ses chennes. » Cette personne dont on pourrait retrouver le nom en décomposant l'anagramme est sans doute la même que celle qu'il a chantée ailleurs sous le nom de *Rondelette.* Il est à noter que dans cette pièce l'amphigourique Du Monin a fait preuve de peu de discrétion, car il y a longuement décrit *toutes* les beautés de sa maîtresse, sans en excepter aucune. »

MONTGAILLARD. — LES ŒUVRES DU FEU SIEUR DE MONTGAILLARD. — A Paris, Mathieu Guillemot, 1606, in-12.

Pierre de Faucheran-Montgaillard originaire de Nions, dans le Valentinois, paraît avoir consacré au service militaire les premières années de sa jeunesse. Disgracié, on ne sait pour quelle cause, il se retira de la Cour et se mit à composer des poésies en

général fort « gaillardes », mais qu'il se garda bien de publier de son vivant. Il était mort récemment quand parut le recueil ci-dessus décrit. Montgaillard a soupiré pour plusieurs belles : avec lui, on n'a que l'embarras du choix, et l'on voit figurer dans ses vers une *Flamide*, une *Claire*, une *Isabelle*, une *Belize.* qu'il a célébrées tour à tour en se cachant lui-même sous les noms de *Dorixis* ou de *Françon.* On sait fort peu de chose sur la vie de Montgaillard et les vrais noms de ses amies sont totalement ignorés.

NERVÈZE, BERNARD DE... — LES ESSAIS POÉTIQUES DU SIEUR DE NERVÈZE. — Paris, Ant. du Breuil, 1605, in-12.

S'il faut en croire l'auteur lui-même la publication de ses poésies est le résultat d'un vol commis par des amis, parmi des papiers qu'il ne voulait plus voir « comme conceus d'une trop grande promptitude d'esprit. » On y trouve 135 sonnets, 38 stances, des chansons, héroïdes, etc., composés en grande partie en l'honneur d'une *Livie,* dont on ignorera probablement toujours le vrai nom. La bonne dame n'y perdra pas grand'chose, car tout cela est du dernier médiocre et les amis de Nervèze lui ont rendu un bien mauvais service.

PAPILLON, MARC, SIEUR DE LASPHRISE. — LES PREMIÈRES ŒUVRES POÉTIQUES DU CAPITAINE LASPHRISE, REVEUES ET AUGMENTÉES PAR L'AUTEUR. — Paris, Jean Gisselin, 1599, in-12.

Réimprimé en très grande partie sous le titre des « Gaillardes, » poésies du capitaine Lasphrise. Turin, J. Gay, 1870, in-18 (100 exemplaires), portrait.

Ce poète-soldat, le plus hardi et le plus passionné de tous les auteurs de son temps, a successivement chanté deux belles : Dans « Les Amours de Théophile », en 203 sonnets, 17 tristesses et 15 chansons, il aurait célébré les charmes d'une jeune bénédictine, du Mans, qu'il connut novice et qui finit par prononcer ses vœux. Ces premières amours semblent avoir été entièrement platoniques ; la belle *Théophile*, s'il faut en croire deux sonnets acrostiches, n'était autre que Renée Le Poulchre, parente sans doute du poète de ce nom dont il est question ci-après. Il aima ensuite, mais sans platonisme, une dame bourguignonne, qui paraît ne lui avoir rien laissé à désirer, à en juger par les termes passionnés qu'il emploie pour retracer « L'Amour passionné de Noémie ». Suivant un double sonnet-acrostiche, cette dame si tendre, à laquelle il consacra 184 sonnets, 19 chansons et 20 odes, serait peut-être Ester de Rochefort, qui appartenait à la meilleure noblesse bourguignonne. Toutefois, cette conjecture ne doit être accueillie qu'avec réserve.

Ne quittons point Marc Papillon sans rappeler qu'il se met souvent en scène sous des noms déguisés, notamment dans « Les regrets de *Philaser* », (Lasphrise). Enfin, dans « La nouvelle Inconnue », publiée en 1579, il paraît avoir retracé son histoire amoureuse sous le voile de l'allégorie. C'est vraisemblablement lui-même qu'il désigne sous le nom d'*Inxeau ;* il serait curieux de connaître les vrais noms des acteurs de ce récit, renfermés dans d'inextricables anagrammes et de savoir notamment qui pourraient bien être ce *Herosfleur* et cette *Cardiame*, dont il raconte l'entrevue amoureuse dans une grotte du parc d'*Aimans-Rut* (Saint-Maur ?)

PASSERAT, JEAN. — Recueil des œuvres poetiques de Jan Pas-

serat, lecteur et interprete du Roy, augmenté de plus de la moitié, outre les precedantes impressions. Dédié a monsieur de Rosny. — A Paris, chez Abel L'Angelier, MDCVI, in-12.

Excellente réimpression donnée par M. P. Blanchemain, Paris, Lemerre, 1880, 2 vol. in-18.

Les vers de Passerat, dit le savant auteur de cette réimpression, n'avaient pas pour objet une Iris en l'air. Elle portait le prénom de *Catherine*, ainsi qu'on le voit en maintes pièces qui lui sont adressées. Elle dut partir en Italie à la suite du duc de Nemours. Quand elle vint à mourir, le poète troyen lui fit une épitaphe attendrie, où il révèle les trois premières lettres de son nom : « Sur le trespas de Mademoiselle *Cat. Del.* » Le Dictionnaire historique de Jal indique une Catherine d'Elbene, fille de Richard Dalbene (sic), banquier florentin, alliée aux de Mesmes ; c'est sans doute dans cette famille que Passerat dut connaître cette *Catherine*, qu'il aima si tendrement et si chastement. »

PELGEY, ou plutôt PELLEJAY, CLAUDE, né dans le Poitou, vivait encore en 1613.

M. Louis de Veyrières fait connaître qu'il fut épris de la célèbre Cathérine Desroches, qu'il appelait *Charite*. Il composa pour elle deux livres de stances et de sonnets qu'il lui envoya manuscrits ; elle répondit au poète en le nommant *Sincero*. Les vers de Pellejay sont moins beaux qu'amoureux ; mais son « Hymne de Clémence », en l'honneur de Charles IX (1571), lui attira de nombreux suffrages.

PÉRUSE, JAN DE LA... — Les œuvres de Jan de la Péruse, avec

QUELQUES AUTRES DIVERSES POESIES DE CL. BINET B. — A Lyon, par Benoist Rigaud, 1577, in-12.

Ce poète, demeuré longtemps oublié, n'était pas absolument sans valeur. Né à Angoulême en 1530, il mourut, âgé de 25 ans seulement, à Paris, où il était en relation avec tous les jeunes auteurs de son temps. Ses œuvres, éditées après sa mort par son ami Claude Binet, ont été jugées dignes d'être réimprimées de nos jours (Paris, Jouaust, 1867, in-8.) Il résulte d'un sonnet acrostiche indiqué dans cette excellente édition, donnée par feu M. Gellibert des Séguins, que la Péruse aimait une demoiselle qu'il célébra bien discrètement. Elle se nommait Catherine Cotel. Il ne se borna pas d'ailleurs à chanter ses propres amours, car, dans ses « Etrennes, Mignardises et Amourettes », on trouve maintes pièces composées en l'honneur ·de la *Francine* de J.-A. Baïf, de l'*Admirée* de J. Tahureau, d'une *Jeanne*, qui n'est pas autrement connue; il a même célébré l'*Amie de son ami*, Guillaume Bouchet.

PEYRAT, GUILLAUME DU... — LES ESSAIS POÉTIQUES DE GUILLAUME DE PEYRAT, GENTILHOMME LYONNOIS. — A Tours, chez Jarnet Mettayer, 1593, pet. in-12.

Fils d'un magistrat distingué, ce poète se destinait également au Palais. Envoyé fort jeune à Paris, il débuta dans la carrière poétique par une multitude de sonnets où il célèbre une *Diane*, qu'il avait connue aux Tuileries et qui lui inspira la plus violente passion. Forcé, par les troubles du temps, de se séparer d'elle, il la perdit et la chercha vainement dans plusieurs villes de province, où il pensait que la belle avait dû se retirer; mais il ne devait point la revoir, et sans doute il finit par l'oublier, car étant à Bourges, où il étudiait le droit, sous l'illustre Cujas, il fit encore des vers amoureux pour une *Clémence*, qui, suivant M. Blanchemain, n'était autre que la poétesse Clémence de Bourges. Je ne m'explique pas d'ailleurs comment cet érudit chercheur a pu dire que Du Peyrat était mort au moment d'épouser cette belle Lyonnaise. Du Peyrat entra tout simplement dans les ordres, fit un beau chemin dans cette carrière et devint même aumônier du roi Henri IV. Pour un futur ecclésiastique, ses vers sont souvent bien libres.

POIRIER, ELIE, Parisien, poète absolument oublié aujourd'hui, fit paraître, en 1646 et en 1655, ses « SOUPIRS SALUTAIRES, » suite de sonnets généralement fort médiocres. Il a publié également, sous le voile de l'anonyme, « les Amours de Melisse, » suivis de « Meslanges ». On n'a pu savoir quelle était cette belle qui chanta sous le nom de *Melisse*, et à laquelle il n'a pas consacré moins de soixante sonnets et de nombreuses chansons.

PONTOUX, DE... — LES ŒUVRES DE CLAUDE DE PONTOUX, GENTILHOMME CHALONNOIS, DOCTEUR EN MÉDECINE. — Lyon, Benoist Rigaud, 1579, in-16.

« Cet auteur consacra presque tout ce qu'il avait de veine poétique à célébrer une belle qu'il ne fait connaître que sous le nom d'*Idée*. Remarquons en passant qu'il ne fut pas le seul à donner ce nom, ou celui de *Délie* par anagramme, à l'objet de ses amours. » Il est probable que ces poètes prenaient alors ce mot dans le sens même du grec (Εἶδος, forme, figure). Il dédia donc à son *Idée* d'abord deux cents sonnets, puis une foule d'odes, de fantaisies, de *mignardises*, etc., qui composent ce volume. On doit encore à Claude de Pontoux *La Gélodacrie*, ou recueil de ris et de larmes sur ses amours, qui ne fut publié qu'après sa mort, en 1579, conformément à ses dernières volontés.

PONTUS DE TYARD. — Les Œuvres poétiques de Pontus de Tyard, seigneur de Bissy, asçavoir trois livres des Erreurs amoureuses, un livre de Vers lyriques, plus un recueil des nouvelles Œuvres poétiques. — A Paris, Galiot du Pré, 1573, in-4.

Pontus de Tyard, dont les œuvres ont été si magnifiquement réimprimées de nos jours, avec celles des autres auteurs de la célèbre Pléiade, dont Ronsard fut le chef, vécut près de 84 ans et fut, comme on sait, évêque de Chalon-sur-Saône. Il abandonna la poésie d'assez bonne heure, mais, tant qu'il la pratiqua, comme tous ses confrères, il chanta ses amours en d'innombrables sonnets. Il ne réunit ses œuvres complètes que longtemps après avoir publié, sans les signer, ses « Erreurs amoureuses » et il dédia cette édition définitive à « une docte et vertueuse demoiselle », qui n'était pas, à coup sûr, la *Pasithée*, qu'il avait si galamment célébrée près de trente années auparavant.

POULCHRE, LE... — Les sept livres des honnestes loisirs de monsieur de La Motte-Messémé, chevalier de l'ordre du Roy et capitaine de cinquante hommes d'armes des ordonnances de Sa Majesté, intitulez chacun du nom d'un des planettes, qui est un discours en forme de chronoviologie, où sera véritablement discouru des plus notables occurances de noz guerres civiles et des divers accidens de l'autheur. Dédié au Roy. — Plus un Meslange de divers poèmes, d'elégies, stances et sonnets. — Paris, Marc Orry, 1587, in-12.

François Le Poulchre, seigneur de La Motte-Messémé, rentre dans la catégorie des poètes-soldats. Le long titre de son volume fait assez connaître ce qu'il contient : Les « honnestes loisirs » constituent une sorte d'autobiographie en vers qui ne sont pas des plus mauvais; pour le reste, bornons-nous à dire qu'on y trouve, sous le titre des « Amours d'*Adrastie* » les louanges d'une belle inconnue qu'aimait ce poète-capitaine.

RAYSSIGUIER, NICOLAS DE... — Œuvres poétiques du sieur de Rayssiguier. — A Paris, 1631, in-8.

N. de Rayssiguier, ou Raisséguier, plus connu comme auteur dramatique que comme poète galant, fut très malheureux en amour, où son inclination ne le portait que trop. « Tantôt, dit l'abbé Goujet, qui ne nous a pas fait connaître les vrais noms de ses maîtresses, tantôt ses poésies s'adressent à une personne dont il déguise le nom sous celui de *Caliste*. Dans d'autres, il chante la beauté d'une trop cruelle *Silvie* : mais celle qu'il paraît avoir le plus aimée, est une certaine *Olinde*, fille d'esprit, mais fine et rusée coquette, qui lui signifia son congé pour épouser un homme riche. »

**RENAUD, NICOLAS. — Les
chastes Amours, ensemble les
Chansons d'amour de N. Renaud,
gentilhomme provençal. — A Paris,
chez Thomas Brumen, 1565, in-4.**

En 66 sonnets et beaucoup de chansons, ce poète célébra une *Lucrèce*, qu'on sait aujourd'hui n'être autre que la femme qu'il épousa. Elle se nommait Anne de Valdevoir ; elle avait à peine vingt et un ans quand elle mourut ; son mari exprima vivement la douleur que lui causa sa perte.

**RONSARD, PIERRE DE... —
Les Œuvres de Pierre de Ronsard,
gentilhomme vendomois, rédigées
en six tomes. — A Paris, chez Gabriel Buon, 1567, in-4.**

Telle est l'une des premières éditions complètes des œuvres de l'illustre chef de la Pléiade. La meilleure de toutes est incontestablement celle donnée par M. Prosper Blanchemain, dans la « Bibliothèque elzévirienne » (Paris, P. Jannet, 1857-1867, 8 vol. in-18, plus un volume sur Ronsard et sur sa famille).

Dans ses « Amours, » Ronsard a chanté plusieurs femmes qu'il aima. « D'après une lettre de d'Aubigné, La *Cassandre* serait une demoiselle Du Pré, dont le poète aima plus tard la nièce, Mlle de Talci, qu'il célébra sous le nom de *Diane*. Marie, qu'il chanta ensuite, était, suivant Charles Nodier, Marie de Marquetz, ou Desmarquets, religieuse de Poissy, qui composa elle-même des poésies. Toutefois, M. Prosper Blanchemain ne partage pas l'opinion de Nodier ; il pense que cette *Marie* s'appelait plutôt Du Pin, ou Des Pins, et qu'elle était peut-être bien parente de Lazare de Baïf, seigneur Des Pins, en Anjou. Quant à

Hélène, on sait positivement que c'était Hélène de Surgères, bonne et spirituelle personne, mais si peu belle que Du Perron lui conseillait de mettre son portrait en tête des sonnets de son adorateur, afin que personne ne pût soupçonner sa vertu. » On voit que les poètes n'ont pas chanté que des Vénus. Ajoutons que Ronsard se plaisait à modifier souvent, ou plutôt à travestir les noms des personnages réels qu'il mettait en scène ; aussi, l'abbé Gouget fait-il remarquer assez justement que presque tout le pastoral des Eglogues de notre auteur consiste à avoir appelé Henri II *Henriot*, Charles IX *Carlin*, Catherine de Médicis *Catin*, et ainsi de divers autres.

ROQUE, DE LA... — Les Œuvres du sieur de La Roque, de Clairmont en Beauvoisis, reveues et augmentées de plusieurs poésies outre les précédentes impressions, a la Royne Marguerite. — Paris, veuve Claude de Monstr'œil, 1619, in-12.

La Roque fut encore un de ces poètes-soldats, plus communs au seizième siècle que de nos jours. Ses poésies n'offrent pas beaucoup d'intérêt. On y trouve trois livres de ces éternelles *amours* en sonnets, élégies, stances, etc. Il paraît s'y être mis lui-même en scène sous le nom de *Cloridan*. Le premier a pour objet de célébrer *Phyllis*, en 66 sonnets ; le second, *Charitée*, en 95 ; le troisième, *Marsize*, en 183 sonnets ! Il faut bien du courage pour parcourir ces plaintes amoureuses, toujours les mêmes et sur le même ton. La Roque se distingue cependant de ses confrères en *Amours* par une certaine facilité et surtout par un sentiment de passion vraie, bien que passagère, puisqu'il n'a pas célébré moins de trois amantes coup sur coup et peut-être simultanément.

ROSSET, FRANÇOIS DE... — LES DOUZE BEAUTÉS DE PHYLIS, ET AUTRES ŒUVRES POÉTIQUES DU SIEUR DE ROSSET, A MONSEIGNEUR LE PRINCE D'AIGUILLON. — A Paris, Abel l'Angelier, 1604, in-8.

Nous ignorons le vrai nom de cette *Phylis* dont Rosset, âgé de dix-huit ans, a chanté si amoureusement les *douze* incomparables beautés en des termes qui vont parfois jusqu'à l'indécence. Nous savons seulement qu'il la perdit, versa sur sa mort un déluge de vers, dans le « Tombeau » qu'il éleva à sa belle et que finalement... il se consola en célébrant plusieurs autres *Iris* dans son livre des « Diverses Amours, » qui grossit le recueil de ses poésies et ennuie profondément le lecteur le plus indulgent.

ROUZEAU, SIMON. — LA DORIDE, A MADAME LA MARESCHALE DE LA CHASTRE, PAR SIMON ROUZEAU D'ORLÉANS. — 1598.

« Ce poème, dit l'abbé Gouget, est rempli d'indécence et d'irréligion ; c'est une description de tout ce que l'auteur désirait dans sa maîtresse pour être une personne accomplie. Mais sans s'embarrasser des qualités du cœur et de l'esprit, il n'est occupé que du corps, et sur cela que de peintures indécentes ne nous présente-t-il pas ? » Cette *Doride*, dont Rouzeau décrit si indiscrètement les « desiderata, » était peut-être une personne imaginaire ; il est difficile d'admettre toutefois qu'elle n'ait point eu un prototype bien connu du poète.

SAINTE-MARTHE, CHARLES DE... — LA POÉSIE FRANÇOISE DE CHARLES DE SAINTE-MARTHE, NATIF DE FONTEVRAULT EN POICTOU, DIVISÉE EN TROIS LIVRES, LE TOUT ADRESSÉ A TRÈS NOBLE ET TRÈS ILLUSTRE PRINCESSE MADAME LA DUCHESSE D'ESTAMPES ET COMTESSE DE POINCTIÈVRE, PLUS UN LIVRE DE SES AMYS. — A Lyon, chez Le Prince, 1540, in-8.

L'abbé Gouget a consacré un long article à cet auteur, qui voyagea beaucoup et finit par se fixer à Lyon, où il cultiva les belles lettres. « On ignore s'il a été marié ; on voit seulement par ses poésies qu'il aimait une demoiselle d'Arles, en Provence, dont il parle souvent sous le nom de *Beringue ;* il la recherchait en mariage. Dans ses vers, il l'entretient fréquemment tant de la pureté que de la constance de son amour pour elle, et il lui prête les mêmes sentiments à son égard ; mais il ne nous dit pas si ses vœux furent remplis. »

SABLIÈRE, ANTOINE DE LA... — MADRIGAUX DE M. D. L. S. — Paris, Claude Barbin, 1680, in-12 de IV-178 pp.

Telle est la première des neuf éditions des poésies d'Antoine de Rambouillet, sieur de la Sablière, que Conrart a nommé si justement « le grand madrigalier françois. » La dernière et la plus jolie est sans conteste celle que nous a donnée M. Prosper Blanchemain (Paris, Jouaust, 1879, petit in-12). Dans sa trop courte introduction, ce savant littérateur nous fait connaître le vrai nom de l'*Iris* à qui La Sablière a dédié tant de stances et de madrigaux : c'était Mlle Marie Vanghangel, fille d'un Hollandais, que l'amoureux poète avait intéressé dans la Régie des Domaines, afin de le fixer en France. Epris uniquement de son *Iris*, qui refusa tous les partis pour lui rester fidèle, il négligea beaucoup pour l'amour d'elle Mme de la Sablière, qui cependant était charmante. Son attachement pour Marie Vanghangel était si profond qu'il est à peu près certain que la mort prématurée de cette belle personne lui causa une inconsolable douleur qui le conduisit au tombeau. M. P. Blanchemain nous apprend encore que la *Belise*, dont il est aussi souvent question dans les madrigaux, n'était autre qu'une dame Le Taneur, femme d'un homme aussi sot que laid et avec lequel, suivant le malicieux Tallemant des Réaux, La Sablière n'admettait point de partage. Nous ne savons qui furent les *Dorise*, les *Philis*, les *Cloris*, les *Cephise*, etc. que célébra encore La Sablière. Tous ces aimables objets eurent sans doute des bontés pour le poète, mais aucun ne tint autant de place dans son cœur que sa trop chère *Iris*.

SAINCT-GELAYS, MELIN DE… — Œuvres poétiques de Mellin de Sainct-Gelais. — Lyon, Antoine de Harsy, 1574, in-8, nombreuses éditions et réimpressions : la plus belle et la meilleure est celle donnée, en 1873, dans la Bibliothèque Elzévirienne, par M. Prosper Blanchemain.

« J'ai remarqué, dit le savant éditeur dans sa notice préliminaire, j'ai remarqué, sans vouloir faire de récriminations indiscrètes, que Mlle de Saint-Léger, une des filles d'honneur de Catherine de Médicis, est bien souvent l'objet de ses vers galants et badins. On compte encore, parmi les dames à qui ses poésies s'adressent volontiers, Mlle Loyse du Plessis (souvent désignée par le simple prénom

de *Louise*), et une *Hélène*, prénom qui pourrait également s'appliquer à Mlles de Boissy, de Culant et de Tournon. Mais ce ne sont là que des coquetteries poétiques, et il eut des amours plus charnelles, s'il est vrai, comme l'affirme du Verdier, qu'une certaine *Diane*, qu'il appelle sa nièce, et à qui il adresse une de ses pièces de vers les mieux senties, ait été en réalité sa fille naturelle. »

SCÈVE, MAURICE. — Delie, object de plus haulte vertu (par Maurice Scève). — 1544, s. l. in-8, figures sur bois.

Ce poème emblématique et surtout emphigourique se compose de 458 dixains et de cinquante *cartouches* en l'honneur de cet « object de plus haulte vertu » que l'avocat Lyonnais célébrait comme sa maîtresse. M. Viollet-le-Duc considère *Délie* comme une personne réelle; mais M. Prosper Blanchemain se montre porté à croire que Maurice Scève n'avait en vue qu'une abstraction, *l'Idée*, dont *Délie* est l'anagramme. C'est une question que je ne saurais résoudre. Il faudrait lire préalablement les 458 dixains de Maurice Scève, ce qui n'est guère tentant, même dans la jolie réimpression de ce poème, faite à Lyon il y a quelques années. Je me bornerai à rappeler ici, au sujet de *Délie* et d'*Idée* ce qui est dit plus haut à l'article *Claude de Pontoux*.

TAHUREAU. — Les Poésies de Jacques Tahureau, du Mans, mises toutes ensemble et dédiées au révérendissime cardinal de Guise. — Paris, Nicolas Chesneau, 1574, in-8.

Tahureau, « le Parny du xvie siècle, comme l'appelle Sainte-Beuve, donna à sa dame le nom de l'*Admirée.* C'était, comme nous l'avons vu plus haut, une demoiselle de Genne, sœur de la beauté que Baïf célébra sous le nom de *Francine.* Notons en passant que l'*Admiré* désigne Tahureau lui-même dans les poésies de plusieurs de ses contemporains.

TAILLE, JEAN DE LA… — Saül le Furieux, etc., plus une Remonstrance faicte pour le Roy Charles IX a tous ses sujets, afin de les encliner a la paix, avec hymnes, cartels, epitaphes, anagrammatismes et autres Œuvres d'un mesme autheur. — Paris, Federic Morel, 1572, in-8.

Ce très rare volume, fort bien décrit par Viollet-le-Duc, contient toutes les œuvres de Jean de La Taille de Boudaroy et quelques autres poésies de son frère Jacques, tous deux bien oubliés aujourd'hui. Il s'y trouve cependant de bonnes choses. Jean de la Taille fut aussi un poète-soldat; il composa maintes pièces, dont la plus jolie peut-être est celle intitulée le « Blason de la *Rose,* » dans laquelle il célébra sa propre cousine, Rose de La Taille.

TAILLEMONT, CLAUDE DE… — La Tricarite, plus quelques chants en faveur de plusieurs damoêzelles, par C. de Taillemont, lyonœs. — A Lyon, par Jean Temporal, 1556, in-8, rare.

Les poésies fort médiocres de Taillemont ne sont guère remarquables que par la singulière orthographe employée par l'auteur, qui voulait écrire les mots comme ils se prononcent. La *Tricarite* est une sorte de poème en strophes de dix vers alexandrins et de dix syllabes, adressé à la princesse Jeanne, reine de Navarre, duchesse de Vendôme. Taillemont cherche à décrire les perfections morales et physiques de « *Tricarite,* nombre de plus rare triple beauté. » Le portrait de cette belle par excellence est en tête du poème; mais on sait ce que valent, au point de vue de la ressemblance, les portraits gravés sur bois d'alors. Peut-être ne s'agit-il que d'une beauté imaginaire, comme pour la *Délie* de Maurice Scève, dont Taillemont était l'ami, et dont il se rapproche particulièrement encore par l'obscurité de ses vers incompréhensibles.

TAISSONNIÈRE, GUILLAUME DE LA… — Les amoureuses Occupations de Guillaume de la Taissonnière, D. de Chanein, a sçavoir strambotz, sonetz, chants et odes lyriques. — A Lyon, par Guillaume Rouille, 1556, in-8.

Guillaume de Chanein, plus connu (?) sous le nom de La Taissonnière, rentre dans la catégorie des poètes-soldats. Le métier des armes ne l'empêcha pas de cultiver les muses, du moins dans sa jeunesse, où il composa force sonnets et autres pièces de poésie légère. Dans la plupart de ses vers, il chante, sous le nom de « sa *Divine,* » une personne pour laquelle il paraît avoir éprouvé une violente passion, mais dont le vrai nom ne nous est point parvenu.

TRELLON, CLAUDE DE… — La Muse guerrière, dédiée a M. le comte d'Aubijoux. — Rouen, Thomas Mallard, 1575, in-12.

Le premier livre de la Flamme d'amour, dédié a monseigneur le

DUC DE NEMOURS. — Lyon, Jean Veyrat, 1592, in-8.

LE CAVALIER PARFAIT DU SIEUR DE TRELLON, OU SONT COMPRINSES TOUTES SES ŒUVRES DIVISÉES EN QUATRE LIVRES, LE TOUT DÉDIÉ A MONSEIGNEUR LE DUC DE GUISE. — Lyon, Pierre Rigaud, 1594, in-12.

« Je m'appelle Trellon, ma maistresse *Sylvie*, » dit ce poète-soldat, enragé ligueur, originaire d'Angoulême, qui sut manier l'épée au moins aussi bien que la plume. *Sylvie*, en l'honneur de laquelle il composa les 103 sonnets de son premier livre « d'Amours, » ne lui suffit pas sans doute, car il en écrivit encore un second en 63 sonnets, pour les beaux yeux de *Félice* ou *Félicité*. Enfin, M. Prosper Blanchemain parle encore d'une *Coraline* longuement célébrée par Trellon. Ces trois beautés nous sont inconnues ; on ne sait d'ailleurs que bien peu de choses sur la vie de leur positif amant.

TURRIN, CLAUDE. — LES ŒUVRES POÉTIQUES DE CLAUDE TURRIN, DIJONNOIS, DIVISÉ EN SIX LIVRES. LES DEUX PREMIERS SONT D'ÉLÉGIES AMOUREUSES ET LES AUTRES DE SONNETS, CHANSONS, ÉCLOGUES ET ODES A SA MAISTRESSE. — Paris, Jean de Bourdeaux, 1572, in-8, très rare.

« Claude Turrin, un des poètes les plus ennuyeux de son temps, fut un amoureux transi dans toute la force du terme. Dans cinq mille vers environ, il raconte son douloureux martyre en grands et petits vers, sous toutes les formes. Or, ses amours ne sont point imaginaires : c'est pour Chrestienne de Baissey, demoiselle de Saillant, qu'il soupira si constamment et que,

tout entier à sa passion, il abandonna l'étude du droit et toute occupation raisonnable. Sa *maistresse* était noble et riche et il était, lui, aussi roturier que pauvre. Le malheureux amant mourut à la peine, sans avoir jamais, s'il faut l'en croire, obtenu la moindre récompense de tant de sacrifices. »

URFÉ, ANNE D'... — Ce poète, dit M. Louis de Veyrières, fils aîné de Jacques d'Urfé, né en 1555, composa, en 1573, en l'honneur de *Diane*, un recueil de 120 sonnets, plus 20 autres sonnets pastoraux, etc. Cet ouvrage est manuscrit, à l'exception de cinq sonnets que du Verdier inséra dans sa « Bibliothèque ; » il fut fait sans doute pour Diane de Chenilhac, dame de Château-Morand, qu'Anne d'Urfé épousa vers 1575. Ce mariage, qui ne fut pas heureux, fut cassé vers 1598, et d'Urfé, renonçant au monde, embrassa l'état ecclésiastique. — (Voir dans le corps de l'ouvrage l'article « Astrée. »

VALLOTTES, DES... — LES AMOURS DU BERGER PHILANDRE ET DE CALISTE, ET AUTRES ŒUVRES, PAR LE SIEUR DES VALLOTTES. — Paris, Jacques Villery, 1623, in-8.

Le berger *Philandre* c'est, bien entendu, l'auteur lui-même ; quant à sa *Caliste*, on en ignore absolument le nom véritable. C'est peut-être fort heureux pour la mémoire de cette belle, en l'honneur de laquelle des Vallottes a composé des vers qui sont vraiment un chef-d'œuvre de ridicule.

VAUQUELIN DE LA FRES-
NAYE. — LES DIVERSES POÉSIES DU
SIEUR DE LA FRESNAYE VAUQUÉLIN. —
A Caen, Charles Macé, 1612, in-8.

Ce poète, dont les œuvres ont eu,
de nos jours, les honneurs de la
réimpression, est surtout connu par
son « Art poétique » et par cinq livres
de satires dans lesquelles on remarque
un véritable talent naturel, facile et
abondant. Il n'en est pas de même de
ses deux livres d'idyllies ou pastorales,
dont l'un contient 84 et l'autre 67
idylles, suivies d'épigrammes, d'épitaphes et de 87 sonnets. Dans ses
pastorales, Vauquelin de La Fresnaye, sous le nom de *Philamon*,
chante les louanges d'une *Philis*, qui
n'est autre que Mme Anne de Bourgue-
ville, qui devint sa femme.

VERMEIL, ABRAHAM DE...,
poète absolument ignoré aujour-
d'hui, vivait vers la fin du XVIe siècle. Il a composé des Epithalames
et autres poésies de circonstance.
On lui doit notamment une pièce
assez remarquable, en 57 strophes,
intitulée « LA MORT D'ASTRÉE »
(1599). — *Astrée* n'est autre que la
Belle Gabrielle, que célébrèrent
tant d'autres poètes.

VIAUD (ou DE VIAU, THÉO-
PHILE). — LES ŒUVRES DE THÉO-
PHILE, DIVISÉES EN DEUX PARTIES ;
PREMIÈRE PARTIE CONTENANT L'IMMOR-
TALITÉ DE L'AME, LA SECONDE, LA
TRAGÉDIE DE PIRAME ET THISBE ET
AUTRES MESLANGES ET LA TROISIÈME,
LES PIÈCES QU'IL A FAITES PENDANT SA
PRISON. — Paris, Nicolas Pepingué,
1662, in-12.

Telle est la plus belle édition an-

II

cienne des œuvres de cet auteur,
célèbre surtout par ses malheurs ; elle
est loin de valoir toutefois l'excellente
réimpression donnée par le savant
M. Alleaume (Paris, Bibliothèque
elzévirienne, 1855-1856, 2 vol. in-18).
On trouve dans les mélanges de nombreuses pièces fugitives, odes, stances,
sonnets, etc., à l'adresse ou en l'honneur de *Cloris*, de *Philis*, de *Sylvie*
et de *Caliste*, beautés dont M. Alleaume ne nous a pas fait connaître
les noms. *Cloris* et *Philis* ont surtout
inspiré le poète, qui a parfois traité
assez malicieusement la première ;
mais il exprime toujours les plus
tendres sentiments pour *Philis*, qui
mourut jeune et qu'il semble avoir
préférée à toute autre.

VILLON, FRANÇOIS. — LES
ŒUVRES DE FRANÇOIS VILLON, SÇA-
VOIR SON GRANT TESTAMENT, SON
CODICILE, SES BALLADES ET JARGON
ET LE PETIT TESTAMENT. — Paris,
1489, in-4.

Plusieurs éditions et réimpressions ; parmi les meilleures, il faut
citer celles données par M. P. Lacroix (Bibliothèque Elzévirienne,
1854, in-18), et par M. Pierre
Jeannet (Paris, Lemerre, 1873, pet.
in-12).

Villon fut incontestablement de tous
nos poètes le moins difficile dans le
choix de ses amours. Les beautés
qu'il chanta sous les petits noms de
Blanche, Guillemette, Jeanneton, etc.,
étaient des maîtresses d'une complaisance à toute épreuve qui, comme le
dit spirituellement M. Prosper Blanchemain, n'eurent jamais de nom
propre, ou qui l'avaient depuis longtemps perdu, avec bien d'autres apa-
nages, en prenant leurs ébats au
« Champ-Gaillard ». Quant à la belle
Heaulmière, dont Villon a rimé les

16*

« Regrets » et la « Doctrine aux filles de joie », il va sans dire que ce ne fut qu'une grande dame de la cour... du « Roi des Ribauds ».

Avant de tomber dans ces honteuses relations avec des femmes perdues, dont la « Ballade à la *grosse Margot* » nous donne l'ignoble tableau, Villon fut réellement amoureux. « Il connut l'amour vrai, dit M. P. Jannet, l'amour naïf et timide. Quel fut l'objet de cette passion, c'est ce qu'il n'est pas facile de dire. Il l'appelle de divers noms, *Denise, Roţe, Katherine de Vauţelles*. Que ce fût une femme de mœurs faciles, une gentille bourgeoise ou une noble damoiselle, il paraît certain que c'était une coquette. Elle l'écouta d'abord, l'encouragea et finit par le rebuter. » Cette passion malheureuse attira par la suite bien des disgrâces au poète qui, cependant, en maints endroits de ses vers, en conserve le doux souvenir mêlé à d'amers regrets.

VIRBLUNEAU. — Les loyales et pudicques Amours de Scalion de Virbluneau, a Madame de Boufflers. — Paris, Jasnet Mettayer, 1599, in-12. — Orné de figures gravées et du portrait de l'auteur.

« Les « Amours » de Virbluneau se composent de 413 sonnets divisés en trois livres : les deux premiers adressés à *Angélique*, beauté rebelle, et le dernier à *Andrienne*, qui fut moins cruelle, et que, suivant l'abbé Goujet, il dut épouser. » Aussi ce dernier livre a-t-il pour titre « Les prospères et parfaites Amours. » La médiocrité de ces sonnets ne fait pas regretter de ne point connaître le nom des belles qui les ont inspirés. Suivant M. Prosper Blanchemain, Virbluneau a chanté encore une *Dione*, demeurée aussi parfaitement inconnue.

Il y aurait encore beaucoup à dire sur ce sujet curieux et bien des découvertes à faire ; mais on ne saurait tout connaître, et il faut savoir se borner en laissant à d'autres, plus érudits et plus patients, le soin et le plaisir de nouvelles et piquantes trouvailles. Ne quittons point cependant nos poètes du seizième et du dix-septième siècle sans citer au moins quelques noms encore. Voici d'abord Michel d'Amboise, qui aima, célébra et finalement épousa *Isabelle du Bois*, demoiselle de Madame de Barbezieux, dont il était le secrétaire ; — puis Albin des Avenelles, qui consacra ses vers à une *Diane*, mais pour le compte d'autrui, car la belle n'était autre que Diane de Poitiers. — Qui nous dira le nom de la *Catin* que chanta Remy Belleau, dans la deuxième journée de ses « Bergeries »; — ou celui de la *Cléande* en l'honneur de qui François Maynard composa des vers ? — On ne saurait passer sous silence Pierre de Lalanne qui célébra sa femme sous le nom d'*Amarante*, en se mettant lui-même en scène sous celui de *Daphnis*. — Rappelons encore que deux graves magistrats, Guy du Faur de Pibrac, l'auteur même des célèbres quatrains, et Etienne Pasquier, furent amoureux, l'un de la reine *Margot*, l'autre de Mme *Desroches*, et aussi de sa fille, et qu'ils leur adressèrent des vers ; — que Muret chanta *Marguerite*, et que Guillaume du Sable, poète agenais, eut pour amante, sinon pour maîtresse, une demoiselle *Armoise de Lommaigne*. — N'oublions pas non plus Vauquelin des Yveteaux, le fils de Vauquelin de la Fresnaye, dont il est question ci-dessus ; ce vieux fou, qui eut nombre de maîtresses, finit par recueillir une dame *Dupuis*, femme d'un pauvre diable de chanteur ambulant ; il en fit sa *bergère*, et se livra en sa compagnie à mille extravagances ridicules. — Citons encore, puisqu'ils rentrent dans notre sujet, Gabriel de Minut qui, dans sa *Panle-*

graphie, a décrit (mais en prose) tous les charmes de la belle et savante Toulousaine, Paule de Viguier. Enfin, n'omettons pas davantage le joyeux auteur des « Bigarrures », ESTIENNE TABOUROT, qui tenait, dit-on, registre de ses maîtresses et en a mentionné jusqu'à trente. La vingt-sixième, qu'il qualifie d' « honneste et gracieuse demoiselle », se nommait, paraît-il, *Anne Begat* ; ayant signé simplement de sa devise ordinaire : « A tous Accords », un des sonnets qu'il lui envoyait, la belle lui répondit par un autre sonnet qu'elle adressa au « Sei-gneur des Accords. » Le surnom sembla si bon au poète-amant qu'il l'adopta aussitôt et le garda toujours par la suite.

Non moins que les deux siècles que nous venons de parcourir, le dix-huitième siècle donnerait aussi lieu à maintes indiscrétions du même genre. Mais là, le terrain est moins déblayé et il est à peu impossible de se reconnaître parmi ces innombrables *Iris, Philis, Chloris, Eglé, Glycère*, etc. etc., dont les noms constellent tous les recueils poétiques de cette époque.

LES LIVRES A CLEF

Ier Index.

NOMS IMAGINAIRES

(Noms en italique, pour la plupart, dans le texte de l'ouvrage)

IIme Index.

NOMS VÉRITABLES

Abbéma (Louise). 279. — Abd-el-Kader. 334. — Aben-Zohar. 667. — Abercorn. 642. — Abergavinny (lord). 641. — About (Edmond). 514, 979. — Abraham. 809. — Açarq (d'). 293. — Aceilly (d'). 404. — Ackland (lady). 640. — Acquin (d'). 786. — Adam. 516, 723, 809, 877. — Adam (sculpteur). 976. — Adam (Mme Edmond). 279, 659, 1,089. — Addington. 644. — Addisson. 239, 1,065. — Adélaïde. 504. — Adélaïde (Mme), fille de Louis XV. 387, 716, 1,036. — Adington (Mme d'). 406. — Adler. 1,071. — Admirault. 359. — Affis. 818. — Affri (d'). 49. — Afrique, 1.092. — Agard, orfèvre. 704. — Agier. 754. — Agivoux. 88. — Agout (comtesse d') Daniel Stern. 311, 528. — Agoust (comte d'). 420. — Agrippa (Henri-Corneille). 824, 825, 826. — Agrippine. 773. — Agudi (chanoine). 142. — Aguesseau (chancelier d'). 113, 115, 457, 609. — Aigle (chevalier de l'). 304. — Aigle (marquis de l'). 757. — Aigrontin (Mme d'). 1146. — Aiguillon (duc d'). 199, 243, 387, 415, 588, 589, 590, 732, 1037. — Aiguillon (Mme d'). 1033. — Airolles (d'). 86. — Aix (ville d'). 463, 464, 978. — Aix (île d'). 261. — Alacoque (Marie). 296. — Alais (comte d'). 978. — Alamanni (marquis). 900. — Alary (abbé). 976. — Albe (duc d'). 343, 930. — Albermale (lord). 297, 1026. — Albéroni (cardinal). 92, 113. — Albert d'Autriche. 343. — Albert de Brandebourg. 325. — Albert (Honoré), 393. — Albert (d'). 467. — Albert, duc de Luynes (Charles d'). 393, 566, 968. — Albert (d') de Luynes. 199, 389. — Albona. 670. — Albret (Henri d'). 824. Albret (Jean d'). 824. — Albret (Jeanne d'), reine de Navarre. 81, 670, 1166. 1184. — Aleander (Jérôme). 81, 1054. — Alcofrada (Marianne). 544. — Alde Manuce. 794. — Alègre (d'). 479. — Alembert (d'). 147, 170, 267, 339, 347, 689, 768 790, 816, 946, 964, 976, 1034. — Alençon (duchesse d'). 349. Alençon (Mme d'). 305. — Alexandre III, empereur de Russie. 1106. —

Alexandre VII (pape). 1055. — Algernon Percy (lord and lady). 640. — Aligre (d'). 199, 389. — Aligre (Mme d'). 391, 524. — Alincourt (marquise d'). 429. — Alinval (abbé d'). 46, 238, 896. — Alissan de Chazet. 797, 893. — Alix (Jules). 366. — Allatius (Léo). 1056. — Alleaume. 88, 437, 1188. — Allemagne. 81, 343, 601, 670, 798, 973, 1004, 1090. — Allemands. 38, 71, 113, 258, 319, 344, 345, 1037, 1055. — Allen (vicomte et vicomtesse). 937. — Allen (lord and lady Joshua). 938. — Allut. 547. — Alluye (marquis d'). 405, 1015. — Almeras (d'). 402. — Alphonse XII, roi d'Espagne. 1089. — Alsace. 1014, 1020. — Amalby (Emilie d').172. — Amaury (Mlle). 402. — Ambly (d'). 922. — Ambre (Émilie). 1120. — Amboise (cardinal d'). 162, 825. — Ambrun. 332. — Amelot. 198, 271, 296, 301, 612. — Américains. 84. — Amérique. 5, 84. 255, 1092. — Amherst (lord). 640. — Amilhau. 463. — Amour (Didier l'). 726. — Amroux. 923. — Amsdorff. 325. — Amsdorfius. 557. — Amsterdam. 601. — Amyot. 830. — Anathase. 93. — Ancelot. 312. — Ancastre (duc d'). 646. Ancillon. 837. — Ancre (Concini, maréchal d'). 41, 81, 566, 766, 968. — Ancre (Léonora Galigaï, maréchale d'). 40, 81, 566, 567, 968. — Andlau (Mme d'). 769. — Andoins (Diane d'). 40. — Andouin. 465. — Andover (lord). 640. — André. 463. — André. 402. — Andrieux (avocat). 47. — Andrieux (Louis), député. 909, 1088, 1089, — Angennes (d'), 801. — Angenus (marquise d'). 406. — Angers. 463. — Angervillers d'). 611. — Angivilliers (marquise d'). 332. — Anglais. 5, 37, 164, 199, 258, 540, 609, 683, 744, 825, 993, 1012, 1080, 1092. — Angleterre. 37, 81, 84, 92, 98, 99, 123, 127, 137, 164, 255, 267, 318, 328, 344, 345, 459, 504, 535, 575, 600, 609, 718, 876, 915, 926, 993, 995, 1012, 1022, 1030, 1048, 1071, 1118, 1120, 1123. — Anglure (d'). 405, 1015. — Angot (Robert. 1127. — Angoulême (ville d'). 464. — Angoulême (duchesse d'). 9, 63, 503. — Anhalt (princesse d'). 388. — Anhorn (Barthélemy), 798. — Anjou (duc d'). 335. — Anne d'Autriche. 15, 27, 89, 172, 254, 449, 741, 766, 943, 1059, 1094. — Anne de Bretagne. — 824, 826, 1107. — Anne de Dannemark, reine d'Angleterre. 99, 100, 101, 112, •473. — Anseaume. 177. — Anson. 415. — Antheaume. 651. — Antin (chevalier d'). 612. — Antin (duc d'). 298. — Antin (marquis d'). 610. — Antraigues (comte d'). 189, 380. — Apoigny (d'). 163. — Aprice. 107. — Aquaviva (Claude). 652. — Arago (François). 843. — Aragon (François d'). 825. — Aragonais (Mme). 402, 524, 543. — Arboulin (d'). 913. — Arboust (d'). 405. — Arbuthnot (docteur). 535, 554, 811, 993, 995. — Archer (lady). 641. — Arcy (d'). 431. — Aremberg, marquis de la Chaume (d'). 599. — Aremberg (duc d'). 609. — Aremberg (prince Louis d'). 757. — Argens (J.-B. de Boyer, marquis d'). 92, 137, 237, 352, 458, 603, 690, 728, 784, 932. — Argenson (Voyer d'). 114, 297, 298, 332, 405, 457, 608, 612, 744, 985, 1033. — Argenson (Marc-Antoine-René de Paulmy). 701, 924. — Arguien (d'). 344. — Argyle (duc d'). 554. — Aristote. 553. — Arlatan (d'). 405. — Arles (ville d'). 978. — Arles de Montigny (d'). 932. — Arlincourt (vicomte d'). 145, 146, 830, 831. — Armand (abbé). 797. — Armant (François-Huguet). 897. — Armenonville (d'). 158. 608. — Armstrong. 7. — Arnaud (Antoine). 840, 842. — Arnaud (fils du précédent). 801. — Arnaud (abbé d'). 147, 964, 976, 983. — Arnaut (Antoine-Vincent). 680. — Arnheim. 799. — Arnoncourt (d'). 370. — Arnoul (René). 1128. — Arnould (Mlle). 48, 550, 965, 966, 980. — Arnould (Arthur). 121, 1073. — Arouet de Voltaire (voir Voltaire). — Arpajon (comte d'). 776. — Arpajon (duc et duchesse d'). 1015. — Arpajon (Mlle d'). 391. — Arpentigny (d'). 312. — Argues (village d'). 41. — Arran (lord and lady). 644. — Arras (ville d'). 463. — Arrighini (Bonaventure). 202. — Artamore (Piotre). 624. — Artigny (abbé d'), 863, 864. — Artois (province d'). 824. — Artois (comte d'). 34, 182, 194, 218, 271, 629, 747, 754, 1036, 1050. — Artus (Thomas). 116, 421. — Ary Ecilaw. 1105, 1106. — Asano Takoumino Kami. 1117. — Asgill. 4, 5. — Ashbee. 1120. — Asie. 1092. — Asnières (Mme d'). 405. Asse (Eugène). 468, 469. — Asselin. 359. — Asselineau (Charles). 20, 53, 369, 783. — Assézat. 136, 232, 815. — Asteld (maréchal d'). 612. — Astlei. 56. — Astruc (J.). 149, 352, 738, 796. — Assuérus. 282. — Atalante. 402. — Athanase. 811. — Athènes. 51. — Atremont (d'). 939. — Atri (duc d'). 159. — Atry (duchesse d'). 47. — Atterbury (Fr.). 6. — Auberi (chanoine). 560. — Aubert (abbé). 236, 270, 271, 486, 585, 650, 651, 790, 884, 976. — Aubert (Anaïs). 748. — Aubert (pharmacien). 1039. Aubignac (François-Hédelin d'). 857. — Aubigné (Th. A. d'). 81, 251. — Aubigné (baron d'). 156. — Aubigné (comte d'). 155, 157, 160. — Aubigni (famille d'). 606. — Aubigni (Mlle d'). 612. — Aubigny (d'). 406. — Aubin. 786. — Aubin de Pons-Ludon. 635. — Aubray. 880. — Aubry (Mme la présidente). 402. — Aubry de Courcy. 1015. — Auceresses (Mlle d'). 407. — Auchy (vicomtesse d'). 179. — Audiffret (marquis d'). 749. — Audiffret-Pasquier (duc d'). 888. — Audiguier (d'). 33, 289, 448, 474. — Auerschot (duchesse d') 855. — Augé (gendre de Restif de la Bretonne). 56, 57, 63, 144, 362, 363, 497. 662, 708, 712, 713, 714, 717. — Augsbourg (ville d'). 616, 799. — Auguste. 267. — Auguste de Saxe. 326, 617. — Auguste II, roi de Pologne. 99, 710, 612. — Augustin. 810. — Aulu-Gelle. 962. — Aumale (d'). 388. — Aumale (Mlle d'). 383, 406. — Aumelas (Mme d'). 406. — Aumelas (Mlle d'). 1015. — Aumont (duc d'). 197, 703, 776. — Aumont (duchesse d'). 156, 157. — Auréville (d'). 756. — Aurillac. 376. — Auriol (Blaise d'). 667. — Austrem (Mme). 1040, 1041. — Autelz (Guillaume des). 1129. — Auteuille (Pierre d'). 722. — Autriche. 608, 1093, 1118. — Autrichien. 258. — Auventiers (comtesse d'). 1059. — Auvri (évêque). 559, 562. — Auxerre (ville d'). 359, 362, 496, 761. — Auxonne (duc d'). 297. — Avenelle (Albin des). 1190. — Aversberg. 494. — Avroy (Mme la douairière d'Avroy). 769. — Ayen (duc d'). 295, 607. — Ayscough. 642. — Azaïs. 680.

Baader. 615. — Babeuf. 1068. — Babinet. 403. — Bachaumont. 183, 393, 1016, 1017. — Backer (le père de). 649, 695. — Bacon (J.-B.-Pierre). 131. — Bacon (Roger). 249. — Bacquencourt (Mme de). 306. — Bacqueville (marquis de). 298, 746. — Baculard d'Arnaud. 233, 292, 293, 320, 528, 709, 1004. — Baierhammier. 615. — Baif (Jean-Antoine de). 1129. — Bail (du). 175, 1058, 1059, 1060. — Baïle (voir Bayle). — Bailey. 1120. — Baillet (Mme). 488. — Baillet (Adrien). 167. — Baillet (Pierre). 488, 489. — Bailleul (Mlle). 172. — Bailly. 50, 189, 380, 523, 1036, 1051. — Bailly (Mlle). 403. — Baissey (Chrestienne de). 1185. — Baker (D. E.). 3. — Baker (G.). 134. — Balan (Mme de). 402. — Balbi (comtesse de). 382. — Balechou. 976. — Balestrieri. 142. — Balicourt (Marguerite-Thérèse). 898. — Balincourt (de). 609. — Ballande. 1071. — Balleyguier dit Loudun. 749. — Balzac. 403, 444, 1001. — Balzac (Honoré de). 511, 515, 720, 721. — Bamfielde. 642. — Banbury (Charles). 646. — Banbury (lady). 641. — Bandelle (Mathieu. 824. — Banse (père). 162. — Banse (fils). 159. — Bantley (docteur). 996. — Baour-Lormian. 680. — Baquoy-Guédon. 710. — Baragnon (Numa). 279, 717. — Barba. 195, 385. — Barbançon (Marie de). 404. — Barbara (Charles). 894. — Barbentane (village de). 904. — Barbentane (Mme de). 402, 1015. — Barbereau. 163. — Barberini (cardinal). 81, 1056. — Barberousse (Frédéric). 281, 284. — Barbès. 843. — Barbesieux. 159. — Barbette. 1095. — Barbey d'Aurevilly. 272, 515. — Barbezieux (Mme de). 1190. — Barbier. 25, 40, 103, 108, 120, 145, 175, 176, 194, 295, 340, 378, 418, 429, 432, 443,

Dacquin. 727. — Daems. 1064.—Daems (Mme) 1064. — Daguesseau de Frêne. 896. — Dainer. 640. — Dairnwell. 458. — Daix (François). 1143. — Dalayrac. 686. — Dalberg (baron de). 615. — Dalécarlie (province de). 609. — Dalibray. 67. — Dalmatie (duchesse de). 193 — Dalti (Zina). 1072. — Daly (Pierre). 938. — Damer (Georges). 643. — Damer (Lionel). 642. — Damien. 743. — Daminois. 786. — Danchet. 47, 240, 242. — Dancourt (actrice). 163, 786. — Danemarck. 132, 199, 255, 318, 601, 607. — Danès (Pierre). 826. — Dangeau (Louis de Courcillon, abbé de). 154. — Dangeau (Ph. de Courcillon, marquis de). 159, 161, 164. — Danois (les). 38, 93, 260, — Danse (abbé), 162, 561. — Dantalle (F). 262. - Dante. 285. — Danton. 50. — Danty (Mme). 405. — Dantzick (ville de). 600. — Dapoigni. 788. - Dapples (Auguste). 480. — Dardet de Montarsy. 959. — Dare. 1045. — Darigrand 1017 — Darmouth (comte de). 645. — Darney. 753. — Darralde (docteur). 748). — Da Rocha. 169. — Daru. 678. — Dash (Cisterne de Courtiras dite comtesae. 799, 800. — Dashwood (lady). 554. — Dashwood (F.). 1027. —Dashwood Spencer. 781. — Da Silva. 169. — Dassoucy. 722. — Dauberval. 214. — Daubray 279. — Daudad (Mlle C.) 1152. — Daudet (Alphonse). 279, 374, 505, 675, 717, 848, 866, 1085. — Daudet (Ernest). 1104. — Daulagne. 758 — Daunou. 805. — Daussi. 662. — Davenant. 834.— Davenel. 294. — Davenne (François). 525. — David (Félicien). 511. — David (J.-L.). 714. — David (roi). 811. — Davilliers (Mme). 192. — David (W). 925, 1025, 1030. — Dazincourt. 226. — Deahurst. 645. — Debaste (Nicolas). 1144. — Débée (Sara). 58. — Débée-Leeman (Mme). 58, 62, 497. — Debon. 1069. — Debure. 832. — De Buisson. 157. — Decaisne. 466. — Decaze (Elie, duc de). 459, 917, 978. — Decaze (duc de), fils du précédent. 887. — Dechestret. 365. — Decourcelle (Pierre). 1074. Decoussi. 362. — Decoussi (Mme). 363. — Decrès (amiral). 753. — Decrosne. 1036. — Defays. 193.— Defoë (Daniel). 1057.— De França. 169.— Deguerle (J.-N.-M.). 1049, 1114. — Deimier (P. de). 968, 1144. — Dejean. 464. — Dekker (Thomas). 791, 883. — Delaborde (A.). 195. — Delacroix (Eugène). 311. — Delaflesselles. 793. — Delafosse. 466. — Delafrugneraye. 792. — Delaguette. 663. — Delaistre. 363, 497. — Delaistre (Mme). 365. — Delaleu. 306. — Delamy (Patrick). 997. — Delaroche (Paul). 317 — Delatour (curé). 169. — Delaulne. 792, 959. — Delaunay. 1086. — Delavigne (Casimir). 193, 551. — Delaville. 753 — Delawar (lady). 639. — Delcamp. 601. — Delécluze. 635. — Delecourt. (Ch.). 1064, 1102. — Delepierre (Octave). 530, 859. 936. — Delescluze 841. — Deleuze. 466. — Delibes (Léo). 1072, 1084. — Delile (abbé). 218, 651, 884, 896, 964. — Delmas. 751. — Deloche. 754. —Delolme (J.-L.). 536. — Deloraine (lord). 553, 1029. — Delord (Taxile). 514. — Delorme (Mlle). 663. — Delpit (Albert). 1096. — Deltrieux. 165. — Demeunier. 381. — Denbigh (comte de). 645. — Denis (Mme). 382, 516. 1033 — Denisot (Nicolas). 759. — Denisot (René). 853. — Dennis (John). 554, 1069. — Dent (John). 123, 134. — Denton (Mme). 937. — Deplanches. 1144. — Deray. 1069. — Derby (lord). 643. — Derby (lady). 641. — Dermont. 793. — Deroziers-Beaulieu. 723. — Désaugiers. 751, 752, 754. — Desbarreaux. 563. — Desbarreaux-Bernard. 87, 293, 972. — Desbois. 354. — Desbrosses (Mme). 364. — Desbuttes 784. — Descarrières. 758. — Descartes. 124, 136. — Deschamps (Emile). 311. — Deschamps (Mlle). 405, 746. — Deschiens. 160, 519, 786. —Desclarcins. 786. — Descluzel (Mme). 406. — Désembray (la présidente). 424, 1067. — Des Essards (baron), 854. — Désessarts. 87, 214, 736. — Des Essarts (Alfred). 366, — Des Essarts (E.-A.). 45. — Desfongerais. 727. — Desfontaines (abbé). 275, 377, 426, 466, 487, 599, 627, 805, 835, 981, 983, 991, 992, 996. — Des Fontaines. 1066, 1068. — Desforges. 681, 792. — Desforges-Maillard. 976. — Des Hameaux. 801. — Des-

Live d'). 604, 711. — Epinay (Mlle). 1032. — Eprémesnil (Duval d'). 329, 380, 733, 1037, 1050. — Epy (L'). 88. — Erasme. 249, 322, 324, 825. — Erbennert. 792. — Erlanger (baron). 1089. — Ernée. 471. — Ernest-Louis, duc de Saxe-Gotha. 617. — Erskine (lord Thomas). 84. — Erskine (lady). 644. — Escars (duc d'). 750, 752. — Esche (comtesse d'). 384. — Escherny (comte d'). 662. — Esmangart. 821, 822. — Espagne. 18, 38, 92, 113, 1103, 123, 225, 255, 318, 344, 601, 607, 845, 1055, 1092. — Espagnols (les). 71, 258, 345. — Espagny (Mlle d'). 407. — Espinac (Pierre d'). 881, 882. — Espinasse (de l'). 389. — Esprit (Jacques). 407. — Esson (Nicolas). 88. — Estaing (comte d'). 373, 390. — Este (Azzo d'). 284. — Este (Eléonore d'). 36. — Este (Hercule d'). 824. — Este (ville d'). 319. — Estherette 496. — Estienne (Robert). 672. 1158. — Estienne (dame Nicole). 1154. — Estissac (Geoffroy d'). 824. — Estoile (de l'). 273. — Estrade (Mme). 406. — Estrades (d'). 15, 449. — Estrades (Mme d'). 449. — Estrées (cardinal d'). 161. — Estrées (comte d'). 260, 261. — Estrées (diane d'). 95. — Estrées (Gabrielle d'). 11, 40, 1150, 1187. — Estrées (maréchal d'). 744. — Etampes (duchesse d'). 75. — Etienne (Ch. Guillaume). 194, 195, 680. — Etiolles (d'). 1033. — Etiolles (Mme d'). 919 — Ette (d'). 1032. — Ettenim (ville d'). 63. — Eu (comte d'). 610. — Eugène (Fr. de Savoie, prince). 114, 608. — Eugénie (impératrice). 527, 748. — Euripide. 137. — Europe. 255, 345, 606, 1092. — Eve. 809, 877. — Expilly (Claude). 1142, 1150. — Eymar (d'). 415.

Fabien (de) 407. — Fabre d'Eglantine. 107, 398, 464, 490. — Fafts (Mlle). 101. — Faisan (du). 406. — Falbaire de Quingey. 486. — Falck. 615. — Falckemberg (de). 799. — Falconet. 352, 976. — Falconius (Henri). 1054. — Falkland. 640. — Falloux (de). 514, 888. — Falsmouth (ville de). 646. — Fantanille (de). 407. — Fardelle. 362. — Fargis (de). 701. — Fargis (Mlle du). 406. — Fargueil (Mme). 355. — Fariau de Saint-Ange. 712. — Farquhar (George). 229, 831, 906. — Faucaut (Mlle). 156. — Fauchet (abbé). 1050. — Fauque (Mlle). 257, 1005. — Faure (chanteur). 1071. — Faure d'Annoi. 788. — Faussier (Mme). 214. — Fautrier. 165. — Favart (acteur). 713. — Favas (de). 943. — Favier. 362. — Favre (Jules). 527. — Fawke (général). 1027. — Fayel (marquis du). 814. — Fayolle. 192, 195. — Fécamp (ville de). 464. — Féder. 616. — Fel (Mlle). 1032. — Félan (Mme du). 407. — Féletz (abbé de) 678. — Félici (comte docteur Giovanni). 899. — Fenayrou. 1039. — Fenayrou (Gabrielle). 1039. — Fénelon. 93, 925. — Fentum (Lavinia). 130. — Ferdinand II, roi de Toscane. 275. — Ferdinand III, empereur d'Allemagne. 254. — Ferdinand V, dit le Catholique. 167. — Ferdinand de Brunswig (prince). 614. — Ferguson. 7, 1046. — Feria. 275. — Ferlet. 784, 785. — Ferlet (barbe). 233. — Fermon (de) 571. — Fernandino (comtesse). 1062. — Ferrand (Mlle). 407. — Ferrand (Michel). 468, 469. — Ferrat (Mlle). 663. — Ferrein (docteur). 137, 738. — Ferriar (docteur). 901. — Ferrières (marquise de). 758. — Ferruzzi (Bindo-Simone). 900. — Ferry. 694. — Ferry (Jules). 280, 1040. 1089. — Ferry (Paul). 1150. — Ferté (de la). 828. — Ferté (maréchale de la). 156, 384. — Féru. 1069. — Féry (Mme). 407. — Feuchères (baronne de). 76. 152. — Feugère. 96. — Feuillet (Octave). 280. — Feuillet de Conches. 528. — Feuquières (marquis de). 589. — Feyghine (Mlle). 1116. — Fidès Devriès (Mme) 1071. — Fielding. 641. — Fiesque (comte de). 838. — Fiesque (comtesse de). 178, 180, 213, 384, 407, 838. — Fieux (Charles de). 626, 632. — Figge. 1045. — Filers (Mlle de). 407. — Filhol. 294. — Fischer. 617. — Fisilaga (Antoine). 283. — Fitzharding (lord). 100. — Fitz-James. 296, 388, 752. — Fitz-Patrick. 643, 1027. — Fitzroy, 642. — Fitzroy (lady and miss). 643. — Fizelière (Albert de la). 959. — Flahaut (de). 546. — Flahaut (comtesse de). 382. — Flamands (les). 319, 823. — Flandre. 601, 608,

(ville de). 600, 1037. — Napoléon Ier. 19, 85, 386, 395, 450, 451, 459, 530, 551, 570. 571, 575, 677, 691, 692, 741, 905, 917, 947, 958, 969, 970, 974, 1004. — Napoléon III. 480, 527, 551, 619, 862, 1014. 1040, 1118. — Napoléon (prince Louis), fils de Napoléon III. 888. — Napoléon (prince Jérôme). 527. — Narbonne (ville de). 1024. — Narbonne (de). 199. — Narjoux (Félix), 1087. — Nassau (Louis de). 598. — Nassau (Maurice de). 344. — Nau (Claire). 854. Navarre (royaume de). 344. — Nazet (Hippolyte). 1100. — Necard. 358. — Necker. 256, 267, 328, 379, 471, 475, 503, 532, 635, 833, 966. 1036, 1050. — Necker (Mme). 381. — Né de La Rochelle. 438, 768. 776. — Neffzer. 355. — Nelis (Corneille-François de). 1043, 1044. — Nemours (ducs de). 430, 567, 968, 1059. — Nemours (duchesse de). 410. — Nemours (Mlle de). 383. — Nenci (Jérôme). 289. — Nerciat (Andréa de). 72, 73, 355. — Nérée (R.-J.). 945. — Nérestang (marquise de). 410. — Néron. 771. — Nervèze (Antoine de). 909. — Nervèze (Bernard de). 1170. — Nervèze (Mlle de). 179, 410. — Nesle (Mme de). 608. — Nesse (John). 1013. — Neubourg (Charles de). 101. — Neufchâteau (François de). 194, 441, 711. — Neufgermain. 801. — Neufville (Mlle de). 410. — Neuilly (Mlle). 410. — Neumann. 467. — Neuville (Ch. Frey de). 137. — Neuville (le Père de La). 299, 300. — Nevada (Mlle). 1072. — Nevers (duc de). 606. — Neveu (Daniel). 854. — Neveu (Mme). 179. — Newcastle (duc de). 101, 1038. — Newcomen (Mathieu). 483. — Newhaven. 644. — Newton. 124, 136. — Ney (Michel). 679. — Ney de la Moskowa (princesse). 749, 1085. — Niboyet (Eugénie). 367. — Niccolini (Jean-Baptiste). 677. — Nicéron (le Père). 78, 764, 906, 948. — Nichols (John). 1004 — Nicolaï. 616. — Nicolaï (de). 787. — Nicolas de Saint-Joseph (le Père). 695. — Nicolas (Mme de). 707. — Nicolas (Richard). 1055. — Nicolay (Isabelle). 1168. — Nicole (Pierre). 155. — Nicolet. 60, 236. — Nicolini (marquis-abbé). 899. — Nieuport (ville de). 260, 752. — Nieuwerkerke (Mme de). 748. — Nilsson (Christine). 1063. — Nîmes (ville de). 718. — Nivernois (duc de). 379, 589, 896. — Niza (marquis de). 169. — Nizon. 358. — Noailles (cardinal de). 115, 163, 437, 460. — Noailles (maréchal de). 38, 237, 300, 609, 807. — Noailles (comte de). 388, 610, 776. — Noailles (comtesse de). 410. — Noailles (vicomtesse de). 380. — Noailles (Mme de). 612. — Noblet. 160. — Nocé (comte de). 46. — Nodier (Ch.). 248, 311, 353, 419, 455, 476, 532. 546. 547, 569, 599, 627, 628, 666, 729, 783, 822, 828, 836, 913, 914, 925, 946, 1177. — Nodier (Marie). 311. — Noël (J.-F.). 754. — Nogaret (François-Félix). 418. — Nogarot. 786. — Noir (Victor). 246. — Noisenvert (Améline de). 787. — Nolis. 753. — Nonantois (de). 76. — Nonnantès (de). 76. — Nonotte (abbé). 485, 585. — Normand. 752. — Normandie. 123, 746. — Normant de Tournehem. 298. — North (lord). 199, 641. — Northumberland (duc de). 641. — Norton. 641. — Norvégiens (les). 38, 601. — Nottingham (lord). 101. — Nougaret. 60, 61, 63, 64, 497, 662, 663, 707, 709, 712, 714, 715. — Nougaret (Mme). 713, 714. — Nourrisson. 999. — Nourrit. 1087. — Nouveau (de). 159, 1067. — Nouveau (Mme de). 384, 410. — Noverre. 709. — Novgorod (ville de). 600. — Noyer (Mme du). 577. — Nublé. 960. — Nugent. 645.

O (d'). 882. — Octavie. 944. — Odelcaschi (Benoît). 564. — Odet de Châtillon. 823. — Odjiwava ou Kachi-Kawa Yosobei. 1117. — Odry. 753. — Oduille. 410. — OEillets (Mlle des). 413. — Offehmer. 505. — Ogier (Mlles). 410. — Ogier de Gombauld. 315. — Oginski (comte d'). 720. — Ohnet (Georges). 1073, 1074, 1075. — Ohoïchi Kouranoské. 1117. — Ohotaka Guengo. 1117. — Oignon (Mlle d'). 424. — Oldfield (Mme). 230. — Olivares (duc d'). 255. — Olive (Anne). 1164. — Oliver. 645. — Oliveira Pinto (Michel-Joseph de). 169. — Olivet (abbé d'). 92, 739, 976. — Olivier. 271. — Olivier (Pierre). 723. — Ollivier (Emile). 841, 1040. —

311, 312, 515, 721. — Platen (comtesse de). 101. — Plée (Léon). 659. — Plélo (comte de). 611. — Plessis (maréchal du). 175, 392. — Plessis (le Père du). 300. — Plessis (Loyse du). 1181. — Plessis (Mlle du). 411. — Plessis-Personne (Mlle du). 179. — Plodes (docteur). 141. — Plymouth (lord). 640. — Poays. 966. — Pochet-Deroche. 902. — Pocock (G.). 1026. — Poelnitz (baron de). 439. — Poictevin (Francis). 1105. — Poilly (Mmes du Mis de). 1062. — Poincloux. 363, 364. — Poinot (Mlle). 716. — Poinsinet. 180, 737. — Poinville (de). 411. — Poinville (Mme de). 713. — Poiret. 236. — Poirier (Elie). 1174. — Poisson (François-Arnould). 897. — Poisson de Vandières. 298. — Poissonnier. 87, 88. — Poitiers (ville de). 601. — Poix (prince de). 380, 776. — Poliac (de). 786, 962. — Polignac (cardinal de) 101, 112. — Polignae (duc de). 256, 1051. — Polignac (duchesse de). 15, 186, 339, 628, 1036. — Polignac (comtesse Diane de). 382, — Polignac (marquis de). 538. — Polignac (prince de). 752. — Polignac (vicomte de). 1033. — Poligny (ville de). 464. — Pologne. 37, 102, 319, 601, 611, 948, 1093. — Polonais. 258, 260, 600, 652. — Poltrot de Méré. 395. — Poméranie (province de). 799. — Pommereuil (Mme de). 411. — Pompadour (Mme de). 37, 39, 49, 103, 136, 260, 297, 386, 565, 596, 684, 793, 983, 984, 986, 1032. — Pomponne (de). 160, 162. — Poncet de la Rivière. 154. — Pons ou Pontis. 81 — Pons (de). 165, 411. — Pons (Mme de). 431. — Pons (Mlle de). 172. — Pons (Anne de). 1163. — Pons (dit de Verdun). 709. — Ponsard (François). 748. — Pont (vicomte de). 758. — Pontac. 411. — Pontalais (Jean du). 666. — Pontchartrain (de). 158, 161, 784. — Pontchartrain (Mme de). 164. — Pont-de-Vesle. 476. — Pontier (Gédéon). 166. — Pontmartin (de). 514, 515, 304, 624. — Pontoux (de). 1174. — Pont-Saint-Pierre (Mme de). 410. — Pontus de Tyard. 1175. — Pope (Alexandre). 291, 336, 685, 811, 964, 995, 1091, — Popham (Anne). 100. — Porchères. 1001. — Pornin. 844 — Portail (le président). 115, 301. — Portail (Marie). 854. — Portail (Mme de). 776. — Portal (Mme la présidente). 913. — Portelance. 293. — Porthsmouth (B.). 7. — Portland (duc de). 101, 536. — Portland (duchesse de). 639. — Porto-longone (ville de). 392. — Port-Royal (abbaye de). 259, 438. — Portsmouth (duchesse de). 1011. — Portugal. 318, 607, 1092. — Possenheim. 799. — Postel (Guillaume). 670. — Potemkim. 789. — Poterie (Elie de la). 87. — Potet (baron du). 511. — Potier. 753, 907. — Potocki (comte). 715, 776. — Pottinger (Israël). 630. — Poubelle (préfet de la Seine). 904. — Pouce. 352. Poulaille. 464. — Poulain (Mlle). 542. — Poulain (Nicolas). 882. — Poulchre (Renée Le) 1171. — Pouligné (Mme de). 305. — Poupart-Davyl. 1072. — Poussot. 297. — Powlett (duc de Bolton). 1025. — Poya. 961. — Poyet (Guillaume). 75, 823. — Prade (de la). 712. — Prades (de). 429. — Pradon. 155. — Pradt (abbé de). 1022. — Prague (ville de). 600, 609. — Praslin (duc de). 388. — Prat (Antoine du). 421. — Pratt. 939, 1027, 1029. — Pré (Mlle du). 1177. — Précourt. 156. — Précy (Mme de) 430. — Prélabbé (Mme de). 702. — Prémenville (Mme de). 305. — Préodaux (Mme de). 306. — Présieux (Mme de). 803. — Prestagi. 1028. — Prestalois (Mme). 424, 1067. — Preuil (de). 1067. — Préval (Guilbert de). 87, 88. — Préville. 214, 662. — Préville (Mme). 214. — Prévost (abbé). 111, 805, 991. — Prévost (Florent). 467. — Prévost (J.), sieur de Gontier. 35. — Prévost (Mme). 758. Prévost-Paradol. 841. — Prie (Mme de). 613. — Priézac. 411. — Princé (marquise de). 219. — Princen (Mme de). 712. — Procope (François). 814. — Proud (Mlle). 100. — Proudon. 251, 512, 817, 843. — Provence (la). 114, 376, 933. 978. — Provence (comte de). Voir Louis XVIII. — Provence (comtesse de). 389. — Prudhomme. 148-359. — Prudhot (Manon). 58, 663. — Prunelle (Marie). 1141. — Prusse. 612, 799, 948, 1026, 1093, 1118. — Prussiens (les). 140, 600, 612. — Pry (Peter). 580. — Prynne. 626. — Pucci (François). 672. — Puget de la Serre. 855. — Puisieux (Mme de). 153, 172, 228, 293, 431. — Pultenay (William). 553, 1029. — Pumer (Mlles de). 708. — Pure (abbé, Michel de). 411, 808. — Pursyet. 242. — Puy (du). 880. — Puy Chevrier. 233. — Puy-de-Fou (comtesse de). 1059. — Puy-Herbault (du). 825. — Puy-Laurens (de) 396. — Puymaurin (de). 753. — Pyat (Félix). 76, 955. — Pythagore. 183.

Quœrengus Antonius. 1054. — Quatremère de Quincy. 195. — Queensburg (duc de). 642. — Queensburg (duchesse de). 554. — Quenet (Marie-Françoise). 365. — Quenet (médecin). 299. — Quentin-Bauchard. 436. — Quérard. 15, 25, 33, 40, 76, 103, 108, 222, 223, 295, 340. 428, 434, 456, 475, 477, 490, 530, 555, 567, 568, 596, 620, 628, 652, 735, 755, 765, 805, 814, 832, 835, 851, 869, 883, 901, 958, 963, 979, 980, 1007, 1035, 1049. — Quergray (Mme de). 411. — Quesnay, 572. — Quesnel. 810. — Quétand. 651. — Quevedo (Lucien de). 987. — Queyras (Antoine-Humbert de). 205. — Quilain (de). 431. — Quillau. 359, 717. — Quillau (Mme). 57. — Quillet. 491.— Quinault. 7, 155, 163, 411. — Quinault (Jeanne-Françoise). 393, 897. — Quinault-Dufresne (Abraham-Alexis). 897. — Quinet (Gabriel). 700. — Quinette (Nicolas-Marie). 491. — Quivières (Marcotte de). 847. — Quivoque (Mme). Marc de Montifaud. 1008, 1088.

Rabaud St-Etienne. 380, 532. — Rabelais, 456, 820, 821, 822, 823, 824, 825, 826, 850. — Rabener (Isaac). 738. — Rabutin (comte de Bussy). 170, 430. — Racan. 384, 1001. — Rachel (Mlle). 334. — Racine (J.). 66, 99, 121, 146, 158, 198, 374, 930, 946.— Racknitz (baron et baronne de). 519.— Racot de Grandval. 897. — Radonvillers (abbé de). 332. — Radziouski (cardinal). 100. — Ragueneau de la Chainaye. 192. — Raguenet (abbé). 117, 242. — Raguidot. 662. — Raguse (duc de). 751, 753. — Raguse (duchesse de). 753. —Raigecourt (Mme de). 922. — Raime de la Pommeraye (Mlle). 304. — Raimond. 787. — Raincy (Bordier de). 159. — Raincy (de, fils du précédent). 391, 525. — Rainsforth. 640, 644. — Raix (baron de), 304. — Ralbay (Roumain de). 463. — Rambouillet (marquise de). 90, 179, 392, 411, 838. — Rambure (marquise de). 411. — Rameau (J.-P.). 137, 768.— Ramus (Pierre). 825. — Ranc (Arthur). 121, 1072, 1073. — Rancurel de St-Martin (Mme de). 412. — Randan (de). 531. — Rantzow (Josias de). 1060. — Rapenot (Edme). 359, 496 — Rapetti. 888. — Rapin (Nicolas). 880, 881, 945. — Rasan (de). 703. — Raspail (V.-F.). 512, 843. — Ratisbonne (ville de). 615. — Rattazi (Mme de Solms). 579, 619, 748, 1100. — Raucourt (Mlle). 47, 191, 550, 736, 966, 1048. — Raulin. 466. — Ravaillac. 743. — Ravel. 751. — Ravensburg (ville de). 617. — Ravocet (de). 411. — Ravoie (de la). 159. — Ravodon (lord). 643. — Raynal (abbé). 292, 902. — Raynaud (Théophile). 21. — Rayssiguier (Nicolas de). 1176. — Read (Ch.). 880. — Read (Cobias). 779. — Rébel. 768, 924. — Rëbenôt. 63. — Reboul (Antoine-Joseph), 628. — Reboul (Guillaume). 693. —Reboul (Jean). 311. — Reboul-Berville(C.-A.de). 628. — Reboux-le-Roy. 465. — Récamier (docteur). 721. — Récamier (Mme). 50, 104, 193, 272, 648. — Redi 569. — Reginard (comte Lorrain). 759. — Regnard (fils). 299. — Regnault de St-Jean d'Angély. 194, 571, 680, 753.— Régnault de St-Jean d'Angély (Mme). 195. — Régnault (Mlle). 193. — Régnault-Warin. 194. — Régnier (Claude-Antoine) duc de Massa. 829. — Régnier (Séraphin). 784. — Reichemberg (Mlle). 1086. — Reiffemberd (de). 153. — Reiffenstein (baron de). 540. — Reimy (de). 702. — Reina. 356.— Remiremont (ville de). 377. — Rémusat (de). 678. — Rémy (abbé). 734. — Renan (Ernest). 355, 999. — Renard (le commissaire). 745.— Renaud. 62.— Renaud. 494.— Renaud (Nicolas). 1177. — Renaudie (La). 395. — Renaudot. 801.— Renault (Léon). 1089. — Renée de France, duchesse de Ferrare. 670, 672. — Rennes (ville de). 463. — Renson. 1023. — Resnier (Guillaume). 185, 186. — Rességuier (chevalier de). 605, 984. — Restant (peintre). 977.

906, 952. — Ross (Miss). 1066. — Rosset (Mme de). 803. — Rosset (Fr de). 856, 862, 1179. — Rossi (Jean-Victor). 1052, 1053, 1056. — Roslock (ville de). 799. — Rotermundus. (H. G.). 322. — Rothschild (de) 751, 1089. — Roubeau (abbé)5. 72.— Rougemont (de). 192. 438, 679.— Rougère (de la). 397. —Rouher (Eugène), 480, 527, 887, 888.— Rouher (Mme). 528.— Rouillé (de). 390, 985. — Roumiantzoff. 540.— Rounat (de la) 279.— Roure (du). 324, 331, 423, 426, 584, 842. — Rousseau (Jean-Baptiste), 241, 243, 805. — Rousseau (Jean-Jacques).61, 170, 180, 198, 347, 504, 604, 724, 725, 733, 738, 767, 768, 790, 884, 890, 964, 077, 1031, 1034, 1114. — Rousseau (Jeannette). 59. — Rousseau (jurisconsulte). 977. — Rousseau (Louis). 467. — Rousseau (Mlle). 786. — Rousseau de Bouillon (Pierre). 631, 632.— Rousseau de la Rivière. 113. — Rousselet (Claude). 249. — Rousselière (de la). 853. — Rousselin. 784. — Roussillon (chirurgien). 1069.— Roussy (comte de). 961. — Routier. 905. — Rouville (comte de). 432. — Rouxel. 663. — Rouxel (Pierre de). 32. — Rouxelin de Pierrepont. 788. — Rouzeau (Simon). 1179.— Rovaï (Francesco). 569. — Row. 1045. — Roy. 292, 634.— Roye (abbé de). 213. — Royer-Collard. 670, 724. — Royer de Bellegarde. 39. — Rozoy (du). 884. — Rubec (abbé de). 157, 163. — Rudes de Collemberg (Ursule). 396. — Rudorfer. 615. — Ruffec (duchesse de). 914. — Ruffini (Gioavanni). 593. — Rügen (île de) 799. — Ruggeri (abbé). 143. — Ruggieri (Cosme) 865. — Rulhière (de). 896. — Rusling. 617. — Russie. 789, 917, 947, 1093, 1118. — Rutlidge (de). 146, 147, 213, 820. — Ruyter (amiral). 72.

Sabatier (abbé). 170, 349, 486, 283, 883, 884, 975.— Sabbatin (la). 394. — Sable (Guillaume du). 1190.— Sablé (marquise de). 179, 412, 838. — Sablière (Antoine de la). 1180. — Sablière (Mme de la). 563, 1181. — Sabran (comte de). ¡589, 775. — Sabran (comtesse de). 581. — Sacheverell (docteur). 101, 1003. — Sachot (curé). 164. — Sackville-Germaine (lord). 536. — Saconay (Gabriel de). 394. — Sacy (de). 888. — Sade (chevalier de). 509. — Sade (marquis de). 65, 334, 337, 338, 708, 713, 717, 1007. — Sagey (abbé de). 471. — Sagnier. 359. — Saillard. 751. — Sainct-Gelays (Melin de). 1181. — Saincte-Suzanne (de). 35. — Saint-Aignan (de). 726, 800. — Saint-Albans (duc de). 641. — Saint-Albin (de). 745.— Saint-Amand (de). 411, 454, 698. — Saint-Amant (Mme de). 412. — Saint-André (de). 412. — Saint-Ange (Mme de). 385, 412. —Saint-Arnaud (abbesse de). 179. — Saint-Arnaud (maréchal). 748, 749.— Saint-Aubin (Mme de). 194. — Saint-Aubin (Mlle). 663. — Saint-Balmon (Mme de). 179. — Saint-Brice (comte de). 589. — Saint-Cernin (comte de). 519.— Saint-Charles (de). 362. — Saint-Chaumont (marquise de). 412. — Saint-Christophe (île de). 259. — Saint-Clément (Mme de). 412. — Saint-Cricq (de). 463.— Saint-Cyr (maison de). 335. — Saint-Evremond (de). 431, 940. — Saint-Fargeau (Michel, Le Pelletier). 631, 758. — Saint-Félix (de). 1006. — Saint-Félix (Mme de). 305. — Saint-Firmin (de). 758. — Saint-Florentin (comte de). 93, 296, 387, 389, 609. — Saint-Gabriel (Mlle de). 407. — Saint-Géran (de). 703.— Saint-Géran (comtesse de). 407. — Saint-Germain (de). 199, 267, 590. — Saint-Germain-Beaupré (Mme de). 172, 412. — Saint-Germain-en-Laye (ville de). 766. — Saint-Gilles (de). 726. — Saint-Hilaire. 786. — Saint-Hilaire (Mlle Aglaé de). 552. — Saint-Hyacinthe (Thémiseul de). 111, 182. — Saint-John (Bolingbroke). 100. — Saint-Just. 292, 735, 756. — Saint-Lambert (de). 528, 790, 876, 884, 1033. — Saint-Lary (baron de). 412. — Saint-Léger. 87. — Saint-Léger (Mlle de). 60, 63, 662, 713, 1181. — Saint-Leu (Mlle de). 57, 64, 662, 715. — Saint-Loup (Mme de). 412. — Saint-Lubin (de). 301. — Saint-Maimieux (de). 701. — Saint-Marc ou Mars. 498, 662, 709, 713, 715, 966. — Saint-Marc-Girardin. 96. — Saint-Marcellin (H. de). 192. — Saint-Mars (vicomtesse de). 800. — Saint-Martin (Mme de). 702. —

ACHEVÉ D'IMPRIMER

SUR LES PRESSES DE

DARANTIERE, IMPRIMEUR A DIJON

Le 9 septembre 1887

POUR

ÉDOUARD ROUVEYRE

LIBRAIRE-ÉDITEUR

A PARIS

Les Livres à Clef

ÉTUDE DE BIBLIOGRAPHIE CRITIQUE ET ANALYTIQUE POUR SERVIR

A L'HISTOIRE LITTÉRAIRE

PAR

FERNAND DRUJON

Deux volumes in-8 de 350 et 363 pages, imprimés à deux colonnes

Malgré les diverses recherches publiées jusqu'à ce jour, on peut dire que la Bibliographie des ouvrages allégoriques ou à Clef était encore à faire. Quelques auteurs, notamment Charles Nodier, Quérard, Gustave Brunet, ont bien inséré, dans des recueils périodiques, les résultats de leurs investigations sur ce sujet, qu'ils ont d'ailleurs à peine effleuré; mais ces indications, trop succinctes, disséminées de tous côtés, sont à peu près introuvables aujourd'hui. L'essai le plus important en ce genre est encore celui que M. G. Brunet, pour résumer tous les autres, fit paraître à Bordeaux, en 1873 (pet. in-8 de 224 pages), d'après les notes laissées par Quérard.

Ce curieux livret, devenu rare, ne contenait que 177 articles. Ces diverses publications ne sont guère que des notices catalographiques. En somme, ces essais, composés sans unité de vue et rédigés sans plan déterminé, laissaient toujours subsister, dans la bibliographie française une très grande lacune que l'auteur a entrepris de combler, ou du moins de diminuer autant que possible.

Ce n'est point aux seuls bibliophiles que s'adresse le nouvel ouvrage que nous offrons au public, mais aussi aux hommes de lettres et même aux historiens, qui y feront des découvertes bien piquantes et auxquels, croyons-nous, il est appelé à rendre de réels services.

Voici, en quelques mots, le plan adopté et suivi par l'auteur : M. F. Drujon qui, depuis longtemps, a dirigé ses recherches sur les ouvrages allégoriques ou à clef, a réuni la matière d'environ mille articles, qu'il a classés dans l'ordre la plus naturel et le plus commode pour le lecteur, c'est-à-dire dans l'ordre rigoureusement alphabétique : de nombreux renvois permettent de retrouver instantanément les ouvrages figurant sous un même numéro ou publiés (ce qui est souvent arrivé) sous des titres différents. Chaque article contient d'abord la description exacte, *de visu* ou d'après les bibliographes autorisés (l'auteur a soin de toujours citer ses sources), du livre qui en fait l'objet ; il indique minutieusement les différentes éditions, ainsi que les anonymes et pseudonymes.

Une note, sobrement rédigée, fait ensuite connaître le sujet de l'ouvrage et, quand il y a lieu, se termine par la *clef*, aussi complète que possible, du livre ; les noms allégoriques, supposés, anagrammatisés, sont tous imprimés en lettres *italiques*, pour mieux fixer le regard du lecteur.

La « Bibliographie des Livres à clef » est précédée d'une *Introduction*, résumant tout ce qui a été dit sur ce genre d'écrits, sur leurs origines, leurs causes, leur but, leurs bizarreries, etc., etc. Enfin, et c'est surtout sur ce point que nous appelons l'attention des travailleurs, cet ouvrage se termine par un *double index*, l'un des noms *supposés*, l'autre des noms *véritables*, renvoyant le lecteur à tous les articles où ces noms sont mentionnés.

Ainsi, pour ne citer que deux exemples, un littérateur qui veut savoir combien de fois et dans quels ouvrages a été satirisé La Harpe, n'a qu'à chercher ce nom au second index, et apprendra en quelques instants que cet écrivain a été tour à tour mis en scène sous les noms de *Cithara*, *Harpula*, *Duluth*, etc., etc. — Réciproquement, si, en lisant un livre à clef, l'histoire rencontre les noms de *Lanme*, *Oriben*, *Plendirsème*, *Vixolüs*, — il saura bien vite, au moyen du premier index, qu'il s'agit de Manuel, Brienne, d'Epremesnil et Louis XVI.

Les Livres à clef, imprimés dans le format et sur le modèle de nos grands ouvrages bibliographiques, forment une annexe nécessaire au « Manuel du Libraire », au « Dictionnaire des Anonymes et des Pseudonymes », au « Guide du libraire-antiquaire et du bibliophile », à « la Bibliographie de la Presse », etc. — Il ne sont tirés qu'à un nombre restreint d'exemplaires, mais suffisant, nous l'espérons, pour les besoins des Bibliophiles, des curieux et des hommes d'étude, auxquels cet ouvrage est destiné.

Voir, au verso de la première page de la couverture, le détail du tirage et les prix des exemplaires.